LA HISTORIA ARGENTINA EN PERSPECTIVA LOCAL Y REGIONAL

LA HISTORIA ARGENTINA EN PERSPECTIVA LOCAL Y REGIONAL

Nuevas miradas
para viejos problemas

Tomo 2

Susana Bandieri y Sandra Fernández
(coordinadoras)

La historia argentina en perspectiva local y regional: nuevas miradas para viejos problemas. Tomo 2/ Susana Bandieri... [et al.]; coordinación general de Susana Bandieri; Sandra Fernández. – 1a ed.- Ciudad Autónoma de Buenos Aires: Teseo, 2017. 438 p.; 20 x 13 cm.
ISBN 978-987-723-143-4
1. Historia Argentina. 2. Historia Regional. I. Bandieri, Susana II. Bandieri, Susana, coord. III. Fernández, Sandra, coord.
CDD 982

Imagen de tapa: Designed by Freepik

© Editorial Teseo, 2017

Buenos Aires, Argentina
Editorial Teseo
Hecho el depósito que previene la ley 11.723
Para sugerencias o comentarios acerca del contenido de esta obra, escríbanos a: **info@editorialteseo.com**
www.editorialteseo.com
ISBN: 9789877231434

Compaginado desde TeseoPress (www.teseopress.com)

Índice

Presentación 9

Educación, género y ciudadanía 13

El acceso de las mujeres a la educación pública. Una aproximación de larga duración (siglos XVIII al XX) 15
   Lucía Lionetti

Maestras y mercado editorial. Un atajo para hacer oír las voces femeninas del magisterio, espacios urbanos argentinos, 1920-1940 53
   Paula Caldo

Las elites locales y la creación de universidades católicas. Representaciones sobre la Nación en distintos espacios (1958-1983) 79
   Laura Graciela Rodríguez

Las escuelas en la dinámica político-cultural de los espacios de frontera 105
   Liliana Ester Lusetti y María Cecilia Mecozzi

Control social, justicia y memoria 131

¿Qué nos enseña la historia de las instituciones judiciales?. Algunos apuntes sobre la lenta historia de la separación de funciones 133
   Darío G. Barriera

Horizontes del control social como herramienta analítica. Algunas notas a partir de la ebriedad en Santa Fe (segunda mitad del siglo XIX) 157
   Paula Sedran

Reflexiones en torno a la historia de la administración
de justicia en los territorios nacionales 187
Fernando Casullo y Marisa Moroni

La historia reciente argentina a escala regional
(1973-1983) 215
Ernesto Bohoslavsky y Daniel Lvovich

Reformas del Estado y movimientos sociales. Santa
Cruz a comienzos del siglo XXI 239
Elida Luque y Susana Martínez

Representaciones de la Nación y del espacio social 267

Cultores del pensamiento conservador en una ciudad
"plural y cosmopolita". El caso de Antonio F. Cafferata .. 269
Ronen Man

Río Negro mirado desde el oeste. Economía y sociedad
de un espacio regional 301
Laura M. Méndez y Adriana Podlubne

Migrantes internos, limítrofes y de ultramar en espacios
fronterizos de Patagonia central (1955-2016) 327
Brígida Baeza

La ciudad y lo urbano 355

Una ciudad dualizada. Rosario a través de Las colinas
del hambre de Rosa Wernicke 357
Diego Roldán

Las humanidades digitales al servicio de los estudios
migratorios y de la pobreza. Una mirada desde la
Patagonia (Neuquén, 1980-1991) 383
Joaquín Perren

Los autores 429

Presentación

Un mapa. Esta obra es un ancho mapa. Una imagen de varias significativas producciones de la historiografía argentina construida desde el perfil de los estudios regionales y locales. El conjunto no pretende ser ni una miscelánea ni una síntesis, sino un pase cuadro a cuadro de una secuencia de investigaciones sobre varios de los tópicos que han mantenido una línea de trabajo y una tradición durante las últimas tres décadas.

Treinta años de producción escrita, marcados por la recuperación democrática de la universidad argentina en 1983 y la proyección de los organismos públicos de investigación, que han consolidado un corpus en el marco de un escenario historiográfico novedoso dentro del campo, quizás el más prolífico que hayamos observado. Tal panorama hubiera sido imposible sin el crecimiento sostenido de las investigaciones pensadas y llevadas adelante desde una perspectiva regional y local, perspectiva que nutrió y amplió el caudal historiográfico de forma impensada en los años ochenta.

La obra en conjunto no pretende ser un manual o un escrito que desde el eje temporal habilite el estudio de algunos temas. En este sentido, también se distancia de la idea de colección como reunión de elementos significativos, ya que la perspectiva transversal propuesta desde los ejes seleccionados prioriza la problematización por sobre el proceso.

La compilación pone en cuestión las formas de ver el "hecho nacional" como emergente fundamental, a la vez que resiste a su influencia. Desenfocar el análisis de la retórica de lo nacional, no para marginarla, sino para incluirla como una más en un escenario compartido donde asisten otros protagonistas, conlleva un ejercicio de puesta en escena de investigaciones que muestran balances y líneas de fuerza que alimentan nuestro campo de estudio. El ejercicio debe acompañarse además con un plano reflexivo que permita comenzar a ver un horizonte de síntesis que funde sus bases sobre la plural y densa producción que señalábamos más arriba.

Los estudios desplegados en los tres tomos de este texto son un muy buen ejemplo de la frondosidad de la producción historiográfica argentina, que marca no solo una clara reacción en contra de los énfasis iniciales de los años ochenta y primeros noventa -que ponían el acento en los estudios sobre el Estado nacional, retomando la línea trazada en el período anterior a la dictadura-, sino una renovación del aparato teórico-metodológico que ha sido materia excluyente en las aproximaciones a nuevos y viejos temas de nuestra historia. La capilaridad demostrada en las investigaciones reunidas en esta obra hace posible exponer algunos de los lineamientos más significativos desarrollados ya en el siglo XXI sobre distintos espacios regionales y locales.

La estructuración de la obra en ejes ha permitido revitalizar una tarea, parcial por cierto, en el esfuerzo de contextualización de las investigaciones. Contexto entendido como las coordenadas espacio-temporales que delimitan un hecho y que lo convierten en eslabón de una cadena de significados, a la vez que permite definir objetos y problemas de estudio corriéndose de la cómoda justificación de lo nacional para circunscribir un abordaje historiográfico.

Alan Knight expresa, en un excelente artículo de 1998, que el "impulso moribundo por generalizar" ha permitido que se desplegaran en la historiografía mexicana en particular y latinoamericana en su conjunto, aproximaciones que al fin hicieron posible que viejas certidumbres se hayan puesto en tela de juicio.[1] Parafraseando a Knight, es el paso de una historia nacional a muchas historias argentinas.

La transformación que puede observarse a lo largo de estas páginas tiene tres puntos de inflexión, diferentes entre sí pero complementarios, a la vez que ineludibles en conjunto. El primero tiene que ver con las escalas elegidas, que permiten seleccionar una determinada cantidad y un determinado tipo de información que debe ser pertinente con lo que se pretende representar. La escala que los estudios regionales y locales llevan adelante hace posible una explotación intensiva de las fuentes con atención a lo particular, sin olvidar nunca el contexto. Segundo, tales investigaciones visibilizan y rescatan una gran cantidad de *corpus* documentales que, desconocidos o escasamente visitados, exponen y traducen nuevos datos, puestos en perspectiva con fuentes más tradicionales y transitadas. Archivos primarios que han crecido y que se han mejorado, la aparición de nuevos catálogos, la sistematización, digitalización y puesta en línea de muchas fuentes, obedecen a este impulso de estudiar más y mejor "lo pequeño". El incremento de la exploración de los archivos regionales y locales, gracias al esfuerzo de investigadores individuales, de programas de rescate de archivos para dotar a centros de documentación e investigación de mayor y mejor material ha sido fundamental en la transformación del panorama de las fuentes para la historia regional y local. Tales esfuerzos, en la mayoría de los casos, han podido ser contenidos por parte de los centros de investigación dedicados específicamente a la problemática regional y local en estas últimas dos décadas. Sin la fundamental asistencia y contención de estas instituciones públicas (aquí debemos señalar con énfasis la labor

---

[1] KNIGHT, Alan, "Latinoamérica, un balance historiográfico", en *Historia y Grafía* n° 10, enero-junio/1998.

de CONICET) hubiera sido mucho más difícil la tarea de sistematización de fuentes y, correlativamente, de producción en investigación de base.

De este modo, las investigaciones aquí reunidas son tributarias de estas ventajas que la historiografía argentina logró en los años democráticos, rescatando estudios nodales de los años sesenta y setenta para comprender y transitar en términos positivos la crisis de los paradigmas propios de la ciencia social en su conjunto.

La recuperación de documentos que exceden largamente los atesorados en los archivos estatales, la consideración de los espacios como socialmente constituidos, la concepción de que objetos modestos hacen grandes historias, el análisis de las relaciones sociales a "ras del piso" son algunos de los grandes valores que la perspectiva regional y local aporta al horizonte del conjunto historiográfico argentino.

Vale la pena insistir en estos atributos, y esta obra es un buen ejemplo de ello. Se eligió una opción que no es la síntesis, la colección o el manual. Esta compilación es una composición coral que muestra la madurez de la perspectiva regional y local en la historiografía argentina y que, aun a riesgo de dispersar temáticamente y de contraer alcances cronológicos (problemas lógicos de una compilación), tiene la gran virtud de dinamizar el nivel de reflexión y de exponer un estado de la cuestión sugerente sobre nuestra producción científica actual.

Susana Bandieri y Sandra Fernández

Educación, género y ciudadanía

El acceso de las mujeres a la educación pública

Una aproximación de larga duración (siglos XVIII al XX)

Lucía Lionetti

La educación pública devino en uno de los recursos más importante al que pudieron acceder las mujeres desde mediados del siglo XVIII, más allá de que promoviera una clara delimitación de los espacios en función del género. De hecho, muchas de ellas -gracias a la disposición de la lectura y la escritura- pudieron trasvasar las fronteras del ámbito doméstico para proyectarse en el espacio público. Claramente los usos que hicieron de ese capital no fueron los esperados por los referentes de las elites intelectuales y políticas de turno, que promovieron extender los beneficios de la educación para las niñas y niños bajo el amparo de las políticas estatales. Con esa capacidad de agencia que adquirieron, gracias al empoderamiento que les daba el capital del saber, esas mujeres desafiaron e incluso cuestionaron aquel modelo de sociedad patriarcal que les vedaba su ingreso a la condición de plena ciudadanía.

Las experiencias fueron diversas, de acuerdo con los contextos sociales y con los propios procesos de subjetivación de esas mujeres. A partir de un enfoque general, y desde una perspectiva de larga duración que recorre de mediados del siglo XVIII a fines del siglo XIX, en la presente contribución se analiza el ingreso de las niñas a la educación pública en la Argentina, atendiendo de un modo particular el caso de la provincia de Buenos Aires, a los efectos de dar cuenta de las continuidades y los puntos de ruptura a lo largo de este proceso.

Este recorte temporal conlleva atender las sugerencias de aquellos autores que analizan los procesos de la Independencia en la América hispana más que como una pausa, como el resultado de dos factores distintos: por un lado, las políticas llevadas a cabo por la Corona española y, por otro, las consecuencias provocadas por la crisis de la monarquía. De hecho, esos aportes realizados en el campo de la historia política para la América hispana del siglo XIX relativizan la tesis de la anarquía consecutiva a la Independencia, subrayando la continuidad de ciertas instituciones de la revolución de los regímenes liberales. A su vez, esto supone cuestionar otra visión del siglo XIX latinoamericano según la cual los regímenes liberales de la segunda mitad del siglo XIX habrían construido un nuevo orden de la nada, del vacío dejado por los años de conflictos y guerras. En realidad, serían más bien el resultado de varios decenios de esfuerzos y tentativas encaminadas a edificar regímenes políticos viables.

La reconstrucción de ese proceso alfabetizador encuentra su punto de inicio en el marco del Estado colonial, con la labor de algunas órdenes religiosas que se sumaron al proyecto centralizador borbónico de promover la instrucción púbica para avanzar, a lo largo del siglo XIX, hacia el lento y progresivo –y, por cierto, nunca lineal– proceso de secularización que tuvo a las niñas y maestras como protagonistas fundamentales del hecho educativo en los albores del siglo XX. Desde una mirada secular -más allá de las evidentes rupturas- se encuentran visos de continuidad en una formación pensada con una clara impronta de género y que en 1884 tuvo su punto de inflexión con oportunidad de la sanción de la Ley 1420 de instrucción primaria obligatoria, gratuita y gradual. Esa escuela, pensada para *argentinizar* y formar al *ciudadano de la república*, promovió la coeducación y, con ello, una destacada presencia de las mujeres como alumnas y como maestras dentro de los "templos educativos" de la república. Las huérfanas de ciudadanía fueron convocadas por aquel mandato educativo para formarse como "guardianas de la república". En un tiempo donde se recuperó el modelo de sociedad patriarcal, la escuela proclamada como igualitaria contempló la educación de las niñas. Lo más significativo es que, más allá de la recuperación de este modelo cultural que marginaba a las mujeres de la voz hegemónica de la ciudadanía, las "hijas de la república" accedieron a los beneficios de esta educación integral. Las estadísticas informaban a los albores del siglo XX que se acortaba progresivamente la distancia entre los varones y las mujeres escolarizadas. El número cada vez más numeroso de niñas que concurrirían a las escuelas llegó a preocupar a más de un testigo. En definitiva, el arribo masivo de las jóvenes a las aulas, como alumnas y maestras, se percibió como otro síntoma de una sociedad trastocada que adolecía de "virilidad en sus costumbres".

La educación de las niñas en tiempos de la Colonia

A la hora de hacer un recorrido por los primeros pasos de la instrucción pública –entendida en sentido amplio como la que se dictaba fuera del ámbito familiar- en las colonias americanas debemos recuperar algunos trazos del movimiento educativo que se impulsara en la metrópoli. En España, al iniciarse el reinado de Felipe V, la enseñanza primaria pública estaba a cargo de la Hermandad de San Casiano, verdadera corporación gremial fundada por los maestros de Madrid en 1642, con fines de ayuda mutua y de perfeccionamiento docente. También como en el resto de Europa, y de acuerdo con lo dispuesto por el Concilio de Trento sobre la conveniencia de fundar escuelas parroquiales, se impartía en las iglesias y conventos enseñanza gratuita. Tanto los maestros como los leccionistas vivían de lo que cobraban a sus interesados por su labor. No había, pues, otra enseñanza gratuita que la de las congregaciones piadosas, y la acción del Estado se limitaba a reglamentar y a fiscalizar la función docente.

De la obra publicada por Lorenzo Lujuriaba "Documentos para la historia escolar de España" es posible saber que las primeras ordenanzas de la Hermandad de San Casiano de 1668 aseguraban a la institución la facultad de otorgar títulos por examen rendido a tres de sus miembros, nombrados por el corregidor. Además fijaban las condiciones para ser maestros: edad de 20 años, limpieza de sangre y buena conducta; para los leccionistas, ser clérigo ordenado o ayudante de maestro con título.

Las reformas de los últimos Borbones (1759-1810) se propusieron recobrar en sus dominios, el control monárquico en los distintos órdenes de su existencia, circunstancia que obedecía a una mirada distinta y novedosa respecto al Estado español, y a la forzosa necesidad que tenía España de su rehabilitación económica, hecho que implicó el establecimiento de una serie de medidas destinadas, no solo a mejorar la administración y estimular la producción y el incremento de riqueza, sino a un mayor crecimiento y preservación de la población. Con la sanción de la cédula real del 14 de agosto de 1768, el Estado borbónico procuró promover la creación de escuelas públicas y gratuitas beneficiadas por obras piadosas, para la numerosa población desposeída.

Bajo ese clima de ideas se sancionó el estatuto y el reglamento de 1797 por el cual en Madrid se abrieron 24 escuelas oficiales que promovían un modelo educativo de "utilidad doméstica" donde a las niñas, además de enseñarles las labores, se les brindaba la instrucción común de religión, costumbres, lectura, escritura y aritmética bajo un plan equivalente al de los varones. También se organizó la inspección y se crearon escuelas reales o normales con la intención de subsanar las deficiencias profesionales de los maestros. La obra de Carlos IV se completó con la medida adoptada por la Real Orden del 11 de febrero de 1804, por la que se faculta a abrir escuela a todo maestro examinado, pertenezca o no al Colegio Académico.

Aquellas iniciativas, que buscaron fomentar la instrucción de la población bajo la órbita estatal, impactaron de modo dispar en las provincias de ultramar. Según se ha planteado, las mujeres que procedían de los sectores privilegiados de la sociedad de entonces fueron las más beneficiadas; sin embargo, en Lima y México, se puede dar cuenta de que algunas niñas aborígenes y de sectores subalternos pudieron acceder a esa formación elemental. Si durante el siglo XVI, tanto el teólogo fray Luis de León como el humanista Juan Luis Vives plantearon la necesidad de concederle a la mujer un nivel educativo superior al que tradicionalmente se le había dado, a comienzos del siglo XVIII, el clérigo dominico Benito Feijoo reconoció que la inferioridad de la mujer no era una cuestión biológica sino un producto social y cultural. Por su parte, figuras como Campomanes, Jovellanos, Olavide inspiraron esas iniciativas borbónicas en favor de extender la instrucción pública para niños y niñas pobres. El ilustrado más representativo en lo relativo a innovaciones pedagógicas, Gaspar Melchor de Jovellanos -promotor de la instrucción nacional o pública- planteó la importancia de crear escuelas elementales gratuitas a las que acudieran niñas pobres, con el propósito de convertirlas en virtuosas esposas y madres de familia. En cuanto a las niñas acomodadas, entendía que recibirían su educación en colegios sufragados por sus progenitores. Por su parte, la pluma de Josefa Amar y Borbón fue más contundente cuando se pronunció en favor de que las mujeres recibieran un tipo de conocimiento que las capacitara para desempeñarse en tareas a las que solo estaban destinados los hombres.

Como en España, y el resto de la América española, en el caso del Virreinato del Río de la Plata la enseñanza primaria elemental había comenzado impartiéndose en los hogares de las familias más adineradas que podían costear un maestro, clérigo o secular; también en iglesias y conventos. En el caso de la instrucción que se daba en las iglesias, la tarea era generalmente una función de los sacristanes y, en los conventos, de los religiosos. Por supuesto, aquellas iniciativas educativas promovidas por la Iglesia eran más que insuficientes para el conjunto de la población.

La situación cultural del conjunto de los habitantes en los territorios hispanoamericanos, e incluso en la Metrópoli, no estaba a la altura de las expectativas del régimen borbónico. Un observador atento y crítico de esta situación fue el obispo San Alberto –arzobispo de La Plata-, quien estando a cargo de la función episcopal del Tucumán realizó un largo viaje de catorce meses recorriendo los territorios que integraban la diócesis.[1] En las impresiones que dejó asentadas en sus cartas pastorales, destacó la inmensidad del territorio y la dispersión de su población, lo cual afectaba la atención espiritual de los feligreses. Un segundo aspecto que le preocupó –especialmente- fue la situación general de pobreza, a la que calificó como *ignorancia general*. Si bien durante su gobernación intendencia, el marqués de Sobremonte había mandado fundar escuelas de primeras letras en los distintos curatos, ordenando a los vecinos que levantasen las casas en donde funcionarían, y haciendo cargo a los padres para que pagaran los honorarios de los maestros en dinero o mercadería cada mes, la situación general de la instrucción era muy pobre.

---

[1] Cabe recordar que las reformas ilustradas de la administración de los Borbones rediseñaron el papel de los *curas de almas*. A partir de allí, debían abandonar el *espíritu sacramental* que el Concilio de Trento había proporcionado dos siglos antes y afrontar la tarea de *civilizar la sociedad*, privilegiando los aspectos morales por sobre los religiosos. Esta acción siguió siendo pensada a mediados del siglo XIX aunque comenzaría una suerte de *rivalización* con los nuevos funcionarios del Estado, como el "maestro de escuela" o el juez de paz. De todos modos, pasaron varios decenios hasta que los eclesiásticos vieron menguada esa función o directamente dejaron de ejercerla. Ver: Di Stefano (2004: 68-89) y Barral (2007: 93-117).

Para el prelado carmelita San Alberto una posible solución se conseguiría con la creación de escuelas en todos los curatos. Sin embargo, las dificultades con las que se encontró lo inclinaron finalmente a fundar colegios urbanos. En la carta pastoral de 1784 fijó claramente su posición:

> ... en los Colegios, y Casas de enseñanza pública hay mas proporciones para que la instruccion sea mayor, y mejor, por lo mismo que los Niños, o Niñas viven en ellas de continuo y siempre á la frente de Maestros, o Maestras hábiles, que no dexan pasar la partícula de un dia, sin consagrarla á su enseñanza, y educación. Añádase a esto el zelo de los Prelados, que siempre estan a la vista, y vigilancia de los Directores, quienes dos, o tres veces a la semana visitan las Clases, ven, y oyen, y dan al Prelado una quenta puntual de quanto les pertenece a Religión y piedad si es en casa de niñas, se les enseñará a texer, coser, bordar, y todo género de labores manos (Joseph Antonio de San Alberto, *Voces del pastor por su nuevo colegio de niñas nobles huérfanas. Carta pastoral*. Real Imprenta de los niños expósitos. Año de 1793, p. 13. En adelante: Carta pastoral).

Como argumentaba, con la creación de escuelas religiosas para niños y niñas se podrían inculcar las "luces en el espíritu" para conseguir con el tiempo "la felicidad, el honor, y la gloria de nuestro Pays". Si bien estimaba que eran útiles las escuelas de niños, su mayor preocupación era promover la creación de colegios y casas de enseñanza para huérfanas porque suponía que, con ese tipo de instrucción, "las jovencitas pobres podrían subsistir honestamente, en muchos casos, a expensas de la piedad del rico y así, el rico lograría redimir sus pecados con el socorro dado al pobre" (Carta pastoral: 112).

Participó del movimiento ilustrado que promovía la extensión de la alfabetización como una de las prácticas de ese moderno "arte de gobernar" (Foucault, 2007: 43-68). Si, por un lado, aquella nueva forma de gestionar las políticas de Estado promovía limitar la intervención en la vida de los individuos –el liberalismo como ausencia de coerción–, por otro, buscó gestionar una nueva forma de regulación del orden moral y social, con lo cual se entendía que la instrucción fuera una cuestión pública y no una tarea privativa de la familia. Las palabras del católico ilustrado Joseph de San Alberto fueron contundentes al respecto:

> ¡Quanto mas felices serán en ésta parte las Niñas, que se educan en este Colegio, que aquellas que crecen al abrigo de sus Padres! [...] ¿Quántas madres hay, que no tienen ocupacion alguna séria, que enseñar á sus hijas? Criadas en la inacción y en la pereza son un modelo perfecto de la ociosidad para sus hijas. [...] sus Madres las instruyen. ¿Pero en que las instruyen? ¡Ah! En la vanidad; en el aprecio de sí mismas, en el arte de agradar al mundo; [...] las instruyen en todos los mysterios de la inequidad, las adornan, como el paganismo a sus víctimas (Carta pastoral: 140).

De hecho participó de aquella opinión que circuló en el siglo XVIII que suponía una falta de preparación de las mujeres para ejercer su función como madres educadoras. Según esas voces, esas madres, víctimas de la vanidad, aparecían como las responsables de educar a sus hijas "en todas las modas criminales", convirtiéndolas en objeto de perdición. Aquella situación se revertiría con la instrucción a cargo de los colegios religiosos que les inculcaría su responsabilidad para asumir la función que la "naturaleza" les había asignado. El obispo consiguió plasmar su proyecto al fundar en la ciudad de Córdoba del Tucumán el 21 de abril de 1782 la Casa de Huérfanas Nobles o Colegio de Niñas, en el antiguo convictorio, en el solar que había sido residencia de los estudiantes del Monserrat (una vez reacondicionado el Colegio Máximo de los ex jesuitas). Se recibieron cuarenta niñas huérfanas, de las cuales quince eran niñas de las seis ciudades de la provincia y las demás de Córdoba y su jurisdicción. La primera condición para recibirlas era que fueran huérfanas de padre y madre, que lo fueran de madre, de padre o que, aun teniendo a sus progenitores vivos, estos no pudieran solventar sus cuidados y educación. La segunda condición, que fueran pobres, y si no lo eran, que los parientes o tutores optaran por poner algunas en esa casa para su mejor crianza, pagando los alimentos. Tercera, que fueran hijas de padres conocidos y honrados, y solo se permitían seis u ocho niñas mulatas para el servicio de las demás niñas, a las cuales se sustentaba, criaba y educaba del mismo modo que a las niñas "decentes". Como última condición, se pautó que esas niñas no superaran los quince años de edad ni tuvieran menos de cinco, y que no presentaran un "enorme defecto natural, accidente habitual o contagioso". Debían presentar, siempre que fuera posible, una certificación del cura de que reunían esos requisitos además de informar que estuvieran bautizadas y confirmadas. El régimen de funcionamiento concebía dos modalidades: internado y clase externa. Producida la Revolución de Mayo se incorporaría una clase externa también para niñas pardas pero manteniéndose la separación de las de sangre española.

Se designaron cuatro maestras laicas y cuatro beatas. La rectora y vicerrectora eran laicas. Según el reglamento, el obispo debía nombrar para el cargo de rectora a una mujer "cabal viuda o doncella, de edad, de prudencia, de valor, de gobierno y de mucha virtud y honestidad que pueda criar, enseñar y educar a las niñas no solo con las palabras sino también con el ejemplo". Tal como se establecía, a las niñas las debía tratar "con el amor de una verdadera madre y con aquella igualdad en todo lo que pide la verdadera caridad". Si tuvieran que corregir, reprender o castigar a alguna, se debía siempre mezclar "la misericordia con la justicia y después de haber experimentado inútiles todos los medios del agrado y del apercibimiento, cuando hubiese alguna terca, escandalosa o incorregible avisará al Señor Obispo" (Carta pastoral: 67). Por su parte, a la maestra general le tocaría suplir las ausencias y enfermedades de la rectora y debía asistir todos los días, mañana y tarde, a la clase o pieza destinada para la enseñanza y educación de las niñas de la ciudad. No podía recibir de ellas o de sus padres estipendio alguno ni regalo por su trabajo. Ella se debía ocupar de señalar a cada maestra el número y calidad de niñas huérfanas que estarían a su cuidado, distribuir las labores, registrarlas todos los días, y dos veces al año examinar a las niñas junto con la rectora y las maestras para que, según su mérito, pasen las mínimas a las clases de menores y las medianas a la clase de mayores, donde se formarían como maestras.[2] Las que eran nombradas para ejercer esa función "además de dar cuenta de una virtud probada y honestidad conocida han de saber [...] leer, escribir, coser, hilar, bordar" (Carta pastoral: 77).

Apeló al término "seminario" para describir sus establecimientos. Las huérfanas educandas serían "recogidas y retiradas en una especie de claustro muy semejante al de unas perfectas Religiosas". La vida cotidiana y la enseñanza previstas en el internado apuntaban a disciplinar los cuerpos de las niñas mediante la observación de estrictas rutinas, comportamientos repetitivos, ceremoniales, de tinte ritual. Estaba previsto en el reglamento que se les

---

[2] Como detalle pintoresco, entre lo que se pautó, se establecía que "Todas las niñas han de vestir uniformemente tanto dentro como fuera del Colegio. Esto es, dentro del Colegio llevarán todas: zapato negro llano, media blanca del país, camisita de lienzo, enaguas de lo mismo, pollera de picote o bayeta de la tierra, ajustador de lo mismo, en invierno, y de algodón, en verano, pañuelo blanco al cuello con su cinta negra y su trenza al pelo. Si fueran de doce años le llevarán a más de esto su capotillo de color blanco a la manera que se usa en España; traje más honesto y más desembarazado para el trabajo de manos que no el rebozo, de que nunca usarán las niñas. Para fuera de la Casa, si saliesen alguna vez para su procesión, rogativa o entierro, usarán el vestido formal que ha de ser el Hábito de las Carmelitas, toca blanca, escapulario, en los días de fiesta para oír la Misa, para Comulgar, para acompañar al Señor por Viático, si se diese a alguna enferma, y para el entierro si muriese alguna. Esta pieza ha de estar únicamente destinada para pública enseñanza de las niñas de esta ciudad, cuyos padres quieren enviarlas, donde con desinterés y el mayor cuidado se les dará toda la educación. En esta pieza habrá mesas, asientos correspondientes, tinteros, plumas y cuanto se necesite para enseñanza y labores de las niñas. Se tañerá la campana para esta clase, a las siete en verano, y a las ocho en invierno, haciendo tres tañidos para que acudan las niñas a oír Misa que a esta hora ha de decirse en la Iglesia de las Huérfanas" (Carta pastoral: 71).

enseñase a leer y escribir, coser, hilar, bordar, hacer calcetas, gotones, cordones, cofias, borlas, ponchos, alfombras, y todo lo concerniente a la piedad y cristiandad. A diferencia de los varones, en el proyecto fundacional no se les enseñaba a contar.

A las niñas internas se les vedaba cualquier comunicación con personas de afuera, permitiéndose únicamente a niñas seleccionadas por sus especiales cualidades de seriedad y recato (la tornera, la sacristana) que estuviesen a cargo de la recepción de mensajes. Estaba prohibido que ninguna otra niña se acercase al torno, hablase por él, entregase o recibiese papel o carta alguna procedente del exterior. La puerta de entrada del colegio jamás debía ser abierta a persona alguna sin expresa licencia y asistencia de la rectora o de la vicerrectora. En el caso de los varones también estaba previsto que un niño se encargase de la portería, no ya a través de torno sino de una ventanilla o reja, con prohibición de permitir la entrada a personas que no fueran de toda satisfacción, y especialmente mujeres (Ghirardi, Celton y Colantonio, 2008: 125-171). Los domingos a la tarde se abría la puerta de la capilla de las huérfanas para el llamado ejercicio de la buena muerte, al que asistían las alumnas externas con sus madres al igual que los varones internos en compañía del rector o maestro. A las educandas internas les estaba permitido participar de la ceremonia, pero solo desde el coro de la iglesia. Las circunstancias previstas en las que los internos e internas podían salir del convento eran para asistir a entierros, procesiones o rogativas, debiendo vestir las niñas el hábito de carmelitas. Igual que los varones, una vez al año podían salir al "campo o vacaciones", en tandas y acompañadas por la rectora y varias maestras que no debían perderlas de vista. Como es dable imaginar, para los niños la clausura era menos rígida, ya que los jueves y días festivos podían salir con sus superiores. Por otra parte, diariamente dos niños salían para ir a la catedral a ayudar en las misas. Igualmente, los estudiantes de gramática aparentemente también salían a tomar la clase al exterior, acompañados de un pasante.

A pesar de las bondades que el prelado informaba sobre sus colegios, los conflictos no estuvieron ausentes en la institución. En una carta que dirigió al rey Carlos III pidiendo se reconsiderara la admisión de beatas en el Colegio de Niñas Huérfanas, se advierte el tenor de su denuncia contra las maestras mujeres seculares que, supuestamente, no se sujetaban a la disciplina. Según aducía,

> con ellas habría empezado a reinar la vanidad y la envidia, queriendo mandar y ser Rectoras [...] Cada una quería tener criada para su particular fin y servicio, y que, a más de darle de comer y de vestir a ésta y a ella, se les diese un mensual de ocho o diez pesos. Si el Obispo las quería contener, luego se mudaban y volvían a sus casas (Fray José de Antonio de San Alberto, Obispo de Tucumán, Córdoba, 30 de abril de 1782: Carta de Fray [...] al Rey Carlos III solicitando reconsiderar la no admisión de las Beatas en la Casa de Huérfanas).

Frente a esa situación, y con el acuerdo del gobernador, se decidió que fueran reemplazadas por las niñas "más selectas y hábiles criadas en el Colegio" porque estaban "enseñadas a obedecer, saben mandar, [...] sujetas de algún modo al Prelado lo oyen, lo aman, lo temen, lo respetan y obedecen su voz en la de la Rectora". No eran religiosas, pero "con hábito del Carmen, hacen sus votos simples al arbitrio del Prelado y se obligan a la enseñanza de las niñas". Esas situaciones conflictivas y confusas que se han podido registrar en esta institución como en otras dan indicios de que esas subordinadas fueron menos sumisas de lo que el patriarcalismo colonial propició. Una capacidad de agencia que encontraría un mayor estímulo en los años de la revolución y la independencia.

Bajo el mismo prisma ideológico funcionó también por aquella época el Colegio de Huérfanas de Buenos Aires, que, al mismo tiempo, recibió a niñas cuyos padres pagaron para que sus hijas fueran instruidas en ese tipo de formación. En todos los casos, se exigía la legitimidad de nacimiento, la limpieza de sangre y que carecieran de defectos físicos o enfermedades. Ese requisito de legitimidad estaba asociado, como era de esperar en aquella sociedad, por la importancia social asignada a la sangre libre de mezclas, a la que se vinculaba con el nacimiento fuera del matrimonio y con el mestizaje.[3] Junto a estas alumnas que cumplían con los requisitos de admisión, se educaban también sus criadas pobres. Al mismo tiempo, se preveía la admisión de seis u ocho niñas huérfanas mulatas encargadas de servir a las niñas nobles, puesto que se entendía que debían educarse de igual modo para cumplir con sus deberes de servicio. Por otra parte, fue bastante común que estas escuelas fueran el albergue de mujeres adultas divorciadas o adolescentes rebeldes. Incluso, como se ha podido constatar, más allá de su excepcionalidad, el Colegio de Huérfanas de Córdoba fue el destino de algunas condenadas para el desempeño de tareas de servicio y lugar de depósito de ciertas mujeres que habían delinquido, especialmente solteras o viudas (Vasallo, 2006).

Los años de la revolución: las damas patricias educan a las niñas pobres

La ruptura del orden colonial trajo algunas novedades en el Río de la Plata. La estatalidad que se buscó conformar se caracterizó por sus evanescentes logros, producto del confuso panorama político de la primera mitad del siglo XIX. En materia de instrucción pública, y de las niñas en particular, el nuevo escenario político –más allá de ese mar de fondo de continuidades entre el proceso colonial

---

[3] La limpieza de sangre como valor social era propia de la idea de honor estamental de la sociedad colonial. Al respecto, un trabajo inspirador para otra valiosa producción que vino después es el de Twinam (1988).

y el independentista– propició la toma de algunas iniciativas. Una voz que tempranamente retomó las propuestas de Campomanes y Jovellanos, con respecto a la necesidad de extender los beneficios de la educación a las niñas, fue la del abogado –e improvisado militar de la revolución– Manuel Belgrano, quien lamentó que, en la Ciudad de Buenos Aires,

> el bello sexo no tiene más escuela pública en esta capital que la que se llama de San Miguel y que corresponde al Colegio de Huérfanas [...]. Todas las demás que hay subsisten a merced de lo que pagan las niñas a las maestras que se dedican a enseñar sin que nadie averigüe quiénes son y qué es lo que saben (*Correo de Comercio*, 21 de julio de 1810).

En el marco de ese clima favorable, las propias mujeres asumieron la palabra para reclamar ante las autoridades por aquello les habían otorgado. Así, doña María Cruz de la Rubiera se dirigió al Cabildo para expresar:

> Que por haber fallecido mi padre legmo Dn Antonio Rubiera en la Reconquista de esta ciudad fue una de aquellas pobres huérfanas á quienes la generosidad de V.E. le asignó la dote de mil pesos fuertes [...] En consequencia de esta piadosa determinación he cobrado y me siento satisfecha de lo qe me han conseguido hasta el dia 10 de Noviembre del año proximo pasado, pero como me halle ya admitida para entrar en el Monasterio de Monjas Capuchinas de ésta corte [...] me veo en la necesidad de poner en noticia a V.E. mi determinacion, suplicándole que en uno de sus beneficios y caritativas intenciones se sirva disponer se me entregue aquel reditos vencidos (Archivo General de la Nación. Sala IX-19-6-5. Nota dirigida al Cabildo, setiembre de 1813. En adelante: AGN).

Otro acto del habla fue el de una maestra, doña Josefa Carballo, quien pidió autorización para poner una escuela de niñas. La respuesta del Cabildo no se hizo esperar, le concedió para el funcionamiento de la escuela "una casa delas secuestradas a los enemigos del Estado" argumentando que

> Bien sabido es q. el origen de toda felicidad esta en la educacion de la juventud […] esta primera educacion prepara para su espíritu para un virtuoso ciudadano, tambien en las mugeres las primeras impresiones de bien y de mal disponen sus corazones para formar unas verdaderas madres, estas son el ornamento delos estados, el germen delos sabios, el sosten delos guerreros, y ultimamente el alivio delos esposos. No nos cansemos, la falta de educacion en el bello sexo es la causa inmediata del abandono de muchas, y del exceso de otras […] escudadas con el fruto de las 1eras semillas de la virtud y del bien q. en la infancia se gravan en su espíritu (AGN. Sala IX-19-6-5. Nota dirigida al Cabildo, setiembre de 1813).

Si bien las autoridades consideraron favorablemente esta petición, dejaron en claro su posición respecto a que se debía controlar –lo que según Belgrano no se había hecho– la instrucción que ofrecía esta maestra, lo que debían pagar los padres pudientes, e incluso ordenaron que debía sumar en su tarea la instrucción de niñas pobres. Así dispusieron que

> Si la utilidad delas escuelas de niñas educandas demanda atenciones preferibles a qualquiera otro objeto no es menos la q. exige el Reglamento q. se debe observar en ellas, e igualmente el plan por q. se deban conducir las encargadas de tales instituciones, el q. ha escrito la Carballo es bastante liberal y mezquino, pues repone la educacion en saber leer y estar instruidas en los Rudimentos dela Religion […]. Asi pues dice q. quatro son las ramas que comprende toda buena educacion, la instruccion fisica, que rectifica el cuerpo, los conocimientos q. forman el espíritu, la instruccion civil que enseña Politica q. finalmte la religiosa q. contiene las obligaciones sagradas. […] por ahora se activen los medios oportunos pa q. en el primer dia de Cuaresma se abra la escuela previniéndole al Publico por carteles pero de ninguna manera con los estipendios q. en su plan se asigna la Carballo, por ser totalmente irregulares […] Asi pues por ahora, y hasta el arreglo que se hara a su tiempo, no podra llevar mas de seis pesos por las niñas de padres pudientes, que reciba a pupilo entero, por las q. a medio pupilo quatro,; y por las demas 8 reales

siendo al mismo tiempo obligacion, y en correspondencia a la laudables fines del Supmo Poder Executivo admitir seis niñas pobres (AGN. Sala IX-19-6-5. Nota dirigida al Cabildo, setiembre de 1813).[4]

Tal como muestran las fuentes consultadas, las nuevas autoridades de la Junta de Gobierno procuraron controlar el estado de las escuelas de los conventos, señalando la necesidad de mejorar los edificios y de garantizar que los educadores fueran sacerdotes de capacidad probada. Al tiempo que fundaron algunas nuevas escuelas municipales, dispusieron que se otorgara ayuda material a las que funcionaban en los conventos. La magistratura de diputados de escuelas, a cargo de los cabildantes, tuvo como tarea la fiscalización junto al síndico procurador que lo asesoraba en cuestiones del gobierno escolar. Aquellas iniciativas respondían a la voluntad de promover la "Educación [pública] de los amados compatriotas" con la que se esperaba "levantar el gran templo de la felicidad de la Patria" (*El Telégrafo Mercantil*, Núm. 16, 23 de mayo de 1810).

En aquel momento, para el caso de la Ciudad de Buenos Aires y su campaña, funcionaban solo cinco escuelas con fondos del Estado. Ellas eran: San Carlos, de la Piedad, del Socorro, Concepción y Villa Luján (único establecimiento de la campaña).

Al mismo tiempo, comenzó a circular el sistema lancasteriano, aunque la persistente resistencia de los preceptores hizo que se continuara enseñando sobre la base del "Tratado sobre ensayos del Hombre" de Juan Esqueicoz –difundido en España por Jovellanos–. También se evaluó con exámenes públicos –ya implantados por España–. Esa impronta de fomentar un sentido "patriótico" en la educación llevó a que, en 1812, se reglamentara el uso de la escarapela y se estableciera la conmemoración de las fechas patrias.

---

[4] La disposición la firmaron, entre otros cabildantes, el citado Manuel Belgrano.

Por otra parte, en la Asamblea del año XIII, se suprimió el castigo mediante el azote a los niños. El clima de época cuestionaba la ofensa del cuerpo de los futuros hombres útiles de la patria, por lo cual se propugnaba una suerte de economía del uso de la fuerza física.

De todos modos, poco se pudo avanzar en materia de instrucción debido al magro erario público destinado mayoritariamente al financiamiento de la guerra. Pasados diez años del movimiento revolucionario de 1810, caía el gobierno central del Directorio y comenzaba un largo período de enfrentamientos entre facciones de unitarios y federales. Buenos Aires inicia su etapa autónoma con el gobierno de Martín Rodríguez, dando un impulso particular a la educación en la ciudad y la campaña bonaerense, estimulada fuertemente por la figura de su ministro Bernardino Rivadavia. Además de reemplazarse el cargo de alcalde de hermandad por el de juez de paz, se cerró el Cabildo, con lo cual la cuestión educativa quedó por un breve período supeditada a la figura del llamado director de escuelas, cargo para el que fue designado el religioso Segurola para luego ser incorporadas las escuelas de primeras letras a la Universidad de Buenos Aires en 1822.

Asimismo, se hizo un esfuerzo especial por extender la enseñanza y difusión del método lancasteriano. En ese sentido, la figura del designado director general de escuelas, el español Pablo Baladía –que también estuvo a cargo de la Normal de la Universidad– fue clave para una acción educativa que buscó centralmente capacitar a los improvisados preceptores en el sistema de enseñanza mutua. Tal como se ha podido comprobar, la resistencia de los preceptores a asistir a la Normal dificultó que esta nueva práctica pedagógica pudiera extenderse con la eficacia que pretendían las autoridades.

Cuando en 1822 el gobierno sancionó la Ley de Reforma del Clero, se abolió el fuero personal eclesiástico y los diezmos, con lo cual se dispuso la supresión de las Casas Regulares Bethlemitas, se confiscaron todos sus muebles e inmuebles –los que pasaban a manos del Estado–, y se obligó a los prelados de las comunidades religiosas a rendir cuentas al gobierno sobre la administración de los bienes y las rentas comunitarias. En el mismo año también se suprimió la Hermandad de la Santa Caridad, con lo que se terminó de desmontar el esquema institucional religioso de la asistencia social de la época colonial. Fue en este contexto que se creó la Sociedad de Beneficencia, conformada por un grupo de damas patricias, que se ocupó de las cuestiones educativas y asistenciales.[5] Si bien la educación de las niñas y huérfanos fue financiada por el tesoro público, y bajo la dirección de damas laicas, esa impronta secularizadora no modificó un modelo de enseñanza centrado en la moral cristiana y la educación en la doctrina de la religión católica. Un detalle significativo al respecto fue que se estableciera la entrega de premios para aquellas mujeres que se destacaran por su moral, su industria, su amor filial y su aplicación. Por moral se distinguía a aquella que se hubiera destacado por "la práctica de las virtudes de su propio sexo y su estado". El premio a la industria se adjudicaba a aquella que "mas se haya esmerado en el tesón de adquirir con honradez, y por medio de un trabajo industrioso los medios de su subsistencia, o la de sus padres o hijos". El premio al amor filial a la que se "hubiera distinguido por sus servicios, su respeto, su celo y su amor hacia los autores de su ser". Finalmente, el premio a la aplicación se lo llevarían las niñas que se hubieran destacado por sus talentos y aplicación (*Registro Nacional, libro 2:* 845 a 850).

La dirección e inspección de las escuelas de niñas, la dirección e inspección de la Casa de Expósitos, de la casa de partos públicos y ocultos, Hospital de Mujeres y el Colegio de Huérfanas les otorgó a las damas patricias una presencia

---

[5] Cabe consignar que esta institución, regenteada por las Damas Patricias de Buenos Aires, se hizo cargo por el decreto sancionado en 1826, y hasta que se sancionara la Ley de Educación Común en 1875, de la dirección de las escuelas de niñas de la ciudad y de la campaña (*Registro Nacional, libro 2. Recopilación de leyes y decretos 1810-1835:* 772. En adelante: Registro Nacional)

pública y un poder ante la sociedad civil y las autoridades de turno que se proyectó en el tiempo. La creación de esta institución se inspiró fuertemente en el moderno discurso ilustrado sobre la mujer. La figura central de esta sociedad fue la reconocida Mariquita Sánchez de Thompson (también conocida como María Mendvelli), vinculada a la sociabilidad revolucionaria de mayo de 1810.

La mayor preocupación de las nuevas autoridades recayó en el destino de los varones. Las niñas podían pasar al Colegio de Niñas Huérfanas para su educación hasta ser ubicadas en un hogar o continuar sirviendo a esta institución. Si, durante el período colonial, el acento común de los discursos se refería al tratamiento que se debía dar a los expósitos invocando el "interés de la religión y el estado", en la década revolucionaria, sin dejar de mencionar la caridad cristiana, las invocaciones fueron por la patria. Tal como concibieron, con la instrucción que promovían de las niñas esperaban formarlas en su "más alto carácter de dama, de madre y de servidora de la patria". Detrás de esa tensión discursiva lo que pareció generarse fue un interés por que el nuevo Estado revolucionario asumiera la responsabilidad de una institución de bien público, completamente separada de la religión o de las instituciones inspiradas en ella, como era la Hermandad de la Santa Caridad (Moreno, 2000: 111).

Por decreto del 1° de agosto de 1823, se crearon veinte plazas de gracia en el Colegio de Huérfanas, considerando primeramente a las niñas huérfanas criadas en la Casa de Expósitos; en segundo lugar, las niñas pobres huérfanas de padre y madre; tercero, a las niñas huérfanas de padre, y en cuarto lugar, las niñas pobres huérfanas de madre. En igualdad de circunstancias se prefería a aquella candidata cuyos padres hubieran rendido algún servicio distinguido al país.[6]

---

6 A propósito, durante el año 1826 con el gobierno de Las Heras en la Provincia de Buenos Aires, se decretó: "Art. 1°. Del tesoro público se costeará en el Colegio de Niñas Huérfanas de esa capital la educación de una joven pobre por cada una de las parroquias de campaña.
Art. 2°. Se asignan ciento veinte y cinco pesos anuales para los gastos que

Tras la segunda caída del gobierno central, y el breve gobierno en la provincia de Buenos Aires del coronel Manuel Dorrego, se instala un nuevo escenario de luchas internas. Con el golpe del general Lavalle y el posterior fusilamiento del federal Dorrego, nuevamente las pocas escuelas de la región se verán afectadas. Algunos preceptores fueron enrolados en los cuerpos de Milicias, los locales de las escuelas sirvieron para alojar a las tropas o para armar improvisados hospitales, tal como lo denunciaba el nuevamente designado inspector general Segurola. Al centrar la atención en la Ciudad de Buenos Aires y el territorio de la campaña, con la gestión de la nueva gobernación del caudillo federal Juan Manuel de Rosas, se advierte que, en el primer año de su gobierno, no buscó innovar y procuró el avance de la escuela del Estado sobre la base de lo que encontró y la concreta realidad. Pero, muy pronto, el régimen rosista dio cuenta de su impronta y, en ese sentido, de una discontinuidad en materia de educación. Su primer foco de atención fue la enseñanza particular que se había mantenido a lo largo de estos años con regularidad y sin mayores exigencias y controles por parte de las autoridades públicas de turno. Así se determinó que, en adelante, en virtud de que supuestamente se había constatado que algunas escuelas a cargo de particulares en la ciudad descuidaban la enseñanza de la doctrina cristiana, conforme a la moral de la Iglesia católica apostólica romana, deberían contar con la autorización del inspector general para su funcionamiento dentro del territorio de la provincia, previo "justificaciones necesarias sobre la moralidad, religión y suficiencia".

En el caso particular de la campaña, la instrucción adquirió nuevos ribetes en su sentido moralizador y en su búsqueda de orden en la región. Por aquellos años las

---

demanden la manutención y vestuario de cada una de las parroquias de campaña.
Art. 3°. El Gobierno reglará la forma en que deben ser admitidas, el tiempo que ha de durar su educación y lo demás concerniente al mejor cumplimiento de esta disposición" (Registro Nacional: 77).

escuelas de primeras letras debían no solo difundir conocimientos básicos de lectura, escritura y de religión, sino que deberían mostrar la adhesión a la causa del régimen. Reveladora resulta, en ese sentido, la nota dirigida a los inspectores de las escuelas de la provincia de Buenos Aires por el entonces estrecho colaborador de Rosas, Manuel de Anchorena:

> Cuando desde la infancia se acostumbra a los niños a la observancia de las leyes del pais que los vio nacer y a respetar las autoridades, esta impresión queda gravada de una manera indeleble y la Patria puede muy bien contar con ciudadanos utiles y celosos defensores de sus derechos. Pero ellos deben ser educados segun las normas y politicas del Estado para que pueda fundarse la esperanza de que lo sostengan. Se ha acordado que se prevenga al Inspector General de Escuelas Publicas, que siendo Divisa punzo que llevan en el pecho los amigos del orden y restauradores de las leyes [...] ha acordado el Gno. que deben usar no solo todos sus empleados de su dependencia, sino que tambien deberan propender a que los discipulos lo usen manifestandole el origen que arranca esta determinacion de un modo propio e inspirarles amor y respeto a las leyes de su Patria, que no es dado a nadie violar impunemente. El Gobierno espera el celo patriotico que distingue al Sr. Inspector de Escuelas publicas en la ejecución de esta medida de grave trascendencia al bien publico (Archivo General de la Nación. Sala X, Leg. 6-1-2. Buenos Aires, Marzo 11 de 1831. En adelante: AGN).

Más allá de esa voluntad de que la escuela fuera propagadora de la causa del federalismo rosista, durante el segundo gobierno del llamado Restaurador de las leyes (1835-1852), se redujeron sustancialmente los fondos del erario para el mantenimiento de las escuelas públicas. Se dispuso que, de allí en adelante, las escuelas de la campaña se sostuvieran con los ingresos obtenidos de los corrales de abasto (se volvió a la situación que se planteó durante la gestión del gobernador Oliden en 1817). Por otra parte, tal como lo establecía en un decreto, el Estado no debía exigir a los padres indigentes que sus hijos cumplan con la instrucción escolar. Los fondos públicos se destinaron principalmente al mantenimiento de los gastos militares –producto de la urgencia que marcaba el estado de guerra que se vivió en este gobierno de Rosas– y para el clero que debía difundir el sermón patriótico-federal. Esa restricción de fondos llevó a que se cerrara la Casa de Expósitos y se suprimieran el pago de sueldos a maestros y maestras además de todo tipo de gastos de escuelas.

La suerte de las escuelas de la campaña y de la Ciudad de Buenos Aires –incluso las escuelas de niñas que estaban bajo la gestión de la Sociedad de Beneficencia– quedó librada a los esfuerzos de algunos de los pobladores de la campaña, de los jueces de paz y de los preceptores. De hecho se encuentran registros de informes de inspectores de esas escuelas. Lo que avanzó por estos años fue la educación particular pero, de todos modos, sujeta a la reglamentación del régimen.

Esas disposiciones, por otra parte, otorgaron el contralor de las escuelas y de su personal docente al jefe de Policía, lo que reducía claramente la injerencia del inspector de escuelas –función en la que continuaba el religioso Segurola–. Esa intención de fiscalizar la orientación de la enseñanza encontró otro momento culminante cuando se decreta en 1844 que una comisión inspectora examinara los textos y programas escolares que deberían orientarse "conforme [...] a la Religión Santa del Estado, a la moral pública y al sistema político de la Confederación" (AGN, *Gobierno*, Sala X, L. 6-1-2, Buenos Aires, 1844).

Aunque durante el primer gobierno de Rosas (1829-1832) hubo un interés por continuar lo que se venía haciendo en materia de educación, en su segunda gestión (1839-1852), marcada por la fuerte radicalización que sufrió el régimen, se plantea un congelamiento de las medidas alfabetizadoras bajo el argumento de la escasez de recursos para financiar sus actividades.

La educación de las "hijas" de la campaña bonaerense

Las nuevas autoridades que asumieron después de la caída del régimen rosista acometieron la monumental tarea de consolidar al Estado. Recibieron un poder al que debieron dotar de presencia, centralización e institucionalidad. La construcción de la nación iba de la mano de la construcción del Estado (Halperin Donghi, 1994; Garavagia, 2007). En ese endeble cuadro institucional en el que primaron las redes clientelares, se comenzaron a definir las estructuras de poder a partir de valores liberales al tiempo que se reforzaron mecanismos sociales que más bien retrasaban la consolidación de las estructuras administrativas que solicitaba el Estado moderno (Bragoni y Míguez, 2010).

La vida de esa sociedad de frontera fue la de un espacio interétnico e intercultural; de intercambios y transacciones comerciales, culturales, entre indios y "cristianos", y de "militarización de la vida cotidiana" (Mandrini, 1992; Mayo, 2002). Más allá de la diversificación social y la dinámica de su crecimiento económico, ese mundo de la campaña predominantemente rural fue percibido como un mundo bárbaro al que había que civilizar. En aquel contexto, donde la tarea civilizatoria adquiría connotaciones moralizadoras, la escuela fue convocada como la principal aliada para erradicar lo que se definió como la "ruralización de la política".

De modo que se avanzó en "la obra civilizadora de la educación pública" asumiendo las nuevas autoridades estatales un mayor compromiso en la creación de establecimientos educativos que coexistieron junto a los de carácter privado o particular. En 1856, se creó el Departamento de Escuelas, y se designó a Domingo Faustino Sarmiento como primer director. Durante su gestión se consiguió que se sancionara la Ley de Fondos Propios para el funcionamiento de las escuelas en 1858.

Por entonces, existían tres "tipos" de escuelas divididas por géneros: elementales, superiores e infantiles. En las primeras estaba previsto que los niños y niñas aprendiesen:

"Doctrina cristiana y las nociones de historia sagrada; lectura corriente, en impresos y manuscritos; ortolojía; escritura forma inglesa: ortografía". Además, "aritmética en sus operaciones fundamentales sobre números enteros y complejos; el sistema métrico" y se completaba con los "elementos de la Historia Arjentina, esplicación de los deberes y derechos del ciudadano". En las *escuelas superiores* debían perfeccionarse los estudios hechos en las elementales, "ampliando la instrucción relijiosa: la de la lengua nacional, estendiendo el estudio de la Aritmética á las aplicaciones mas comunes en los usos y transacciones de la vida". A estos se sumaban "Principios de geografía aplicados a la República; geometría y dibujo lineal, historia nacional y de la constitucion politica; música vocal". En lo que se refería a las escuelas de niñas, "elementales, ó superiores, se dará la misma enseñanza que en las de varones, con alteraciones que determinará un reglamento especial, para dar lugar á la práctica de labores propias del sexo" (*Fundación de Escuelas Públicas en la Provincia de Buenos Aires durante el gobierno escolar de Sarmiento 1856-1861/1875-1881*. Taller de Impresiones Gráficas, La Plata, 1939: abril, 16 de 1856: 14-15. En adelante: Fundación de Escuelas). Respecto de las escuelas infantiles, cubrían la franja etaria de cuatro a siete años y solo se establecían en las poblaciones que alcanzaran los diez mil habitantes, por lo cual, en muchos de los poblados de la campaña no existían estas escuelas por no contar con ese número de pobladores.

A lo largo de esos años la iniciativa de los particulares, de las instituciones eclesiásticas y de las autoridades locales fue decisiva. Así puede advertirse en la fundación de las escuelas de niñas en poblados como Patagones, Chivilcoy, Matanza, Belgrano, Parroquia de San Miguel, San Vicente, General San Martín, Bahía Blanca, Parroquia de la Piedad, Las Flores y Tandil. Los vecinos notables fueron convocados por las autoridades y, en la mayoría de los casos, ellos mismos se movilizaron para promover la creación de escuelas. Las mujeres a través de la Sociedad de Beneficencia, la figura del juez de paz, los comisarios y curas párrocos fueron protagonistas en estos años en materia de instrucción de los niños y niñas de las alejadas comunidades de la geografía bonaerense. Cabe destacarse que estas escuelas eran gratuitas para todos aquellos que no podían pagar, pero los padres de familia que estaban en condiciones de hacerlo entregaban una mensualidad para contribuir con su funcionamiento.

Los datos que se han podido revelar de los reservorios documentales muestran el fuerte impulso que el Departamento General de Escuelas dio a la escolarización básica, una iniciativa que acompañó la dinámica expansión de la economía agropecuaria y la diversificación social. Asimismo, durante los años cincuenta a los setenta llama la atención la notable presencia de la Sociedad de Beneficencia administrando y financiando el sostenimiento de las escuelas básicas para las niñas. Si bien no fue siempre armónica la relación entre Sarmiento y las señoras de la Sociedad, puesto que comenzaría a delinearse la intención por parte del llamado "padre de la educación popular" de promover la escuela sin religión y la coeducación, fue evidente que las autoridades estatales debieron convocarlas y acudir a ellas en lo referente a la escolarización de las niñas. Así, la presidenta de la institución solía enviar una solicitud a las autoridades para dar curso a la creación de alguna escuela en los distintos poblados y zonas rurales de la campaña. Su solicitud generalmente tenía curso y la designación de la preceptora que cumpliría sus funciones se acordaba con las autoridades locales. De allí en más, la supervisión de las tareas quedaba a su cargo. Así ocurrió, a modo de ejemplo, en el poblado del sudeste de la provincia de Buenos Aires –Tandil– con una población que se estaba diversificando gracias al arribo de inmigrantes daneses, italianos y vascos, a los que en lo sucesivo se sumarían otras colectividades. En el pueblo de Tandil, frecuentemente asolado por los malones indígenas, y donde la iniciativa de los particulares cubría la ausencia del Estado provincial, el juez de paz

–Felipe José Miguens– autorizó a la entonces presidenta de la Sociedad de Beneficencia, doña María Josefa del Pino, a que procediera a la reapertura de una escuela de niñas. Similar situación encontramos en el caso del poblado de Chivilcoy. En esa oportunidad, el juez de paz y presidente de la Municipalidad le comentó a la presidenta de la Sociedad que no podría abrir una escuela para niñas debido a que debían sostener a las escuelas públicas de ambos sexos que funcionaban en la comunidad. Por eso, "más allá de que lo animaban los mismos deseos que esa Sociedad porque cree que formar buenas madres de familia es la mejor base moral y sibilización para el porvenir del país [...]" (*Fundación de Escuelas*: 5-6), la entidad filantrópica debió hacerse cargo del pago del alquiler de la casa donde funcionaría la escuela y de los honorarios de la preceptora.

Eran precisamente las preceptoras las que se encargaban de hacer "comprender a los padres [...] el gran servicio que reciben sus niñas, y que estas nunca deben olvidar que es el primer Gobierno constitucional de nuestro Estado y a la influencia de la muy distinguida Sociedad de Beneficencia la educación que reciben" (*Fundación de Escuelas*: febrero 21 de 1857, p. 10).[7] Su desempeño y el funcionamiento de las escuelas eran supervisados por la Sociedad a través de las inspectoras que ellas designaban. No fueron pocas las ocasiones donde ellas informaron del atraso debido a que "[...] el reglamento que tienen las Escuelas de Educación es deficiente y no establece un método claro de enseñanza en los distintos ramos de educación lo cual hace que las Preceptoras no puedan atender bien la enseñanza [...]" (*Fundación de Escuelas*: febrero 21 de 1857).[8]

---

[7] Si bien son datos muy aislados, podemos dar cuenta de que las ocupaciones de los padres de las niñas eran, entre otras, las de hacendados, jornaleros, capataces y pulperos. Algunas de ellas eran huérfanas y así consta en los registros.

[8] No resulta extraño, por otra parte, que se hablara de atraso en la enseñanza teniendo en cuenta que muchas de las preceptoras no tenían formación en el ejercicio del magisterio, acreditando solo su moral y buenas costumbres,

Tiempo después, otra destacada mujer de la vida pública hizo una incisiva crítica al tipo de instrucción que se dictaba en las escuelas de la Sociedad de Beneficencia. En efecto, la reconocida maestra Juana Manso, referente de las nuevas corrientes pedagógicas, y difusora de las ideas de Mary y Horace Mann, a través de su periódico *Album de Señoritas* –fundado en 1854– planteó la necesidad de promover la educación integral para la mujer. En sus páginas, remarcó la importancia de la inteligencia de la mujer por sobre los atributos físicos. Extinguida al poco tiempo esa publicación, colaboró en los *Anales de Educación Común*, primer órgano pedagógico de Argentina, fundado el 1° de noviembre en 1858 por Sarmiento, a quien sucedió en la dirección. A Juana le tocó en responsabilidad implementar en la escuela que dirigió y difundir en la prensa y en conferencias la experiencia de la coeducación y de una enseñanza sustentada en la moderna pedagogía. Como argumentaba, la república debía garantizar una educación integral igualitaria para todos los niños y las niñas del pueblo. Su disputa con Mariquita Thompson –quien asumió nuevamente el cargo de presidenta de la Sociedad de Damas de la Beneficencia– adquirió inusitados ribetes públicos. Como fiel aliada del director general de escuelas de la provincia de Buenos Aires, asumió la defensa de ese proyecto de modernizar la educación popular. Por su parte, la renombrada

---

nociones de lectura y escritura, aritmética y de la doctrina católica. Una de las tantas cartas donde se revela esa falta de preparación es la que elevó esta preceptora a la presidenta de la Sociedad de Beneficencia exponiendo: "[...] Señora mia hoi tengo el gusto de dirijirme a V. deceando sé halle V., con la mallor felicidad, llo y toda mi familia quedamos a la orden dé V. Hasta ora me há sido imposible encontrar una persona conquien, poder escribir á V., mas habiendo de terminado que valla mi hija á la Ciudad, á comprar utiles, para labores, á provecho lá ocacion para saber de su importante, salu y decir á V., como mevá en este destino y el estado de la Escuela conforme sé mepidio. Mi ceñora nosotras, hemos sufrido dos meses, terribles, sé nos, á negó la caza en los grandes temporales, que hubieron, la Escuela sé conpone de doce niñas, hai otras que dicen no haber benido por estar el canpo lleno de agua y éstar distante del Pueblito [...]" (*Fundación de Escuelas*: febrero 21 de 1857, p. 24).

dama patricia defendió el lugar y la tarea que las mujeres de la beneficencia habían llevado a cabo durante tantos años. Con desazón en su carta personal a Sarmiento, su antiguo amigo de lucha en la causa antirrosista, respondió a la impugnación de la que era objeto su labor:

> ¡Qué mala partida me ha hecho el viejo amigo con ese negro informe contra esta pobre Sociedad! ¡Yo que estaba tan contenta del trato que me había propuesto para hacer bien, y me veo en letra de molde! Mis compañeras están sentidas en alto grado; pero yo tengo más filosofía y aquí tiene la prueba. Ud nos acrimina porque no hacemos innovaciones y, entre tanto, con todas sus evoluciones, nos da Ud. el resultado más triste de su Escuela Modelo que no ha quedado fijo sino un discípulo! Es preciosa su ingenuidad, pues a nosotras no se nos van, tenemos cuantas podemos y hacemos un gran servicio, créame Ud.; pero lo he desconocido en este informe porque en sus ideas de progreso su empeño es destruir nuestra corporación, olvidando su decreto de instalación, tan sublime, y en una tierra en que los hombres están siempre en guerra civil ¿no cree Ud. que las mujeres es utilísimo que cuiden de los establecimientos de caridad y educación de su sexo? Vaya, mi amigo, que ha delirado en ese informe! (Sánchez. *Cartas de Mariquita Sánchez*. Compilación, prólogo y notas de Clara Vilaseca, Buenos Aires, Peuser, 1952, pp. 364-365).

Más allá de esas disputas, del denunciado ausentismo escolar, de los tiempos escolares que debieron ajustarse a los tiempos laborales de los niños y niñas de la campaña, es evidente que hubo un avance en materia de presencia de la escuela pública[9] y con ello, de las políticas centralizadoras que lograrían plasmarse con la sanción de la Ley de Educación Común, Obligatoria y Gratuita para la provincia de Buenos Aires, en setiembre de 1875. Tal como puede

---

[9] En 1868 por ejemplo, en la campaña había 60 escuelas de varones que reunían 3976 alumnos; 48 de niñas (Sociedad de Beneficencia) con 2987, y 17 particulares con 679 (*Memorias de los diversos Departamentos de la Provincia de Buenos Aires y de las Municipalidades de Campaña*, Imprenta Bs. As., 1868: 26).

advertirse, el predicamento por la extensión de la escolarización de los niños y las niñas en la campaña bonaerense –más allá de sus denunciadas falencias– fue el producto de un entretejido de acciones promovidas tanto por iniciativas particulares como públicas.

Se ha dicho que con la sanción de esta ley se centralizó el contralor de todo el sistema de Instrucción Pública en manos de la ya creada Dirección General de Escuelas (DGE), y que habría significado el decaimiento del peso de la Sociedad de Beneficencia en la educación común –en especial de las niñas–, comenzando a replegarse a la atención de sectores específicos de la sociedad. Sin embargo, es posible matizar estas afirmaciones ya que puede darse acabada cuenta, en el caso que nos ocupa, de que las damas continuaron con una serie de actividades de beneficencia ocupándose de tareas que el Estado no estuvo en condiciones de asumir o que, directamente, se las delegó. Incluso continuó siendo clave su acción educativa allí donde el brazo de las políticas estatales no llegaba o lo hacía de modo insuficiente (de Paz Trueba, 2010).

La educación de las "hijas del pueblo" en la escuela republicana de la Ley 1420

Cuando la unidad nacional se concretó, comenzando con la prodigiosa tarea de dar forma al Estado, la educación se colocó en la mira del gobierno central. Fue un objetivo compartido por las llamadas presidencias históricas del período 1862-1880 (Mitre, Sarmiento, Avellaneda), y continuado durante los años ochenta. Con el surgimiento de ese proceso de ingeniería social, en el que se buscó sentar las bases del orden burgués, construir un sistema de representación política unificado y organizar el Estado (Bonaudo: 1999), la educación del soberano se convirtió en un tema prioritario con respecto a la prodigiosa tarea de *argentinizar* y a la configuración del orden republicano. El primer paso que dieron en ese sentido fue ocuparse de capacitar a los responsables de llevar adelante aquella misión alfabetizadora. A partir de 1870, el normalismo y la profesionalización de los educadores quedaron estrechamente ligadas a las sucesivas políticas del gobierno central. El segundo, y más contundente ante la opinión pública, fue la sanción de la Ley 1420 en 1884 para la Capital Federal y los territorios nacionales. Tal como se enunciaba, los "hijos de la república" debían hacer gala, en sus conductas privadas y públicas, de la moralidad de costumbres, de la fidelidad a la patria, de su predisposición al trabajo y al cuidado de su salud corporal. La configuración de ese modelo de ciudadanía se inspiró en un propósito civilizador, a partir del cual se integraría el nuevo orden social.[10]

Bajo la consigna de una escuela abierta para todos los niños y niñas de la república se fomentó la coeducación y la formación de las "hijas del pueblo" como "guardianas de la república". En efecto, la configuración histórica del refugio de la intimidad significó la consagración de la mujer bajo la figura de "reina del hogar". A partir de esa construcción se proyectó un modelo de ciudadanía para la mujer y para el varón. El hombre como jefe de familia y laboralmente activo debería ser responsable por el ejercicio de sus deberes cívicos, entre los que se contaba el de sufragar y defender con las armas en caso de guerra a su patria. La mujer no sería una ciudadana de plenos derechos. El arquetipo de mujer como buena hija, esposa y madre volvía a reproducirse para adquirir nuevos sentidos. Así se transmitió la idea de la inferioridad jurídica de las mujeres, de la división del trabajo y del espacio y de su exclusión de la esfera pública. Al tiempo que se revalorizó su función en el espacio

---

[10] Tal como se advertirá, este apartado se ha trabajado de modo más acotado ya que un mayor detenimiento en los contenidos, procedimientos y extensión de esa formación integral que recibieron niñas y niños en aquella escuela puede encontrarse en Lionetti (2007).

doméstico, se la alejó de su proyección en la esfera pública. Bajo la figura de "madre y esposa de ciudadanos", se habló de su capacidad de entrega y sacrificio en el cuidado de sus hijos, de respeto a su esposo, de devoción a sus padres, en definitiva, de su labor para preservar la honra de su hogar.

Tal como se suponía, en aquella escuela republicana las niñas eran educadas para que aprendieran "el arte de manejar, dirigir o gobernar la casa y la familia sin perder o malgastar tiempo, trabajo ni dinero". La casa se le presentaba con una doble función reguladora, de los sentimientos y de los recursos. La mujer, en su morada, encontraría el ámbito apropiado para demostrar la dulzura, la paciencia, la bondad y la comprensión, en definitiva, esas virtudes femeninas que supuestamente atemperaban el "exceso" de sentimientos y desactivaban las pasiones procedentes del exterior. El imperativo del orden y la higiene dentro del espacio doméstico presuponía una forma de defensa frente a la enfermedad física y moral que provenía como amenaza de afuera. La regularidad y disciplina en el trabajo estaban estrechamente ligadas al orden del tiempo, y liberaban al ama de casa del riesgo de la improvisación. La economía de sus movimientos se acompañaba con la economía del ahorro. Ese modelo de comportamiento y, particularmente, ese categórico mandato que colocaba a la mujer como artífice de la regulación del espacio familiar, se inspiró claramente en el movimiento iniciado en torno al siglo XVIII europeo. Como se ha mostrado, la característica más acusada de la educación moderna contemporánea fue la de haberse constituido en un cambio de mentalidad que se expresó a través de un mensaje, el del progreso moral de la Humanidad por medio de la educación. Ese discurso regulador le otorgó, al mismo tiempo, una función social a la escuela.

En los últimos años del siglo XIX y los primeros del siglo XX las determinaciones fundamentales para su adecuado funcionamiento provienen del ámbito del higienismo, que focalizó primordialmente sus recomendaciones en los hogares populares (Nari, 2004). El orden y la correcta limpieza de los ambientes debían acompañarse con el cuidado de la higiene personal. Desde esa perspectiva, se consideró oportuno que las niñas aprendieran las sencillas nociones de "Higiene, Fisiología y Medicina". El orden de su casa garantizaba el orden de la república.

Ese margen de expectativas, puestas a favor de la mujer como "custodia de la raza y de la república", hizo posible que algunas voces se pronunciaran a favor de dictar nociones de civismo a las niñas en la escuela. No se lograría "una democracia estable y próspera, cuando el hombre deja en la puerta, al entrar a su casa, como el abrigo en la percha, sus faltas o sus virtudes cívicas" (*El Monitor de la Educación Común*, año I, N° 17, 1882). Efectivamente a fines del siglo XIX y, particularmente, a principios del siglo XX se asistió a una presencia distinta de la mujer. Un protagonismo público que trajo como novedad el reclamo por sus derechos jurídicos y políticos (Lavrin, 2005: 323-442). Pero aquella sociedad puso sus límites. Si bien asumió el derecho a la educación de las mujeres, al mismo tiempo remarcó su condición de sujetos política y cívicamente inferiores (Barrancos, 2001). Esos fueron tiempos en los que se asistió a una difícil convivencia entre los extensos tratados y revistas femeninas que se referían a su condición legal, y a un contradiscurso que circuló destinado a frenar los excesos femeninos y a promover la subordinación de las mujeres.

En efecto, en aquella escuela con vocación homogeneizadora y universalizadora se transmitieron los límites a su participación en el mundo de la política, un ámbito impropio para el *bello sexo*, precisando los derechos y deberes de los ciudadanos y las ciudadanas. En una sociedad aluvional como la que presentaba la Argentina de fines del siglo XIX y comienzos del XX, las expectativas volcadas a favor de la inmigración y el papel particular que les habían adjudicado a las mujeres de otras latitudes era el de contribuir al basamento de la civilización. El presente de aquel tiempo revelaba otra realidad. La mujer inmigrante de clase baja de la Europa del sur llegó a convertirse en el símbolo del fracaso de aquel ideal civilizador. A ella se le adjudicaba la responsabilidad de los males sociales. Según lo denunciaban algunas voces de la elite, la prostitución, la inclinación por la búsqueda de placeres y dinero, y la actividad anarcosindical de algunas atrevidas que desafiaban las buenas costumbres eran signos evidentes de la degradación. Se transformaron en una amenaza que había que erradicar y contrarrestar con toda contundencia. En ese sentido, utilizaron la institución escolar para reafirmar lo que nunca debió haber sido cuestionado: mujer sinónimo de madre y esposa dedicada, dócil y amorosa con su familia. En todo caso, como ya ha sido dicho, si había un lugar público para ella no era más que la prolongación de su actividad doméstica al ámbito del aula.

De allí que la inédita presencia de la mujer, ante ese contexto de sobresalto y temor, fue diagnosticada como uno más de los síntomas del desorden social. Tal como algunos sectores de la elite señalaron, esa escuela republicana con su vocación igualitaria habría sido una de las promotoras de esa preocupante realidad. Esa educación de las niñas, que otrora fuera declamada y defendida como uno de sus logros más sobresalientes, a las puertas del siglo XX provocó inquietud ante su significativa presencia en las aulas como alumnas y como maestras. Para muchos, ese era un primer escalón para la ascendente y desafiante presencia de las mujeres en la vida pública.

De modo tal que se cierra este extenso recorrido por el camino que transitó la educación pública de las niñas desde mediados del siglo XVIII hasta comienzos del siglo XX con la consagración de esa escuela republicana de la Ley 1420. Aquella escuela fue la niña mimada de la elite, sin embargo, las expectativas puestas sobre ella fueron rebasadas por la dinámica de la realidad social. Según muchos denunciaron, esa impronta democratizadora fomentó las fantasías del ascenso social y del clientelismo político. Según otros, no había conseguido erradicar la marcada deserción y ausentismo escolar, tal como lo reflejaban las lecturas de los censos escolares. Y hubo quienes remarcaron que esa enseñanza enciclopedista no retenía a los varones, pues, a partir del cuarto grado, abandonaban la escuela para ingresar tempranamente al mercado laboral, con lo cual se favorecía la marcada *feminización* de la escuela. El trayecto de las jóvenes por las escuelas normales, feminizando la composición del magisterio, y la inesperada presencia de las niñas en las aulas de las escuelas primarias, eran los supuestos signos de un trastocamiento de la sociedad. Al respecto, cuando se consultan las cifras de los censos escolares a nivel nacional, por ejemplo, para el caso del año 1909 se informaba que la población escolar de 5 a 14 años era de 1.138.309, de los cuales 586.875 eran varones y 550.434 eran mujeres. Sin dudas, más allá de que el número de niños era mayor, la cercanía de cifras se estimó como preocupante. Aquello era un síntoma más de un orden social que aparecía contaminado en su fortaleza y virilidad. Ese fue el diagnóstico que llevó al ensayo de una serie de reformas educativas que promovieron una suerte de clausura social. El intento de reforma de Osvaldo Magnasco en 1899, que promovió el cierre de escuelas normales y colegios secundarios en las provincias, la reforma Saavedra Lamas en 1915 con la creación de la Escuela Intermedia y la reducción de la obligatoriedad escolar a cuatro años fueron evidencias ciertas de esa reacción de un sector de la elite.

Para el caso de la provincia de Buenos Aires, el recorrido de la escuela pública será aun más azaroso. De hecho, como cual laboratorio de los ensayos de reforma que se dieron a nivel nacional, una primera reforma que se hizo y que fuera denunciada por algunos vecinos por su carácter autoritario fue la de 1905 promovida por Marcelino Ugarte, con la cual se redujo la obligatoriedad escolar para ambos sexos a cuatro años. Tiempo después, el director general de escuelas de la provincia, Matías Sánchez Sorondo, sostuvo que no se podía enseñar lo mismo a un niño de la ciudad que del campo, a un varón que a una mujer. La escuela debía responder al medio y el medio era lo local, no la República

Argentina. Así, en 1915 se mantenía la obligatoriedad escolar en los centros urbanos de siete a once años; de siete a diez años en las zonas rurales. La escuela sería inicialmente de dos grados cuando la población no tuviera la capacidad suficiente para mantener en los años superiores el número reglamentario de alumnos. Los programas de las escuelas de los dos primeros años debían ser uniformes, y a partir de allí serían deferenciales. De hecho, con el paso de las décadas, las autoridades de turno continuaron denunciando la fuerte deserción –sobre todo de los varones– del sistema educativo. Cuando asume el gobierno peronista, y en particular la gestión de Mercante en la provincia, se parte de ese diagnóstico para promover una serie de reformas en la educación primaria (Petitti, 2014).

Sin embargo, más allá de las denuncias, la escuela primaria era un hecho, como también que, para muchas niñas, fue el primer paso de una biografía escolar que les permitió transitar por la experiencia de una formación profesional. La escuela estuvo innegablemente asociada a esa marcada presencia de las mujeres en la sociedad del siglo XX y de lo que va del siglo XXI, a pesar de que las expectativas puestas sobre ella, por parte de las autoridades y la propia sociedad en su conjunto, no alcanzan a cumplirse en su totalidad.

Bibliografía

BARRAL, María Elena (2007), *De sotanas por la Pampa. Religión y sociedad en el Buenos Aires tardocolonial*, Buenos Aires, Prometeo.

BARRANCOS, Dora (2001), *Inclusión/exclusión. Historia con mujeres*, Buenos Aires, Fondo de Cultura Económica.

BONAUDO, Marta (1999), *Nueva Historia Argentina. Liberalismo. Estado y Orden Burgués (1852-1880)*, Tomo 4, Buenos Aires, Sudamericana.

BRAGONI, Beatríz y MÍGUEZ, Eduardo (coords.) (2010), *Un nuevo orden político. Provincias y Estado Nacional, 1852-1880*, Buenos Aires, Biblos.

BUSTAMANTE VISMARA, J. (2007), *Las escuelas de primeras letras en la campaña de Buenos Aires (1800-1860)*, La Plata, Asociación Amigos del Archivo Histórico.

De PAZ TRUEBA, Yolanda (2010), *Mujeres y esfera pública: la campaña bonaerense entre 1880 y 1910*, Rosario, Prohistoria.

Di STEFANO, Roberto (2004), *El púlpito y la plaza. Clero, sociedad y política de la monarquía católica a la república rosista*, Buenos Aires, Siglo XXI.

FOUCAULT, Michel (2007), "Clase del 17 de enero de 1979", en Foucault, Michel, *Nacimiento de la biopolítica*, Buenos Aires, Fondo de Cultura Económica, pp. 43-68.

GARAVAGLIA, J. C. (2007), *Construir el Estado, inventar la nación. El Río de la Plata, siglos XVIII-XIX*, Buenos Aires, Prometeo.

GELMAN, Jorge (2000), "Crisis y reconstrucción del orden en la campaña de Buenos Aires y la sociedad en la primera mitad del siglo XIX", *Boletín del Instituto Ravingnani*, N° 21, primer semestre.

GHIRARDI, M.; CELTON, D. y COLANTONIO, S. (2008), "Niñez, Iglesia y política social. La fundación del Colegio de Huérfanas por el Obispo San Alberto Córdoba, Argentina, a fines del siglo XVIII", *Revista de Demografía Histórica*, N° 26, pp. 125-171.

HALPERIN DONGHI, Tulio (1994), *Una nación para el desierto argentino*, Buenos Aires, Ariel.

LAVRIN, Asunción (2005), *Mujeres, feminismo y cambio social en Argentina, Chile y Uruguay (1890-1940)*, Santiago de Chile, Centro de Investigaciones Diego Barros.

LIONETTI, Lucía (2007), *La misión política de la escuela pública: educar al ciudadano de la república*, Buenos Aires, Miño y Dávila.

MANDRINI, R. (1992), "Indios y fronteras en el área pampeana (siglos XVI y XIX). Balance y perspectivas", *Anuario IEHS*, No. 7.

MAYO, C. (2002), *Vivir en la frontera. La casa, la dieta, la pulpería, la escuela (1770-1870)*, Buenos Aires, Biblos.

MORENO, José Luis (2000), "La Casa de Niños Expósitos en Buenos Aires, conflictos institucionales, condiciones de vida y mortalidad de los infantes 1779-1823", en Moreno, José Luis, *La Política Social antes de la Política Social (caridad, beneficencia y política social en Buenos Aires, siglos XVIII a XX)*, Buenos Aires, Prometeo.

NARI, Marcela (2004), *Políticas de Maternidad y Maternalismo Político. Buenos Aires, 1890-1940*, Buenos Aires, Biblos.

PETITTI, Eva Mara (2014), *La educación primaria durante el peronismo. La experiencia de la provincia de Buenos Aires (1946-1955)*, tesis doctoral de Historia, UNMdP.

TWINAM, Anne (1988), "Honor, paternidad e ilegitimidad: los padres solteros en América Latina durante la Colonia", *Estudios Sociales*, N° 3, Bogotá, Ministerio de Gobierno de la República de Colombia, pp. 7-33.

VASALLO, Jacqueline (2006), *Mujeres delincuentes. Una mirada de género en la Córdoba del siglo XVIII*, Córdoba, Centro De Estudios Avanzados, Universidad Nacional de Córdoba.

Maestras y mercado editorial

Un atajo para hacer oír las voces femeninas del magisterio, espacios urbanos argentinos, 1920-1940

PAULA CALDO

Introducción

El presente artículo tiene por objetivo avanzar en la construcción de una historia de la educación con mujeres desde la perspectiva del género. Para ello recuperamos una serie de huellas dejadas por maestras que, en su conjunto, enuncian algunos problemas que el ejercicio de la docencia representó para ellas, en diferentes espacios urbanos argentinos entre 1920 y 1940. Justamente, el clima de entreguerras marcó la posibilidad de un fructífero mercado editorial que, por un lado, puso en circulación los saberes oficiales sobre la docencia, pero, por otro, habilitó bordes por donde se expresaron en forma genuina otras voces, entre ellas, las de las maestras. Así, pondremos en relación una serie de publicaciones (revistas y libros) en las cuales las mujeres expresan problemas, desafíos, sugerencias e inquietudes acerca del magisterio. Esas construcciones discursivas si bien están marcadas por las condiciones de posibilidad de la época, contienen algunos indicios que permiten leer singularidades femeninas: el acceso al voto, problemas salariales, el consumo, los afectos, los modos de querer, entre otros aspectos.

Ahora bien, como antesala de nuestro análisis abrimos un paréntesis para hacer extensiva a la historiografía argentina la frase que Oresta López pensó para el caso mexicano: "parto de la idea de que cuando hablamos de historia y género en la educación en México estamos frente a un campo en construcción, interdisciplinario, inicial y con grandes retos teóricos de investigación empírica, en donde falta mucho camino por recorrer" (2006: 4).

Asumiendo esos retos teóricos y diálogos interdisciplinarios que el objeto sugiere, habilitamos una distinción que nos ayuda a fundamentar el contenido de estas páginas. La relación mujeres, género y educación amerita enunciar una particularidad conceptual que el verbo *educar* adquiere y que, cuando las mujeres son el objeto, provoca líneas de investigación diferenciadas. Es decir, una línea de trabajo circula en torno a los procesos educativos de las mujeres en general y otra se inscribe en relación con los procesos de formalización escolar e institucional de esas educaciones femeninas.

La primera línea parte de una noción de educación como pasaje de saberes de una generación a otra, a los efectos de la formación de identidades (étnicas, de género, de clase) y de la inclusión sociocultural. Aquí se estudian procesos formativos domésticos, cotidianos y situados en entramados familiares y de mujeres. Estas educaciones domésticas tienen una clara intervención pedagógica en clave de género, pero no pueden leerse desde los parámetros que fijan las instancias de formaciones institucionalizadas. Son las mayores, las hermanas, las madres, las tías, las madrinas, las amigas, las abuelas, la criada de confianza, quienes instruyen a las más jóvenes. Muchas veces el método implementado está marcado por la complicidad y el secreto. Esos saberes van desde las conductas sociales, los modos de aparecer en público, la moda, los conocimientos del hogar, el amor, la sexualidad, los cuidados del cuerpo, la maternidad, las creencias, la religión, hasta las prácticas más complejas que redundan en salidas laborales (las labores de punto, la cocina, la higiene del hogar, etc.). A su vez, cabalgando con esas prácticas de enseñanzas personalizadas y de boca en boca, aparecen otras tendientes a un perfeccionamiento técnico. Si durante el siglo XIX fueron las damas de beneficencia y las órdenes religiosas quienes ensayaron formas de educar a las niñas, fundamentalmente de los sectores populares, el avance de la primera mitad del siglo XX ampliará la oferta con la incorporación del mercado. Así, espacios privados, muchas veces relacionados con productos editoriales o bienes de consumo, comenzaron a ofrecer cursos, talleres, conferencias para capacitar (profesionalizar) a las mujeres. A medida que avanzó el siglo XX estas prácticas fueron aceptándose y reproduciéndose en diferentes formatos: publicaciones, radio y cursos presenciales. En simultáneo las bibliotecas populares, los dispensarios y los partidos políticos (conocida es la labor de las mujeres anarquistas) ofertaron publicaciones prescriptivas, pero también dictaron cursos tocantes a distintos temas: la lactancia, los cuidados sexuales, el mundo del trabajo, etc. Este mapeo sintético por el universo de las formas de educación femenina intenta dar cuenta de las múltiples prácticas que tejieron "un entre" mujeres informal pero altamente instructivo. Quizás esa multiplicidad de modos sea el vestíbulo y también la arena de lucha desde la cual las mujeres disputaron la formalización de la educación femenina (Nari, 1995; Marcus, 2007; Caldo, 2016; Aguilar, 2014; Giard, 2006; Fernández Valencia, 2006; Barrancos, 2007).

En este punto, vale citar la segunda línea de investigación que aborda los procesos escolarizados de educación femenina (Morgade, 1997; Lionetti, 2007; Pérez Cantó y Bandieri, 2005; Galván Lafarga y López Pérez, 2008; Caldo, 2014). Con la expresión "escolarizados" aludimos a esas enseñanzas marcadas por escuela, por esa socialización metódica que, valiéndose de conocimientos y saberes seleccionados desde la esfera estatal, transmite, coordina y difunde medios de orientación colectivos. Sabido es que el formato escolar global, simultáneo y gradual es característico de la cultura occidental moderna. A nuestras latitudes se trasladó con impronta colonizadora y profundizó sus marcas a lo largo de los siglos XIX y XX. Empero, para que las escuelas hagan sistema fue necesario el ordenamiento estatal y, precisamente, la administración roquista generó el instrumento legal que dio base al sistema educativo argentino. La Ley de Educación Común 1420 (año 1884) estableció la legalidad de la educación obligatoria tanto para varones como para mujeres, oficializando la asistencia femenina. Sin embargo, que las mujeres *asistan* a las escuelas de primeras letras no fue un paso directo a los estudios superiores y al universo de la producción intelectual. Y aquí, en esta encrucijada que, por un lado, habilita la lectura y la escritura, pero por otro, obtura las posibilidades de producir conocimiento a partir de esos saberes, se juega una de las tensiones más palpables de la asimetría de género: leer y escribir sí, formarse como intelectual y profesional, no o no tanto.

Las mujeres como futuras madres y, por ende, encargadas de los primeros cuidados y de la educación de las niñas y de los niños, debían recibir una educación formal inspirada en los valores, principios, saberes y sentidos que el Estado estimaba adecuados. Uno de los clásicos estudios que permitió pensar estos procesos de intromisión estatal en las lógicas constitutivas de las familias fue, justamente, la *Policía de las familias* de Jacques Donzelot (2005), publicado por primera vez en 1977. Allí se percibe cómo esos entramados familiares están supervisados por un control externo y la educación femenina es un engranaje clave de esa dinámica (Lionetti, 2007). Las niñas no fueron educadas ni para la vida pública ni para la intimidad, sino para ejercer la domesticidad (Murillo, 1996). Es decir, una mujer debía gobernar el hogar, proyectar su vida y su moral hacia la maternidad y hacia la conservación de la virtud de la familia. Complemento del varón, debía ser experta en higiene del hogar, primeros auxilios para custodiar la salud de sus hijos, pero también manejar el universo de la economía doméstica con austeridad y ahorro. De este modo, fuera del saber de las mujeres quedaban: las prácticas políticas efectivas, el mundo de los negocios, la producción de conocimiento (la ciencia), como también los temas vinculados a la sexualidad, la reproducción y el placer sexual.

Ahora, ese deber estipulado como ideal educativo para las mujeres fue justamente una idea que se proyectó, que dio sus resultados performativos, pero que también encontró sus grises, tensiones y contra-modelos tanto en las mujeres como en ciertos varones. En el devenir del siglo XX, algunos comenzaron a pensar que una mujer instruida y partícipe de las decisiones políticas (como votante, no como candidata) podía ser una mejor madre. Esa tendencia empalmó con el pensamiento de ciertas sufragistas que lucharon por el acceso al voto y a la educación a los efectos de perfeccionar su lugar dentro del reparto de roles fijados por la sociedad patriarcal. Pero, por otro lado, algunas mujeres fueron más allá con sus reclamos, solicitando una transformación general en las relaciones entre los sexos (Barrancos, 2007). Estos procesos fueron lentos y el magisterio resultó uno de los atajos por donde fluyeron y coagularon. Al menos en Argentina, las mujeres encontraron en el ejercicio de la docencia una posibilidad con sentido bifronte, por un lado, extender su rol doméstico a una institución pública, pero por otro, estudiar, trabajar, escribir, leer, percibir un salario, vivir solas (por los traslados); en fin, hacer uso de las herramientas de la vida pública e íntima, dos claves oficialmente negadas al género femenino.

Deudor de todas estas investigaciones, pero anclado en la segunda línea, el presente artículo recupera voces de maestras que expresan sensaciones, dificultades y problemas que el ejercicio de la docencia les representaba. Entendemos que esas voces hallaron una vía de expresión clara al capitalizar los aportes del mercado editorial en expansión. Tomamos como referencias los escritos publicados por una maestra, Herminia Brumana (1918-1932); la revista que las alumnas, graduadas y docentes del Normal N° 1 de la ciudad de Rosario editaron, entre 1925 y 1929, y *El Buzón del Magisterio* del semanario femenino *Damas y damitas* (1938-1944). Si bien las revistas son estimadas clave para la historia de la educación como así también la propuesta editorial (Depaepe y Simon, 2014), las aquí tratadas no son de cita frecuente. Igualmente las elegimos porque entendemos que el magisterio si bien fue un oficio de presencia femenina, sus fundamentos estuvieron labrados sobre la base de un universal genérico (masculino), solo posible de deconstrucción si buscamos otras fuentes y si incorporamos la mirada local-regional que sitúa las prácticas y así permite reconocer las agencias de los varones, pero también de las mujeres.

Mirar viendo y actuar sintiendo, los consejos de Brumana para sus colegas

Herminia Brumana (1897-1954) es un nombre que alude a una multiplicidad de experiencias: militante, madre, esposa, intelectual, conferencista, luchadora, excluida, guionista de obras de teatro, autora de literatura infantil, defensora de las mujeres, novelista, socialista algunas veces, anarquista otras y, además, maestra en el grado y en la gestión escolar (Queirolo, 2009). Fue docente por título (maestra normal) y por oficio, pero fue también una intelectual en virtud del pensamiento crítico, la autonomía y el compromiso social articulado en sus múltiples intervenciones públicas. Una intelectual que, sin embargo, cuando piensa las prácticas de las maestras alude constantemente a los sentimientos como motores. Ella pretendía encontrar en las aulas maestras de corazón y no motivadas por fines económicos o estrictamente racionales y técnicos. Esa apelación constante a la sensibilidad resta a la docencia el halo racional y ascético asignado a los perfiles académicos. Por lo cual, ella es parte de esos *otros intelectuales*, productores de conocimiento con claras proyecciones sociales y políticas, autónomos, críticos pero marginales a los centros de producción hegemónicos, generalmente metropolitanos y masculinos (Fiorucci, 2013).

Brumana dictaba clases y cumplía con las prescripciones escolares, pero también escribía y publicaba sus textos en formato de libro y de artículos periodísticos. Aunque sus escritos se han asociado con la literatura en general y con la infantil en particular, el propósito de su obra estaba lejos de ser la ensoñación literaria. Herminia fue una militante que se valió de la palabra escrita para alcanzar mayores públicos lectores. Su pluma interpeló a las mujeres y a los niños no para analizarlos o prescribirles un deber ser, sino para construir con ellos formas igualitarias de la vida en sociedad.

La profusión de escritos que publicó recorrió itinerarios diferentes. Por un lado, escribió *Palabritas* (1918) y *Tizas de colores* (1932), dos textos cortos dirigidos el primero a los niños de los últimos años de las escuelas primarias y el segundo a los docentes, ninguno de los cuales circuló en los canales oficiales de las escuelas. Por otro lado, interpeló a las mujeres, produciendo artículos para revistas como *Vida Femenina. La revista de la mujer inteligente* o *El hogar*, entre otras. A su vez, en formato libro aportó: *Cabezas de mujeres* (1923) y *Cartas a las mujeres argentinas* (1936). Además de los productos citados, Brumana escribió: *Mosaico* (1929), *La grúa* (1931), *Nuestro hombre* (1939), *Me llamo niebla* (1946) y *A Buenos Aires le falta una calle* (1953). Participó en publicaciones como: *Pigüé* (revista que ella misma fundó en 1918), *El hogar*, *La Vanguardia*, *Nosotros*, *Caras y Caretas*, *La Nación*, entre otros. Muchas de las notas que redactó para la prensa pasaron luego a ser parte de sus libros. Su escritura, más que ensayar ficción, buscó impactar en la sensibilidad de sus lectores para provocarles acción, por lo cual la prensa y la propuesta editorial para niños resultaron ser los ámbitos mayormente transitados por la pluma de la autora.

En la profusión de palabras esbozadas por Brumana, algunas estuvieron destinadas a sus colegas del magisterio. El tono de esos mensajes fue entre biográfico y autorreferencial pero connotado por la autoridad que da la experiencia. Así, Herminia reflexiona sobre sus prácticas y, desde esa construcción, interpela a sus pares con recomendaciones, consejos y sugerencias. Por ejemplo, en *Palabritas*[1] y bajo el título "Remordimiento", la autora narra, en primera persona, una anécdota. Cierta vez, explicando los males que el alcohol provoca en las familias, hirió la sensibilidad de un alumno, al punto de hacerlo llorar. En el pasaje, la docente cuestiona su falta de tacto para evitar la situación. Esboza: "Un sollozo murió en mi garganta. Sentí el remordimiento infinito de haber, con mis palabras, hurgado una llaga en el corazón inocente del niño" (HB-OC, 1958: 29). Luego dice: "Para todos hay lugar en los libros y en el corazón del buen maestro. Nadie se estorba" (p. 33). Así, la maestra debe enseñar, pero, en simultáneo, debe atender las manifestaciones sensibles del alumnado. Abrimos un paréntesis teórico. Richard Sennett (2009), preocupado por describir cómo se transmiten ciertos oficios, contrapuso las prácticas de "denotación muerta" con las de "ilustración empática". Las primeras acentúan los objetos y sus formas, las segundas piensan en los sujetos de la acción y en situación de aprendizaje. Sin dudas, Brumana no fija como primera instancia la matemática, la lengua o la historia a transmitir, sino los sujetos (alumnos y docentes) que interactúan en las escuelas. Para ella, el conocimiento escolar es el pretexto para formar seres humanos sensibles y en condiciones de ensayar la igualdad. Ella quiere impactar en el corazón de sus alumnos, no en el cerebro. Más que expertos eruditos,

---

[1] *Palabritas* fue su primer libro (1918). Se trata de un texto de lectura para niños en edad escolar (últimos años). El mismo fue presentado a concurso público abierto por el Consejo Escolar de Saavedra para ser seleccionado como libro de uso escolar, resultando desfavorecido en la convocatoria. Así, pasó a ser un texto de uso en bibliotecas populares y/o personales.

quiere formar seres con capacidad de reconocer los pesares del otro. En el mismo libro, pero en el artículo "Habla la maestra", explica:

> Llego a la escuela todos los días renovada en mi alma la flor del cariño a mis alumnos. Dejo en la puerta de entrada, como se deja el polvo de la calle, toda tristeza... Y entro, llena el alma de la luz blanca del optimismo sano, que vierto como una bendición sobre las cabecitas de mis alumnos. Y siempre, siempre prefiero llegar a su corazón que a su cerebro... (p. 32).

El pasaje indica que, al ingresar en la escuela, la mujer va despojándose de los dramas de su vida para transformarse en maestra. Esta debe trabajar atendiendo las fibras sensibles que los alumnos portan en sus biografías. Años después, publica en *Tizas de colores* (1932) un ensayo en forma de carta que complejiza su concepto sobre la maestra. En el artículo llamado "Respuesta a una normalista" dice:

> Ande por la calle y mire viendo (La calle es fuente de toda vida. Recórrala y aprenderá cosas que no traen los libros. Vaya al teatro, al cine a oír conferencias, músicas, al circo).
> Coquetee y tenga novio también cuando pueda (Una maestrita con ilusión trabaja con más gusto) [...]
> Cuide su físico y su manera de vestir (Es deber de toda maestra ser lo menos fea posible y dar siempre una nota de buen gusto en su vestir) [...]
> Cultive un arte (música, pintura), y si no puede, aprenda idiomas [...]
> Lea todo lo que pueda, lo que caiga en sus manos (HBOC, 1958: 225).

Estos cinco consejos interpelan a las educacionistas como mujeres situadas en un contexto sociocultural y afectivo que resulta un insumo para el trabajo docente. El método sugerido tiene dos pasos: *mirar viendo y leer todo*. La actitud apela a una sensibilidad extrema, una vida afectiva plena y una figura cuidada y bella. Los materiales: la calle, los libros, el cine, la música, el teatro, todo. Brumana lejos de censurar el consumo, intenta orientarlo hacia la búsqueda del perfeccionamiento del gusto por los recursos de la cultura que permiten poner en discusión las realidades materiales acuciantes.

Más allá de estas expresiones, la mujer sabe que la escuela es una institución que cierra sus puertas a la sociedad para resguardarse con reglas propias. En el ensayo *Mi religión*, establece una explícita analogía entre la escuela y la Iglesia. Entonces sitúa allí el orden de circulación de la palabra y los actores que intervienen, no privándose de ubicar a la maestra, y así dice:

> Vestida sencillamente, como conviene a mi religión, que no admite vanidades, todas las mañanas me dirijo al templo [...] Mi religión: la verdad, mi templo: la escuela; mis amados y oyentes: mis alumnos; mi libro de oraciones: el Corazón de De Amicis... (p. 107).

Portadora de la verdad, la maestra posee un compromiso vital con sus alumnos, impartir la verdad y contactarlos con un universo de saberes, pero también de valoraciones hacia los otros. Por lo cual, la igualdad, la libertad y el afecto se vuelven elementos clave de su propuesta. El libro es una herramienta central de la formación del docente, pero también lo son todas aquellas estrategias que le permiten situarse en un mundo con otros (sus iguales). Para ello, Brumana apuesta por las maestras que miran viendo y sintiendo los entramados sensibles y las historias enquistadas que habitan en cada uno de sus alumnos y, muchas veces, dificultan los modos de aprender.

Salario, voto, maternidad y marido: las mujeres del Normal 1

En este apartado recuperamos una revista publicada por un grupo de docentes, graduadas y alumnas de la Escuela Normal Nº 1 Dr. Nicolás Avellaneda, de Rosario (Santa Fe), fue fundado en 1879, resultando el primero de este tenor en la ciudad. Desde sus orígenes respondió a los principios más sólidos del normalismo, proyectándose como modelo de formación docente racional y cientificista exclusiva de mujeres (Caldo y Pellegrini Malpiedi, 2015).

De la larga historia de esta institución, nos detendremos en un hecho puntual, la edición de una revista entre 1925 y 1929. La publicación llevó por título el nombre de la escuela. Así, en su primer número, con fecha 30 de noviembre de 1925, fue la *Revista de la Escuela Normal de Profesoras de Rosario*, pero, en su segunda aparición, marzo de 1926, pasó a denominarse: *Revista de la Escuela Normal de Profesoras Dr. Nicolás Avellaneda de Rosario*, manteniendo esta nomenclatura hasta su última edición.

> La Escuela Normal de Profesoras de Rosario, oficialmente denominada "Escuela Normal de Profesoras Dr. Nicolás Avellaneda" da a la luz pública con este primer número una revista en cuyas páginas y grabados habrá de reflejarse de hoy en adelante la vida integral de sus aulas y la labor de sus alumnas y profesoras (RENP1, 1925: 5).

En cada número comunicó noticias relacionadas con la vida escolar, cuyas principales destinatarias serían sus profesoras, alumnas y egresadas. El contenido no estuvo marcado por una línea didáctica pedagógica, sino por la transmisión de noticias sobre la vida institucional, mechadas con otras de interés general como así también literatura de factura local (escrita por alumnas y docentes) junto a galerías fotográficas. La revista no tuvo secciones fijas, sino que variaron en cada número.

Esta publicación adoptó características de los magazines ilustrados. Los ejemplares estaban impresos en papel ilustración de alto gramaje que permitía el destaque de las series de fotografías incluidas. Así, los lectores encontraban en aquellas páginas, imágenes de los rostros de las egresadas de cada año, actividades académicas y recreativas, distintas tomas del edificio escolar y de sus aulas (vacías y con alumnas) como así también veían a las autoridades, docentes y exalumnas. Como la visualidad primaba, cada nota o artículo estaba ornamentado con ilustraciones y guardas.

La revista no tuvo una frecuencia de salida estricta. La intención fue hacerla cuatrimestral y los números efectivamente publicados fueron 11 (entre noviembre de 1925 y enero de 1929). Con respecto al financiamiento, pese a responder a una iniciativa de un grupo de agentes de una escuela pública, estatal y nacional, los recursos que la sustentaron provinieron de las suscripciones y la publicidad. De hecho, firmas comerciales de variados rubros eran el principal sostén del proyecto.

Los destinos de la publicación estuvieron regidos por un Directorio que se mantuvo casi inalterable en toda la trayectoria. Este organismo estaba compuesto por las señoritas Amelia Villarroel, María del Carmen Rodríguez Llames, Adelina Baraldi, Ana María Benito y los doctores Atilio F. Daneri y Víctor E. Pesenti (quien ofició de director). En 1927 se incorporó Alcira L. Álvarez.

Luego de estas indicaciones generales, nos interesa recuperar algunas notas del contenido de la propuesta. Cada número de la *Revista...* abría con una nota llamada *Pórtico*, a cargo del Directorio, seguida del respectivo sumario y de la invitación a suscribirse y a publicar anuncios comerciales, luego continuaban las publicidades y, finalmente, el desarrollo de las notas, artículos e imágenes. Los miembros del Directorio, cual soldados y respondiendo al lema *escribere est agere*, proyectaron sus intenciones a futuro y así ponían en valor la obra de la institución y a sus integrantes. Como el temario de la revista acentuaba la sociabilidad institucional, las notas en general tocaban puntos de contacto entre la escuela, las maestras y la cultura. Con respecto a la autoría de los artículos, se advierte que los nombres femeninos aparecían en las notas sociales, en las fotografías, en algunas reseñas o en poesías y en el *Pórtico* (bajo el rótulo genérico de Directorio), pero las notas destacadas estuvieron firmadas por varones. Gesto que sitúa a la revista en un clima de época donde el reparto de la producción de saber entre los géneros estaba claramente delimitado y asumido: la ciencia era cosa de varones y la producción de los saberes que las maestras debían conocer para transmitir eran creados por ellos.

Por lo cual, las reflexiones que transmitimos en este apartado están centradas en el análisis del *Pórtico* de la revista, puesto que es allí donde se expresan las mujeres del Normal (pese a que el director también es varón). Al decir de aquellas introducciones, la revista enfrentó a sus lectoras con una serie de artículos que, además de interrogarlas como maestras, las abordó como mujeres marcadas por la complejidad de ser jóvenes, bellas, deseosas de enamorarse y así llegar al matrimonio y a la maternidad, pero también como trabajadoras con aspiraciones a cobrar un salario y como ciudadanas con ansias de votar y tallar en los destinos político regionales y nacionales.

Algunos ejemplos. En el número 4 del mes de octubre de 1926, el *Pórtico* se denominó "Hacia la igualdad jurídica de los sexos". El Directorio ponía en conocimiento de las mujeres del Normal la Ley del Congreso Nacional Nº 11357, destinada a lograr un trato igualitario entre los sexos:

> La mujer mayor de edad soltera, no podía antes, ser tutora de sus hermanos huérfanos, ni curadora de incapaces, ni testigo de los instrumentos públicos, y una vez casada, quedaba de tal forma supeditada a la administración ejercida por el marido de sus bienes y derechos, que no podía legalmente, sin su venia, ejercer sus actividades profesionales y depositando a su nombre sus sueldos o salarios. Las profesoras y maestras,

por ejemplo, que instruyen y que educan, carecían libremente del derecho de disponer del producto de sus ocupaciones cuando contraían matrimonio, porque quedaban afectadas al casarse a una incapacidad legal relativa, injusta y vejatoria (RENP1, 1926: 2).

La intención era dotar de argumentos legales a las educacionistas para defender el derecho a percibir un salario a título personal y más allá del estado civil. El texto, aunque no utiliza la expresión *trabajo*, es claro: esas mujeres *que instruyen y educan*, merecen un reconocimiento económico a título personal. En una introducción posterior, el mismo Directorio vuelve a pronunciarse bajo el título "El voto femenino":

La legislatura de la provincia de Santa Fe, al sancionar la reciente ley de reforma municipal (detenido en sus efectos por una observación parcial del PR) ha incorporado a sus prescripciones el voto femenino restringido, otorgando el derecho al sufragio a las mujeres con diploma universitario o de enseñanza normal o secundaria. Aunque la redacción del artículo respectivo y el debate previo a su sanción, revelan un pensamiento sin claridad ni vuelo de los legisladores provinciales santafesinos, es justo anotar el progreso institucional que marca la conquista del voto femenino en los comicios municipales (RENP1, 1927: 2).

Que las mujeres voten en Santa Fe, aunque en sentido restringido, es un signo de progreso que amerita profundización y que la revista, además de festejar, pone a consideración de sus lectoras. En números posteriores aparecen notas tituladas "La mujer en la historia y en el porvenir" (transcripción de una disertación del director de la revista, Dr. Víctor Pesenti) (RENP1, 1927: 22, 26) o "Los derechos civiles de la mujer" de María Teresa Ordoñez (RENP1, 1927: 25-26). Cada uno de estos textos interpeló a una mujer que participa en la vida social y, para perfeccionar ese nivel de participación, requiere poseer plenitud de derechos. Poder elegir a sus gobernantes, disponer libremente de su salario y ser autónoma.

En el número 5, de junio de 1927, puede leerse un capítulo completo del libro de Rubén Videla Ortiz denominado "El instinto materno" (RENP1, 1926: 5, 6). Este texto sugiere que enfatizar la maternidad y el amor materno como instintos en las mujeres representa un grave riesgo para la sociedad. Los nuevos tiempos demandan criar a los hijos con *inteligencia*, alega Videla Ortiz, y, paso seguido, cita el concepto de infancia de Freud (perverso polimorfo). En esta línea expone que el hogar debería ser una primera escuela de educación moral y de cultura intelectual para los pequeños. El autor destaca el trabajo que la escuela realiza con las muchachas para encauzarlas en la dirección deseada. Brega por una feminidad que sepa llevar adelante el maternaje de modo inteligente y científico. Así, la maternidad aparece como la posibilidad de perfeccionamiento cultural e intelectual de las mujeres (Nari, 1995).

Ahora bien, si, por un lado, encontramos notas dirigidas a una mujer que pelea por su autonomía política y económica, por otro, se hilvanan lecturas que interpelan a una muchacha deseosa de encontrar marido para casarse y ser madre. Esas notas poseen un perfil ambivalente, puesto que, al tiempo que apelan a cierta ternura y pureza femenina, recrean ciertos consejos secretos atiborrados de estrategias y astucias para cazar la presa (el marido). Ejemplo de esto último es "Se necesita un joven" (RENP1, 1927: 53), "Canto del hombre a la mujer" (RENP1, 1928: 66) o "Debe la mujer declarar su amor al hombre" (RENP1, 1928:41). Aunque, la nota más palpable de esta tendencia es el *Decálogo femenino*, publicado en el número 9 del mes de junio de 1928.

Las diez cosas que no debería hacer nunca una mujer:

1. Quejarse de serlo
2. Decir que los hombres son verdaderos demonios. Sobre todo si la que lo dice pasa de los 30

3. Poner en ridículo a un hombre
4. Demostrar ante cualquiera de ellos su superioridad intelectual
5. Revelarse tal cual es, física y moralmente (porque entonces la creerán peor de lo que es en realidad)
6. Decir que sabe lo que no debe saber
7. Decir al novio: "si estás cansado, romperemos el compromiso" (eso es darle la idea)
8. Confiarse a ninguna amiga
9. Decir la edad que tiene
10. Creer ciegamente en ningún hombre (RENP1, 1928 :55).

El *Decálogo* interroga no ya a la maestra, sino a la mujer que habita en cada una de las estudiantes y graduadas. Las aconseja en términos sociales, sentimentales, de amistad y de enamoramiento. Más allá de las ironías, los consejos asumen cierta picardía que acompaña el proceso de búsqueda de una pareja. Lejos de ser ingenua y sumisa, la mujer trama modos de llegar al otro a partir de una puesta en escena.

Corolario, las páginas de esta publicación muestran a las maestras como mujeres intensas y complejas: madres, estudiosas, preocupadas por sus derechos (civiles, políticos y sociales), pero también deseosas de conseguir novio, formar una familia y tener hijos.

Trabajo, salario, traslados: preocupaciones de las maestras como *Damas y Damitas*

La revista femenina *Damas y damitas* fue una clara expresión del mercado editorial en expansión que, capitalizando la ampliación del público lector, buscaba consumidoras (Caldo, 2016, 2014). La misma fue editada por Emilio Ramírez[2]

---

[2] Emilio Ramírez (1901-1960) emigró a la Argentina a temprana edad y pasó su vida en la Ciudad de Buenos Aires. Se dedicó al mundo del periodismo y de la fotografía. Dio sus primeros pasos en diarios como *Crítica*, *La Razón* y

entre los años 1939 y 1944 y tenía como particularidad redactar sus notas en forma de intercambio epistolar. Así, cada sección, en realidad, era una respuesta práctica a consultas que realizaban las lectoras de diferentes ciudades de argentina.[3] Con esta publicación, las mujeres, sin distinciones de edad, encontraban un espacio de lectura propio. El denominador común era el interés por la moda y las noticias en el plano del vestuario, de los cosméticos, del mundo del espectáculo y de los quehaceres domésticos: el cuidado del hogar, la salud y educación de niños, las labores de punto, la maternidad, la economía doméstica, etc. En la primera página de cada número, a modo de subtítulo o consigna, decía: "Reciba los miércoles a *Damas y damitas* con la alegría de una buena amiga que llega" (*Dd*, N° 71, 6/11/1940: 1.). La revista, nombrándose en femenino, creaba un espacio de encuentro *entre mujeres*, no exento de jerarquías. La amiga que llegaba era una experta en temas de interés femenino.

El responsable seleccionó colaboradores que escribían las distintas notas, artículos y columnas. Los nombres de profesoras de economía doméstica, corte y confección,

---

Noticias Gráficas, para luego afrontar, en el año 1939, un proyecto editorial que llevaría su nombre: Emilio Ramírez Ediciones. El primer producto de esta imprenta-editora fue, justamente, *Damas y Damitas*. A esta le seguirían: *Vea y Lea* (publicación de interés general), *Destinos*, *Maniquí*, *Rosicler*, entre otras.

[3] Las cartas de lectoras provinieron, en primer lugar, de ciudades como Buenos Aires, Rosario y Córdoba, y luego de otras capitales y urbes importantes como: Mendoza (Mendoza), San Fernando del Valle de Catamarca (Catamarca), Resistencia (Chaco), Santiago del Estero (Santiago del Estero), Santa Fe (Santa Fe), San Miguel de Tucumán (Tucumán), San Juan (San Juan), Formosa (Formosa) y La Plata (Buenos Aires). Pero también se hicieron presentes mujeres residentes en centros urbanos menores emplazados en diferentes provincias. Así encontramos correspondencia situada en San Nicolás, Pergamino, Lanús, Junín, Chascomús, Tandil, Azul, Mar del Plata, Bahía Blanca, Trenque Lauquen (prov. de Buenos Aires); Esquina, Goya (prov. de Corrientes); Rafaela, Moisés Ville, Casilda, Tostado, Vera, Villa Constitución (prov. de Santa Fe); Paraná, Concordia, Victoria, Villaguay (prov. de Entre Ríos); Cruz del Eje, Inriville (prov. de Córdoba); General Acha, Santa Rosa (territorio nacional de La Pampa); Charata (prov. de Chaco) o La Quiaca (prov. de Jujuy). Además, existieron remitentes de países limítrofes: Montevideo (Uruguay) y Sucre (Bolivia).

moda, estética y belleza junto a algunas firmas bajo seudónimos (comentarios de espectáculos: radio y cine), garantizaban la calidad de los contenidos vertidos. Finalmente, en medio de las autoras irrumpieron los varones, aportando sus saberes en las secciones de puericultura y consejos médicos. Así, nuevamente palpamos esa división en la producción de los saberes femeninos, donde la voz autorizada estaba en los varones y las cuestiones de orden práctico quedaban en las mujeres.

En medio de las notas de moda, del fragmento de novela semanal, los poemas, los consejos sentimentales, las recetas de cocina y de cuidado del hogar, la publicidad y los comentarios sobre las estrellas del momento, irrumpió una sección fija llamada *El buzón del magisterio*. Con una extensión que no superaba la página, se articulaba una introducción a cargo de la directora de la columna (de la que solo sabemos sus iniciales: DS y el género) seguida de respuestas a las epístolas recibidas. Precisamente, las docentes en ejercicio o estudiantes consultaban problemas vinculados a sus quehaceres docentes. Además, la página del *Buzón* estaba rodeada de publicidades, figurines de moda y algunas notas breves donde se reglamentaba el modo de vestir y la conducta moral de la maestra. Era una sección exclusiva para mujeres y, repetidas veces, la editorial se encargó de explicitarlo. Por ejemplo, ante la consulta de un maestro se explica: "Aunque esta sección se ocupa únicamente de asuntos que interesan a las educadoras, su caso merece, por excepción, ser atendido" (*Dd*, N° 64, 18/9/1940: 44).

Para la editorial, las maestras eran *damas y damitas*. Esto, más que enrarecer, reforzaba las cualidades femeninas estimadas por la editorial. La pertinencia de la intervención de la mujer en el cuidado de la niñez estaba inscripta en la propia naturaleza femenina. La maestra, en sus prácticas diarias, hacía operar en una escala ampliada fundamentos, valores y deberes similares a los de las madres. El único límite que marcaba distancia entre el trato de ambos tipos de mujeres con respecto a la infancia eran las manifestaciones afectivas. El Digesto de Instrucción Primaria del año 1937 lo dejaba explícito: "Tocar a los alumnos fuere con la mano, la regla o el puntero, so pretexto de llamarle la atención o tocarles del brazo para hacerse obedecer" y "Besar al personal de la escuela o a los alumnos que concurrieran a la misma" (DIP, 1937: 382).

La maestra tenía prohibido dar besos o abrazar a los niños (e incluso a sus colegas), puesto que la calidad del vínculo estaba establecida por la transmisión de conocimiento y la inscripción de los infantes en la vida social (nacional y patriótica). La educacionista renunciaba a todo amor o vínculo carnal para, inspirada por la vocación, formar el espíritu y el intelecto de los niños. Esa renuncia en función del perfeccionamiento nacional daba a la maestra un lugar de heroína.

MAESTRA ARGENTINA ¡BENDITA SEAS!
(Del educador y publicista José J. Berruti).
Ninguna como tú, ¡oh noble maestra de mi patria y de mi raza! ¡Ninguna como tú, más buena, más sincera, más abnegada! Digna descendiente de aquellas mujeres que alentaban a nuestros bravos para la conquista de la libertad, haciéndoles invencibles, tú también sabes de fatigas, de silencios heroicos, de zozobras, de luchas sin fin, en la cruzada que realizas por la educación del niño, la grandeza de la patria, el progreso de la humanidad. Y firme en tu ideal, que es bandera de amor y de paz [...] y así año tras año, sin preocuparte de que el tiempo te lleve la juventud, pues te vasta saber que el tiempo no te llevará el corazón, ese corazón sano y grande con que amas a los niños como una madre ama a sus propios hijos (*Dd*, Nº 65, 25/9/1940: 40).

La cita de Berruti da clara cuenta de la asociación directa entre maternidad y magisterio. La mujer que elegía ser maestra amaba a sus alumnos como las madres a sus hijos; en tanto esta última operaba en el seno familiar, la primera lo hacía en el espacio público y en beneficio de la educación de los futuros ciudadanos. Ese amor a los niños estaba anclado en la naturaleza femenina.

Ahora bien, analizar las respuestas de la editorial a cada una de las maestras da la posibilidad de conocer, por un lado, las inquietudes de las maestras, pero, por otro, a partir de esas consultas mensurar cómo las mujeres se posicionaron ante el magisterio. Estas maestras escribían preguntando sobre traslados, validaciones de títulos, orden de escalafones, situación salarial y demás consultas relativas al trabajo docente. Por lo cual, en medio de tantas notas de moda, belleza y economía doméstica, el *Buzón* recuperaba una voz femenina en clave de trabajadora, preocupada por su salario, por su formación y por sus proyecciones laborales.

El tono de la sección era reforzado por la misma editorial, puesto que esas respuestas que la revista hilvanaba estaban prologadas por una noticia breve dispuesta por la revista, y muchas de esas introducciones tenían que ver con la situación laboral de los docentes. El semanario opinaba críticamente con respecto a irregularidades en el pago de los salarios de los docentes, ocurridas en diferentes puntos del país. Por ejemplo, con fecha 12 de marzo de 1941 se publica el siguiente titular "A los maestros de Santa Fe se les adeudan siete meses de sueldo" (*Dd*, Nº 89, 12/4/1941: 44). La editorial increpaba directamente al gobernador de Santa Fe, cargo que, justamente, en ese mes estaba siendo traspasado de Manuel de Iriondo a su continuador Joaquín de Argonz. Ambos siguieron una línea de políticas conservadora que permitió generar un fuerte control sobre los aparatos del Estado provincial, como así también fortalecer nichos de oposición internos y diferentes niveles de articulación con las políticas del Estado nacional. *Damas y damitas* marcó la contradicción de un gobierno provincial que, gozoso de una situación económica próspera que cristaliza en prolíficas obras públicas, descuidaba las condiciones del trabajo docente. Ese menosprecio de la labor de los maestros redundaba en detrimento de la educación provincial y, por lo tanto, del progreso. No conforme con esta nota, meses después (junio) *El Buzón* retomó los comentarios sobre el caso no resuelto en la citada provincia bajo el título: "Es crítica la situación de los maestros en Santa Fe" (*Dd*, N° 102, 11/6/1941: 40). La nota volvía a cargar tintas negativas contra el gobierno santafesino y, en este sentido, señaló la injusta distribución del presupuesto provincial: se invertía en promocionar las obras de la gestión descuidándose así otros engranajes importantes del funcionamiento provincial como, por ejemplo, la educación. Estas reseñas son interesantes en cuanto revelan tanto las irregularidades en el pago de los salarios docentes que, sin dudas, obstaculizarían los hábitos de consumo, como también las singularidades regionales que, muchas veces, revistas como las aquí estudiadas desconocían.

En medio de una publicación femenina, doméstica, hogareña y de estética femenina irrumpen las voces de las maestras reclamando salarios, lugares de trabajo, posibilidades de estudio, irregularidades laborales. Esos reclamos otorgan un tono ambivalente a las *Damas y Damitas*, poniéndolas en una arena de lucha por el reconocimiento de lugares femeninos que se sustraen del mero complemento.

Palabras finales

A lo largo de este artículo mostramos a una maestra (Brumana) sugiriendo a sus colegas mujeres que transiten por los carriles de la cultura, incorporando a su "ser docente" todos los recursos posibles: cine, música, lectura, etc. Asimismo, sostiene que la maestra debe enamorarse, cuidar su imagen y disfrutar de la vida afectiva. Brumana va a defender la maternidad social como punto de transformación de la mujer. El objetivo del discurso es generar docentes con tacto, sensibilidad social y garantes de la formación de sujetos que se pronuncien por una sociedad donde la igualdad sea el primer valor. Luego, revisamos los decires de un grupo de maestras formadas en una escuela normal tradicional y respetuosa de los principios del normalismo que, sin embargo, habilita la publicación de una revista cuyo contenido pone sobre el tapete la sociabilidad del magisterio, donde tallan los problemas de la ciudadanía y los derechos. Así, el directorio de la revista, formado por mujeres y dirigido por un varón, reclama por los derechos políticos de las mujeres (el voto), por una maternidad social y por la accesibilidad al cobro del salario con nombre propio. Sin desatender, por supuesto, el lado romántico de la mujer, el amor y la búsqueda del marido soñado.

Finalmente, el panorama se complejiza cuando descubrimos a las maestras como *Damas y Damitas*. Allí, en medio de un semanario atiborrado de notas dirigidas a la mujer doméstica y ama de casa, hallamos a un grupo de maestras que escriben cartas preguntando por títulos, posibilidades de estudios, condiciones de trabajo, traslados. Y, al unísono, una editorial que responde marcando salidas y comunicando a sus lectoras sobre las irregularidades de los funcionarios que impiden el pago de los salarios y el correcto desarrollo de la actividad escolar.

Más allá de las diferencias que separan a Brumana, la maestra intelectual, de las mujeres del Normal 1 de Rosario, de las maestras lectoras y consultoras de *Damas y Damitas* desperdigadas por distintas localidades argentinas, encontramos algo en común: todas son maestras y, durante la entreguerras, ellas se valieron del mercado editorial para trazar vías de expresión. De ese modo, hicieron públicas unas consignas que tensionaron el modelo vocacional y angelical de la maestra, para situarla de cara a la vida social, sentimental, afectiva pero también material y política.

Si bien los guardianes del Estado se encargaron de entramar, casi como en filigrana, los valores de la madre con la maestra, las condiciones intelectuales y laborales del magisterio hicieron de ese oficio una puerta de salida para la reivindicación de los derechos de la mujer. Ese *salir* generó experiencias ambivalentes que el mercado editorial germinó. Los frutos fueron libros como los de Brumana, que interpelaban a la escuela, pero no podían leer en ellas; o la revista del Normal 1, destinada a pensar la sociabilidad escolar y no las intervenciones didácticas en las aulas o, finalmente, *Damas y Damitas*, totalmente inscripta en el mercado editorial y externa al universo escolar. Sin embargo, desde esos exteriores (bordes) las mujeres hicieron oír sus voces, pensando formas posibles de prácticas y vivir la docencia. De este modo, ambivalente, paulatino, con marchas y contramarchas, llevando aún la marca de la división del saber entre los sexos (varones racionales y científicos; mujeres sensibles y empíricas), el mercado editorial ayudó al trazado de huellas tangibles de las prácticas de empoderamiento femenino habilitadas por el magisterio.

Fuentes y referencias de abreviatura de citado de las mismas

(HB-OC) BRUMANA, Herminia (1958), *Obras completas*, Buenos Aires, Amigos de Herminia Brumana.

(DD) *Damas y Damitas*, editor Emilio Ramírez, Buenos Aires, números publicados entre 1939-1944 (archivo privado).

(DIP) *Digesto de Instrucción Primaria* (1937), Consejo Nacional de Educación, Buenos Aires (Biblioteca Juan Álvarez, ciudad de Rosario).

(RENP1) *Revista de la Escuela Normal de Profesoras Dr. Nicolás Avellaneda*, Imprenta sin referencia, Rosario (números publicados entre 1925-1929 conservados en la Biblioteca de la Institución).

Bibliografía

AGUILAR, Paula (2014), *El hogar como problema y como solución. Una mirada genealógica a la domesticidad a través de las políticas sociales. Argentina 1890-1940*, Buenos Aires, Ediciones del Centro Cultural de la Cooperación.
BARRANCOS, Dora (2007), *Mujeres en la sociedad argentina. Una historia de cinco siglos*, Buenos Aires, Sudamericana.
CALDO, Paula (2014), "No parecían mujeres, pero lo eran. La educación femenina de las maestras, Argentina, 1920-1930", *Revista Historia y Sociedad*, N° 26, pp. 237-265.
CALDO, Paula y PELLEGRINI MALPIEDI, Micaela (2015), "*Scribere est agere...*, o un espacio impreso para dar a leer y a ver a las maestras y a las estudiantes de Magisterio, Rosario, 1925-1930", en Fernández, Sandra (coord.), *Temas de historia social santafesina (principios del siglo XX)*, Rosario, Ediciones del ISHIR.
CALDO, Paula (2016), "Revistas, consumo, alimentación y saberes femeninos. La propuesta de *Damas y Damitas*, Argentina, 1939-1944", *Secuencia. Revista de Historia y Ciencias Sociales*, N° 94, pp. 210-239.
DEPAEPE, Marc y SIMON, Frank (2014), "*Qui ascendit cum labore, descendit cum honore*. Sobre el trabajo con las fuentes: consideraciones desde el taller sobre historia de la educación", en Lazarin Miranda, Federico; Galván Lafarga, Luz Elena y Simon, Frank, *Poder, fe y pedagogía. Historias de maestras mexicanas y belgas*, México, Universidad Autónoma Metropolitana.
DONZELOT, Jacques (2005), *La policía de las familias*, Buenos Aires, Nueva Visión.
FERNÁNDEZ VALENCIA, Antonia (2006), "La educación de las niñas: ideas, proyectos y realidades", en Morant, Isabel (dir.), *Historia de las mujeres en España y América Latina III. Del siglo XIX a los umbrales del XX*, Madrid, Cátedra.

FIORUCCI, Flavia (2013), "Presentación. Dossier: los otros intelectuales: curas, maestros, intelectuales de pueblo, periodistas y autodidácticas", *Prismas, revista de historia intelectual*, N° 17, pp. 165-168.

GALVÁN LAFARGA, Lucía y LÓPEZ PÉREZ, Oresta (2008), *Entre imaginarios y utopías: historias de maestras*, México, Publicaciones de la Casa Chata.

GIARD, Luce (2006), "Hacer de comer", en De Certeau *et al.*, *La invención de lo cotidiano II. Habitar, cocinar*, México, Universidad Iberoamericana de Estudios Superiores de Occidente.

LIONETTI, Lucía (2007), *La misión política de la escuela pública. Formar a los ciudadanos de la república, 1879-1916*, Buenos Aires, Miño y Dávila.

LÓPEZ, Oresta (2006), "La maestra en la historia de la educación en México: contribuciones para hacerlas visibles", *Sinéctica*, N° 28, pp. 4-16.

MARCUS, Sharon (2007), *Entre mujeres. Amistad, deseo y matrimonio en la Inglaterra victoriana*, Valencia, PUV.

MURILLO, Soledad (1996), *El mito de la vida privada. De la entrega al tiempo propio*. Madrid, Siglo XXI.

MORGADE, Graciela (1997), *Mujeres en la educación. Género y docencia en la Argentina, 1870-1930*, Buenos Aires, Miño y Dávila.

NARI, Marcela (1995), "La educación de la mujer (O acerca de cómo cocinar y cambiar pañales a su bebé de manera científica)", *Mora*, N° 1.

PÉREZ CANTÓ, Pilar y BANDIERI, Susana (2005), *Educación, género y ciudadanía. Las mujeres argentinas: 1700-1943*, Buenos Aires, Miño y Dávila.

QUEIROLO, Graciela (2009), "Herminia Catalina Brumana. La maternidad social a través del magisterio y la escritura", en Valobra, Adriana (ed.), *Mujeres en espacios bonaerenses*, La Plata, EDULP, pp. 95-109.

SENNETT, Richard (2009), *El artesano*, Barcelona, Anagrama.

Las elites locales y la creación de universidades católicas[1]

Representaciones sobre la Nación en distintos espacios (1958-1983)

LAURA GRACIELA RODRÍGUEZ

Este artículo se inscribe en un área temática poco estudiada aún, como es la vinculación entre los responsables de las universidades privadas y las elites locales por un lado, y por el otro, las representaciones sobre la nación que se producían y reproducían en distintos espacios del territorio nacional, en una época signada por la "lucha anticomunista" y la "guerra fría".[2] En este trabajo presentaremos, en orden cronológico, el proceso de creación de cuatro universidades católicas: la Universidad Católica Argentina o UCA (1958, Capital Federal); Universidad Católica de La Plata o UCALP (1964, provincia de Buenos Aires); Universidad del Norte Santo Tomás de Aquino o UNSTA (1966, provincia de Tucumán) y Universidad Católica de Salta o UCASAL (1967, provincia de Salta). Recordemos que después de la caída de Perón en 1955, se abrió la discusión sobre la creación de universidades privadas o "libres" a raíz de un artículo del Decreto 6403. Luego de un ríspido debate, el presidente Arturo Frondizi logró que el Parlamento

---

[1] Este texto se ha nutrido de investigaciones anteriores referidas específicamente a la UCA (Rodríguez, 2013, 2015) y a la UCALP (Rodríguez, 2014).
[2] Acerca de un panorama internacional sobre la relación entre las elites y las universidades, ver la compilación de Hernández Díaz (2012). Una historia general de las universidades privadas en Argentina está en Del Bello, Barsky y Giménez (2007).

aprobara el texto definitivo del artículo 28 (Ley 14557) en 1958 y pudieran comenzar a funcionar las primeras casas de estudio privadas. Se había establecido que los egresados debían rendir un "examen de habilitación profesional" y que las universidades privadas no podían recibir apoyo económico del Estado. En 1966 se produjo un nuevo golpe de Estado y el presidente de facto, el general Juan Carlos Onganía dictó una nueva la Ley (17604/67) y en 1969 salió el Decreto Reglamentario (8472). Como novedad, la norma facultaba a las universidades privadas a solicitar al Poder Ejecutivo una "contribución económica, cuando aquel considere que ello conviene al interés nacional".

Hacia 1978 se contabilizaban 23 universidades privadas, 10 de ellas eran católicas, entre las que estaban la Pontificia (la Universidad Católica Argentina), tres jesuitas (Córdoba, del Salvador y Salta en los inicios), una de la Congregación de los Hermanos de Nuestra Señora de la Misericordia (Santiago del Estero), otra de los salesianos (Patagonia) y una de los dominicos (Universidad del Norte "Santo Tomás de Aquino") (CRUP, 1978). Las tres restantes respondían al arzobispado del lugar. La proporción de la matrícula universitaria de las universidades privadas en relación con las públicas fue del 6,8% en 1965; 11,9% en 1968; 14,2% en 1971; 10,2% en 1974 y 11,9% en 1977. Ese año, las privadas tenían alrededor de 57.334 alumnos (CRUP, 1978, p. 285).

Ahora bien, en este artículo pretendemos mostrar, en primer lugar, que cada uno de los responsables máximos de las universidades –arzobispos y rectores– tenía características particulares vinculadas a sus trayectorias previas y a las redes de relaciones en las que estaban insertos. Estas relaciones y el contexto político de la provincia y la región influyeron en la configuración que fue tomando cada casa de estudio a lo largo del período estudiado (1958-1983). Veremos que la UCA se estableció en el espacio de la Capital Federal pero estuvo lejos de circunscribirse a él: su rector estableció desde los inicios subsedes en otras ciudades, contribuyeron a financiarla y desarrollarla empresarios y terratenientes oriundos de distintos puntos del país y referentes del extranjero. Sobre la UCALP, señalaremos que su máximo responsable formó allí una alianza inestable entre peronistas, banqueros locales, desarrollistas y una secta coreana, que fue expresiva de la convulsionada situación que se vivía en la ciudad de La Plata en esos años. En torno a UNSTA y la Universidad Católica de Salta, observaremos que se vieron profundamente impactadas por el "Operativo Independencia" ocurrido en 1975 y la llegada de la última dictadura. Alrededor de UNSTA hubo tomistas, "milicianos" de FASTA y militares; y la Universidad Católica de Salta fue sostenida por jesuitas, el clero castrense, terratenientes y empresarios locales.

En segundo término, veremos que si bien estas universidades se desarrollaron de maneras distintas y en diferentes espacios, quienes estuvieron encargados de estas cuatro casas de estudio compartieron el mismo mundo de ideas del catolicismo intransigente o tradicionalista que entendía que la nación era católica, había que defenderla de la "subversión marxista" y la "guerrilla" y en esta "lucha", las universidades católicas –autoridades, profesores, alumnos y egresados– tenían una "misión" que cumplir en la formación de los futuros dirigentes del país.

La fundación de la UCA: empresarios, terratenientes y organizaciones extranjeras

De las cuatro universidades analizadas, la UCA era la que exhibía una mayor cantidad y variedad de alianzas. El rector había abierto la sede principal en la Capital Federal y subsedes en otras cuatro ciudades (Rosario, Pergamino, Mendoza y Paraná). Para financiarla logró convocar a los miembros de las elites económicas oriundas de estos y otros lugares del país: Capital Federal, distintas localidades de la provincia de Buenos Aires, Santa Cruz y Jujuy. Varios de estos empresarios estaban mencionados en el libro del sociólogo José Luis de Imaz *Los que mandan*, publicado en 1964.

De acuerdo con la versión oficial, la UCA remonta sus orígenes en los Cursos de Cultura Católica (CCC) inaugurados en 1922, donde se formaron "los mejores intelectuales católicos de nuestro país en todas las ramas". Los CCC se convirtieron en el Instituto de Cultura Católica de Buenos Aires (1953) y luego formaron parte de la Universidad Católica Argentina, que comenzó a funcionar en 1958. El órgano superior de gobierno de la UCA era la Comisión Episcopal, integrada en esos años por el cardenal Antonio Caggiano como el Gran Canciller, más Antonio J. Plaza y Antonio Aguirre. Ese organismo nombró rector a monseñor Octavio N. Derisi, quien permanecería en el cargo hasta 1980. Al poco tiempo, la UCA fue reconocida "Pontificia" por el Vaticano. El Estatuto afirmaba que la UCA adoptaba como cuerpo de doctrina "la filosofía de Santo Tomás de Aquino, cuyo sistema, principios y método se propone desarrollar e impulsar". La Comisión Episcopal eligió también a los integrantes del Consejo Superior Académico y del Consejo de Administración, encargado de las finanzas (Rodríguez, 2013, 2015; Zanca, 2006).

Este Consejo estuvo conformado por importantes empresarios, políticos y terratenientes, como Carlos Pérez Companc (presidente), Rafael Pereyra Iraola, Enrique Shaw, Fernando Carlés y Luis Arrighi. En los siguientes períodos se incorporaron el abogado Rubén D. Arias, el ingeniero Mauricio Braun Menéndez, el ingeniero agrónomo Carlos Llorente, el ingeniero José Negri (vicepresidente de la empresa Techint), el abogado Jorge Néstor Salimei (ministro de economía del gobierno de facto de Onganía) y el contador Julio López Mosquera (como el sucesor de Pérez Companc).

En un libro de memorias, el rector Derisi agradecía en un apartado especial los aportes que habían realizado Pérez Companc, Carlos Pedro Blaquier y familia, Amalia Lacroze de Fortabat, la familia Duhau, Jorge Curi, Sebastián Bagó y Víctor Navajas Centeno (Derisi, 1983). Mencionaremos a continuación algunos datos sobre el origen de estas fortunas. Carlos Pérez Companc era propietario, junto con sus hermanos, de una empresa naviera. Posteriormente se dedicaron a la extracción de petróleo en la Patagonia, donde también tenían campos. A Carlos lo llamaban "El Cardenal" por su profunda devoción católica y su cercanía con la jerarquía eclesiástica. A lo largo del tiempo, la Fundación Pérez Companc donó millones de pesos a la UCA –e hizo otros aportes a organizaciones como el Opus Dei y la Universidad Austral– (Majul, 1995).

El abogado Carlos Pedro Blaquier integraba el directorio del ingenio azucarero Ledesma en la provincia de Jujuy y a partir de 1970 sería designado presidente. Derisi afirmaba que Blaquier y toda su familia estaban presentes "en todo momento con sus donaciones de toda índole". Amalia Lacroze de Fortabat era esposa del dueño de la empresa de cemento Loma Negra, ubicada en la localidad de Olavarría en la provincia de Buenos Aires. Poseían en ese momento una de las fortunas más grandes del país. De acuerdo con el rector, ella estaba "siempre atenta y generosa para subvenir a nuestras necesidades y pedidos" y financiaba además la publicación *Anuario*.

La familia Duhau formaba parte de la elite terrateniente de la provincia de Buenos Aires. Sobre algunas de esas tierras se formaron varios municipios de la costa atlántica. Otras propiedades pasaron a la fama por su estilo arquitectónico, como el Palacio Duhau, ubicado en la Ciudad de Buenos Aires. Los Duhau fueron ministros, abogados y presidentes de la Sociedad Rural Argentina. Derisi le agradecía sobre todo a Lucía Duhau de Escalante, quien había colaborado con su aporte personal y su trabajo en la "Comisión de Señoras" de la UCA. El empresario Jorge Curi era propietario de la Petroquímica Sudamericana e Hilandería Olmos de la ciudad de La Plata. Según el rector, Curi fue uno de los "primeros y espontáneos benefactores". Sebastián Bagó era graduado y profesor de la UCA y su familia propietaria de los Laboratorios Bagó. Derisi mencionaba que la empresa les proporcionaba "todos los medicamentos que necesitamos para nosotros y para otras instituciones", y que contribuía con la publicidad en las revistas de la UCA. Víctor Navajas Centeno (hijo) provenía de una familia que poseía grandes extensiones de tierra en la provincia de Corrientes y estaba al frente del establecimiento yerbatero y tealero llamado "Las Marías" en Gobernador Virasoro. El rector sostenía que el padre había sido muy "comprensivo y generoso con nosotros", los había ayudado con donaciones, publicidad y con los productos "Taragüí". Varias de estas empresas firmaron convenios de pasantías laborales con los estudiantes de la UCA y un número importante terminó trabajando en esos emprendimientos privados.[3]

Otros integrantes del Consejo de Administración –Rafael Pereyra Iraola, Mauricio Braun Menéndez y Enrique Shaw– también eran importantes personalidades de la época. Pereyra Iraola provenía de una familia de terratenientes y ganaderos de la provincia de Buenos Aires. Sus antepasados fueron miembros del "elenco estable tradicional" de la Sociedad Rural (De Ímaz, 1964). Pereyra Iraola integraba además el directorio de la Compañía Naviera Pérez Companc (De Ímaz, 1964). Los Braun Menéndez eran uno de los ocho grupos económicos más importantes del

---

[3] Vale recordar que algunos de estos empresarios han sido acusados en los años de la democracia, de connivencia con la última dictadura o con asesinatos políticos. Por ejemplo, Blaquier acaba de ser condenado por la justicia argentina por haber colaborado con las fuerzas de seguridad en el secuestro ilegal de trabajadores del ingenio Ledesma; Jorge Curi y su padre están sospechados de haber entregado a trabajadores de su fábrica a la represión clandestina y por haber tenido algún tipo de participación en la "masacre de La Plata" perpetrada por la Triple A en 1975. Uno de los hijos de la familia Navajas Centeno –Adolfo– fue ministro de desarrollo social de la Nación de la última dictadura.

país, dedicados al sector agropecuario, comercial, industrial y naviero de la Patagonia (De Ímaz, 1964). El ingeniero Mauricio participaba de la Asociación Argentina de Criadores de ovejas Merino, de la cual también era miembro uno de los Pereyra Iraola. Por su parte, Enrique Shaw pertenecía a una red de financistas titulares de bancos (De Imaz, 1964), presidía la cristalería Rigolleau y era el fundador de la Asociación Católica de Empresarios (ACDE). A Shaw también se lo conoce como "el santo de traje y corbata" y según el diario *La Nación* el Vaticano está actualmente estudiando los antecedentes para su canonización.

Este nucleamiento de empresarios y terratenientes en apariencia homogéneo no debe hacernos perder de vista las características históricas de la elite económica argentina, que se ha caracterizado más bien por sus incesantes fluctuaciones. La extranjerización, la inestabilidad institucional y las recurrentes crisis de acumulación han hecho difícil el mantenimiento de las fortunas familiares a lo largo de varias generaciones (Heredia, 2012). De todos modos, algunas de las mencionadas han perdurado hasta nuestros días, lo que hace más impactante la capacidad de convocatoria del rector.

En relación con los aportes que Derisi recibió del Estado, en uno de sus libros explicaba las buenas relaciones que tuvo con distintos presidentes y los diferentes aportes estatales que recibió. Contaba que el presidente Arturo Illia (1963-1966) –que se había pronunciado públicamente en contra de la "Ley Domingorena"– le otorgó "20 becas para alumnos que no podían pagar, con lo cual ayudaba directamente a los estudiantes, pero indirectamente a la UCA" y "al año siguiente volvió a repetir esta donación". Otra manera de recibir apoyo público fue a través del Ministerio de Bienestar Social. En 1974, por ejemplo, esa cartera le donó dos millones de pesos para construir oficinas centrales y el edificio destinado a las Facultades de Filosofía, Psicología y Ciencias de la Educación. Durante la última dictadura (1976-1983) Derisi hizo grandes avances. El intendente de la ciudad, el brigadier Osvaldo Cacciatore, por medio de una "ordenanza especial" le vendió a la UCA, a un precio muy conveniente, 30 hectáreas ubicadas en el barrio Colegiales, donde estaban las playas del Ferrocarril. La entrega se hizo en un acto público, con la presencia de las más altas autoridades de la Universidad y del municipio. En síntesis, Derisi admitía que "la universidad católica obtuvo no aportes, pero sí algunos subsidios para determinadas obras, bajo distintos gobiernos" (1983, p. 140). Reconocía que los presidentes Frondizi, Onganía y Videla habían "manifestado una particular estima y afecto por la UCA y su rector" (1983, p. 171).

Por otra parte, desde los inicios la UCA recibió apoyos extranjeros. Una parte provenía de dos instituciones del Episcopado Alemán llamadas *Adveniat* y *Misereor*. Gracias a *Adveniat* pudieron realizar una compra importante de un inmueble y en 1961 adquirir "uno de los libros más importantes y costosos y más avanzados, publicados en estos últimos tiempos" referidos a la obra de Santo Tomás de Aquino (Derisi, 1983, p. 120). La otra parte venía de dos organizaciones, una de Holanda encabezada por el P. W. Van Straaten con la obra "La Iglesia que sufre", y la "Cooperación para América Latina" (CAL) que presidía el cardenal Sebastián Baggio.

En referencia a sus ideas sobre la nación y a la luz de las controversias generadas por el Concilio Vaticano II, Derisi y sus colaboradores identificaban a los "enemigos" que estaban "por fuera del mundo católico y dentro del catolicismo": el "marxismo, la subversión, el socialismo y el liberalismo". Para la colación de grado de 1970, Derisi les dijo a los graduados que "ha llegado la hora de la acción", la universidad "os envía hoy al mundo como luz que debe resplandecer para iluminarlo y conducirlo por el camino de la Verdad y el Bien, para que con vuestra formación científica y cristiana [...] ayudéis a nuestra querida Patria y a nuestros hermanos", una "Patria donde reine la comprensión y la caridad de Cristo, una Argentina enriquecida con los bienes del cuerpo y del espíritu y pacificada e integrada en la Verdad y el Amor".

A fines de 1976, cuando ya se había iniciado la última dictadura, Derisi hizo referencia al "grave deterioro moral y religioso" de la Patria, a causa de "la subversión y la guerrilla". En ese contexto, la UCA forjaba "las mentes de los futuros dirigentes del país", porque la Universidad no construía las fábricas, pero les daba los ingenieros que las organizaban; no erigía empresas, pero formaba a los empresarios; no gobernaba el país, pero le brindaba al Estado sus funcionarios; no ejercía la justicia, pero de allí egresaban los juristas; no asumía la responsabilidad de crear colegios, pero les daba a los mismos sus docentes; no se ocupaba directamente de la organización de la sociedad, pero le ofrecía los "Filósofos y Teólogos" para que esbozaran "el cuadro de un desarrollo humanista-cristiano". Por eso, en sus claustros también se forjaban "los lineamientos del desarrollo nacional". Finalizaba diciéndoles que "El porvenir venturoso de la Patria está en vuestras manos".

La Universidad Católica de La Plata: peronistas, banqueros locales, desarrollistas y una secta coreana

En 1962 el rector de la UCA, monseñor Derisi, le propuso al arzobispo de La Plata, monseñor Antonio J. Plaza, organizar una facultad en esa ciudad. Plaza rechazó el ofrecimiento y en 1964 inauguró la Universidad Comunitaria y Católica (UCOYCA). Dos años después pasaría a denominarse Universidad Católica de La Plata [en adelante UCALP], y obtuvo la autonomía definitiva en 1971.

Monseñor Plaza se dedicó a impulsar la educación católica en la provincia y durante muchos años ocupó un lugar estratégico en el Consejo Superior de Educación Católica o CONSUDEC. Según su obituario, adhirió al peronismo y después del golpe de 1955 procuró "una solución pacífica a la crisis argentina", que de "haber obtenido éxito" otro "hubiera sido el lugar en el país de monseñor Plaza". Con la anuencia de Perón, se alió al dirigente de la Unión Cívica Radical Intransigente, Arturo Frondizi (Baruch Bertocchi, 1987). De acuerdo con el testimonio de Emilio F. Mignone, en 1958 esa alianza con Frondizi y Frigerio le hizo obtener "innumerables prebendas económicas" vinculadas al negocio bancario (Mignone, 2006).

El día de su inauguración, en abril de 1964, habló un colaborador de Plaza, monseñor Juan Ignacio Pearson, quien explicó que en una época en que la juventud era "proclive a la violencia" e "hija de una generación que fue vejada por sus creencias religiosas", esperaban desde la flamante casa de estudios conducir "a la juventud católica al amor, la tolerancia y la paz". Pearson anunció la designación como rector del abogado graduado de la Universidad Nacional de La Plata Juan Francisco Muñoz Drake (1964-1966) y luego asumió como rector el médico cirujano también egresado de la misma universidad, Osvaldo Honorio Mammoni, quien en 1960 había sido ministro de Salud del gobernador Oscar Alende.

Acerca de la manera en que se financió la UCALP, varias fuentes periodísticas y testimoniales hablan de la capacidad de monseñor Plaza de hacer inversiones y negocios, aunque las versiones difieren en el tipo y las características. Coinciden en señalar que en esos años Plaza estuvo vinculado a dos bancos. A principios de los años de 1960 se asoció al empresario platense Juan Graiver y compró el paquete accionario del Banco Popular Argentino, el primer banco privado de la ciudad de La Plata (fundado en 1904), que resultó liquidado por el Banco Central a mediados de la década en el medio de protestas de los ahorristas. Se habían detectado depósitos no justificados por millones de pesos a favor del Arzobispado de La Plata. En 1967 uno de los hijos de Juan, David Graiver, compró el Banco Comercial de La Plata (de 1924), que resultó el primer eslabón de la expansión familiar, que incluía la compra de la empresa Papel Prensa. Monseñor Plaza, nuevamente aliado a la familia Graiver, depositó fondos de los colegios y de la UCALP en el Banco Comercial.

En 1968 Plaza creó una Fundación con la finalidad de "sustentar, promover, favorecer, impulsar y prestar toda clase de ayuda a la UCALP". En esa Fundación, el religioso convocó, entre otros, al padre Obdulio Malchiodi, a Rogelio Frigerio y Héctor Magnetto. Este último era contador egresado de la Universidad Nacional de La Plata, y unos años después (1972) entraría a trabajar a *Clarín* gracias a la recomendación de Frigerio. Es probable que haya estado participando de una u otra forma el ex presidente Frondizi. Creemos que de alguna manera, estas transacciones bancarias contribuyeron a sostener económicamente a la Universidad, aunque ignoramos el modo en que se operaba.

En 1974 se desató una grave crisis cuando asumieron como rector Nicolás H. Argentato y los nuevos decanos. Argentato era contador y economista egresado de la Universidad Nacional de La Plata, había contribuido a fundar la Asociación de Economistas Argentinos o AEA en 1961 y llegó a ser su presidente. La AEA editaba la *Revista de Economía*, donde publicó sus principales ideas. En esos años participaba de la Corporación para el Desarrollo de la Pequeña y Mediana Empresa (COPYME), creada en 1973. Argentato fue el presidente de la Corporación entre 1975 y 1976. En enero de 1976 se habló de él como el próximo ministro de Economía de la presidenta María Estela Martínez, viuda de Perón.

Los estudiantes iniciaron una protesta porque pedían participar de la elección de autoridades y en consecuencia, exigían la renuncia de los recién llegados. Desde la UCALP, el rector y monseñor Plaza afirmaban que estos buscaban "desintegrar" la universidad, avalados por la "pasividad" del ministro de Cultura y Educación de la Nación Jorge Taiana, quien pensaba "poner fin a las universidades no estatales". En La Plata, aseguraban, existían los "centros juveniles del país más alentados por la agitación, tanto por las autoridades específicas de la Nación, como por las autoridades políticas locales". En abril se dio a conocer una solicitada del rector publicada en el diario *El Día*, dirigida a los "integrantes de la familia UCALP". Sostenía que

> Así como la universidad confesional en su misión trascendente no debe dejar de formar sólidamente a los futuros dirigentes en la filosofía cristiana, en lo temporal, es obligación de la universidad argentina [...] forjar profesionales impregnados en la filosofía política nacional y social, cuyos principios indiscutibles se apoyan en el trípode de la independencia económica, de la justicia social y de la soberanía política (*El Día*, 15 abril 1974, p. 2).

Al "cuerpo docente" les hacía saber que "es mi propósito mantenerlo, en cuanto adhiera a los principios nacionales y sociales". Unos meses después se resolvió el conflicto y las autoridades relataban de esta forma el proceso: "a la agresión organizada y protegida respondió el Rectorado con medidas de mayor represión. Así fue como suspendió la actividad en cuanto instituto o Facultad se iniciaba el menor movimiento de agitación". Esta "firme respuesta frustró a los cabecillas de la agresión" y el resto del año 1974 se dedicó a poner "orden".

A la llegada de la última dictadura, la UCALP se encontraba "pacificada" según sus autoridades. Igual que otras personalidades de la época, Plaza y Argentato se sintieron atraídos por la prédica anticomunista de figuras como el reverendo Sun Myung Moon, líder de la Iglesia de la Unificación o secta Moon. En julio de 1981 el coreano estuvo en la sede de la UCALP y le donó a la universidad 120.000 dólares para la creación de la carrera de Comunicación Social. De acuerdo con Mignone, del 13 al 17 de julio de 1981, una de las organizaciones de la Iglesia Moon, CAUSA (Confederación de Asociaciones para la Unificación de las Sociedades Americanas), realizó un seminario en el Hotel Libertador de Buenos Aires, con el patrocinio de la UCALP.

Contó con la presencia del asistente de Moon, coronel Bo Hi Pak, la participación del general Ramón Diaz Bessone y los ex presidentes Onganía y Levingston. En esa ocasión, Pak y Plaza intercambiaron discursos. El primero agradeció "la inspirada guía y ayuda de monseñor Plaza, a quien sinceramente admiro y respeto como campeón de Dios y de la libertad en esta época". El segundo contestó expresando que "debemos enfrentar al marxismo en su ideología [...] El reverendo Moon eligió desafiar la causa de la violencia en la teoría obsoleta del marxismo [...] Ponemos de relieve la actividad del coronel Pak en su lucha contra el marxismo, pero también en su contrapropuesta" (Mignone, 2006, p. 113).

En noviembre de 1984 el rector Argentato viajó a los Estados Unidos y en una ceremonia que se organizó en una de las salas de Naciones Unidas, le otorgó el *Doctor Honoris Causa* al reverendo Moon en nombre de la UCALP. El premio lo recibió el coronel Bo Hi Pak, porque Moon estaba en una cárcel norteamericana cumpliendo una condena por fraude impositivo. Este acto generó un escándalo público, ya que las máximas autoridades del Vaticano habían declarado que la secta Moon era "anticristiana". A principios de 1986 monseñor Plaza decidió jubilarse y asumió monseñor Antonio Quarracino como arzobispo de La Plata. Seguidamente Argentato presentó su renuncia en forma indeclinable al Rectorado de la UCALP, "invocando la incompatibilidad entre esa función docente y su militancia en el Movimiento de Unidad Peronista". En su reemplazo fue elegido un religioso ligado a la UCA, Gustavo Eloy Ponferrada, siendo vicerrector el ex ministro de Educación de la última dictadura (1981-1983), el contador recibido en la Universidad Nacional de La Plata y profesor de la UCA, Cayetano Licciardo. Al poco tiempo Licciardo quedó como rector (1986-1999).

Universidad del Norte "Santo Tomás de Aquino": tomistas, milicianos de FASTA y militares

De manera similar a Buenos Aires y La Plata, la provincia de Tucumán contaba con su Universidad Nacional desde 1921. Imitando la experiencia de Buenos Aires y con el propósito de que los profesionales tuviesen una "formación católica", en 1948 se inauguraron en esa ciudad los Cursos de Cultura Católica que se convertirían en Cursos de Filosofía Tomista (CRUP, 2003, p. 129). Sobre esta base, en 1956 se fundó el Instituto Universitario Santo Tomás de Aquino y en agosto de 1965 el presidente Illia firmó el decreto que le daba autonomía a la primera universidad de la Orden de los Predicadores de Padres Dominicos del país, la Universidad del Norte Santo Tomás de Aquino [en adelante UNSTA]. En su rol de gran canciller de la UNSTA, el arzobispo de la Arquidiócesis de Tucumán, monseñor Juan Carlos Aramburu, designó rector al fray Alberto Ernesto Quijano, nacido en Tucumán (1922). El primer Consejo Universitario estaba integrado en su mayoría por representantes de las elites tucumanas. Estaban el rector Quijano; el padre Liborio Luis Randisi[4]; el licenciado en Filosofía y Teología Gaspar Risco Fernández; el contador público nacional y terrateniente Juan Eduardo Tenreyro; el abogado con carrera en el Poder Judicial y dueño de campos Napoleón Henderson Lencina; y el ingeniero Edmundo Noé Gramajo.[5]

En 1968 monseñor Aramburu fue cambiado de destino y las autoridades eligieron arzobispo de Tucumán a monseñor Blas Victorio Conrero (hasta 1982). Conrero nombró al fray Aníbal E. Fosbery como rector. Fosbery, oriundo de Buenos Aires, había estudiado en el Liceo Militar, era

---

[4] Recientemente, el padre Randisi ofició la ceremonia religiosa para despedir los restos de Antonio Bussi, ex gobernador condenado a prisión perpetua por delitos de lesa humanidad.
[5] Derisi, en su libro de memorias, agradecía el importante aporte que había hecho el Dr. Miguel A. Nogués a la UCA primero y a la UNSTA de Tucumán después (Derisi, 1983: 139).

sacerdote dominico y doctor en teología por la Pontificia Universidad de Roma. En 1962 había fundado la Fraternidad de Agrupaciones de Santo Tomás de Aquino (FASTA) en la ciudad de Leones (Córdoba). El primer Estatuto de la Milicia Juvenil Santo Tomás de Aquino fue hecho en homenaje a los dominicos que, en palabras de Fosbery, "habíamos fundado en el siglo XVII las milicias de Santo Tomás".[6] De 1963 a 1970 Fosbery vivió en Mendoza, donde fue rector del Colegio Santo Tomás y decano de la Facultad que la UCA tenía en esa provincia.

Fosbery estaba preocupado por el "grave problema de la subversión ideológica marxista y de los ataques terroristas". Considerado un filósofo de renombre, Alberto Caturelli lo incluyó en su obra *Historia de la filosofía en la Argentina*. Allí sostenía que si bien su producción édita no era mucha, seguía claramente "dos caminos: uno de repensamiento de la doctrina de Santo Tomás y otro de interpretación de la realidad argentina". En relación con este segundo punto, rescataba su ensayo *El proceso ideológico en la Iglesia latinoamericana* (Tucumán, UNSTA, 1981), donde criticaba el "ablandamiento progresista de ciertas estructuras de la Iglesia" y proponía una restauración "de la Argentina auténtica" (Caturelli, 2001: 802-803).

Fosbery designó vicerrector y secretario general de la UNSTA al abogado Oscar Carlos "Cacho" D'Agostino, también de Buenos Aires. D'Agostino era desde 1971 el jefe nacional de FASTA. A partir de la llegada de Fosbery al Rectorado, la universidad creció sostenidamente, en 1974 se creó una sede en la ciudad de Concepción y en 1975 otra en Buenos Aires.

En febrero de 1975 la presidenta María Estela Martínez, viuda de Perón, firmó un decreto que puso a la región y a la provincia de Tucumán en el centro del escenario político. Dicho decreto inauguró el "Operativo Independencia", por el cual se autorizó a las Fuerzas Armadas a "aniquilar"

---

6   Disponible en https://goo.gl/2iqQM9 [visitado el 1 de diciembre 2015].

a los "elementos subversivos". Estos últimos eran militantes armados del Ejército Revolucionario del Pueblo (ERP) que desde principios de 1970 estaban actuando en las zonas rurales. El Operativo estuvo en manos del general de brigada Acdel Vilas hasta diciembre de 1975, cuando fue relevado por el general de brigada Antonio Domingo Bussi. Los militares se ubicaron al margen de la ley y crearon centros clandestinos de detención, pusieron en práctica la tortura y la desaparición forzada de personas. Estas acciones tuvieron el apoyo de la jerarquía de la Iglesia católica y en particular del Vicariato Castrense: a lo largo de 1975 y 1976, el cardenal Antonio Caggiano y los obispos Adolfo Tortolo y Victorio Bonamín pusieron al servicio del Operativo a 43 sacerdotes, de los cuales 37 eran capellanes del Ejército y 6 de la Gendarmería Nacional. Su función era "fortalecer la moral de quienes combatían contra los elementos subversivos" (Bilbao y Lede, 2016). En los juicios por los crímenes cometidos, una víctima recordaba que el arzobispo de Tucumán y gran canciller de la UNSTA, Blas Conrero, sabía lo que estaba pasando y decidió encubrir al Ejército.

El día del golpe de Estado del 24 de marzo de 1976 el general Bussi asumió como gobernador de la provincia hasta 1980. Durante su gestión se sucedieron crímenes de lesa humanidad por los que fue condenado a cadena perpetua. Uno de los casos más resonantes fue el secuestro de funcionarios del gobernador justicialista Juri, entre los que se encontraba el ex integrante del primer Consejo de la UNSTA, Juan Eduardo Tenreyro, quien había sido secretario de Hacienda. En los juicios se explicó que Bussi pretendía apropiarse de las tierras que poseía en la zona de Taco Ralo.[7] Tenreyro está actualmente desaparecido.

Al igual que había pasado con otras universidades nacionales durante la última dictadura, en 1979 el rector de la Universidad Nacional de Tucumán, Carlos Landa, firmó un convenio con el rector Fosbery que benefició a la

---

7   Disponible en https://goo.gl/c5uifh.

privada. La UNSTA se hizo del control de las carreras de Filosofía, Psicología, Teología y Derecho, lo que redundó en un aumento de la matrícula en detrimento de la universidad estatal (Pucci, 2012). A partir del antecedente de la Universidad Católica de Salta que veremos a continuación, en 1981 Fosbery logró que se firmara un decreto (Nº 70) que le otorgó un subsidio por cinco años "destinado a abonar las remuneraciones de su personal docente". En la justificación de la norma se mencionaba positivamente el convenio que promovía "políticas de ingreso comunes" y la "compatibilización de carreras a efectos de evitar superposiciones". Elogiaban este esfuerzo que conllevaba "la aplicación práctica de la misión subsidiaria del Estado" conforme a las Bases del Proceso de Reorganización Nacional.

De acuerdo con Baruch Bertocchi (1987), el rector Aníbal E. Fosbery "confesó" ante sus alumnos que con el dinero que recibió del subsidio estatal hizo gestiones ante gobiernos extranjeros para comprar armas destinadas a los militares argentinos. El destino de las armas se desconoce, pero según el autor, Fosbery tuvo una participación activa durante la represión y en democracia defendió a Bussi (Baruch Bertocchi, 1987: 73-74). Otras versiones indican que Fosbery fue parte de un grupo que viajó a Libia a entrevistarse con el dictador Kadafi para comprarle armas a ser utilizadas en la guerra de Malvinas.[8] De todos modos, la universidad contaba con el dinero del subsidio para financiarse. En 1986 cuando el gobierno nacional decidió no renovarlo, la Universidad "vivió una etapa sumamente crítica" que la obligó a "reconfigurar la estructura" con "un severo redimensionamiento institucional".[9]

La trayectoria de Fosbery posterior a 1983 está relatada en múltiples sitios web de fácil acceso. Solo mencionaremos que el rector conservó sus buenas relaciones con los

---

[8] Disponible en https://goo.gl/L5a7LE.
[9] UNSTA, *Informe de autoevaluación. Segundo proceso de evaluación externa*, octubre 2014, p. 17.

militares: en 1998 el Ejército Argentino le otorgó la distinción de la Orden Ecuestre Militar por su "denodado quehacer espiritual e intelectual" y la promoción 83 del Colegio Militar de la Nación lo nombró socio honorario "en virtud de su distinguida tarea y de su sostenimiento espiritual a dicha promoción".[10]

La Universidad Católica de Salta: jesuitas, clero castrense, terratenientes y empresarios locales

La provincia de Salta no contaba aún con una universidad nacional. Según se dice en el relato oficial, después de conocerse la ley que habilitaba la creación de universidades privadas, Robustiano Patrón Costas le propuso al arzobispo de Salta, monseñor Roberto J. Tavella que crearan una universidad católica. Patrón Costas pertenecía a lo más encumbrado de la elite salteña. Era dueño del ingenio y la refinería San Martín de Tabacal en Orán (1918) en una zona donde predominaba la mano de obra aborigen. Fue acusado en varias oportunidades por la prensa de explotar a los aborígenes y de ocupar ilegalmente las tierras donde se asentaban. Desarrolló además una extensa carrera como político: egresado de abogado en la UBA, fue ministro de Hacienda, ministro de gobierno y gobernador de la provincia de Salta (1913-1916), senador provincial (1926-1929), dos veces senador nacional (1916 y 1925) y presidente provisional del Senado nacional. En 1943 fue candidato a presidente por el Partido Demócrata Nacional, candidatura que se frenó por el golpe de Estado. En 1961 Patrón Costas se acogió a la promoción para la radicación de industrias en la provincia y por esa razón disponía de recursos provenientes de la

---

[10] Disponible en https://goo.gl/bEym5V.

exención de impuestos que establecía la ley. Durante veinte años giró a la Universidad alrededor de cinco millones de pesos por año (CRUP, 1978).

Luego del ofrecimiento a monseñor Tavella, los jesuitas se mostraron interesados en el proyecto. En 1962 la Santa Sede aprobó su fundación y el provincial general de la Compañía de Jesús en Roma aceptó la dirección. En 1964 se creó por decreto del Arzobispado de Salta, y en 1967 se inauguraron los primeros cursos (Decreto 2227/68). Jaime Durán y su esposa le donaron a la universidad 42 h de la finca de Castañares. Durán era dueño de una cadena de farmacias de Salta, tenía empresas en otros rubros y poseía grandes extensiones de tierra. Fundador del diario *El Tribuno*, había sido ministro del gobierno peronista provincial en los años de 1940. En 1972 se creó la Universidad Nacional de Salta, y un predio que había donado Durán para la Universidad Nacional de Tucumán fue transferido a esta.

En 1974 se sucedieron enfrentamientos entre profesores y alumnos y el rectorado. Las declaraciones realizadas en esa oportunidad nos permiten identificar ciertas representaciones que tenían sus autoridades sobre la nación. De acuerdo con estas, las protestas de estudiantes y profesores partían de "ciertas consignas internacionales" que venían realizando una estrategia de infiltración y mentalización en todas las universidades, convirtiéndolas en centros de reclutamiento para la praxis revolucionaria, con efectos negativos en el nivel académico, que nada tenían que ver con el "ser cristiano y argentino". Todo ello obligó a la universidad a "una vigorosa y paciente tarea de saneamiento ideológico, despolitización y trabajos de reorganización académica" (CRUP, 1978: 110).

Sumado a esto, la máxima autoridad de la Compañía de Jesús, Jorge Mario Bergoglio, había decidido desprenderse de las universidades que tenía a su cargo por los elevados costos de mantenimiento. En diciembre de 1974 los jesuitas entregaron la Universidad al Arzobispado de Salta. El monseñor Carlos Mariano Pérez nombró rector al presbítero normando Joaquín Requena Pérez, quien permaneció hasta 1980. Conocido como "el cura gaucho" por sus vínculos con la Agrupación Tradicionalista "Gauchos de Güemes", cumplía funciones como asesor espiritual del Movimiento de Cursillo de la Cristiandad.[11] Además, Requena Pérez fue capellán auxiliar del Destacamento de Exploración de Caballería Blindado 141 de Salta entre 1971 y 1991. Ese destacamento tuvo a su cargo el área militar 322 y al menos un centro de detención durante el Operativo Independencia, bajo la dirección de la V Brigada de Infantería de Tucumán. Está comprobado que Requena Pérez tuvo reuniones con Victorio Bonamín y el general Bussi durante el Operativo y en los años de la última dictadura.[12] Hay testimonios que lo vinculan con la represión ilegal.[13]

En junio de 1975 un grupo de senadores nacionales peronistas de la provincia de Salta afines al rector Requena Pérez elaboraron un proyecto de ley por el que se acordaba otorgarle una contribución económica a la Universidad Católica "de carácter permanente", equivalente al 10 por ciento del presupuesto anual que se fijara para la Universidad Nacional de Salta. El proyecto no alcanzó a ser tratado en la Cámara de Diputados por la llegada del golpe en 1976. Posteriormente se inició en el Ministerio de Cultura y Educación un nuevo trámite por el que volvía a solicitarse un subsidio permanente debido al déficit crónico que la aquejaba. Las autoridades de la Secretaría de Hacienda en 1976 se manifestaron en contra de que el aporte fuese permanente, porque podría constituir un antecedente "que generara otros requerimientos", ya que no existían hasta

---

11 Disponible en https://goo.gl/cvSTnQ.
12 Agradezco esta información a Ariel Lede.
13 Véase https://goo.gl/GMZkX1. Recientemente, un ex dirigente de la CGT de Salta, Mario A. Vargas, recordó que cuando estuvo detenido durante la última dictadura, fue a verlo el sacerdote Requena, que le preguntó dónde estaban las armas. Véase https://goo.gl/834DY5 [visitado el 2 de febrero 2015], véase también https://goo.gl/isPj3Y, sitio de Lucas Bilbao y Ariel Lede [visitado en marzo de 2016].

ese momento "precedentes legales anteriores". En el expediente se recordaba que a la Universidad Católica se le habían entregado diferentes subsidios estatales: el gobierno de Salta había realizado aportes anuales desde 1973 a 1978 y el gobierno nacional en 1975 y 1976. Aclaraban que el Ministerio de Cultura y Educación había subsidiado con diversas sumas a las universidades católicas de Comodoro Rivadavia (Patagonia "San Juan Bosco"), Cuyo (sede en San Juan) y Santiago del Estero. Finalmente le otorgaron el subsidio limitado a cinco años, justificando que al Estado un alumno de la universidad pública le costaba 2.300.000 $ al año y uno de la privada, 650.000 $. Además, se creía que era conveniente subsidiarla porque contaba "con el firme apoyo de las autoridades militares y religiosas de la zona, de las del Ministerio de Cultura y Educación y del gobierno de la provincia de Salta"; no había sido "infiltrada seriamente por elementos subversivos y los pocos que lo hicieron han sido apartados".[14] Asimismo, se destacaba que en sus Estatutos se sostenía que la universidad se situaba "en la corriente cultural, occidental y cristiana, en cuyos valores se enraíza la tradición de la nacionalidad Argentina".[15]

En los inicios de la última dictadura, a instancias de las autoridades del Ministerio se rubricó un acuerdo entre la Universidad Nacional de Salta y la Universidad Católica de Salta por la que se estableció una "tarea de complementación": la primera se comprometía a no reabrir Filosofía ni Ciencias de la Comunicación y la segunda no dictaría la carrera de Letras.[16] El ministro explicó que la política del Ministerio buscaba coordinar "sin prevalencias" la actividad privada con la estatal, ya que todo era "enseñanza pública".

---

14 Comisión de Asesoramiento Legislativo (1979), "Mensaje y Proyecto de Ley", Carpeta, folios 71 al 80.
15 Comisión de Asesoramiento Legislativo (1979), "Mensaje y Proyecto de Ley", Carpeta, folio 102.
16 *Clarín*, 27 de noviembre de 1976, p. 10.

En julio de 1978 el rector Requena Pérez fue nombrado oficial fundador de la Orden Ecuestre Militar "Caballeros Infernales de Güemes" y en enero de 1979 el Ejército –comando VI de Infantería de Montaña de Neuquén– le otorgó un certificado por su participación en los ejercicios militares realizados en esa provincia el año anterior, como capellán del Ejército mientras la dictadura mantenía el conflicto limítrofe con Chile.

Una vez alejado del rectorado, Requena Pérez fue reemplazado por la primera autoridad laica, el ingeniero agrónomo por la Universidad Nacional de Cuyo, Ennio Pontussi, quien se mantuvo hasta 1985. Antes de asumir, había sido técnico de la Estación Experimental del INTA, integrante del gobierno de la dictadura como asesor del Ministerio de Economía de 1979 a 1981 y profesor en la Universidad Nacional de Salta.

Reflexiones finales

En este trabajo analizamos la vinculación entre los referentes de las universidades católicas y los distintos grupos de elites locales, provinciales y nacionales, teniendo en cuenta además, qué nociones de nación contribuyeron a difundir en el marco más general de la "lucha anticomunista". Observamos que en la UCA el rector obtuvo financiamiento de los integrantes de las elites más ricas y poderosas –terratenientes y empresarios principalmente–, oriundas de diversas partes del país: Corrientes, Jujuy, de la región patagónica, de localidades de la provincia de Buenos Aires como La Plata, Olavarría, municipios de la costa, entre otros. Asimismo, recibió subsidios de organizaciones extranjeras –de Alemania y Holanda– y del Estado, y estableció subsedes en Rosario, Mendoza, Pergamino y Paraná. El propósito de la Universidad fue formar a los profesionales ingenieros, empresarios, funcionarios, juristas, docentes, filósofos y teólogos "cristianos", para conducir a la sociedad entera contra "la subversión y la guerrilla".

El arzobispo Plaza fundó la UCALP y se rodeó de banqueros y rectores de la ciudad de La Plata. La militancia peronista del clérigo hizo que convocara a profesionales de ese partido o afines, como los desarrollistas. Su idea de nación en los años de 1970 estaba relacionada con la necesidad de "combatir" a la "izquierda" peronista y durante la última dictadura, se volcó a la defensa de la Argentina libre de "comunismo", estableciendo relaciones trasnacionales con una secta coreana que operaba en América Latina.

El segundo rector de la UNSTA, Fosbery, estaba ligado a monseñor Derisi y el círculo de tomistas. Líder de FASTA, la UNSTA fue un ámbito más de actuación. Preocupado como los tomistas por el avance de la "subversión" dentro de la Iglesia católica, entendía que había que restaurar a la Argentina auténtica y liberarla de esos "terroristas". Mantuvo vínculos aceitados con militares, y el arzobispo –y máxima autoridad de la UNSTA– estuvo involucrado en la represión iniciada con el Operativo Independencia y continuada en 1976. Fosbery colaboró de alguna manera con los militares, logró un subsidio del Estado para la universidad –muy pocas lo tenían– y los militares lo condecoraron años después.

En Salta fueron los jesuitas aliados con uno de los mayores terratenientes de la provincia, Patrón Costas, quienes fundaron la Universidad Católica. En 1974 se produjeron disturbios con los estudiantes y sus autoridades no dudaron en tildarlos de "marxistas". Ese año los jesuitas entregaron la Universidad al Arzobispado, que nombró a un capellán auxiliar del Ejército. De manera similar a lo ocurrido en Tucumán, las autoridades eclesiásticas estuvieron relacionadas con el Operativo y la represión de los años siguientes, además de haber recibido también un subsidio estatal para financiar los sueldos de la universidad privada. El cura había participado de ejercicios y maniobras militares antes de dejar su puesto en 1980.

Sobre la base de lo relatado hasta aquí, creemos que resulta imprescindible comenzar a investigar más sistemáticamente el origen y desarrollo de las universidades católicas en la Argentina, en tanto fueron instituciones donde convergieron las elites más ricas y poderosas, configurando ámbitos diferentes entre sí y con características particulares según las condiciones y posibilidades de los espacios en los que se inscribieron. Al mismo tiempo, mantuvieron rasgos similares en relación con las ideas sobre la nación que sostenían y reproducían en los años signados por la Guerra Fría.

Bibliografía

BARUCH BERTOCCHI, Norberto (1987), *Las universidades católicas*, Buenos Aires, Centro Editor de América Latina.

BILBAO, Lucas y LEDE MENDOZA, Ariel (2016), *Profeta del Genocidio*, Buenos Aires, Sudamericana.

DE ÍMAZ, José Luis (1964), *Los que mandan*, Buenos Aires, Eudeba.

DEL BELLO, Juan Carlos; BARSKY, Osvaldo y GIMÉNEZ, Graciela (2007), *La universidad privada argentina*, Buenos Aires, Libros del Zorzal.

HEREDIA, Mariana (2012), "¿La formación de quién? Reflexiones sobre la teoría de Bourdieu y el estudio de las elites en la Argentina actual", en Ziegler, Sandra y Gessaghi, Victoria (comps.), *Formación de las elites. Investigaciones y debates en Argentina, Brasil y Francia*, Buenos Aires, Manantial/FLACSO, pp. 277-295.

HERNÁNDEZ DÍAZ, José María (2012), *Formación de élites y educación superior en Iberoamérica (ss. XVI-XXI)*, vol. 1 y 2, Salamanca, Hergar Ediciones Antema.

MAJUL, Luis (1995), *Los dueños de la Argentina. Los secretos del verdadero poder. II*, Buenos Aires, Sudamericana.

MIGNONE, Emilio F. (2006), *Iglesia y dictadura*, Buenos Aires, Ediciones del Pensamiento Nacional/Colihue.

PUCCI, Roberto (2012), "Pasado y presente de la Universidad tucumana", disponible en https://goo.gl/Ev9Fa6.

RODRÍGUEZ, Laura Graciela (2013), "Los católicos en la universidad: monseñor Derisi y la UCA". *Estudios del ISHIR*, Vol. 3, N° 7, pp. 79-93, disponible en https://goo.gl/k9rdqB.

RODRÍGUEZ, Laura Graciela (2015), "Las elites católicas y la fundación de universidades (1958-1983)", en Ziegler, Sandra et al., *2ª Reunión Internacional sobre formación de las elites*, Buenos Aires, FLACSO, pp. 9-21, disponible en https://goo.gl/1VD9aS.

RODRÍGUEZ, Laura Graciela (2014), "La Universidad Católica de La Plata. Iglesia, peronismo y sectas", *Revista Páginas*, Vol. 6, N° 10, pp. 102-127, disponible en https://goo.gl/zyaX8U.

ZANCA, José A. (2006), *Los intelectuales católicos y el fin de la cristiandad. 1955-1966*, Buenos Aires, Fondo de Cultura Económica/San Andrés.

Fuentes consultadas

CATURELLI, Alberto (2001), *Historia de la filosofía en la Argentina. 1600-2000*, Buenos Aires, Ciudad Argentina/USAL.

DERISI, Octavio Nicolás (1983), *La Universidad Católica Argentina en el recuerdo: a los 25 años de su fundación*, Buenos Aires, Universidad Católica Argentina.

CRUP (Consejo de Rectores de Universidades Privadas) (1978), *20 años de universidades privadas en la República Argentina*, Buenos Aires, Belgrano.
CRUP (2003) *Historia de las universidades argentinas de gestión privada: 45° aniversario*, Buenos Aires, Dunken.
Comisión de Asesoramiento Legislativo (CAL).
UNSTA, *Informe de autoevaluación. Segundo proceso de evaluación externa*, octubre 2014.
Revista *Universitas*.
Revista *Sapientia*.
Diario *El Día*.
Diario *Clarín*.

Recursos electrónicos- páginas web consultadas

http://www.filosofia.org/ave/001/a080.htm
http://www.portaldesalta.gov.ar/requena.htm
http://memoria.telam.com.ar/noticia/ex-dirigente-de-la-cgt-de-salta-escracho-a-un-capellan_n2431
http://profetadelgenocidio.com.ar/sites/default/files/ANEXO%202.pdf
http://edant.clarin.com/diario/96/03/31/libia.html
http://www.oocities.org/ar/spdeverona/fundador.htm

Las escuelas en la dinámica político-cultural de los espacios de frontera

Liliana Ester Lusetti y María Cecilia Mecozzi

Introducción

Incorporados los territorios patagónicos al Estado nacional tras la conquista militar de la Patagonia en las últimas décadas del siglo XIX, se activaron una serie de mecanismos tendientes a homogeneizar y controlar a la nueva población integrada a la nación. La presencia chilena e indígena en el oeste del territorio de Río Negro, concebido como espacio de frontera, fue considerada peligrosa por las autoridades argentinas. Para enfrentar dicha "peligrosidad", el Estado desplegó diversas estrategias que permitieron ejercer mayor control sobre esta población "foránea".

La región andina del territorio de Río Negro, tras la ocupación militar, continuó con los viejos patrones sociales y económicos que la unían desde épocas pasadas a Chile. Desde fines del siglo XIX, se produjeron continuas migraciones de origen trasandino, que configuraron una nueva dinámica en las relaciones sociales en la región debido a la irrupción de nuevos actores y a la exclusión de las comunidades originarias. El grupo con mayor peso económico y social a principios del siglo XX en la región fue el de los extranjeros de origen europeo o germano-chileno, vinculados a la actividad ganadera y comercial; en un segundo plano y subordinados a ellos, se encontraban los grupos de chilenos e indígenas que dependían de una economía de subsistencia, básicamente, generando en la mayoría de los casos un ingreso extra predial al emplearse como mano de obra barata en los emprendimientos de los grupos sociales dominantes (Mendez, 2007: 365).

Las políticas migratorias en la Argentina han considerado al migrante de origen limítrofe, en la primera mitad del siglo XX, como un migrante "indeseable", por ende, los migrantes sumaron a su condición de pobres, la de forasteros o extraños; situación que se vio agravada cuando se los colocó en el centro de conflictos socio-culturales,[1] experimentando de esta forma, una fuerte estigmatización social.

Paralelamente, el Estado nacional, a partir de la sanción de la Ley 1420 en 1884, le demandó a la escuela que fundara la "conciencia nacional" del ciudadano argentino "moderno". De acuerdo con estos lineamientos, en la década de 1880 comenzaron a desarrollarse los trazos del modelo asimilacionista en educación, el cual proponía que las diferencias étnicas, nacionales y lingüísticas fueran borradas a través de un proceso en el que se alcanzara la pérdida de esas características originarias y se incorporaran las de la sociedad dominante.

En este sentido, en primer lugar, la enseñanza obligatoria y gratuita promovida a través de la Ley 1420 se propuso, entonces, garantizar la masificación de la alfabetización exclusivamente castellana y promover los valores patrios argentinos. Desde el poder político gubernamental y a través de un fuerte dispositivo escolar, se instituyó un proceso a partir del cual comenzó a construirse el relato referido a la "argentinidad". En esa narración, la conquista militar de la Patagonia venía a poner fin a un problema de larga duración

---

[1] La Patagonia trágica fue el nombre con que se denominó a los sucesos ocurridos al sur de la actual provincia de Santa Cruz entre 1920-1921 que implicaron una violenta represión por parte del Ejército nacional hacia los obreros y peones rurales que organizaron una serie de huelgas que se expandió por las estancias y la ciudad capital, paralizando la producción. Los terratenientes, organizados en la Sociedad Rural y la Liga Patriótica y apoyados por la embajada británica, exigieron al gobierno nacional que enviara tropas para reprimir, y de esta manera los obreros fueron capturados y fusilados allí mismo, sin mediar siquiera un juicio sumario.

en nuestra historia, el "problema del indio", instalando el discurso de su extinción. En segundo lugar, en el contexto de una composición social culturalmente heterogénea y con el objeto de construir una "conciencia nacional argentina", la escuela debió valerse de ciertos mecanismos específicos, uno de los cuales fue la invención de una "tradición argentina". Así, como sostiene Fernando Devoto, se pone en práctica la sistematización de una "liturgia pedagógica" que acompañará masivamente los actos escolares, de ahí en más el himno, los cantos patrióticos, el culto a la bandera, las fiestas cívicas se instituyeron como prácticas sociales identitarias. La idea justamente era que "lo diverso" sea desintegrado y transformado en homogéneo (Devoto, 2003: 279). Estas iniciativas civilizadoras produjeron categorías estigmatizantes, *indio* y *chileno* entre otras, que llevaron a la segregación de la población que habitaba ese territorio porque su existencia hacía peligrar la unificación identitaria de "lo argentino".

En ese marco, el propósito de este capítulo es analizar cómo las escuelas públicas de frontera creadas durante el siglo XX en el noroeste de Río Negro construyeron a través del tiempo una matriz cultural acoplada al avance, consolidación y territorialización del Estado-nación, con elementos comunes tanto en lo ideológico como en lo organizativo que se mantuvieron en el tiempo dotando de contenidos y sentidos a ciertas prácticas escolares. A su vez, se propone indagar en las complejas relaciones que se establecieron entre la significación otorgada a los migrantes chilenos e indígenas y las adscripciones identitarias hegemónicas fomentadas desde las políticas educativas estatales, intentando rastrear, desde la perspectiva de los sujetos, sus experiencias de migrantes insertos en instituciones educativas con un fuerte mandato de homogenización cultural.

El recorte temporal seleccionado para el trabajo se inicia alrededor de la década de 1910, cuando la Argentina del Centenario acentúa su prédica nacionalizadora en el sur argentino y se extiende hasta avanzada la década del 40, cuando los cambios experimentados por la sociedad regional inmersa en procesos de urbanización e inmigración se expresan en las políticas educativas en pos de construir en los territorios del sur la nacionalidad argentina, a través de diferentes mecanismos de disciplinamiento social.

Frontera, patria y educación: tres aristas fundamentales en la creación de la nación en espacios fronterizos

En el periodo que abarca este trabajo, la frontera debe pensarse como un espacio en el que el Estado todavía está incorporando territorio, en el cual se están configurando procesos sociales e institucionales, procesos que presuponen la vinculación dinámica de sociedades distintas, áreas de contacto y choque de formaciones sociales diversas. La frontera es concebida no como hecho geográfico sino como hecho histórico, definido a partir de la acción y el control que el Estado alcanza a ejercer en los límites de lo que considera su territorio.

Estas categorizaciones se adecuaban a los postulados nacionalistas de las élites gobernantes de finales del siglo XIX. Desde su concepción, los procesos de argentinización y territorialización, en especial de los espacios de frontera, posibilitaban la construcción de la nación, y tal como sostiene Ernesto Bohoslavsky (2010), si la nación es fundamentalmente su territorio, cualquier peligro o situación que lo pusiera en riesgo era interpretado como amenaza directa a ella. Esta percepción ayudó a construir la idea de "amenaza" hacia Argentina por parte de los países vecinos, lo que justificaba el recelo nacionalista y las políticas armamentistas (Bohoslavsky y Godoy Olellana, 2010: 26). En ese sentido, la frontera con Chile fue concebida por los sectores nacionalistas a partir de la idea de espacio para la seguridad nacional, y las escuelas de frontera pensadas como lugares donde resistir la penetración cultural de los países vecinos, como refugios de argentinidad. Técnicamente la frontera fue delimitada por estos sectores como la zona ubicada a 150 kilómetros del mojón que divide un país de otro.

En este contexto, la creación de escuelas en las áreas fronterizas se tornó prioritaria para un Estado que debía consolidar tanto sus fronteras internas como externas. Así, la Ley 1420 incluyó expresamente a los territorios nacionales en su objetivo de creación de escuelas, sin hacer distinción entre las ubicadas en territorios recientemente incorporados a la organización nacional y los establecimientos educativos ubicados por ejemplo en la Ciudad de Buenos Aires.

Río Negro fue una de las jurisdicciones anexadas al Estado como territorio nacional, tras el sometimiento de la sociedad indígena y la conquista coercitiva de sus tierras. La realidad social, cultural y educativa de los territorios nacionales, diferente a la de Buenos Aires, imponía situaciones particulares. La tarea de aplicar una legislación escolar uniforme en puntos tan distantes unos de otros resultaba compleja por las diferencias materiales y simbólicas que separaban los territorios del resto de las provincias. El incumplimiento de las disposiciones gubernamentales debido a las distancias, la falta de medios de comunicación y de recursos, la carencia de autonomía y la fijación de límites territoriales basados en divisiones cartográficas más que en dinámicas sociales, entre otros factores, determinaron una deficiente presencia del Estado nacional con la consiguiente lentitud en el objetivo de argentinizar a la población patagónica y dotarla de instituciones educativas. De esta manera, ya hacia finales del siglo XIX, fue percibido por las autoridades educacionales que la Ley 1420 no podía tener efectos inmediatos en los territorios. Razón por la cual el 25 de mayo de 1890 abrió sus puertas la Inspección General de Escuelas Primarias de los Territorios y Colonias Nacionales, bajo la dirección del profesor Raúl B. Díaz.

En su nuevo cargo Raúl Díaz decidió modificar y ampliar los programas de enseñanza de las escuelas primarias de los territorios, "suprimiendo lo inútil y agregando lo necesario", con el fin de recuperar

> la faz política de la enseñanza pospuesta a la faz utilitaria, casi olvidada en algunos puntos; pero [esta] debe desarrollarse con empeño en los Territorios donde predomina el elemento extranjero sobre el argentino, porque es una necesidad primordial vincular al Estado, desde las bancas de la escuela, las generaciones que descienden de extranjeros (Díaz, 1910: 107).

Respondiendo a este programa, en diciembre de 1908 y enero de 1909, en la II Reunión de Inspectores Seccionales de Territorios, realizada bajo la presidencia de Raúl Díaz, se decidió la creación de escuelas públicas ubicadas en las zonas de frontera, las llamadas "escuelas fronterizas". En dicha reunión se dispuso multiplicar su creación en territorios fronterizos y solicitar el pago de un incentivo adicional a los maestros y directores que trabajen en ellas, estableciendo que "La inclusión en el presupuesto de la partida para el pago de los mismos, es evidente que se ha hecho con la 'mente' de atraer y retener en la frontera internacional, a normalistas argentinos, para acentuar más la calidad de la enseñanza y su carácter nacionalista, siendo un fin de carácter político, más que individual".[2]

El proyecto y los instrumentos empleados vendrían a convertirse en dispositivos de nacionalización que las élites políticas desplegaron a los fines de homogeneizar a la población y hacer desaparecer la sociedad de frontera. Era función de las escuelas fronterizas, tal como fuera consignado por el Consejo Nacional de Educación, transformarse en "un verdadero exponente de la potencia del país, en lo material y en lo espiritual, y un centro de atracción y

---

[2] Consejo Nacional de Educación. *La Instrucción primaria en los Territorios. Cincuentenario de la Ley 1420* (1934), p. 154.

de propaganda nacionalista, por la influencia del personal nativo, y por la intensificación de los estudios de la historia y geografía argentina, del idioma nacional y de la instrucción moral y cívica".[3]

Proceso de institucionalización de la educación en el noroeste de Río Negro

Desde el momento mismo de su consolidación, el Estado nacional fue articulando una estrategia expansiva de asimilación cultural de los habitantes nativos e inmigrantes, vehiculizada por medio de sus instituciones educacionales y de gobierno, tarea acompañada por instituciones culturales de la sociedad civil. Se le asignó a la escuela pública y a sus maestros la misión de adoctrinar, uniformar mentalidades, difundir mitos y rituales, con el propósito de crear una nación homogénea apoyada en una sociedad civil local en construcción, cuyas élites colaboraron con el accionar de las escuelas. Para tal fin se apeló a una escuela de

> carácter eminentemente argentino: si estos hijos de chilenos y europeos, por nacer en suelo argentino, son hijos del país, será necesario que lo sean de verdad desde la más tierna infancia, incorporándolos a la civilización, misión capital que, sin duda, está reservada a la escuela argentina como encargada no solamente de instruir y educar, sino también de hacer sentir las influencias del espíritu nacional en el alma del niño y conocer y respetar sus leyes (Díaz, 1910).

Sin embargo, este proceso tuvo etapas diferenciadas y diferentes. Un primer momento que abarca desde 1910 a 1930, se caracterizó por el creciente aislamiento de la región con respecto a los centros de decisión nacional y

---

3 Consejo Nacional de Educación. *La instrucción primaria en los Territorios. Cincuentenario de la Ley 1420* (1934), p. 155.

de Viedma, ciudad capital del territorio de Río Negro con una muy débil presencia del Estado y de sus instituciones. La acción nacionalizadora fue asumida por la sociedad en su conjunto ante las preocupaciones activadas durante el Centenario con la emergencia de un nacionalismo cultural "esencialista" y homogeneizante.

Esta vía de control se reveló como de alcance limitado dado que paralelamente al objetivo de persuasión ideológica, no se habían desarrollado medios realmente eficaces para lograrlo: la educación formal no era efectivamente obligatoria -a pesar de lo legislado-; como tampoco fueron efectivas las estrategias de difusión de un imaginario nacional. Tal panorama hizo necesario acentuar la tarea de "argentinización" de la cultura y de la enseñanza, para crear una conciencia nacional y evitar de este modo que la patria "se desintegrara", temor manifiesto de las clases dirigentes de entonces. Se sumaba además el aislamiento de la región respecto a los centros de decisión nacional y de Viedma, hecho que acrecentaba la percepción de abandono de sus habitantes respecto a las autoridades centrales. A pesar de lo enunciado en las sucesivas reuniones de inspectores generales, solo dos escuelas púbicas nacionales fueron creadas en 1908 en la vasta zona del noroeste rionegrino: la escuela N°16 en San Carlos de Bariloche y la escuela N° 30 en El Bolsón. Ellas, junto con la escuela alemana en San Carlos de Bariloche (1908), se convirtieron en el primer ámbito de actuación para los ciudadanos y en el lugar de apropiación de prácticas nuevas, en ellas se resignificaron los lazos con la historia del país, se fortalecieron los sentidos de pertenencia a la región y se persiguió la alfabetización cívica a través de sus hijos.

La acción nacionalizadora fue desplegada y reforzada por la prensa regional que se autoerigió como educadora de los habitantes territorianos. En ese sentido, desde la prensa se manifestaron las preocupaciones sobre el estado de la educación, se realizaron denuncias, se visibilizaron conflictos educativos y se difundieron las conmemoraciones y acciones cívicas protagonizadas por las escuelas nacionales y la sociedad. A su vez, en el territorio nacional de Río Negro, fueron maestros los fundadores y directores de los periódicos *La Nueva Era* y *Río Negro*, como asimismo fueron maestros los que se convirtieron en corresponsales locales de estos periódicos.[4]

La prensa del territorio se hizo eco de esta situación, instalando en sus editoriales comentarios como los siguientes:

> Es un tema de permanente actualidad el de la nacionalización de los moradores en las zonas limítrofes con Chile. Todos los gobiernos se han preocupado de obstaculizar lo posible, la inmigración y arraigo de población chilena en esos lugares y siempre con escasa fortuna, ya que, a pesar de sus medidas, esa población ha conseguido radicarse en forma definitiva y aun adueñarse de extensiones apreciables de campo, construyendo colonias pastoriles de importancia. ¿Comporta ello un riesgo, siquiera lejano, para la integridad nacional o significa acaso una rémora para el adelanto de esas regiones? La inmigración chilena es de gente laboriosa y útil. Lo que sí hace falta, es intensificar su asimilación, convertirlos en elementos argentinos, nacionalizarla por todos los medios conducentes y aceptables (Diario *La Nueva Era*, 3 de junio de 1917: 2).

---

[4] El periódico *La Nueva Era* apareció el 24 de diciembre de 1903, dirigido por Mario Mateucci y Enrique Mosquera; y tuvo publicación semanal regular hasta la década de 1960. En sus tiempos de esplendor, entre los años 1920 a 1940, *La Nueva Era* defendió el proyecto de los gobiernos conservadores. En los años 1960, bajo la dirección de Zarhuel P. de Rodríguez, giró hacia el radicalismo y mantuvo esa línea. Gran parte de la colección de los primeros 60 años de *La Nueva Era* se puede encontrar en la Biblioteca del Museo Histórico Regional Emma Nozzi de Carmen de Patagones, y en el ya referido Archivo Histórico Provincial. Un desarrollo exhaustivo de la posición de ambas publicaciones durante el período 1904-1930 se encuentra en el trabajo de Ruffini, Marta, "Autoridad, legitimidad y representaciones políticas. Juegos y estrategias de una empresa perdurable: Río Negro y La Nueva Era", en Prislei, Leticia, *Pasiones sureñas*, Buenos Aires. Prometeo-Entrepasados, 2001, pp. 101-155.

Las denuncias que aparecían de manera reiterada en la prensa regional sobre el estado de la educación en el territorio se referían al analfabetismo existente en las zonas rurales, la penuria y pobreza de las familias, los escolares que acudían a la escuela desprovistos de abrigo o calzado adecuado, la inscripción irregular de los hijos en las oficinas del Registro Civil, como las causas más habituales de ausentismo en las aulas. Todo ello, en un contexto en el cual "la cuestión social" primero y las guerras europeas después, activaron preocupaciones intensas relativas a la soberanía, poniendo en duda la eficacia de la escuela en su acción argentinizadora en las zonas de frontera.[5]

La crisis mundial de 1929 marcó el fin de la etapa del crecimiento argentino sustentado en la exportación agropecuaria y colapsó el orden político liberal. Esta crisis también se manifestó en la esfera cultural educativa a través del denunciado fracaso del proyecto liberal oligárquico para generalizar y reorientar, de una manera efectiva y profunda, la educación primaria gratuita y obligatoria. La cultura católica y confesional impregnó con fuerza las prácticas educativas, ellas se inscribieron en una concepción social organicista, en la sacralización de la autoridad y de las jerarquías sociales y del papel de la religión católica como elemento fundante de la identidad nacional (Zanatta, 2005:

---

[5] En las primeras décadas del siglo XX, se consolida un nacionalismo cultural, xenofóbico y antiizquierdista que justificó la represión a los movimientos sociales. R. Rojas en *La Restauración Nacionalista (1909)* asigna a la escuela, los rituales y la enseñanza de la Historia una función homogeneizadora fundamental.

375).⁶ En consecuencia, las contradicciones vigentes antes de 1930 continuaron y se profundizaron aun más en el espacio regional.

Las orientaciones pedagógicas de la época adquirieron un carácter autoritario y antipluralista, y fueron consensuadas y defendidas por toda la clase dirigente de la época, desde el presidente de la república hasta la gran mayoría de los maestros, pasando por pedagogos, inspectores y directores. La escuela debía usarse para argentinizar y su significado no se discutía (todo el mundo lo sabía), se trataba de enseñar dogmáticamente historia, tradiciones y leyendas: insuflar entusiasmo por el pasado, el presente y el futuro del país, adoctrinar respecto de los deberes del ciudadano y argentinizar con los símbolos y las canciones patrios.

La escuela asumió con mayor protagonismo su acción nacionalizadora reforzando la convicción de los sectores dominantes, que afirmaban que en el pasado -línea Mayo-Caseros-"Conquista del Desierto"- residía uno de los centros de la nacionalidad, y que su evocación y ritualización contribuiría a consolidar los sentimientos colectivos de pertenencia a la nación y a la región.

Por estos años se resignificó y multiplicó en la zona, la creación de "escuelas de frontera", otorgándoles recursos nuevos acompañados de un programa innovador y estratégico con el fin de intensificar el estudio de la historia, geografía e instrucción moral y cívica para educar en los conocimientos básicos del sentimiento nacional. El diario *La Nueva Era* del 30 de marzo de 1934 reprodujo textualmente el acta de la reunión de inspectores visitadores de

---

6   En relación con la confluencia entre catolicismo y nacionalidad, se ha ido formando un cierto consenso en torno a la idea de que ya durante el cambio de siglo aparecen signos del debilitamiento del laicismo en la sociedad. "El catolicismo se perfila como un colaborador eficaz para hacer frente a las dos grandes preocupaciones de la elite frente al advenimiento de la sociedad moderna y aluvial, el de la identidad nacional y el de la cuestión social", Di Stefano, Roberto, "Por una historia de la secularización y de la laicidad en Argentina", *Quinto Sol*, Vol. 15, N° 1, 2011, p. 23, disponible en https://goo.gl/wMUJWu.

escuelas de territorio, que establecía criterios uniformes de enseñanza para las escuelas de frontera y recomendaciones para sus docentes. Se señalaba que los docentes debían realizar acción nacionalista dentro y fuera del colegio, así como ser ejemplo diario de disciplina. Además, se hacía hincapié en el lugar social del maestro, el desarrollo de su capacidad intelectual, moral y cívica, reafirmado por "un alto concepto de Patria", lo que le permitirá "intensificar la propagación de la educación moral y cívica" (*La Nueva Era*, 30 de marzo de 1934: 2).

Desde el Consejo Nacional de Educación se sostuvo que "a fin de fortalecer el sentimiento patriótico" se debía "enseñar a los niños la Historia Argentina tocando su corazón" mediante la exaltación "de los rasgos morales de nuestros próceres civiles y militares"; para que de esta manera "comprendieran, sintieran y vivieran su ardiente argentinidad" argumentando que para tal fin "las fiestas patrióticas y los actos cívicos escolares debían cobrar significativa animación".[7]

Los inspectores de territorios del Consejo Nacional de Educación consideraban "obra patriótica, altamente patriótica sembrar de escuelas la Cordillera y las fronteras", y recomendaban cerrar los ojos ante muchas reglamentaciones, porque no era posible medir con la misma vara "el costo de la educación del niño, en el centro urbano, en el campo o en la montaña; ni exigir, mientras se carece de recursos, edificios de construcción pedagógica en plena cordillera, ni es posible tampoco mantener el radio escolar fijado por la ley" (Alemandri, 1934: 11-12).

El 5 de julio de 1929, el Consejo Nacional de Educación resolvió crear las Escuelas Prácticas de Frontera con el propósito de que las mismas sean "medularmente argentinas" y "esencialmente productivas". El artículo 8 de la ley establece que "su nacionalismo será constructivo, emulativo y ha de caracterizarse [...] al tratar la historia, el

---

[7] Revista *El Monitor de Educación Común*, N° 811, julio de 1940, pp. 91-93.

idioma, la instrucción cívica y la geografía en su enunciación más sencilla, verdadera y racional". A su vez, el artículo 10 resalta que "se enseñará […] los principios y prácticas de la industria y producción de la zona en que se instale, estimulando la inclinación del alumno hacia el trabajo rural, oficio o industria que predomine en la región" (Expt. 11.251-P-1929). Podían concurrir a estas escuelas, los niños y niñas de 6 a 14 años (como establecía la Ley 1420), siendo de carácter voluntario la concurrencia hasta los 16 años.

Estas escuelas fueron pensadas como centros en los que predomine el taller del trabajo práctico y las labores agropecuarias. A su vez, el marco legal contempló la creación de escuelas de adultos en estas regiones, pensadas también como centros de enseñanza práctica.

Hacia 1930 las élites sintieron que los procesos de argentinización de zonas fronterizas no se habían consolidado, y por ello se buscó reforzar la acción nacionalizadora de la escuela con otras entidades estatales, para acompañar y profundizar las acciones desplegadas desde el ámbito educativo. A las escuelas creadas o transformadas como escuelas de frontera en los años iniciales de la década de 1930, como la escuela N° 103 de 1930, la N° 118 de 1933, la N° 139 al sur de Mallín Ahogado, a sólo 15 km de la frontera con Chile, y la N° 48 en San Carlos de Bariloche, se le sumaron instituciones como la Dirección de Parques Nacionales creada en 1934, la Gendarmería Nacional arribada a la región en 1938. Todas ellas buscaron reforzar el arraigo, el amor a la patria y la lealtad a la nación en la frontera.

Según el Consejo Nacional de Educación la tarea que tiene la escuela en los nuevos tiempos de la nación y en particular los maestros en la frontera patagónica es: "la imprescindible tarea de argentinizar cada vez más a la Patagonia, de inculcar constantemente la enseñanza patriótica y nacionalista, de infundir en las escuelas y en los vecindarios el culto a nuestros héroes y símbolos, el amor a la libertad y veneración a nuestras instituciones"[8], a la vez que promocionar estrategias de radicación, poblamiento y desarrollo económico en la zona.

Nuevas fechas son recordadas, nuevos próceres son venerados y la escuela se constituyó como centro de la acción patriótica, nacional y católica. Los actos tuvieron como escenario el edifico y terreno escolar, comenzaban a la mañana con un desfile cívico-militar y culminaban a la noche en un baile desarrollado en la misma escuela, y eran "populares" y abiertos a "todos" los vecinos, instalándose así como una tradición escolar que llegaría para quedarse.

Existía cierto consenso en la necesidad de reforzar el patriotismo desde valores y rituales cada vez más decididamente católicos. La presencia de la religión fue más intensa hasta llegar a afirmar que "la religión católica es parte de la nacionalidad". Con el Decreto 18.411 de diciembre de 1943, Gustavo Martínez Zubiría, ministro de Educación del presidente provisional Pedro Ramírez, instituyó la enseñanza de la religión católica en las escuelas públicas, para lo cual designó inspectores religiosos que recorrían las escuelas y supervisaban su enseñanza.

Asimismo fue cada vez más notoria la presencia de lo militar en las escuelas desde las prácticas y rituales hasta en la colaboración que esta institución brindaba. Por ejemplo, en el Libro Histórico de la escuela N° 149 de San Carlos de Bariloche, apadrinada por el Ejército, se dice: "se desea que esta escuela de barrio que agrupa a la población escolar más humilde realice una acción civilizadora, nacionalista, digna y patriótica. Cuenta con el apoyo de la cooperadora del Ejército, madrina de la escuela y también una madrina de la biblioteca, la Srta. María Álvarez, como así también de las autoridades locales" (Libro Histórico Escuela 149: 45).

---

[8] *El Monitor de Educación común*, publicación del Consejo Nacional de Educación, Buenos Aires, 1930, p. 132.

En este contexto fue necesario gestar instancias que promovieran la cohesión efectiva de la población para que desde cierto "orden" se la pudiera integrar ideológicamente en pos de la defensa de la soberanía. El Estado asumió este tipo de preocupaciones a través de la educación común y obligatoria, y el servicio militar. Así la presencia militar se manifestó en el calendario escolar de efemérides y conmemoraciones. Aparecieron nuevas fechas para recordar y celebrar, como el Día del Reservista, que convocaba a los escolares a un desfile cívico-militar para demostrar la "unión leal de todos los argentinos en la defensa de la patria". El Día del Reservista convocaba a la unión de todos: a los que constituían la defensa activa y la defensa pasiva de la nación. El diario *La Nueva Era* brindó una extensa cobertura a estas conmemoraciones en distintas localidades de la región, sosteniendo que

> la patria no está en peligro, pero ella quiere saber si sus hijos están alertas. Ella sabe y la historia lo atestigua que los pueblos previsores, dinámicos y amantes de sus tradiciones, que tienen plena conciencia individual y colectiva sobre el significado de la seguridad del Estado y el mantenimiento de las instituciones políticas y sociales, jamás perecen.[9]

El Estado vuelve a las fronteras: nuevos desafíos argentinizadores para las escuelas patagónicas

Con la llegada del peronismo al poder en la esfera nacional en 1946, se desplegó una activa política respecto a los territorios nacionales, y se generaron cambios en la organización económica y social en el espacio regional. La Dirección de Parques Nacionales que hasta entonces se había constituido, tal como lo expresa Paula Núñez, en una "frontera estratégica" para el desarrollo económico de la región,

---

9 *La Nueva Era*, 6 de enero de 1945: 8.

cambia su visión con el peronismo. El espacio trasandino deja de presentarse como enemigo, abandonando la idea del "peligro chileno" como fundamento de la preservación de la zona (Núñez, 2015: 99).

Las políticas de alertas fronterizas se mantienen, así como las instituciones militares y educativas. Las escuelas de frontera se conservan como en la etapa anterior, aunque los procesos de argentinización se construyen a partir de nuevos parámetros, como por ejemplo las políticas de integración social a partir de la educación y el ingreso de nuevos actores y ciudadanías, y no ya, únicamente, como resguardo y construcción de lealtad a la nación.

Tras la caída de los gobiernos peronistas y los sucesivos intentos de estabilización democrática frente a los planteos militares, en la dictadura de Juan Carlos Onganía se implementaron políticas educativas de descentralización del Sistema Educativo. Se autorizó la transferencia de escuelas a las provincias, Río Negro fue una de ellas, y se crearon escuelas nacionales en zonas de frontera.

En el contexto de la dictadura militar, la denominada "Revolución Argentina", en el escenario de la Guerra Fría y la Doctrina de la Seguridad Nacional, se definieron nuevas políticas para zonas fronterizas. El 5 de junio de 1955 por Ley 14.408 Neuquén, Río Negro, Chubut y Santa Cruz se transforman en provincias. El golpe de Estado de 1955 aplazó su cumplimiento efectivo, poniéndose en acto en Patagonia tras la caída de Perón hacia 1957. De este modo los ahora gobernadores de las provincias patagónicas coincidieron en la necesidad de acompañar el ideario nacionalista con un programa de desarrollo de un fuerte sentimiento regionalista. En el marco del Programa Regional de Desarrollo Fronterizo y para el ejercicio de la docencia "en la seguridad nacional", el gobierno nacional creó o transformó escuelas existentes, en escuelas de frontera en el oeste de Río Negro. En San Carlos de Bariloche, las escuelas N° 71 y N° 149 fueron transformadas en escuelas de frontera, en El Bolsón la escuela N° 30 también fue transformada en escuela de frontera N° 5. Además fue sancionada la Ley 17.591 (28 de diciembre de 1967) para establecer un régimen especial para las escuelas de frontera; la Ley 18.575 (30 de enero de 1970), con el objeto de promover el desarrollo e integración de esas regiones a la nación, delimitar la zona de frontera internacional y demarcar nueve áreas de frontera, y la Ley 19.524 (14 de marzo de 1972), para regular el funcionamiento de las escuelas nacionales de frontera. En Patagonia y Cuyo la zona de frontera era la comprendida entre el límite internacional y la ruta 40 (Decreto N° 468/70). Se estableció que el objetivo fundamental de la política era "consolidar la seguridad nacional" y definir un régimen especial para las escuelas ubicadas en esas zonas. Como puede observarse adhería, nuevamente, a una idea de frontera como zona de riesgo (Rodríguez, 2010: 1253).

En el año 1969, los equipos técnicos del Consejo Nacional de Educación elaboraron el "Programa de Conocimientos y Actividades para las escuelas de Frontera", centralizando y unificando los contenidos a enseñar. En el mismo se especifican las responsabilidades, funciones y propósitos de estas escuelas. Dicho documento sostiene que "En zonas y áreas de frontera es función de la escuela contribuir a afincar al poblador a los efectos de que por un sentimiento de arraigo local, haga su apertura mental a lo regional y nacional" (Programa para Escuelas de Frontera, 1969: 7). Se sostiene que el acento puesto en el estudio de los problemas regionales y locales no puede perder de vista la necesidad de formar al ciudadano nacional. Según este documento curricular, los objetivos de las escuelas de frontera son: "Asimilar al espíritu nacional [...] un modo de vida distinto"; "Hacer conocer al niño [...] la tradición nacional y su proyección futura"; "Realizar la promoción de la localidad" (Programa para Escuelas de Frontera, 1969: 8 y 9). Para tal fin se delimitaron contenidos que acentuaban el sentido de pertenencia regional junto a la necesaria integración nacional a partir de plantear que en las fronteras argentinas se presentaban condiciones de fragilidad económica y demográfica que producía dificultades, en sus condiciones de vida. Desde allí que, con un discurso desarrollista, se planteara la necesidad de formar "recursos humanos" para el desarrollo regional y la integración a la nación.

En julio de 1978 durante la última dictadura militar, en función de la Ley 21.809 que facultaba al Poder Ejecutivo Nacional a transferir el resto de las escuelas primarias a las provincias, estas escuelas cambiaron su denominación a partir de la reorganización que comenzó a hacer la provincia de Río Negro, pasando a ser todas escuelas provinciales, eliminándose el calificativo y connotación "de frontera" y postulándose el nuevo régimen provincial para las escuelas públicas, a la vez que se modificaba la concepción de frontera como espacio potencialmente peligroso que debe ser argentinizado.

Chilenos e indígenas: "el problema del otro" y de la diversidad cultural en la escuela

Hemos intentado en este trabajo dar cuenta de cómo lo "fronterizo" –concebido como un espacio geográfico y como los sujetos que lo habitan– fue pensado en la etapa fundacional del sistema educativo argentino como un problema sobre el cual hay que intervenir, argentinizándolo. Esta concepción fundante se consolida en la década de 1930 y se profundiza en los años posteriores, transformándose en una invariante que emerge con fuerza durante gobiernos de facto y de derecha.

En los siglos XIX y XX, el Estado nacional fue estructurando en Patagonia, iniciativas *civilizatorias* que produjeron fuertes estigmatizaciones sociales, que llevaron a la segregación de la población que habitaba ese territorio porque su existencia hacía "peligrar la unificación identitaria de 'lo argentino'". Lo chileno e indígena emerge como significativo en relación con la empresa nacionalizadora que ejerce el dispositivo escolar.

Como se viene sosteniendo en el trabajo, la escuela se transforma en el ámbito clave de "argentinidad" y en ese proceso produce diferenciaciones, clasificaciones y extranjerizaciones selectivas de alteridades (Briones, 2008: 19), en el mismo proceso de construcción de subjetividades.

Por esto, en el caso de niños y niñas que concurren a las escuelas y forman parte de grupos étnicos minoritarios, el proceso de constitución de identidades se genera también mediante mecanismos de incorporación de prejuicios y discriminación elaborados por el poder político, produciéndose lo que Héctor Vázquez (2000: 35) denomina identidades políticamente estigmatizadas.

En la sociedad de frontera de la norpatagonia, la abrumadora mayoría chilena e indígena fue percibida en el sistema educativo como una "población problema". Ante un fuerte discurso de educación patriótica, estos grupos mayoritarios en la zona cordillerana sufrieron fuertemente la discriminación y la xenofobia.

Inspectores y maestros, como agentes estatales, entendían que la educación en tanto inculcación de hábitos, normas, valores, costumbres, rutinas y rituales era una urgencia y necesidad en las zonas de frontera pobladas mayoritariamente por indígenas y chilenos. A su vez, los chilenos de la zona cordillerana del territorio de Río Negro, fueron ubicados en un punto intermedio entre el inmigrante chileno-europeo que pobló esta zona y los indígenas. En ese sentido la preocupación por educar se dirigía principalmente hacia esos sectores subalternos de la sociedad, que fueron categorizados y clasificados (Baeza, 2009: 71). De esta manera, ser *chileno* implicaba para los funcionarios educativos: desapego/ignorancia/vagancia/pobreza/desidia/abandono, imponiendo desde sus lugares de poder operaciones de *racialización* del otro y naturalización de las diferencias culturales.

Las opiniones que los inspectores dejaban asentadas en los libros de inspección en las escuelas eran leídas por los docentes, de manera que podemos inferir la fuerte influencia que tenían estas representaciones sobre los modos de encauzar las prácticas educativas según la población de destino. A modo de ejemplo, citamos algunas referencias explícitas que distintos inspectores dejaron registradas en diferentes documentos.

Por ejemplo el inspector seccional de la Zona III, Olivio Acosta, decía en 1908, en un informe elevado al inspector general, que de los habitantes de los campos fiscales en la parte oeste de Río Negro, el 80% de la población es de nacionalidad chilena, y que por lo tanto sin vínculos de nacionalidad. El informe se explayaba además en la caracterización de esta población como indolente, sin anhelos de mejora, sin constricción al trabajo, y sin lazos que los liguen al espacio.

Pero el problema no es solo la nacionalidad, directa o indirectamente se manifiesta la idea de que el estado de abandono y pobreza en que viven muchos de los alumnos tiene mucho que ver con su condición de ser chilenos. El inspector González retoma esta cuestión pero afirma que la escuela cultiva el verdadero nacionalismo, y como resultado los alumnos respetan la escuela argentina y los símbolos patrios nacionales (Libro Histórico de la Escuela 103, 1932).

La clasificación establecida por los agentes estatales contribuía a afianzar las fronteras sociales entre "los elegidos" y aquellos que no lograban trascender el espacio escolar a través del trabajo intelectual.

Las sociedades indígenas fueron interpeladas de manera más drástica aun, ya que desde los agentes educadores se los consideraba según los estereotipos que la sociedad argentina había concebido para ellos: salvajes indomables, bárbaros y herejes, los cuales formaban parte de esa barbarie a la que había que combatir para lograr un modelo de nación que se amoldase a los patrones europeizantes de las primeras décadas del siglo XX. Estaban en un estado de evolución inferior a otras poblaciones extranjeras patagónicas. "[Los indios] carecen de las nociones más elementales, desconocen la gratitud y el respeto bajo todas sus manifestaciones y tienen un carácter rencoroso, indolente y desconfiado".[10]

Las prácticas del idioma y ceremonias propias del mundo indígena fueron relegadas al ámbito de lo privado pero siguieron perdurando como modos de resistencias íntimos que permitieron la reproducción de la cosmogonía propia de los pueblos originarios, como maneras propias de preservar su adscripción identitaria.

Consideraciones finales

El proceso de institucionalización educativa comenzó al finalizar las campañas militares contra los pueblos originarios de los territorios patagónicos en 1885, cuando el Estado y sus instituciones más representativas avanzaron en la necesidad de potenciar identidades nacionales y de dar cuerpo a fronteras mentales y culturales que organizaran el universo de representaciones diversas que coexistían en estos territorios australes. De esta manera, un conjunto de iniciativas, discursos, valores e instituciones convergieron en crear un orden moral colectivo que debía acompañar la organización del Estado argentino.

En estas sociedades de frontera en conformación, la abrumadora mayoría chilena e indígena, ante un fuerte discurso patriótico hegemónico, sufrió discriminación y xenofobia. De ese modo, la inmigración chilena y el poblamiento

---

10 Extraído de "En Territorios nacionales. Cómo avanzan las primeras luces en el desierto austral". Revista *El Monitor de la Educación Común, órganos del Consejo nacional de Educación*, N° 408, año XXVII, tomo XXIII. C.E.E. Buenos Aires, 31-12-1906, pp. 645-646, en MASES, Enrique Hugo (2010), *Estado y cuestión indígena. El destino final de los indios sometidos en el sur del territorio* (1878-1930). Buenos Aires, Prometeo libros, pp. 247-248.

indígena se constituyeron en un problema hacia el cual debía acudir la escuela para afianzar la nacionalización efectiva y duradera de la región, mediante la formación de la conciencia nacional, las prácticas simbólicas, la superación de la "barbarie" como instancias ideológicas de legitimación.

Estas prácticas se implementaron en el interior y exterior de las escuelas, intentando afianzar la misión nacionalizadora en sociedades de frontera cumpliendo la función de "pedagogización social", al moralizar a los/as niños/as y a sus familias, tarea que calló, invisibilizó y ocultó otro/s mundo/s cultural/es existente/s.

Sin embargo, la migración de población de origen chileno continuó a lo largo del siglo XX, favoreciendo la continuidad y pervivencia de lazos culturales y sociales con el país trasandino, provocando el temor de los sectores dominantes por la "chilenización" de las costumbres y los riesgos para "la seguridad nacional", serios obstáculos para el éxito del proyecto nacionalizador de principios del siglo XX y de los postulados de los distintos planteos castrenses, a mediados y fines de siglo, que mediante dictaduras militares gobernaron nuestro país. Estos lanzan procesos de la refronterización de las escuelas públicas en la zona andina, pensadas como barreras frente a la penetración cultural, ideológica y expansiva de los países vecinos, reafirmando la necesidad de difundir las formas de vida propias de la cultura argentina, los valores de lealtad nacional y el sentimiento de pertenencia a la nación. Estos postulados, que inauguraron el proceso de institucionalización de la educación en la región, imprimieron una matriz ideológica en la cultura escolar que marcó por varias décadas los principios educadores en las áreas de frontera, cuyos rasgos, en muchos aspectos, siguieron vigentes hasta fines del siglo XX: el ejercicio de la autoridad, la disciplina, el orden, el control, la verticalidad, la ritualización y burocratización de la enseñanza. Estos elementos son tensionados y resignificados durante los gobiernos democráticos, que mediante políticas educativas más inclusivas y prácticas pedagógicas más críticas, desafían el rol de la escuela para reconstruir y redireccionar el sentido de la escuela en la sociedad argentina del siglo XXI.

Bibliografía

ALEMANDRI, Próspero (1934), *Notas sobre enseñanza*, Buenos Aires, Cabaut y Cía.

BAEZA, Brígida (2002), "Procesos identitarios en el espacio fronterizo de Futaleufu, chilenos, galeses y 'los otros' (1902-2002)", tesis de maestría en Ciencias Sociales, Buenos Aires, FLACSO, julio.

BAEZA, Brígida (2009), *Fronteras e identidades en Patagonia Central (1885-2007)*, Rosario, Prohistoria.

BOHOSLAVSKY, Ernesto y GODOY ORELLANA, Milton (eds.) (2010), *Construcción estatal, orden oligárquico y respuestas sociales. Argentina y Chile, 1840-1930*, Buenos Aires, Prometeo.

BRIONES, Claudia (ed.) (2008), *Cartografías argentinas. Políticas indigenistas y formaciones provinciales de alteridad*, Buenos Aires, Antropofagia.

DEVOTO, Fernando (2003), *Historia de la inmigración en la Argentina*, Buenos Aires, Sudamericana.

DÍAZ, Raúl (1910), *La educación en los territorios y colonias federales. 20 años de inspección 1890-1910*, Buenos Aires, Compañía Sudamericana de Billetes de Banco, Tomo III.

DIEZ, María Angélica (2002), "Instituciones territoriales, orden público y una ciudadanía en construcción: el Estado nacional y la formación de La Pampa central (1884-1922)", tesis de doctorado, Universidad Nacional de La Plata, facultad de Humanidades y Ciencias de la Educación, departamento de Historia, disponible en www.memoria.fahce.unlp.edu.ar.

MASES, Enrique Hugo (2010), *Estado y cuestión indígena. El destino final de los indios sometidos en el sur del territorio (1878-1930)*, Buenos Aires, Prometeo.
MENDEZ, Laura (2007), "Bariloche 1880-1935: procesos migratorios, prácticas políticas y organización social", en Ruffini, Marta y Masera, Ricardo (coords.), *Horizonte en perspectiva. Contribuciones para la historia de Río Negro (1884-1955)*, Viedma, Fundación Ameghino, Legislatura de Río Negro.
NÚÑEZ, Paula Gabriela (2015), "La incompleta reconstrucción peronista de la frontera: un análisis desde la región del Nahuel Huapi, Argentina (1946-1955)", *Estudios Fronterizos*, nueva época, Vol. 16, N° 31, enero-junio.
RODRÍGUEZ, Laura Graciela (2010), "Políticas educativas y culturales durante la última dictadura militar en Argentina (1976-1983). La frontera como problema", *RMIE*, Vol. 15, N° 47, octubre-diciembre.
TEOBALDO, Mirta Elena (2006), "Los inspectores escolares en los orígenes del sistema educativo en la Patagonia Norte. Argentina: 1884-1957", en *Educare Revista de Educación*, Vol. I, N° 2.
VÁZQUEZ, Héctor (2000), *Procesos identitarios y exclusión sociocultural. La cuestión indígena en Argentina*, Buenos Aires, Biblos.
ZANATTA, Loris (2005), *Del Estado liberal a la nación católica. Iglesia y Ejército en los orígenes del peronismo. 1930-1943*, Bernal, UNQ.

Fuentes

Revistas *Monitor de Educación Común*.
Periódico *La Nueva Era*
Entrevistas a pobladores de las ciudades de El Bolsón y Bariloche.

Normativa educativa del Consejo Nacional de Educación.
Consejo Nacional de Educación. *La instrucción primaria en los territorios. Cincuentenario de la Ley 1420.* 1934.
Libros Históricos de las escuelas N° 118, 103, 30 de la ciudad de El Bolsón y de las escuelas N° 16, 149, 71 de San Carlos de Bariloche.

Control social, justicia y memoria

¿Qué nos enseña la historia de las instituciones judiciales?

Algunos apuntes sobre la lenta historia de la separación de funciones[1]

DARÍO G. BARRIERA

> Flagrante atropello a la Justicia
> Las autoridades de Santa Cruz siguen negándose a acatar tres fallos de la Corte para reincorporar al procurador Sosa
> [...]
> En Santa Cruz no solo fueron violentadas las instituciones con el velado propósito de silenciar a los funcionarios judiciales independientes, sino que también se produjo una manifiesta denegación de justicia, derivada del incumplimiento de los fallos del más alto tribunal de la Nación.
> *La Nación*, 5 de agosto de 2009.

> Gobierno apeló fallo que declaró inconstitucional memorando con Irán
> El ministerio de Justicia y Derechos Humanos apeló, ante la Cámara Federal de Casación Penal, la sentencia de la Cámara Federal en lo Criminal y Correccional de la Capital que declaró inconstitucional el Memorándum suscripto entre Argentina e Irán con el objetivo de avanzar en la investigación del atentado contra la AMIA.

---

[1] Una parte de este trabajo fue la base de una conferencia dictada el 20 de octubre de 2016 en las Terceras Jornadas de Historia en el año del Bicentenario de la Independencia de Santiago del Estero y del NOA, Fac. de Humanidades, Ciencias Sociales y de la Salud de la Universidad Nacional de Santiago del Estero. Agradezco a los colegas de esa Universidad y a Susana Bandieri por los comentarios vertidos en la ocasión.

> "La sentencia dictada es arbitraria" porque "invade la esfera de actuación del Poder Ejecutivo y del Congreso, cercenando las facultades que la Constitución expresamente otorga a estos dos poderes", remarcaron desde el Ministerio de Justicia, tras recordar que el fallo de la Cámara en lo Criminal y Correccional también declaró inconstitucional la Ley 26.843, a través de la cual el Congreso Nacional aprobó el memorandum.
> *Ámbito Financiero*, 30 de mayo de 2014.

Desde hace algunos años, hacer "historia de la justicia" se fue configurando como una especificidad dentro de los campos más anchos de la historia del derecho o de la historia política. A partir de entradas diversas, se ha tratado de señalar que lo específico no es tanto el objeto como la elaboración de las preguntas con las cuales se enfrentan problemas que el estudio de la justicia nos ha sugerido, y que intersectan otros campos.

De este modo, muchos recortes disciplinares pueden verse interpelados o enriquecidos a partir de la diagonal que obliga a trazar el estudio de *lo judicial* en subdisciplinas consolidadas. Inicialmente estamos tentados a referirnos solamente a la historia política o la historia del derecho. Sin embargo, la cosa no se agota allí: uno de los casos más interesantes es el de la "historia de la Iglesia", cuya dimensión jurisdiccional y judicial va mucho más allá de los problemas "espirituales" y lejos está de ceñirse a cuestiones que atañen solamente a la religión o a los fieles. Una producción reciente ilustra perfectamente las vueltas de tuerca que supuso el enfoque jurisdiccional y la irrupción del estudio de las jurisdicciones eclesiásticas en clave judicial. No solamente enriquecieron la historia de la Iglesia, sino que modificaron nuestras miradas sobre el mundo "secular", mostrando que lejos que estar prolijamente escindidos, las esferas de lo secular y lo eclesiástico muchas veces se confundían en la experiencia de los agentes de la América colonial (Traslosheros, 2010; Moriconi, 2012a y 2012b). Otro tanto ocurre cuando examinamos los orígenes de la institución policial o la historia de la recaudación de impuestos, cuando los agentes encargados de una y otra también detentaban capacidades jurisdiccionales y, en ocasiones, no se trataba sino de jueces menores ejerciendo funciones de policía o labores recaudatorias. Cuando no las tres juntas (De los Ríos, 2017).

A lo largo del siglo XX, consciente o inconscientemente, todas aquellas historiografías –la política, la del derecho, la de la policía, la de la Iglesia– se edificaron sobre un consenso acerca de la identidad inequívoca entre Estado y forma de poder político. En el caso de la historia política, como lo había denunciado hacia finales de los años 1960 el antropólogo Georges Balandier, el verdadero problema se había generado a partir de la confusión de la historia política con la historia del Estado (Barriera, 2002). Este mecanismo –que se dio en otras disciplinas, donde metonímicamente uno de sus objetos se convirtió en todo el campo– homologó los *problemas* de la historia política con los *problemas* de la historia del Estado, desestimulando el estudio de la historicidad de algunos ejes que nunca fueron evidentes, por ejemplo el de las relaciones entre religión y poder político, o entre forma de poder político y ejercicio jurisdiccional –algo que señaló muy claramente en su hora Bartolomé Clavero y profundizó durante los últimos años Carlos Garriga–.

Pero existe una manera más sencilla de entrar en el problema, apelando a nuestras propias sensibilidades y vivencias cotidianas. Los dos epígrafes que preceden el desarrollo del artículo, importantes titulares de periódicos nacionales más o menos recientes, denotan algo que va más allá del lógico juego de intereses que atraviesa la producción de la noticia. Nos hablan de una antropología, de la nuestra. Esas "noticias" aparecen como relevantes porque tocan cierta profunda sensibilidad política, porque significan un alerta sobre unos principios que hemos naturalizado, en los casos citados, el de la división de poderes y el de la autonomía que estos tendrían respecto de los otros.

Los ejemplos elegidos aluden arbitrariamente solo a situaciones críticas entre el Ejecutivo y el Judicial, porque nos permiten ir al meollo del asunto: la molestia que provocan es localizada. Es posible aquí y ahora. Tiene que ver con una historicidad. En el horizonte que subyace a nuestra cultura jurídica –independientemente del nivel educativo alcanzado por el lector– se sabe que el que gobierna no puede juzgar y el que juzga no debe gobernar. ¿Debemos desestimar esta obviedad? ¿Qué puede aportarnos sobre este problema la historia de las instituciones judiciales o de las formas de juzgar? ¿Tendrá algo para decirnos sobre este tema el que la separación de las funciones de gobernar y juzgar tenga una historicidad?

Trataremos de presentar los caracteres históricos de una institución que responde a las características de "baja justicia" (la justicia de paz) en relación con el medio social que la originó, para mostrar de cerca la lenta desvinculación entre las funciones de *juzgar* y *gobernar*, proceso medular para comprender la edificación del moderno orden jurídico constitucionalista y de la construcción del Estado como forma de poder político dominante en nuestras sociedades.

La justicia de paz: del nombre al concepto

"Justicias de paz" es el nombre genérico que reciben en casi todo el mundo las "justicias de equidad" (Sanjurjo, 2003). Aunque los casos más antiguos de uso de la expresión remiten a la historia inglesa, es en la experiencia francesa donde se identifica la justicia de paz como la forma paradigmática de la *justicia de proximidad*. Nacida de las entrañas de la Revolución de 1789, constituye el tema arquetípico de la historiografía judicial francesa y ha dado una vasta producción escrita (Barriera, 2012). Nace en 1790 de la liquidación del feudalismo pero reteniendo lo esencial del antiguo régimen, privilegiando la negociación entre partes al frío imperio de una ley. El problema que debía resolver no era el de la imposición de un Estado, sino uno más urgente, abierto por la abolición de los señoríos: la justicia señorial, presente a lo largo y a lo ancho de todo el territorio del Hexágono, era prácticamente la única forma de justicia posible para la mayor parte de la población francesa, que vivía en el campo y *era* campesina.

En Francia la justicia de paz fue suprimida en 1958 y, para muchos analistas, esto abrió una verdadera brecha entre los franceses y el sistema judicial. Que el caso francés constituya una de las mejores referencias históricas e historiográficas a la cual referirse para nuestras realidades no es azaroso, ni arbitrario: por una parte, España y Francia compartieron una cultura jurídica común desde antiguo y sobre todo durante el siglo XVIII (Martinage, 1998; Padgen, 1998; Hespanha, 2002); los procesos de laicización, la cultura política de la casa de Borbón, la influencia jesuítica a través de la educación en el Colegio de Córdoba y su legado en el San Carlos de Buenos Aires, la Constitución gaditana o los nombres de Bernardino Rivadavia –el ministro de gobierno de Martín Rodríguez que redactó la reforma judicial de 1821 en Buenos Aires– y también el de Gustave Bellemare, redactor de un plan de organización judicial para esa provincia por encargo del gobernador Manuel Dorrego, constituyen otros conductos para pensar esta relación cercana. El *Plan general de organización judicial para Buenos Aires* fue publicado por la Facultad de Derecho y Ciencias Sociales y el Instituto de Historia del Derecho de la Universidad de Buenos Aires en 1949 con una "Noticia preliminar" de Ricardo Levene. La propuesta de Bellemare fue presentada al gobierno de Buenos Aires el 15 de agosto de 1828. Levene asumió que la fuerte inclinación por el modelo francés se explica por el origen del autor, pero también porque este encontraba afinidad entre las costumbres de su país y las de estos pagos.[2]

En la Constitución gaditana la figura del "juez de paz" no aparece mencionada, pero sus funciones se pueden identificar claramente en los artículos referidos a los alcaldes locales como conciliadores prejudiciales (Loli, 1997; Ardito Vega, 2011).[3] Para las repúblicas nacidas del ciclo revolucionario posterior a la crisis de 1808 en España, el panorama es complejo y amplio.

En la historiografía peruana, algunos análisis identifican las inspiraciones para la instrumentación de la justicia de paz en la Constitución gaditana de 1812. Aunque, como se dijo, la Carta de Cádiz no utiliza la figura del "juez de paz", el capítulo 2 del Título V alude a los derechos de los españoles a "…terminar sus diferencias por medio de jueces árbitros, elegidos por ambas partes" (art. 280), a que el oficio de conciliador en cada pueblo lo ejercerá el alcalde (282, para "negocios civiles o por injurias") y que aquel,

> con dos hombres buenos, nombrados uno por cada parte, oirá al demandante y al demandado, se enterará de las razones en que respectivamente apoyen su intención; y tomará, oído el dictamen de los dos asociados, la providencia que le parezca propia para el fin de terminar el litigio sin más progresos, como se terminará en efecto, si las partes se aquietan con esta decisión extrajudicial (art. 283).

En territorio español la justicia de paz fue instituida por la reforma de 1855 (Inchausti Gascón, 2006).

---

[2] Sobre la inclusión del *jurado* sugiere que lo tomó de Inglaterra-Estados Unidos porque la institución fue desterrada por el despotismo –nótese que la misma está presente además en la Constitución gaditana pero que el mismo Napoleón la había ignorado durante la ocupación–.

[3] Su sentido de *juez doméstico* o local también está presente en una fuente profusamente citada: "Política: Artículo de carta interesante de un amigo del país residente en reinos extranjeros", *Gazeta*, Buenos Aires, 27 de abril de 1816, publicado por José Carlos Chiaramonte, 1997.

En Perú y Bolivia, la figura del *juez de paz* está presente ya en las constituciones de 1823 y 1826 respectivamente. Al igual que en el Río de la Plata, se trata desde sus inicios de una *justicia lega* (Ardito Vega, 2011). Al contrario, en Venezuela y Colombia la figura se incorporó a los esquemas judiciales hace muy poco tiempo (1994 y 1999, respectivamente),[4] y en Ecuador hace aun menos (2014). En Chile se utiliza la fórmula para designar genéricamente a toda forma de *justicia vecinal* –y está en el tapete además por la misma razón que en Colombia, Ecuador, Francia, Argentina u otros países, las reformas judiciales de inspiración socialdemócrata. Finalmente, solo puede remontarse el hilo del nombre hasta el siglo XIX en Argentina, Perú, Bolivia, México (López González, 2012), Uruguay (Véscovi, 1993) y Paraguay –donde fue reglamentada en 1875 (CSJ, 2011)–.

La justicia de paz en el Río de la Plata

Su especificidad en el contexto hispanoamericano está vinculada inicialmente a un hecho repetidamente señalado: además de ser el experimento más temprano (el gobierno de Buenos Aires la implementó en 1821), su introducción fue de la mano de la supresión de los cabildos, ergo, de los gobiernos municipales. La reconversión de los territorios y de las jurisdicciones del Virreinato rioplatense y de la Gobernación-Intendencia de Buenos Aires en particular no transitó por una única fórmula. Dicha heterogeneidad sobrevivió a la Constitución de 1853, cuyo régimen federal permitió formas diversas de justicia local que cada provincia podía adoptar en su carta constitucional.

---

4 En ambos casos se tomó como modelo la organización peruana, pero en lugar de enfatizar en las necesidades de la población rural se acentuó su faceta urbana. Bogotá, Medellín y Cali en Colombia; Caracas, Maracaibo y Puerto Ordaz en Venezuela tienen ahora centenares de despachos de justicia de paz.

También es excepcional el tratamiento historiográfico que el tema ha recibido en la Argentina. Mientras que en casi todos los países que adoptaron la *justicia de paz* –a excepción de Inglaterra y parcialmente de Francia– los estudios sobre sus *orígenes* fueron realizados por abogados o juristas, y parecen deberse a una retrospectiva preocupada solo por la institución en la actualidad, en la Argentina, al contrario, el tema ha sido menos estudiado por los juristas que por los historiadores.

El estudio pionero fue realizado por un secretario del Instituto de Investigaciones Históricas de la Facultad de Humanidades de La Plata (Díaz, 1959). Dicho trabajo fue retomado por historiadores del derecho (Ricardo Levene y Carlos Mario Storni los primeros) y más recientemente por historiadores como Juan Carlos Garavaglia, Melina Yangilevich (2011) y Juan Manuel Palacio (2004), entre otros. Pero desde hace más de dos décadas, este tema ha sido central a la hora de restituir las conexiones entre la *forma de hacer justicia* y el tipo de sociedad donde la misma se practicaba.

En efecto, para la mayor parte de los investigadores que aportaron sobre este tema, estudiar el funcionamiento de la justicia de paz no fue un *fin en sí mismo* sino, al contrario, un *medio*. En el caso de los trabajos de Garavaglia (1999a y 1999b), Salvatore (2010), Gelman (1999) y Fradkin (2007, 2009a y 2009b), el propósito era comprender un poco mejor la política en las áreas rurales y, en definitiva, la cuestión de la construcción de los liderazgos durante el rosismo.

Particularidades de un caso

La justicia de paz santafesina tiene también sus particularidades, que se inscriben en el panorama latinoamericano y rioplatense que acabamos de reseñar. En primer lugar, se trata de una experiencia terminada (fue creada en 1833 y clausurada en 2011).[5] En segundo lugar, desde el punto de vista historiográfico, la producción entre historiadores del derecho, abogados e *historiadores* es curiosamente pareja.

En tercer lugar, las formas y las motivaciones que se encuentran en su origen presentan analogías y diferencias con los antecedentes cronológica y espacialmente más inmediatos. Según la escueta formulación que le dedica el reglamento aprobado por la Sala de Representantes en 1833,[6] esta institución se creó para asumir la administración de justicia de menor cuantía en el ámbito de la ciudad y los departamentos, flamantes divisiones políticas informales que derivaban de los "partidos" que corrían los alcaldes de la hermandad. Es decir que fue una institución de ciudad y campaña.

En la ciudad, los alcaldes ordinarios –extinguidos con el cabildo a finales de 1832– fueron remplazados en enero de 1833 por jueces de primera instancia. El nombramiento de los jueces de paz quedaba en manos del gobernador y se expresaba a través de uno de los instrumentos reservados a su oficio: el decreto.[7] El artículo 4 del mencionado Reglamento instituía un juez de paz para cada uno de los cuarteles de la ciudad –hasta entonces al cuidado de alcaldes de barrio– y otro *para las chacras* con jurisdicción *desde las primeras quintas*. Su designación tenía el carácter de carga pública, continuaba siendo *ad honorem* mientras que otros empleos estaban dotados de sueldos. Un alcaide de cárcel

---

5 La ley provincial del 2 de agosto de 2011 suprimió en Santa Fe la experiencia de la justicia de paz y creó, en su lugar, una "justicia comunitaria de pequeñas causas".
6 También creó la justicia civil y criminal en primera instancia; un juez de policía con el mismo sueldo que el juez de primera instancia; un defensor de menores; 8 jueces de paz (4 para la ciudad; 1 para la campaña; 1 para Rincón, 1 para Coronda, 1 para Rosario). Registro Oficial de la Provincia de Santa Fe [ROSF], "Reglamento provisorio para los empleados y atribuciones que deben subrogar el Cuerpo municipal...", Capítulo II.
7 Solo la Junta de Representantes podía sancionar "leyes", mientras que el gobernador podía legislar a través de decretos y resoluciones. También podía enviar "minutas de decretos", proyectos o reglamentos que la Junta sancionaba luego con fuerza de ley.

gozaba de un pago de 10 pesos mensuales –más alto que los cien anuales que se asignaban al Defensor de Pobres y Menores o a los jueces de primera instancia–. También había diferencias entre los propios jueces de paz.

El juzgado de paz para el departamento del Rosario, a diferencia de los de la ciudad de Santa Fe, estaba dotado con un sueldo de 100 pesos anuales y tenía bajo su responsabilidad dos comisarios auxiliares (para la ciudad) así como la potestad de proponer la creación de los que creyera necesarios para la campaña, pero sin sueldo (ROSF, I: 243). Las judicaturas de paz ordenadas para Coronda y Rincón de San José (art. 7) también alcanzaban la jurisdicción del "departamento" y, a semejanza de los jueces del Rosario, tendrían comisarios auxiliares (ROSF, I). La diferencia es que para Rosario se establecía de antemano que fueran dos mientras que los otros podrían proponer su creación ("los que su población y circunstancias exigieren"); la coincidencia radicaba en que los comisarios y cualquier otro tipo de auxiliar se designaban en todos los casos sin sueldo. El de Coronda cobraba un sueldo de 50$ al año.

Estos "empleos" tendrían un año de duración y, al cabo de ese lapso, "el Gobierno" (lo cual podría querer significar el gobernador) resolvería su renovación o remoción (art. 8). Nada se dice sobre formas de elección. De los jueces de paz de Rosario y de Coronda se esperaba la observancia de la práctica oral de los jueces civiles y criminales de la capital, pero también que suplieran la ausencia de escribano con "dos vecinos de buen juicio y fama". Hay que subrayar que en el escribano no solamente residía un saber jurídico que podía garantizar el debido proceso, sino también y sobre todo la presunción de "satisfacción de verdad" o de legitimación de los actos judiciales. Las ausencias de defensor general y de juez de policía debían cubrirse con designaciones de la misma calidad en "hijos del lugar" (ROSF, cap. IV). Los escribanos garantizaron la continuidad territorial de una cultura jurídica y judicial en la ciudad de Santa Fe; para los que estaban fuera de ella, entonces, la opción era rodearse de "hombres buenos", un estilo de requerimiento muy apegado a la tradición castellana expresada en las *Partidas* de Alfonso X.

La proximidad física de los juzgados de paz de Rincón y Coronda con el juzgado de primera instancia de la capital provincial relevaban a sus magistrados de admitir demandas por escrito. Si las recibían, tenían la obligación de remitirlas al juez de primera instancia de la Capital sin iniciar proceso de ningún tipo (cap. IV, art. 2); lo mismo sucedía si tenían que enfrentar el inicio de un proceso criminal: aprehendido el reo, no debían abrir la causa sino remitirlo con la seguridad pertinente al juzgado de primera instancia en lo criminal, con sede en la ciudad de Santa Fe. El juez de paz de Rosario, en cambio, tenía un plazo máximo de un mes para realizar el sumario del proceso que terminaba con la confesión del reo, a quien remitía entonces junto con sus actuaciones al "Gobierno" (el gobernador o un ministro suyo), donde se decidía cuál de los jueces de primera instancia intervendría. La cuestión de la proximidad física de los juzgados también incidía en los tiempos judiciales de los procesados: un apelante, por ejemplo, contaba con plazos que parecen considerar el tiempo de recorrido físico del traslado de los papeles de un punto judicial al otro. Mientras que una sentencia verbal del juez de paz del Rosario podía recurrirse durante un mes, el tiempo para quien lo hiciera sobre una sentencia del juez corondino se reducía a quince días, y en el Rincón a ocho (ROSF, IV, 3).

Los comisarios de Rosario y de Coronda habían sido ubicados bajo la égida directa del juez de paz de cada jurisdicción, y sus atribuciones eran idénticas a las de los jueces de paz de la capital: debían oír y sentenciar oralmente en causas de hasta veinticinco pesos y en "cualquiera otra cuya resolución importe el orden de la familia y tranquilidad del Cuartel ó distrito de su dependencia."[8] Esta baja justicia

---

8   ROSF, Cap. IV, art. 5. Sus sentencias debían ser ejecutadas en ocho días y eran apelables solo de seis pesos para arriba.

representaba la figura del antiguo *pater familias* y reunía, como los antiguos alcaldes de la hermandad lo hacían en la campaña, funciones de justicia, gobierno y policía, ya que podían hacer arrestos pero sobre todo tenían la obligación de "cortar por vías suaves" cualquier turbación del orden público "en el distrito de su Cuartel y á una cuadra al frente de su morada, ó de otro, sino vive en ella el que le corresponde" (ROSF, IV, art. 8). Cuando la vía suave no bastaba, podían pasar estos jueces y comisarios al "uso de la fuerza", que involucraba a los vecinos de su dependencia, bien convocados *ad hoc* o ya constituidos como "partida celadora".

El Reglamento disponía, además, que los vecinos de Coronda y de San José del Rincón fueran "auxiliares para casos de fuerza armada", dejando librado a algo que podríamos denominar en principio un *sui generis* mutuo acuerdo los procedimientos de reclutamiento para conformar esta fuerza. Desde 1833, tanto si se trataba de justicia de paz para la ciudad o la campaña, fue una justicia lega: solo a partir de 2006 se exigió el título de abogado a los nuevos aspirantes.

Siguiendo con las diferencias, aquello de que *las salas nacen cuando mueren los cabildos* –que Sáenz Valiente escribió seguramente pensando en Buenos Aires– no es válido en el caso de Santa Fe. En esta provincia, la Sala de Representantes fue erigida mucho antes de la supresión del cabildo. Es casi consustancial a la adopción de la forma provincial en 1815, cuando, en medio de un proceso de construcción de nuevas legitimidades, las autoridades emergentes –una fracción de las mismas élites coloniales– se autoconvocaron bajo la forma de Junta. La Junta de Comisarios o Sala de Representantes convivió en Santa Fe con el cabildo por muchos años. Dicha duplicidad *legitimante*, porque sólo la Junta se arrogaba la representatividad que se negaba al cabildo, fue útil para Estanislao López, quien, como gobernador, se inclinó sobre una u otra institución para conseguir el aval a diferentes proyectos.

En Buenos Aires la reforma de 1821 dividió taxativamente la justicia letrada de la lega con procedimientos bien diferenciados, mientras que en Santa Fe –donde no había letrados más allá de los doctores en Teología y en Derecho que residían en la ciudad– se pretendía que los jueces de paz (legos) actuaran observando lo prescripto para los jueces de primera instancia, exigiéndoseles que respetaran un gran número de artículos que regulaban el procedimiento de los primeros. Por otra parte, en Santa Fe la justicia de paz continuó siendo lega hasta 2006: la diferencia con Buenos Aires es que allí se intentó con jueces letrados muy tempranamente, incluso para la campaña. Aunque esto fracasó, la vinculación entre la institución y el mundo letrado no estuvo en la agenda santafesina hasta ¡173 años después de su creación!, mientras que Bernardino Rivadavia intentó hacerlo para la justicia de campaña apenas tres años después de su implementación (Fradkin, 2009a). Finalmente en Buenos Aires existe justicia de paz letrada provincial desde 1979 y se han hecho varias reformas desde entonces.

Por último, y aunque hay muchas cuestiones de forma (la cuestión de las designaciones y los sueldos), una que tiene que ver con el fondo: a pesar de ser experiencias cercanas en lo espacial y en lo temporal, las justicias de paz de Santa Fe y Buenos Aires no tienen el mismo "significado". La implementación de la justicia de paz en la reforma bonaerense de 1821 –del mismo modo sucedió con esta institución en el Brasil Imperial en la constitución de 1824 y su implementación en 1827– (Flory, 1986) se daba en el marco de la ejecución de un ideario liberal que veía en las autonomías y la "elección" local de los jueces –así como su inserción en una organización judicial completa– un claro signo de avance de los modelos republicanos. A la inversa, su implementación en Santa Fe se acompañó de medidas que sugieren claramente que se iba en la dirección opuesta: mientras que la justicia bonaerense se organizaba en 1822 con un tribunal superior de justicia, en Santa Fe el reglamento que la organiza es coetáneo de la supresión del hasta entonces existente *tribunal de alzada* –que había sido creado en 1826 por el propio E. López, y que durante los seis años de su duración estuvo integrado por la misma terna, que él mismo había designado–. Desde 1833, el gobernador López se reservó el "cúmplase" en las sentencias de los jueces ordinarios y se constituyó en el único grado de apelación de todas las sentencias.

Refracciones sobre el problema general

Veamos ahora qué aparece cuando se desplaza el foco de la indagación hacia la institución judicial, encarando este proceso desde la cronología, la agenda y la sensibilidad de la historia de la justicia.

Una historia orientada por los tópicos liberales no puede encontrar en la santafesina una sola línea para argumentar a favor del desarrollo de una "lucha de ideas" en los orígenes del poder judicial de la provincia. A partir del reglamento de 1833 –clave en la cronología de la historia de la justicia, porque surge de la liquidación del cabildo y la redefinición del conflictivo *asunto de la justicia*– (Tedeschi, 1993), el gobierno *civil* (ni militar ni religioso) y la administración de la justicia de la Villa del Rosario y de su *partido* fueron puestos en manos de un "juez de paz", que –al igual que sus predecesores el *alcalde mayor* y el *alcalde de la santa hermandad* de Rosario, por ejemplo– concentró facultades de justicia, gobierno y policía.

Esto fue así hasta 1852, momento en que comenzaron a recortársele esas facultades al punto de sacarlo del gobierno de la villa, cuando de la mano de la asignación del título de ciudad para Rosario (1853) se crearon el juzgado de policía (1852), la jefatura política (1854) y un juzgado civil y criminal (1854).

Enfoquemos el periodo de la concentración: entre 1833 y 1852, los jueces de paz del Rosario, dependientes directamente del gobernador de la provincia, estaban al frente del gobierno político de la villa del Rosario. Además, podían oír justicia y sentenciar (en causas de hasta cien pesos), pero también practicar arrestos por el término de ocho días; hacer cumplir sentencias de pena de muerte en delitos cometidos dentro del departamento; conducir las fuerzas que guardaban el orden público; dictar ordenanzas y reglamentos y perseguir a vagos, ladrones y salteadores. También tenían que atender las obras públicas y conservar el aseo de las calles.

Saliéndonos de los prospectos legales y metiéndonos en los papeles de los jueces de paz[9] podemos corroborar que se ocupaban de todos estos asuntos y de otro, muy sensible, vinculado con la "construcción del Estado". Los jueces de paz también debían y podían recaudar: eran colectores de impuestos (De los Ríos y Piazzi, 2012). Los jueces de paz, además, sacaban ventaja de minimizar delitos: emprendían legítimos y sumarísimos procesos bajando el asunto de *delito* a *infracción* porque de ese modo, como intuitivos seguidores del artículo 1 del código penal francés, podían penar con multas: los motivos, que en otra circunstancia podrían obrar como umbral de un proceso criminal –juegos prohibidos, borracheras o carneos no autorizados– se convertían en una fuente de ingresos inmediatos para el titular de todas las potestades. Los registros dejados por Marcelino Bayo, juez de paz de la Villa del Rosario entre 1834 y 1835 y, con una mínima interrupción, entre 1847 y 1853, permiten observar que cobraba por el alumbrado, imponía las clásicas multas a pulperos pero también otras por exhibiciones

---

[9] Esta y las siguientes citas documentales corresponden al Archivo Histórico Provincial Museo Dr. Julio Marc (AHPMJM), Rosario, Manuscritos (varias cajas).

obscenas, blasfemias, sellos, y –con un estilo que todavía sobrevive en algunas instituciones– hasta recaudaba una inveterada *contribución de fin de año*.

Otro aspecto coloca a estos jueces en el centro del paradigma de la justicia de jueces como delegación de una virtud: podían perdonar. A la hora de *pulsar* el carácter transitivo de esta institución destaca el hecho que la reglamentación, además de dejarle ancho margen para tomar decisiones, ponía en sus manos la posibilidad de ser indulgente, lo que evidentemente le otorgaba crédito ante los infractores o posibles infractores. Rémora de la *gracia regia* y base de la justicia de equidad, los artículos 8 y 9 del reglamento de 1833 le sugieren utilizar la "vía suave" para cortar disturbios. Se pedía a los jueces de paz que utilizaran primero la persuasión. Si este camino no resultaba convincente, podían actuar por la fuerza ellos mismos o enviar una patrulla celadora. Esta patrulla debía ser reclutada localmente, entre hombres de armas o entre los vecinos en general. Las medidas más extremas que podían tomar eran las de arresto o prisión, según la gravedad del hecho.

Otro de los aspectos que muestran el carácter *jurisdiccionalista* de este oficio puede encontrarse en las calidades requeridas para quienes lo ejercían. En aquel orden, el ejercicio jurisdiccional era asumido por quienes se decían o eran considerados como provenientes de la parte "más sana y más valiosa" de la comunidad, y se colocaban a la cabeza de la misma. Disuelto el cabildo, la naturaleza *representativa* del juez de paz funcionaba de esta manera, como dice Agüero, de *representación por identidad* (Agüero, 2006: 33). Por otra parte, no se esperaba de él que administrara justicia con arreglo a leyes sino que conservara el equilibrio social haciendo paces a través de un procedimiento que sobre todo debía ser oral. Es el arquetipo de lo que Bobadilla llamaba *el gobierno de la Justicia* (Garriga, 2006). En Rosario tampoco residía un juez de policía, por lo cual el juez de paz concentraba además esa jurisdicción, y estaba al frente de los comisarios y de sus fueros; la cuestión de la *concentración* de funciones llegó al cénit cuando el 21 de diciembre de 1852 el gobierno provincial suprimió la comandancia militar de Rosario –único contrapeso para el juez de paz–.

Pero el *reflujo* comenzó pronto: el 28 de diciembre de 1852 se instaló en Rosario el juzgado de policía a cargo del coronel Estanislao Zeballos, lo cual retiró de la órbita del juez de paz las cuestiones de policía. El 7 de enero de 1853 se creó para la villa del Rosario el cargo de defensor de pobres y menores –que ocupó por primera vez Domingo Correa– y en noviembre del mismo año se creó el cargo de comisario general, a causa de que por las muchas tareas con las cuales estaba recargado el juez de paz se había "complicado la Administración de justicia y hecho difícil la pronta expedición de los asuntos judiciales, con perjuicio de público" (Ensink, 1967: 126). En el mismo documento donde se erige la comisaría general para el Rosario se hace referencia a la resistencia que los ciudadanos tenían para desempeñar el cargo, que se incrementaban con el aumento de la población: queda claro que algunas tareas no eran muy gratas. Los jueces de paz estuvieron felices de que la *recolección de las gorduras* de las reses del consumo y proveer velas para las oficinas del Estado provincial pasaron a ser obligación del comisario.

Al momento de la organización política, administrativa y judicial de la ciudad de Rosario y de su departamento, las funciones del juez de paz quedaron redefinidas como las de un auxiliar del nuevo *ejecutivo*, el jefe político a cargo de los cuarteles de la ciudad, que en 1856 eran seis. La administración de la justicia fue puesta bajo la jurisdicción de un "Juez de Primera Instancia en lo Civil y Criminal con un sueldo de mil pesos anuales y con jurisdicción en todo el Departamento" (Pérez Martín, 1967: 215).

La historia de la justicia y la historia política

Las reformas judiciales que implementaron este instituto en el Río de la Plata tienen en común el haber instituido, por primera vez después de 360 años, una justicia *desvinculada de la ciudad y de su gobierno*. Fueron las *primeras justicias sin cabildo*, fueron las *primeras justicias locales sin municipio*. Esto es de una importancia suprema para comprender las transformaciones políticas posrevolucionarias. Pero, en consonancia con lo que han dicho otros colegas desde la historia política, no significaron necesariamente lo mismo en todas partes ni en todo momento, y mucho menos su carácter significó necesariamente una *renovación* –antes bien, en muchas ocasiones fue todo lo contrario–.

Para Estanislao López, es posible que la justicia de paz le permitiera continuar con una práctica de gobierno conocida por quienes gobernaban. Pero, sobre todo, que era *admisible para los gobernados*. Hombres de condición socioeconómica media y baja participaron siempre, en la ciudad pero sobre todo en las áreas rurales, como activos colaboradores de los jueces, tenientes de alcalde, comisarios, celadores, etc. Lo que es evidente es que cuando López instauró la justicia de paz en 1833, sus intenciones se ubicaban en las antípodas de la reforma rivadaviana de 1821.

Los primeros hombres que fueron elegidos jueces de paz, tanto en Santa Fe como en el resto de los casos, ya tenían experiencia en materia de gobierno y de baja justicia: habían ejercido recientemente como alcaldes de la hermandad o como alcaldes mayores. Eran vecinos reconocidos (para bien y para mal, puesto que algunos lo eran por su proverbial tendencia a hacer abuso de la portación de la vara) del área donde podían ejercer una autoridad patriarcal que no era percibida como antigua ni como anómala. Al mantener reunido en un solo cuerpo –en una *cabeza*– gobierno y justicia, el "empleo" reemplazaba bien la función municipal y resolvía en la ciudad y en las áreas rurales uno de los más graves problemas que había dejado abiertos la disolución de los cabildos, el cual era reconocer físicamente el lugar o el cuerpo ante el cual ir a *pedir justicia*.

Entonces, la justicia de paz era una *justicia menor* pero, lo que es muy importante, en casos como el de Rosario retuvo *todas* las capacidades de justicia, gobierno y policía: hasta la implementación de la jefatura política en 1854 retuvo y contuvo las funciones de justicia y gobierno.

Por motivos como este, la justicia de paz es uno de los problemas más incómodos de estudiar históricamente porque, precisamente, plantea dificultades insalvables para el *paradigma estatalista*: hija de la Revolución Francesa y portadora de una tradición republicana fue concebida como dispositivo de innovación en la reforma judicial que propuso Bernardino Rivadavia tras la disolución de la corporación capitular en Buenos Aires, pero de los agitados debates que inspiró en la historiografía bonaerense, bien pronto surgió una conclusión que está sobre el buen camino: parafraseando a un querido colega, el éxito de esta institución como dispositivo de gobierno en la campaña bonaerense no se basó en su potencial revolucionario y modernizante sino –al contrario– en que fue "la menos estatal" de las instituciones judiciales (Fradkin, 2009a).

Porque reunía, al modo jurisdiccional, las funciones de gobierno, justicia y policía, durante el largo periodo que se abre con la crisis de la *vacatio regis* hasta la sanción de la Constitución Nacional y la reinstalación del municipio en los territorios rioplatenses, la justicia de paz constituye una *justicia de transición* (Elster, 2006) entre dos órdenes jurídicos: el jurisdiccionalista y el constitucionalista.

Las *justicias de equidad* funcionaron –me atrevo a decir que en todos los territorios de tradición hispánica– como un puente entre las culturas jurisdiccionalista y constitucionalista. Es más, nos permiten ver justamente uno de los senderos por los que transitó el pasaje –que fue lento y, como un oleaje, con idas y vueltas– de una cultura basada en un orden trascendente y la ley como elemento indisponible

(Garriga, 2010: 14) a otra donde la ley es elaboración política de los hombres. También permite advertir la lentitud de los cambios entre una vecindad cuyo atributo de pertenencia se basaba en ser parte de una comunidad confesional a otra donde la pertenencia a una comunidad política no pasaba por la *confesión* religiosa sino por la *confraternización* política alrededor de un pueblo, de una provincia o, más tarde, de un identificador interregional promovido como *nación*.

Bibliografía

AGÜERO, Alejandro (2006), "Las categorías básicas de la cultura jurisdiccional", en Lorente, Marta (coord.), *De justicia de jueces a justicia de leyes: hacia la España de 1870*, Madrid, Consejo General del Poder Judicial, pp. 21-58.

ANNINO, Antonio (2008), "Imperio, constitución y diversidad en la América hispana", *Historia Mexicana*, vol. LVIII, N° 1, julio-septiembre, pp. 179-227.

ARDITO VEGA, Wilfredo (2011), *Propuestas para la promoción del acceso a la justicia en las zonas rurales*, Lima, PUCP, Doctorado en Derecho.

BARRIERA, Darío (2002), "Por el camino de la Historia Política: hacia una historia política configuracional", *Secuencia*, N° 53, mayo-agosto, pp. 163-196.

BARRIERA, Darío (2012), "Justicia de proximidad: pasado y presente, entre la historia y el derecho", *PolHis*, N° 10, pp. 50-57.

CHIARAMONTE, José Carlos (1997), *Ciudades, provincias, Estados. Orígenes de la Nación Argentina, 1800-1846*, Buenos Aires, Ariel.

CSJ [Corte Suprema de Justicia] (2011), *El Poder Judicial en el Paraguay. Sus orígenes y organización – Tomo I, 1870-1900*, Asunción, CIEJ.

DE LOS RÍOS, Evangelina (2017), *Gobernar es cobrar. Política fiscal, recaudación impositiva y cultura tributaria: Santa Fe, Argentina, 1855-1873*, Rosario, Prohistoria-SBLA Project-Univ. Pompeu Fabra.

DE LOS RÍOS, Evangelina y PIAZZI, Carolina (2012), "Comisarios de campaña en el departamento Rosario: entre ocupaciones públicas e intereses privados (1850-1865)", en Garavaglia, Juan Carlos; Pro, Juan y Zimmermann, Eduardo (eds.), *Las fuerzas de guerra en la construcción del Estado. América Latina, siglo XIX*, Rosario, Prohistoria – SBLA, pp. 381-412.

DÍAZ, Benito (1959), *Los juzgados de paz de campaña de la provincia de Buenos Aires (1821-1854)*, La Plata, Universidad Nacional de La Plata.

ELSTER, Jon (2006), *Rendición de cuentas: la justicia transicional en perspectiva histórica*, Madrid, Katz.

ENSINK, Oscar (1967), *Historia Institucional de Rosario*, Santa Fe, UNL.

FLORY, Thomas (1986), *El juez de paz y el jurado en el Brasil imperial*, México, Fondo de Cultura Económica.

FRADKIN, Raúl (2007), *El poder y la vara. Estudios sobre la justicia y la construcción del Estado en el Buenos Aires rural*, Buenos Aires, Prometeo.

FRADKIN, Raúl (2009a), "¿Misión imposible? La fugaz experiencia de los jueces letrados de Primera Instancia en la campaña de Buenos Aires (1822-1824)", en Barriera, Darío G. (comp.), *Justicias y fronteras. Estudios sobre historia de la Justicia en el Río de la Plata*, Murcia, Editum, pp. 143-164.

FRADKIN, Raúl (2009b), *La ley es tela de araña. Ley, justicia y sociedad rural en Buenos Aires*, Buenos Aires, Prometeo.

GARAVAGLIA, Juan Carlos (1999a), "Alcaldes de la Hermandad et Juges de Paix à Buenos Aires (XVIIIe-XIXe siècle)", *Études Rurales*, N° 149-150, enero-junio.

GARAVAGLIA, Juan Carlos (1999b), *Poder, conflicto y relaciones sociales. El Río de la Plata, siglos XVIII-XIX*, Rosario, Homo Sapiens.

GARRIGA, Carlos (2006), "Sobre el gobierno de la justicia en Indias (siglos XVI-XVII)", *Revista de Historia del Derecho*, N° 34, pp. 67-160.
GARRIGA, Carlos (2010), "Presentación", en *Historia y Constitución. Trayectos del constitucionalismo hispano*, México, Instituto Mora.
GELMAN, Jorge (1999), "Justice, état et société. Le rétablissement de l'ordre à Buenos Aires après l'indépendance (1810)", *Études Rurales*, N° 149-150, enero-junio, pp. 111-124.
HESPANHA, António Manuel (2002), *Cultura política europea. Síntesis de un milenio*, Madrid, Tecnos.
INCHAUSTI GASCÓN, Fernando (2006), "La figura del juez de paz en la organización judicial española", *Reforma Judicial. Revista Mexicana de Justicia*, N° 8, pp. 183-213.
Instituto de Defensa Legal (2005), *La justicia de paz en los Andes*, Lima.
LOLI, Silvia (1997), "Acceso a la Justicia y Justicia de Paz en el Perú", en Revilla, Ana Teresa (ed.), *Acceso a la Justicia*, Lima, OTPCIPJ, pp. 83-110.
LÓPEZ GONZÁLEZ, Georgina (2012), "Jueces y magistrados del siglo XIX: continuidad jurídico-institucional en México", *Nuevo Mundo Mundos Nuevos*, disponible en https://goo.gl/QHt2FK.
MORICONI, Miriam (2012a), "La administración de justicia eclesiástica en el Río de la Plata, siglos XVII-XVIII: un horizonte historiográfico", *Historia de la Historiografía*.
MORICONI, Miriam (2012b), "Usos de la justicia eclesiástica y de la justicia real (Santa Fe de la Vera Cruz, Río de la Plata, s. XVIII)", *Nuevo Mundo Mundos Nuevos*, disponible en https://goo.gl/KqRmvi.
MARTINAGE, Renée (1998), *Histoire du droit pénal en Europe*, París, PUF.

PADGEN, Anthony (1998), *Lords of all the World. Ideologies of Empire in Spain, Britain and France c. 1500-c. 1800*, New Haven, Yale University Press.

PALACIO, Juan Manuel (2004), *La paz del trigo. Cultura legal y sociedad local en el desarrollo agropecuario pampeano (1880-1945)*, Buenos Aires, Edhasa.

PÉREZ MARTÍN, José (1967), "Evolución del Poder Judicial en Santa Fe", en *Historia de las Instituciones de la Provincia de Santa Fe*, Tomo I, Santa Fe, Provincia de Santa Fe.

SALVATORE, Ricardo (2010), *Subalternos, derecho y justicia penal. Ensayos de historia social y cultural argentina, 1829-1940*, México, Gedisa.

SANJURJO, Inés (2003), "La Justicia de Paz en Mendoza. Leyes 1872, 1876 y 1880", *Confluencia*, N° 2, pp. 129-144.

TEDESCHI, Sonia (1993), "Los últimos años de una institución colonial: el cabildo de Santa Fe y su relación con otros espacios político-institucionales entre 1819 y 1832", *Revista de la Junta Provincial de Estudios Históricos de Santa Fe*, Vol. LIX.

TERNAVASIO, Marcela (2000), "Entre el cabildo colonial y el municipio moderno: los juzgados de paz de campaña en el Estado de Buenos Aires, 1821-1854", en Bellingeri, Marco (ed.), *Dinámicas de Antiguo Régimen y orden constitucional. Representación, justicia y administración en Iberoamérica. Siglos XVIII – XIX*, Torino, Otto Editore, pp. 295-336.

TERNAVASIO, Marcela (2007), *Gobernar la Revolución. Poderes en disputa en el Río de la Plata, 1810-1816*, Buenos Aires, Siglo XXI.

TRASLOHEROS, Jorge (2010), "Invitación a la historia judicial. Los tribunales en materia religiosa y los indios de la Nueva España. Problemas, objeto de estudio y fuentes", en Martínez López-Cano, María del Pilar (coord.), *La Iglesia en Nueva España. Problemas y pers-*

pectivas de investigación, México: Universidad Nacional Autónoma de México, Instituto de Investigaciones Históricas, pp. 129-149.

VÉSCOVI, Enrique (1993), "La administración de justicia en Uruguay", en Ovalle Favela, José (coord.), *La administración de justicia en Iberoamérica*, México, UNAM.

YANGILEVICH, Melina (2011), "La justicia de paz en la construcción estatal al sur del río Salado (Buenos Aires, 1ª mitad del siglo XIX)", en Piazzi, Carolina (ed.), *Modos de hacer justicia. Agentes, normas y prácticas*, Rosario, Prohistoria.

Horizontes del control social como herramienta analítica

Algunas notas a partir de la ebriedad en Santa Fe (segunda mitad del siglo XIX)

Paula Sedran

Introducción

Para el siglo XIX santafesino, como para cualquier otro período de nuestro pasado, todo avance sustancial del conocimiento historiográfico es necesariamente colectivo. Por ello, lo primero que este artículo quisiera ser es una arenga a retomar para Santa Fe problemáticas e interrogantes que han sido revisados para otros espacios regionales de la Argentina en formación. En este caso, se trata de los mecanismos de control social desplegados (o que intentaron serlo) para dar por tierra con ciertas relaciones sociales consideradas, por las élites, parte de un pasado bárbaro y como un impedimento para la instauración de una sociedad civilizada.

Hasta allí, se trata de una noción consensuada que necesita puntualizaciones para poder tener asidero historiográfico en cada una de las realidades locales y regionales. Por ello, habiéndonos apoyado en los estudios que retomamos aquí y que nos proveyeron de herramientas invaluables, dimos con algunos escollos en la posibilidad de interpretar ciertos fenómenos de instauración de nuevas relaciones sociales hegemónicas, específicamente, la ebriedad como uno de los comportamientos públicos más cuestionados, exclusivamente como procesos "de arriba-abajo" de control social, como sanciones a las transgresiones a un orden.

Más precisamente, necesitamos considerar otras perspectivas que analizan las relaciones de sentido y de dominación implicadas en los procesos de control social e incorporarlas a nuestra reconstrucción sobre cómo se concibió y controló la ebriedad pública: como transgresión; como práctica; como símbolo de la violencia; como figura aglutinante de identidades sociales (tanto las del ebrio como las de los ciudadanos decentes). Todas estas aristas fueron necesarias para rearmar el rompecabezas de la ebriedad como un elemento constitutivo de la institucionalización de un nuevo orden social, en tanto el Estado en formación y los sectores dominantes la declararon como una preocupación urgente y a su control como condición de civilización.

En este sentido, la ingesta de alcohol de las clases populares formó parte de un conjunto de hábitos, prácticas, comportamientos, señalados como perjudiciales y peligrosos y como prácticas no solo pasadas sino externas a las élites (Salessi, 1995; Ferro, 2015). Por lo tanto, los controles sociales -aplicados o planeados- sobre ellas estuvieron ligados al establecimiento de un orden *nuevo*.

El período que comienza con Caseros ha sido explorado desde perspectivas variadas. La capacidad de ejercicio de control social del Estado en formación en función del proyecto civilizatorio de las élites fue objeto del escrutinio historiográfico tanto como las formas "alternativas" que este control adoptó cuando el Estado no estuvo a la altura de la tarea, lo cual incluye preguntarse acerca de las formas de control de conductas y de valores que existieron y qué incidencia tuvieron en la institucionalización de nuevas relaciones sociales hegemónicas. En otras palabras, ¿qué papel jugó el *mantenimiento* del orden en la instalación de un *nuevo* orden social?

Este artículo recorre características relevantes de la práctica y el control de la ebriedad en Santa Fe y, en esa clave, pondera la adecuación del control social como perspectiva analítica. Para ello, recuperamos deliberadamente solo un fragmento de los desarrollos sobre el tema, hecho desde una mirada crítica y atenta, que no se subordina a un cuerpo teórico prefijado. Ello es importante porque una de las principales críticas que la perspectiva del control social ha recibido, en sus diversas vertientes, es la de ser una categoría *catch all* que, en su versión "arriba-abajo" (de conflicto) u "horizontal" (de autorregulación), totaliza la mirada de los mecanismos de regulación social e invisibiliza otras relaciones sociales de poder, más fragmentarias, menos *visibles*.

Como fue señalado (Candioti, 2009; Olmo, 2005; Navas, 2012; Salvatore y Barreneche, 2013), la historia social y cultural latinoamericana entendió mayoritariamente el control social (especialmente luego de las transiciones democráticas) como un conjunto de mecanismos desplegados por los Estados, y sus instituciones de castigo y control, sobre sectores díscolos al orden que los grupos dominantes desearon imponer. Por ello, la mayoría de los trabajos que retoman este problema se enmarcan en la historia del delito y de las instituciones de control y castigo (Salvatore, 2010; Salvatore y Barreneche, 2013; Di Liscia y Bohoslavsky, 2005; Barreneche y Galeano, 2008), cuyos intereses han sido, especialmente, la identificación de los mecanismos de control social, la ponderación de su alcance efectivo y el análisis de las resistencias que enfrentaron.

Además, la historia social y cultural trató otra dimensión del control social: prácticas que podrían considerarse "controles sociales informales" y "horizontales;" aquellas que practicadas por sectores populares, fueron significadas por los sectores dominantes como disruptivas, inmorales y violentas (como el juego, la bebida, la mendicidad, entre otras) pero que se desplegaron como parte de una red de relaciones sociales cuyo sentido excedió el de ser "resistencias" al nuevo orden. En este punto, se destaca además la exploración de sociabilidades populares (Yangilevich, 2007; Gayol, 1993; Parolo, 2004), pero también, de las emociones (Speckman Guerra, Agostini y Gonzalbo Aizpuru, 2009). Estos aportes han sido de notable utilidad para abordar el caso santafesino, en el cual una mirada unívoca del control social no nos permitió dar cuenta de ciertos aspectos de las transformaciones duraderas en las pautas de comportamiento público en la ciudad.

Nuestro desafío interpretativo será evaluar si la mixtura de dos perspectivas, en apariencia excluyentes, sobre el control social puede abonar el conocimiento empírico sobre la construcción de un nuevo orden de comportamientos públicos, a partir del caso de la ebriedad. Ello considerando especialmente que el Estado, que desplegó los mecanismos de control, no contó durante ese período con la hegemonía sobre los sentidos sociales de las conductas legítimas y, además, no poseyó los medios para garantizarlos por la vía coercitiva. Por lo tanto, debimos bucear en cuáles otros mecanismos de internalización e institucionalización de nuevas pautas de conducta sí presentaron un panorama más sostenido y estable en el tiempo (Bourdieu, 2015); buscar *fuentes* de los procesos de legitimación de las conductas.

Como veremos, la ebriedad impugnó el nuevo orden social en más de un sentido; es decir, no solo fue un fenómeno improductivo (Bataille, 2008) porque impedía la acción de trabajar. Por el contrario, las opiniones vertidas sobre su peligrosidad fueron amplias y se formularon en un lenguaje de las emociones (Le Breton, 2009) y de la moral. Por ello, la explicación de por qué no fue más severamente controlada no parece resumirse solo en que no se contara *con los recursos necesarios*, enunciado que, por otra parte, forma parte del repertorio estelar de los discursos de las elites latinoamericanas ante las *deudas* de los Estados con el progreso y la civilización (Losada, 2012).

Los controles sociales, un campo complejizado por la historia social y cultural

Desde sus comienzos en la ciencia social, en proceso de su constitución y de una preocupación predominante sobre los efectos de la transformaciones del industrialismo sobre las relaciones sociales (Janowitz, 1975), el estudio del control social ha seguido dos caminos distinguibles, considerados excluyentes. Fue considerado, alternativamente, como "teoría y política del consenso social o como herramienta para develar el fondo de dominación y conflicto en las relaciones sociales" (Olmo, 2005: 2).

Se trata de dos visiones basadas en paradigmas ontológicos distintos. De un lado, hay una noción comprehensiva de la sociedad en la cual, amén de las divisiones que presente a su interior (de clase, de género, etarias, pero también profesionales, religiosas, entre tantas otras) existen valores compartidos que son la base de las pautas de ordenamiento que dicha sociedad (civil, en oposición al Estado) establece. El control social sería el conjunto de mecanismos que la sociedad, como un todo, se da a sí misma para mantener el orden; para evitar o, más bien dosificar, el conflicto entre los sujetos.

Desde esta matriz teórica, el control se sostiene sobre valores comunes, que se institucionalizan en la interacción entre los agentes sociales, sin una intervención "externa" del Estado y sus instituciones. Así, el control social, materializado eminentemente en relaciones sociales "informales," sería la cohesión de una sociedad construida sobre valores compartidos y en contraste con aquellos individuos que los quebrantan (Janovitz, 1975; Black, 1983). Es decir que, se trate de relaciones sociales verticales u horizontales, de dominación o de sociabilidad, dicho sustrato es común a todas las clases (Black, 1983).

Aunque no se adhiera a ese principio, sí es dable admitir que la identificación de estos mecanismos permitirá reconocer parte sustancial de la operación de *desconocimien-*

to, construida en el terreno de las relaciones de sentido y necesaria para el sostenimiento de las relaciones de dominación (Bourdieu, 2015).

En la segunda concepción, la sociedad se estructura a partir de los intereses irreconciliables de las distintas clases de acuerdo con quiénes dominan y quiénes son dominados, y que *por tanto* (y es allí donde esta mirada tiene una limitación en su capacidad de explicar ciertos fenómenos como la religión, la moral, las emociones, entre otros) no existen valores compartidos por la totalidad de una sociedad. Esta versión de los estudios del control social inquiere en cómo los sujetos e instituciones reproducen relaciones asimétricas de poder, las que, en definitiva, permiten establecer determinado orden social, favorable a quienes dominan.

Dentro de esta línea existen por un lado, aquellos análisis que se ubican desde las instituciones del Estado; por otro, aquellos que se ocupan de los mecanismos "informales" de control social. Los primeros se preocuparon principalmente por analizar un conjunto de temas, como las ideologías dominantes en las instituciones de control (Miranda y Sierra, 2009); sus saberes específicos (Rodríguez, 2006); sus prácticas (Barreneche y Salvatore, 2013; Navas, 2012; Piazzi, 2011; Flores, 2007); el alcance efectivo de las prácticas de control social desplegadas en diferentes espacios regionales y las prácticas de resistencia a estas de los sujetos controlados (Di Liscia y Bohoslavsky, 2005; Rafart, 2008).

A pesar de la diversidad de las propuestas, este conjunto de trabajos abreva fuertemente no solo en las lecturas foucaultianas y subalternistas del poder y la dominación, sino también en el aporte más reciente de la historia cultural y sus propuestas metodológicas en relación con la interpretación de las fuentes primarias. Con ello, *otras* relaciones sociales y *otros* sujetos fueron visibilizados y sacados del rol pasivo que se les había adjudicado en la estructuración de estas nuevas sociedades.

Estos análisis redundaron no solo en un quiebre con las posiciones teóricas que según el caso sobrevaloraban o daban por sentada la eficacia, omnipresencia y homogeneidad del Estado decimonónico para hacer frente al desorden social (Navas, 2012; Olmo 2005; Barreneche y Salvatore, 2013; Candioti, 2009); sino también, en una ampliación de las preocupaciones de las historias sobre el control social –los controles sociales, respecto de los más restringidos ligados a "la composición social de las élites políticas y estatales, las orientaciones intelectuales de aquellas, las articulaciones entre el Estado, la acumulación económica y la estructura social" (Soprano, 2006: 176)–. De esta manera, se incluyeron como temas necesarios para dar cuenta de la conformación de las sociedades modernas en Latinoamérica, las actitudes y prácticas de los sujetos controlados, sean indios, inmigrantes europeos, ebrios o delincuentes (Scarzanella, 2002; Sedran, 2016; Caimari, 2004).

Por lo antedicho, el control social fue definido como un fenómeno exclusivamente coercitivo, mediante el cual unos sectores implementaron su dominación sobre otros. Ello tuvo por efecto (y esto es algo que puede percibirse hoy, luego de que tamaña producción fuera leída, discutida y comparada) que se asociara casi exclusivamente el control social con el accionar (eficaz o no) de las instituciones estatales de castigo y control frente a la conflictividad social en sus distintas formas.[1]

Sin embargo, ha sido desde dentro de esta misma historia social y cultural del delito y el castigo, que se han delineado las visibilizaciones hechas de la dimensión cultural y subjetiva implicada en estos procesos (Caimari, 2004 y 2007), pues no solo contribuye a suspender la noción de que del otro lado de las

---

[1] Sin embargo, es de destacarse que, en el conjunto de trabajos citados, no se presenta el control social "bien como simples atributos que se añaden a categorías que definen mejor distintas situaciones de dominación social, política, económica, sociocultural o de género; o bien como variopintas instancias de un control formal siempre vigilante, sancionador, represivo o punitivo" (Olmo, 2005: 3).

instituciones de control había pasividad o solo reacción (señalamiento ya hecho con agudeza por los trabajos citados) sino que también permite indagar en unas fronteras más laxas y cambiantes entre instituciones y sociedad, para lo que el análisis de la circulación y transformación de discursos sociales diversos ha sido de gran utilidad.

Esta línea explora fenómenos de clasificación, ordenamiento, inclusión y exclusión (materiales y simbólicos) que se hallan en el corazón del control social "informal". Algunos muy vinculados a la antropología en su mirada (Scott, 2000), estos trabajos analizaron la conformación de la construcción de *otros* sociales, de las representaciones sociales dominantes sobre las minorías y otros grupos subalternos (Delrio, 2005; Scarzanella, 2002; Santi, 2005; Lionetti y Míguez, 2010).

Comenzó así a hacerse evidente que mecanismos de control social arraigados (entendidos como formas consuetudinarias de regulación y/o simbolización del conflicto) no tuvieron un único sentido de "arriba-abajo".

En consonancia con ello, quizás sea interesante considerar (no ya como una manera alternativa, sino complementaria, que se instale en los intersticios de los amplios desarrollos citados) una indagación que retome el estudio de las prácticas peligrosas, perjudiciales, marginales o violentas, pero que además de ello tuvieron otros sentidos, que excedieron en su consecución y en cómo fueron entendidas por sus protagonistas al enfrentamiento con ese Estado; que existían ya y que muchas siguieron existiendo, aunque resignificadas (siendo "pervivencias", presumiblemente, solo a los ojos de quienes las nominaron como perjudiciales).

En el caso santafesino, para indagar en la ebriedad, resultó de utilidad considerar un conjunto de trabajos que si bien adhieren a la noción de que existen valores "socialmente compartidos", cuyo sostenimiento en el tiempo es la base del funcionamiento del orden social -lo cual los ubica en una mirada más *funcionalista* que otorga sentidos colectivos a los procesos de control de comportamientos y valores-, indagan críticamente en los mecanismos sobre los que se construye dicho *consenso*.

En ellos, la cohesión social no supone la ausencia de relaciones de dominación; antes bien, se preguntan por qué otras relaciones sociales son las que legitiman a estas.

Pueden citarse, cada uno con sus intereses particulares, los estudios subalternistas y su recuperación de la noción gramsciana de hegemonía (Scott, 2000; Guha, 2002), que han sido más explorados por la historia social y cultural latinoamericana, así como ciertos estudios de la sociología de lo sagrado (Girard, 2005), que se centraron en problematizar las características improductivas y excesivas de la violencia social, preguntándose por su *valor positivo* (Bataille, 2008). Estos desarrollos nquieren en cómo una sociedad direcciona la violencia; cómo se encauzan los deseos no socializados de los sujetos, para que no se transformen en una violencia que desborde el orden (Tonkonoff, 2007). En ello, la identificación por parte de la sociedad de aquellos sujetos que encarnan eso *totalmente otro*, es una parte sustancial de la supervivencia del orden social. En esta clave, las transgresiones al orden (al menos aquellas que hieren los valores inamovibles –sagrados– de una sociedad) son fragmentos de esos impulsos que los sujetos anulan para poder ser socializados.

Si retomamos algunos aportes de estos autores para analizar las descripciones alarmadas y fatalistas sobre la ebriedad que abruman al lector de los archivos santafesinos, podríamos considerar que estas representaciones cumplieron la función de reconducir los restos de violencia social hacia un estereotipo de ebrio (Girard, 1989: 150) contra el cual se afianzó la identidad de los ciudadanos civilizados y que contribuyó de forma importante a la institucionalización de prácticas de control en la ciudad.

El ebrio encarnaba todo aquello que la sociedad temía y/o denostaba y que, por tanto, no se permitía a sí misma vivir sino a través de un *otro* exterior a ella. Por ello, resultará sugerente que el mecanismo central de control de la ebriedad fuese la invisibilización momentánea del ebrio a los ojos de la sociedad respetable.

Lo que nos interesa considerar de estas lecturas sobre fenómenos transgresivos es que *los significados sociales dados a ciertos comportamientos* influirán fuertemente en el establecimiento de los límites sociales de lo aceptable y lo rechazable, ante la ausencia de la hegemonía estatal en la definición de los comportamientos legítimos. En este sentido, al indagar en la dimensión moral de la vida social, estos trabajos tienen la virtud de sumar preguntas "desde dentro" de estos fenómenos. Esto hace surgir un vínculo entre el momento de estar ebrio (que en los documentos supone ser un ebrio) y otra cuestión comprendida en el entendimiento de la sociedad como orden simbólico. El deseo, como se ha dicho, se multiplica en los sujetos mientras permanece en un estado *latente* y busca concreciones que lo sustituyan. Ahora bien, según coinciden en afirmar los autores, esto conlleva la necesidad de comprender cómo se da ese camino que sigue el deseo. En tal sentido, Bataille (2008) propone que para ello debe considerarse la búsqueda de la felicidad como un valor positivo, lo que va más allá de evitar el dolor. Considerando el principio de pérdida y, especialmente, su dimensión positiva, podremos pensar si el ebrio santafesino fue parte de una búsqueda (positiva o negativa) de la felicidad.

La analogía entre embriaguez y plenitud es recurrente en los autores. Ya Freud (1991: 14) identifica intoxicación y felicidad:

> los más interesantes preventivos del sufrimiento son los que tratan de influir sobre nuestro propio organismo, pues en última instancia todo sufrimiento [...] solo existe en tanto lo sentimos [...]. El más crudo, pero también el más efectivo de [esos] métodos es el químico: la intoxicación [que] nos proporciona directamente sensaciones placenteras, modificando además las condiciones de nuestra sensibilidad de manera tal que nos impiden percibir estímulos desagradables.

La embriaguez sería, entonces, una forma de conseguir "una muy anhelada medida de independencia frente al mundo exterior". El ebrio se independiza de una realidad que le impone suspender, o al menos posponer, la concreción de su deseo.

Ahora bien, la elite sobria es sujeto de deseo tanto como el ebrio pobre, por lo que también pospone su deseo o lo reconduce para exorcizarlo. Sobre ello, Millán (2013: 3) afirma que "existe, sin duda, una línea recta que une al sujeto y al objeto del deseo, pero no es lo esencial. Por encima de ella está el mediador, que irradia a la vez hacia el sujeto y hacia el objeto".

Esto, en el caso santafesino, nos permitió plantear nuevos interrogantes ante información empírica que impide leer prácticas como la ebriedad pública exclusivamente como una transgresión controlada por las instituciones de control. Por ejemplo, considerar las denuncias sobre inmoralidad sin desecharlas sin más como una suerte de barniz de las "verdaderas" motivaciones de las elites para controlar a los sujetos subalternos (como el disciplinamiento de la mano de obra). Es decir, ¿servirá explorar los caminos de la moral y la visibilización de la ebriedad como una afrenta a ella, como elementos activos en la conformación de un nuevo orden social?

Algunas preguntas sobre control social en Santa Fe. La ebriedad, la Policía y el control de la moral

La cadencia de los cambios del período de organización nacional estuvo signada por un triple proceso de transformación, en el que la imposición de una economía primario exportadora y de relaciones laborales capitalistas se conjugó con la construcción de un aparato político administrativo y la adopción de un orden social burgués (Bonaudo, 2000). En él, los cambios políticos, económicos y sociales que las élites propiciaron se anudaron fuertemente a la capacidad estatal de imponerlos. Godoy Orellana y Bohoslavsky (2010) identificaron las principales líneas del conflicto social, en particular aquellas que convergieron en problemas nacionales, y que a su vez enfrentaron a los distintos grupos de élites regionales; a estas con los grupos subalternos (los controlados); y a distintos proyectos de nación, en una contienda que excedió lo intelectual, cuyos protagonistas fueron hombres que muchas veces pertenecieron a los sectores dominantes y que difirieron tanto como acordaron respecto de puntos clave del nuevo orden por imponerse. En consonancia con ello, poder reflexionar sobre la adecuación de la perspectiva analítica del control social para pensar la sociedad de la ciudad de Santa Fe requirió tener presente tanto que para la región existe una vacancia respecto de temas centrales de la historia social (como la composición de los sectores populares, la estructura ocupacional, la vida económica, entre otros) como que allí, al igual que en otros espacios regionales, tanto los efectos de décadas de guerras como los avatares de la formación estatal tiñen fuertemente de qué manera podemos pensar los mecanismos de control social que efectivamente fueron desplegados.

Las fuentes policiales muestran que el control de calles, plazas, casas de negocio, puerto y otros lugares fue una preocupación de primer orden para el gobierno.[2] Pueden reconocerse ciertas coyunturas que pusieron esta cuestión en el centro de la discusión pública y que se vieron reflejadas en las oscilaciones de cuáles transgresiones al orden público concitaron mayor atención.

Los momentos de movilización y desmovilización generados por la Guerra de la Triple Alianza (1865-1870) se superpusieron, en materia del orden público en la ciudad, con la última serie de alzamientos armados opositores (1872 y 1878). Los hombres armados licenciados que poblaron sus calles fueron

---

2   La tendencia de los arrestos, si bien presentó fluctuaciones, fue ascendente. La información que brindan el primer censo provincial, de 1858; el primer censo nacional, de 1869, y el censo provincial de 1887 permite un primer acercamiento a la incidencia numérica de los arrestos en la ciudad. La comparación es orientativa, dado que estos números son solo de la población total (salvo en el caso del censo de 1887) y los arrestos fueron realizados sobre adultos y en su abrumadora mayoría se trató de hombres. En 1869, el total de arrestos por faltas contra el orden fue del 1,90% sobre el total de la población, y en 1872, del 2,60%. Al considerar los 14.206 habitantes que calculó el censo de 1887, los 411 arrestos de 1881 suponen un 3,1% de la población. Si de ellos se recorta a los hombres entre 15 y 50 años, se obtiene que el porcentaje total de arrestados sobre el total de varones entre 15 y 50 años, fue del 10% (Censo General de la Provincia de Santa Fe, 1887, p. 22. AGPSF).

materia de advertencias en la prensa y de una mayor atención de las autoridades, a la vez que fuente de mano de obra policial. En estos años aumentaron los arrestos por portación de armas prohibidas y por pendencia. Al comenzar 1880, la estabilidad política permitió que la ciudad prospere y crecieron los arrestos por infracciones al contrato laboral, que habían sido una ausencia casi completa en la década anterior (Sedran, 2013 y 2016). Lo que resulta llamativo, más allá de qué controles aumentaron en cada situación, es que los arrestos por ebriedad no solo fueron exponencialmente mayores a cualquier otra falta, sino que no fluctuaron como sí lo hicieron otros.

Las faltas contra el orden pueden agruparse según el tipo de afrenta que suponían. La moral, la violencia y el trabajo fueron los ejes prioritarios, representados respectivamente en las faltas de ebriedad y escándalo, pendencia y portación de armas prohibidas, vagancia, falta de papeleta e incumplimiento de contrato laboral, previstas por el Reglamento de Policía Urbana y Rural de 1864. Dentro de este conjunto, los arrestos por faltas de ebriedad y escándalo no dejaron de aumentar.

En este sentido, la ebriedad estuvo en el filo de lo consuetudinario, lo ilegal, lo visible y lo inmoral, y algunas particularidades de cómo se manifestó y cómo fue controlada son sugerentes. En primer lugar, se trató de la conducta más denunciada por la prensa, y los funcionarios policiales y gubernamentales, como causa de la violencia interpersonal y de la decadencia social, tendencia que se consolidó hacia fines del siglo. Sin embargo, el reclamo constante de mayor control y de castigos más severos no se tradujo en cambios concretos (Reglamento de Policía Urbana y Rural de Santa Fe. Comentado y anotado por Gabriel Carrasco, Imprenta de Carrasco. Rosario, 1882. AGPSF).

El control de la ebriedad fue implementado por los distintos cuerpos de la Policía urbana (cuerpo de gendarmes, partida celadora, cuerpo de serenos).[3] Se retiraba al infractor en el momento de la comisión de la contravención a lo que seguía un arresto corto, conmutable por el pago de una multa. Sin embargo, como forma de castigo, el encierro quedó desdibujado. Por un lado, tuvo dos desenlaces posibles, que no incidieron sobre la cantidad de infracciones de ebriedad: el arrestado era dejado libre al cumplir su condena (o antes, por no tener personal para vigilar a los presos) o pasaba, como parte de su condena (aunque de manera informal muchas veces), a las filas de la Policía. También existió un alto número de fugas, principalmente por las condiciones edilicias precarias y por complicidad de los guardianes. Todos estos factores contribuyeron a que el accionar estatal se concentrase sobre la visibilidad *in situ* de la infracción.[4]

Los arrestos por ebriedad representaron, en promedio, el 32% de los arrestos por faltas contra el orden (667 de 2075 arrestos realizados entre 1864 y 1881). Ahora bien, si tomamos en cuenta que existen ciclos de visibilización de determinadas faltas y delitos (Gayol y Kessler, 2002) que no son totales ni atemporales, sino que están fuertemente vinculados a coyunturas, necesidades y "climas" sociales que los exceden, cabe preguntarse por qué la visibilización de la ebriedad fue tan amplia y virulenta *a la vez* que los mecanismos para su control fueron *escasos*, para retomar un término usado por los mismos actores y a juzgar por la pervivencia y el aumento de esta práctica (Sedran, 2016).

---

[3] El Reglamento prescribía: "EBRIOS Art. 25 Todo ébrio que se encuentre en las calles, casa de trato ú otro lugar público, será llevado al Departamento policial, donde sufrirá una multa de cuatro pesos ó en su defecto ocho días de arresto" (Reglamento de Policía Urbana y Rural de Santa Fe, Registro Oficial de la Provincia de Santa Fe, 1864, p. 214. AGPSF).

[4] En la práctica, los castigos aplicados fueron variados. Desde los cuatro pesos de multa o dos días de arresto, hasta treinta días de trabajos públicos y el servicio en la partida celadora de la policía (Archivo de Gobierno, Notas del jefe de Policía de esta Capital, 4 de marzo de 1867).

La ebriedad supuso una amenaza *integral* para el orden social, dado que puso en riesgo la voluntad de trabajo de estos sujetos e incrementó su potencial de violencia.

Como se observa en la tabla 1, un relevamiento exhaustivo de los registros policiales muestra que, además de ser por una diferencia notable la causa principal de las detenciones, la ebriedad presentó cantidades anuales estables a lo largo de toda la segunda mitad del siglo, mientras que otras faltas como la portación de armas prohibidas, el juego, la pendencia y el incumplimiento de contrato laboral tienen variaciones notables. Las causas más numerosas fueron aquellas que directamente atañeron a la moral e infringieron la respetabilidad y la mesura de los comportamientos, encabezadas por la ebriedad, el escándalo y la pendencia.

También presentaron número más altos que las faltas al trabajo las causas que suponían una amenaza concreta de violencia física (ligada, claro está, a su uso político), como la portación de armas prohibidas (5,4%) o la falta de papeleta de enrolamiento (8,1%). En este sentido, si bien todas las infracciones que involucraban el ocio de los pobres estuvieron ligadas directa o indirectamente al control de la mano de obra, es interesante considerar que –con la excepción del año 1881– los arrestos por infracciones que expresamente transgredieran pautas laborales (como los citados artículos 20 y 21) fueron llamativamente pocos, frente a las otras causas de arresto –la vagancia, la otra infracción al orden que por antonomasia supone el control de la mano de obra, también fue notoriamente baja–.

Si se considera la cantidad real de arrestos por ebriedad y su regularidad y cuántos de estos fueron asociados a situaciones de violencia (pendencia, heridas, incluso desacato a la autoridad), emerge un determinado patrón de visibilización. Lejos de menoscabar la presencia que la práctica de emborracharse –públicamente, en lugares de ocio o en la calle– tuvo entre las clases populares, resulta sugerente el hiato que existió entre esta gran alarma sobre un fenómeno al cual se le atribuían características catastróficas (Gabriel Carrasco, "Circular a los jueces de paz y demás autoridades de la Provincia, sobre represión de la criminalidad", Ministerio de Justicia y Culto, Santa Fe, 4 de Enero de 1893, pp. 129-130. AGPSF), y la cantidad de sujetos arrestados por situaciones de ebriedad y violencia. Una novedad en la prensa santafesina hacia la última década del siglo es la mención a una ebriedad doméstica, cuando denuncian que

> Hemos sido testigos varias veces de la intranquilidad en que vive una desgraciada familia de la calle 25 de mayo, que habita una casa cercana al molino de Crespo producidas por las borracheras del gefe de ella. No hay noche que no se produzca allí un escándalo, viéndose obligadas madre e hija a pedir hospitalidad al vecindario continuamente. Piden que la policía intervenga sobre la situación: Llamamos la atención de la Policía para que sujete al ebrio consuetudinario y pueda aquella familia desgraciada gozar siquiera de tranquilidad por una noche (*La Revolución*, 10 de mayo de 1888).

Tabla 1. Cantidad de arrestos en el período, según la causa

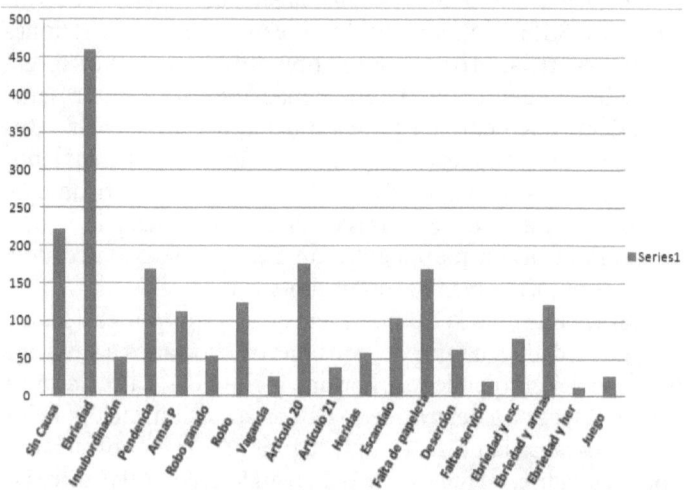

Fuente: elaboración propia, sobre la base de la consulta de los Partes y Notas del Jefe de Policía del Departamento de La Capital (Archivo de Gobierno, tomos correspondientes a los años 1860-1890). AGPSF.

Tabla 2. Arrestos por ebriedad y causas asociadas

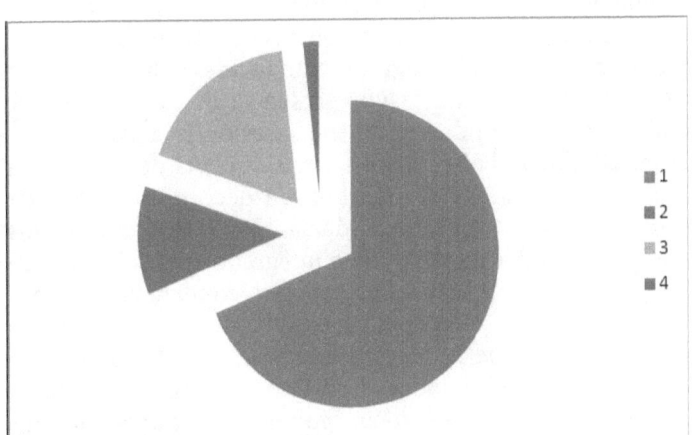

Referencias: 1 – ebriedad (68,8%); 2 – ebriedad y escándalo (11,4%); 3 – ebriedad y armas prohibidas (18,1%); 4 – ebriedad y heridas (1,6%).
Elaboración propia, sobre la base de la consulta de los Partes y Notas del Jefe de Policía del Departamento de La Capital (Archivo de Gobierno, tomos correspondientes a los años 1860-1890). AGPSF.

Sin embargo, ello no fue en desmedro de la consolidación de ebriedad como la explicación primordial de la violencia interpersonal. Fue un tópico recurrente en un conjunto de discursos periodísticos, políticos, administrativos y literarios, abocados a denunciar la inmoralidad y la violencia de los criollos pobres (Sedran, 2015) expresadas en el lenguaje de las emociones (Le Breton, 2009). Se la presentó como una condición inherente a estos sujetos y se sostuvo que se trataba de un acto no solo voluntario, sino parte de un estilo de vida.[5] Por ello, resulta llamativo que los mecanismos para su control (el arresto y la multa, en las condiciones descriptas y que habían probado no poder disminuirla) no fueran modificados.

---

5   Carrasco, Gabriel, Cartas de Viaje. Del Atlántico al Pacífico y Un argentino en Europa, Peuser, Buenos Aires, 1890, pp. 321.

Más allá de un aumento de los arrestos, que estuvo levemente por sobre el incremento poblacional (Sedran, 2016), ni las formas en que la Policía controló ni la normativa cambiaron. En ello seguramente incidió el hecho de que uno de los lugares de mayor presencia de casos de ebriedad -donde su condición de transgresión se agigantó- fue la guardia de la Policía urbana. A diferencia de la Guardia Nacional, portadora de una imagen decorosa e integrada por ciudadanos respetables (Macías, 2002), el Ejército y los cuerpos de la Policía estuvieron integrados por sujetos locales y de otras provincias, reclutados o condenados a penas correccionales y penales. Como parte de este conjunto, la Policía urbana fue la presencia armada del poder político en el espacio de la ciudad. Ello la transformó en un tema urticante de la agenda social por dos cuestiones: que los integrantes de la Policía protagonizaron episodios violentos y que su violencia se atribuyó a su inmoralidad.

Fueron muy numerosos los soldados, gendarmes y vigilantes que se embriagaban estando de servicio o lo abandonaban para ir a tomar (Archivo de Gobierno, Notas del jefe de Policía del Departamento La Capital, 6 de mayo de 1881. AGPSF), así como los casos en que los policías ebrios respondían con violencia cuando se intentaba apresarlos. Desde fines de la década de 1860, la discusión sobre la Policía tuvo un lugar protagónico en la arena pública, mientras el iriondismo (Bonaudo, 2003) consolidaba sus bases en la capital y la campaña circundante (Gallo y Wilde, 1980), y se forjaba una oposición férrea en Rosario y el espacio de las colonias agrícolas (Gallo, 2003).

Ahora bien, si la práctica que se buscaba erradicar no solo subsistió sino que se consolidó, ¿por qué no se implementaron nuevos mecanismos para controlarla? ¿Qué era lo que sí lograba *controlarse* con el arresto corto y la multa? ¿Es posible considerar una *función* de regulación social de algún tipo, ligada a la permanencia en la ciudad de estas prácticas (de la mano de su control momentáneo por la Policía)?

En esta clave, los análisis citados acerca de los sentidos sociales construidos sobre las transgresiones pueden resultar de mucha utilidad. Pues si algo se reforzó con el mantenimiento de estos mecanismos de control, institucionalizados y puestos en práctica diariamente en los espacios públicos, fue la visibilización de que la ebriedad era omnipresente, de que los ebrios debían ser encarcelados y el rechazo completo, pleno, sin matices que estos provocaron en la sobriedad y la mesura de los ciudadanos respetables. Estas nociones se convirtieron en una suerte de sentido común, algo que se sobreentendía y que se utilizaba para interpretar cualquier incidente disruptivo en la ciudad y, de hecho, la prensa usó esta estrategia con regularidad.

Aunque es innegable que dichas lecturas sobre la ebriedad fueron impulsadas por los sectores dominantes con base en los criterios de respetabilidad, estos sentidos (y la pertenencia a un universo de respetabilidad que ellos suponían) también fueron reclamados por los sujetos controlados. Por ello, aunque sea apenas como un boceto, se destaca la necesidad de seguir indagando en estos procesos de sentido, tejidos a partir tanto de las relaciones de dominación capitalistas como de vínculos horizontales, sea de acercamiento, comunicación, camaradería y hospitalidad, o de individualidad, diferencia y jerarquía (Gayol, 1993).

Es en ese sentido que las funciones sociales *productivas* de la ebriedad comienzan a esbozarse como un interrogante historiográfico adecuado, en tanto "los significados que tenía el acto de beber ayudan a comprender los motivos que se esconden detrás del desorden y escándalo que las autoridades adjudicaban a la bebida (Seidellan, 2008: 15)". Según Georges Bataille, lo que se esconde en el acto de beber es la posibilidad de los sujetos dominados de acceder al gasto social, a una acción que los libere (momentánea, aunque completamente) de la obligación del trabajo, de la actividad productiva para la subsistencia. Y si es la no obligatoriedad de vender su fuerza de trabajo lo que distingue a ricos de miserables, la opción por el no trabajo genera una contaminación, una cercanía, que amenaza a "los dueños, que actúan como si fueran la expresión misma de la sociedad, [que] se preocupan –más seriamente que por cualquier otra cosa– por señalar que no participan en absoluto de la abyección de los hombres empleados por ellos" (Bataille, 2008: 127).

En otras palabras, siguiendo esta línea, la ebriedad no sería una amenaza al orden *solo* como una interdicción a la acción (y la predisposición) al trabajo de los sujetos dominados, sino además, porque el acto excesivo de la ebriedad suspendería totalmente la división simbólica fundamental entre los que deben trabajar para subsistir y los que no.

La ebriedad (siempre voluntaria) fue definida como desmedida, despreciable, violenta, viciosa, ociosa, exaltada, opuesta totalmente a los valores que identificaban a los ciudadanos de bien (el trabajo, la mesura, la razón, la respetabilidad). Como complemento de este fenómeno *excesivo*, escandaloso, en la representación de la embriaguez primó una mirada *sustantiva* (Caimari, 2009) o *trascendentalista* (Garcés, 1999: 58), en la que estaba en juego el orden social mismo. En tal sentido, la resignificación de la ebriedad como causa de la violencia estuvo ligada tanto a una tradición jurídica y cultural que unía embriaguez a extranjería y a desorden, como parte de un continuo de "malas costumbres" que podía "socavar la base cultural de la sociedad" (Garcés, 1999: 56).

De forma más precisa, las nuevas necesidades del mercado laboral y del Estado –especialmente en lo que se refiere a la mano de obra militar– se expresaron en un lenguaje compartido de valores trascendentes, de prescripciones morales sobre, las que se dijo, se asentaría la sociedad civilizada: "El jugador, el vago o malentretenido, el borracho, el ladrón, tienen en el [comisario] Echagüe un enemigo constante y el orden, la ley y la justicia un apóstol decidido, un defensor valeroso" (Periódico *El Santafesino*, 18 de marzo de 1877, AGPSF).

Habiendo revisado las antedichas hipótesis en relación con otros sentidos posibles de la ebriedad, nos gustaría concluir exponiendo uno de los tantos sumarios sustanciados a efectivos de la tropa policial por episodios que involucraron ebriedad durante el servicio. En ellos, existe un principio del camino para reconstruir los recorridos que tuvo la figura de la ebriedad, tanto en cómo reafirmó la identidad de los dominadores, como en la posibilidad que brindó a sujetos subordinados de inscribirse en el universo de hombres respetables.

Ese fue el caso de un confuso episodio entre el comisario Robles y el oficial primero Acisclo Niklison, asiduo visitante de la cárcel del cuartel por sus repetidas borracheras, en una casa de familia en 1866. Nos detenemos en este ejemplo porque Niklison ostentaba un cargo jerárquico; no formaba parte de los sectores populares que integraban la tropa y, además, se vio sistemáticamente involucrado en casos como el siguiente. Para las autoridades, la falta de dignidad y de recato, los repetidos actos escandalosos y excesivos de este oficial se transformaron en un problema importante y, seguramente a sabiendas de esto, el comisario Robles construyó su relato sobre lo sucedido alrededor de la condición de ebrio del oficial primero.

El once de febrero de 1866, el comisario de la segunda sección don Octavio Robles se presentó a la jefatura a dar su parte diario y, a raíz de este, el jefe de Policía sustanció un sumario para averiguar lo sucedido. Según su testimonio, al terminar su guardia a las siete de la mañana, le propuso al oficial primero Acisclo Niklison ir juntos a tomar una taza de café a una casa de familia (de don José Colombo). Al llegar allí, dijo estar muy cansado por las horas de guardia, por lo que "pidió permiso a la dueña de casa para recostarse un rato" pero "un momento después fue despertado por unos gritos o fuertes palabras". Niklison tenía tomada por los brazos a la sobrina de don Colombo mientras gritaba, amenazándola con llevarla presa o remitirla a un cantón "si no cedía a sus pretensiones". Entonces, ante esta amenaza y reconociendo que el oficial 1° se hallaba en estado de embriaguez, "trató de evitar un escándalo […] teniendo que desobedecerlo y no respetarlo en su carácter de oficial 1°" y que "habiendo conseguido calmarlo de las pretensiones que tenía" decidió "dar cuenta de este incidente al Sr. Gefe de Policía para sus resoluciones".

Extractamos solo un pequeño fragmento de un sumario que es extenso (pues contiene los testimonios no solo de Robles, sino de la víctima de la agresión, de su tía y dueña de casa y de una prima que también fue testigo). Llamativamente la única persona cuyo testimonio no quedó asentado fue el del oficial primero.

En el recuento de Robles, las acciones de Niklison aparecen como violentas y desmesuradas frente a las suyas, que son decentes y tranquilas. Notoriamente, su mayor esfuerzo parece dirigirse a posicionarse frente a sus superiores, sobre la base de dos estrategias: declarar repetidamente su apego a las normas y describir su rol en la resolución de la situación como indispensable (Archivo de Gobierno, Notas del jefe de Policía del departamento La Capital, 11 de febrero de 1866). El comisario planteó que se vio forzado a no respetar el rango superior de Niklison por las circunstancias y validó su proceder (lo redujo, detuvo y condujo preso) diciendo que fue para restaurar "el orden y cumplir con su deber". Pero un elemento en este caso se hace llamativo, pues la razón principal de que todo haya ocurrido (que Niklison estuviese ebrio, lo cual causó que se violente con la muchacha) es lo único que no se describe en detalle.

Según Robles, llegó a la casa junto con el oficial primero. Sin embargo, no menciona nada sobre que este haya estado borracho. Afirma, en cambio, que se recostó y "un momento después fue despertado" y fue allí cuando, "reconociendo que el oficial 1° se hallaba 'en estado de embriaguez'", intervino. Preguntado si sabía dónde se había embriagado Niklison, dijo que "cree haya sido en la misma casa durante él dormía". Es interesante ver que el efecto que esta manera de relatarlo le da a la ebriedad del oficial (indistintamente de si el comisario mintió o no) es retratarla como un acto instantáneo, casi mágico, pues fue de un minuto a otro. Pero además, nadie cuestiona que ello haya sido causa suficiente para lo sucedido. Se trata de una noción compartida, por la cual la ebriedad equivalía a una promesa segura de violencia.[6]

En adición a ello, Robles describe cómo él solo resolvió la situación indigna y violenta, pese a que lo que se arroga en la resolución del altercado fue puesto en duda por los testimonios de la dueña de casa y de la muchacha atacada, que coincidieron en marcar que ellas también ayudaron a calmar al oficial. En el altercado, el primero parece haber intentado mejorar su prestigio frente al jefe de Policía, retratándose como quien solucionó por sí solo el problema a la vez que agravando la falta de Niklison para con lo que aumentó el valor de su intervención.

En las estrategias del relato de Robles, la ebriedad de Niklison fue su herramienta principal, precisamente porque se sobreentendía que no hacía falta otra explicación para el incidente; el hecho de que un oficial superior se hallara en ese estado, en una casa de familia mientras el dueño estaba fuera y en un ultraje a la hospitalidad brindada, parecen haber agigantado la intervención del comisario.

Pero, fundamentalmente, se trata de la única parte del relato que Robles no creyó necesario justificar, ni relatar minuciosamente. Sin embargo, a ello contribuyó también la figura de Niklison, también ejemplo de las numerosas reincidencias verificables en los registros policiales, aunque por el cargo que ostentaba, sus hábitos se volvieron conspicuos. Solo tres días después del incidente en casa de Colombo, el

---

6   En este sumario, no se inquiere sobre qué vínculos previos existían entre Niklison y la muchacha que atacó; basta con su estado de ebriedad para explicar lo sucedido. Lo señalamos porque hemos encontrado sumarios de un formato similar (efectivos policiales en estado de ebriedad, agrediendo mujeres y con pretensiones sentimentales o sexuales) en los que esa pregunta sí se realizó. Archivo de Gobierno, Notas del jefe de Policía del departamento La Capital, 23 de marzo de 1872, AGPSF.

comisario Mendoza condujo a Niklison a la jefatura, porque "ha cometido un acto escandaloso é indigno del carácter que reviste por cuya razón permanece en arresto en este Departamento [y] fue conducido [...] a este departamento por el Comisario Mendoza porque no podía caminar por sí solo, tal era el estado de ebriedad en que se encontraba" (Archivo de Gobierno, Notas del jefe de Policía del Departamento La Capital, 14 de febrero de 1866. AGPSF.)

Algunas últimas preguntas

Como puede comenzar a desandarse a partir del caso de Niklison, la ebriedad, flagelo denunciado por la elite en el período de organización nacional, no fue exclusivo de los sectores populares, como el discurso predominante lo describió. Sí, sin embargo, estuvo muy presente entre los hombres criollos pobres que habitaron la ciudad, aunque, también en contradicción con uno de los tópicos centrales del discurso dominante –y siempre de acuerdo con los registros policiales– no fue una causa principal de situaciones de violencia. De hecho, solo el 1,6% de los arrestos asociados a ebriedad las involucraron. Pero, por otra parte, los mecanismos de control social de esta práctica en los espacios públicos no se reformaron ni profundizaron en el período, a pesar de los sistemáticos reclamos de la prensa pero también de integrantes del gobierno mismo, y del consenso alrededor de que eran insuficientes.

Estas comprobaciones animaron dos líneas de interrogantes: de un lado, por qué, amén de que en las prácticas, la asociación cuantitativa de ebriedad y violencia fue baja, la construcción simbólica de la ebriedad y, más aun, del ebrio, se construyó a partir de esta asociación. Por otro lado, si esta construcción simbólica tuvo alguna función positiva en la conformación del nuevo orden social que se forjó en la Argentina en esos años. Es decir, qué efectos tuvo la extrema visibilización de la ebriedad pública de los pobres, de la mano del ebrio como una amenaza al orden, pero también como un opuesto al modelo de ciudadano decente.

Ello supone considerar otras dimensiones de las prácticas sociales, unas que exceden un marco de motivaciones racionales y de intereses conscientes. Si efectivamente el proceso descripto tuvo incidencia en la estructuración de una nueva norma en el orden público, ello implica que el efecto de la dimensión afectiva de las prácticas sociales puede ser analizado historiográficamente. También, que los procesos de consolidación identitaria (como, por contraste, la del ciudadano modelo, que no tiene ni puede tener punto alguno de contacto con el ebrio) formaron parte constitutiva de la estructuración de las nuevas relaciones de dominación y no fueron solo una consecuencia, en el plano simbólico, de la transformación de relaciones sociales en el plano material de la vida social.

Este artículo es apenas un esbozo de líneas de indagación, a partir de fragmentos y de ciertas lecturas sumamente sugerentes, aunque poco visitadas por la historiografía. Sin embargo, son interpretaciones potenciales que se basan en ciertos "hiatos" que las fuentes alumbraron entre los discursos hegemónicos de los sectores dominantes y las relaciones sociales que efectiva y cotidianamente, instauraron un nuevo orden en la ciudad de Santa Fe.

Bibliografía

BATAILLE, Georges (2008), "Estructura psicológica del fascismo", en Bataille, Georges, *La conjuración sagrada. Ensayos 1929-1939*, Buenos Aires, Adriana Hidalgo Editora.

BLACK, Donald (1983), "Crime as Social Control", *American Sociological Review*, Vol. 48, N° 1, pp. 34-45.

BONAUDO, Marta (dir.) (2000), *Liberalismo, Estado y orden burgués*, Nueva Historia Argentina, tomo V, Buenos Aires, Sudamericana.

BONAUDO, Marta (2003), "Las elites santafesinas entre el control y las garantías: el espacio de la jefatura política", en Sábato, Hilda y Lettieri, Alberto (comps.), *La vida política en la Argentina del s. XIX. Armas, votos, voces*, Buenos Aires, Fondo de Cultura Económica.

BOURDIEU, Pierre (2015), *Sobre el Estado. Cursos en el College de France (1989-1992)*, Madrid, Anagrama.

CAIMARI, Lila (comp.) (2007), *La ley de los profanos. Delito, justicia y cultura en Buenos Aires (1870-1940)*, Buenos Aires, Fondo de Cultura Económica.

CAIMARI, Lila (2004), *Apenas un delincuente. Crimen, castigo y cultura en la Argentina, 1880-1955*, Buenos Aires, Siglo XXI.

CANDIOTI, Magdalena (2009), "Apuntes sobre la historiografía del delito y el castigo en América Latina", en *URVIO. Revista Latinoamericana de Seguridad Ciudadana*, N° 7, mayo, pp. 25-37.

DELRIO, Walter (2005), *Memorias de expropiación. Sometimiento e incorporación indígena en la Patagonia. (1872-1943)*, Bernal, UNQ.

DI LISCIA, Silvia y BOHOSLAVSKY, Ernesto (eds.) (2005), *Instituciones y formas de control social en América Latina 1840-1940. Una revisión*, Buenos Aires, Prometeo Libros/Universidad Nacional de General Sarmiento/Universidad Nacional de La Pampa.

FERRO, Gabo (2015), *200 años de monstruos y maravillas argentinas*, Buenos Aires, Beatriz Viterbo.

FLORES, Valeria (2007), "Vigilar y servir. La formación de la institución policial en el Territorio Nacional de la Pampa Central (1884-1890)", en Di Liscia, Silvia; Lassalle, Ana María y Lluch, Andrea, *Al Oeste del paraíso. La transformación del espacio natural, económico y social en la Pampa Central (siglos XIX-XX)*, Santa Rosa, EdUNLPam-Miño Dávila.

FREUD, Sigmund (1991), *Tótem y tabú. Algunas concordancias en la vida anímica de los salvajes y de los neuróticos*, Buenos Aires, Amorrortu.

GALLO, Ezequiel (2003), *La Pampa Gringa. La Colonización agrícola en Santa Fe (1870-1895)*, Buenos Aires, Sudamericana.

GALLO, Ezequiel y WILDE, Josefina (1980), "Un ciclo revolucionario en Santa Fe. 1876-1878", Buenos Aires, Instituto Histórico de la Organización Nacional.

GARCÉS, Carlos Alberto (1999), *El cuerpo como texto. La problemática del castigo corporal en el siglo XVIII*, San Salvador de Jujuy, Universidad Nacional de Jujuy.

GAYOL, Sandra (1993), "Ebrios y divertidos. La estrategia del alcohol en Buenos Aires, 1860-1900", *Siglo XIX. Revista de Historia*, N° 13, enero-junio, pp. 55-80.

GAYOL, Sandra y KESSLER, Gabriel (comps.) (2002), *Violencias, delitos y justicias en la Argentina*, Buenos Aires, Manantial/Universidad Nacional de General Sarmiento.

GIRARD, René (2003), *La violencia y lo sagrado*, Madrid, Anagrama.

GODOY ORELLANA, Milton y BOHOSLAVSKY, Ernesto (eds.) (2010), *Construcción estatal, orden oligárquico y respuestas sociales. Argentina y Chile, 1840-1930*, Buenos Aires, Prometeo Libros/Universidad Nacional de General Sarmiento/Universidad Academia de Humanismo Cristiano (Chile).

GUHA, Ranahit (2002), *Las voces de la historia y otros estudios subalternos*, Barcelona, Crítica, 2002.

JANOWITZ, Morris (1975), "Sociological theory and social control", *American Journal of Sociology*, N° 81, pp. 82-108.

LE BRETON, David (2009), *Las pasiones ordinarias. Antropología de las emociones*, Buenos Aires, Nueva Visión.

LIONETTI, Lucía y MÍGUEZ, Daniela (comps.) (2010), *Las infancias en la historia Argentina. Intersecciones entre prácticas, discursos e instituciones (1890-1960)*, Rosario, Prohistoria.

LOSADA, Leandro (2012), *Historia de las élites en la Argentina, desde la conquista hasta el surgimiento del peronismo*, Buenos Aires, Sudamericana.

MACÍAS, Flavia (2001), "Guardia Nacional, ciudadanía y poder en Tucumán, Argentina (1850-1880)", *Revista Complutense de Historia de América*, Vol. 27, pp. 131-161.

MILLÁN ALBA, José Antonio (2008), "Los mitos según René Girard", *Amaltea: revista de mitocrítica*, N° 0, pp. 63-86, disponible en https://goo.gl/BZm1LZ.

MIRANDA, Marisa y GIRÓN SIERRA, Álvaro (coords.) (2009), *Cuerpo, biopolítica y control social: América Latina y Europa en los siglos XIX y XX*, Buenos Aires, Siglo XXI.

NAVAS, Pablo Danielo (2012), *La construcción de soberanía y el control social en la periferia patagónica desde la cárcel de Río Gallegos (1895-1957)*, tesis doctoral, Facultad de Humanidades y Ciencias de la Educación, Universidad Nacional de La Plata.

NEOCLEOUS, Mark (2010), *La fabricación del orden social: una teoría crítica sobre el poder de policía*, Buenos Aires, Prometeo.

OLMO, Pedro (2005), "El concepto de control social en la historia social: estructuración del orden y respuestas al desorden", *Historia Social*, N° 51, pp. 73-91.

PAROLO, María Paula (2004), "Las pulperías en Tucumán en la primera mitad del siglo XIX. Un espacio de libertad y de conflicto", *Travesía*, N° 7/8, primer y segundo semestre, pp. 127-148.

PIAZZI, Carolina (2011), *Justicia criminal y cárceles en Rosario (segunda mitad del siglo XIX)*, Rosario, Prohistoria.

PITA, Valeria Silvina (2012), *La casa de las locas. Una historia social del Hospital de Mujeres Dementes. Buenos Aires 1852-1890*, Rosario, Prohistoria.

PUTNAM, Lara; CAULFIELD, Sueann y CHAMBERS, Sarah (eds.) (2009), *Honor, status and law in modern Latin America*, Durham, Duke University Press.

RAFART, Gabriel (2008), *Tiempo de violencia en la Patagonia*, Buenos Aires, Prometeo.

RODRÍGUEZ, Julia (2006), *Civilizing Argentina: Medicine, Science and the Modern State*, Chapel Hill, University of North Carolina Press.

SALESSI, Jorge (1995), *Médicos, maleantes y maricas*, Buenos Aires, Beatriz Viterbo.

SALVATORE, Ricardo (2010), *Subalternos, derechos y justicia penal. Ensayos de historia social y cultural Argentina 1829-1940*, México, Gedisa.

SALVATORE, Ricardo y BARRENECHE, Osvaldo (eds.) (2013), *El delito y el orden en perspectiva histórica*, Rosario, Prohistoria.

SANTI, Isabel (2005), "El paciente inmigrante en Buenos Aires a fines del siglo XIX: de la filantropía a la tecnología alienista", *Anuario americanista europeo*, N° 3, 131-143.

SCARZANELLA, Eugenia (2002), *Ni gringos ni indios. Inmigración, criminalidad y racismo en la Argentina, 1890-1940*, Bernal, UNQ.

SCOTT, James (2000), *Los dominados y el arte de la resistencia*, México, Era.

SEDRAN, Paula (2016), *La conformación de un orden urbano moderno en la ciudad de Santa Fe (1856-1890): entre el control y las resistencias*, tesis doctoral inédita, Universidad Nacional de Córdoba.

SEDRAN, Paula (2015), "Orden y moralidad en los discursos periodísticos: la valoración del 'otro' en la región santafesina (1890-1915)", *Boletín americanista*, N° 71, año LXV, pp. 170-187.

SEIDELLAN, Gisela (2008), "La penalidad de la ebriedad en el código penal y en la praxis judicial bonaerense: 1878-1888", *Anuario del Instituto de Historia Argentina*, N° 8, pp. 151-171.

SPECKMAN GUERRA, Elisa; AGOSTINI, Claudia y GONZALBO AIZPURU, Pilar (coords.) (2009), *Los miedos en la historia*, UNAM, México.

TONKONOFF, Sergio (2007), "El retorno del Mal. Identidades negativas y reconstrucción de la sociedad", en Gómez, Mónica y Alcalá, Raúl (comps.), *Construcción de identidades*, México, Instituto de Investigaciones Filosóficas, UNAM.

YANGILEVICH, Melina (2007). "Violencia, convites y bebidas en la campaña bonaerense, 2da mitad del siglo XIX", *Andes*, N° 18, enero-diciembre, pp. 233-250.

Reflexiones en torno a la historia de la administración de justicia en los territorios nacionales

FERNANDO CASULLO Y MARISA MORONI

Introducción

En este capítulo reseñaremos las principales investigaciones que han estudiado desde distintas perspectivas y metodologías a las instituciones, las prácticas y los actores vinculados con el crimen y el castigo en la etapa de los territorios nacionales. Dentro de una serie amplia de temáticas que tal campo abarcó (la justicia, las prisiones, los procesos de medicalización) recuperaremos sobre todo los aportes que examinaron la intervención de diferentes instituciones y agentes durante la formación y consolidación del Estado argentino en la Patagonia. Esta decisión está vinculada principalmente al peso que ha tenido la pregunta sobre el funcionamiento estatal en la historiografía regional sobre el control. El expediente no es del todo sorpresivo, y se vincula con una tradición propia de Hispanoamérica (como ha señalado con acierto Oliver Olmo), a contramano de otras como la sajona (Oliver Olmo, 2005). Como ha pasado con el viento en su geografía, el Estado siempre ha estado presente en la historia de la Patagonia (y en la política y la sociedad que le dan sentido). Este sello de agua no necesariamente durará por siempre, pero es muy notorio en los años comprendidos en este capítulo.

En un primer momento haremos un breve repaso por los núcleos de investigación que más se destacaron en la historiografía regional. Sin una pretensión "protocolar" de mencionar a todos en un listado meramente descriptivo, intentaremos más bien generar una suerte de radiografía que permita tener una mirada clara y sintética del campo. Luego, en un terreno más metodológico, procuraremos hacer una descripción de los sucesivos momentos que caracterizaron la reflexión de aquellos. En tal sentido marcaremos primero el surgimiento de narrativas orientadas a uniformizar el alcance del poder normalizador y disciplinador del Estado, luego aquellas que afirmaron más bien las dificultades (mayormente materiales) en el despliegue de las agencias estatales en la región. Finalmente, señalaremos una serie de trabajos más actuales que enfatizan en el estudio de la dinámica diaria de aquellas agencias y el abanico de respuestas informales de las sociedades del interior argentino que no siempre coincidía con los presupuestos de la intervención estatal (en el marco saludable de la revalorización de la historia política). Desde ya que no es intención del capítulo establecer una evolución lineal y homogénea de la literatura sobre estos tópicos, sino más bien revisar un campo que fue avanzando con aportes yuxtapuestos, muchas veces en tensión, y otras un tanto fragmentados. En un tercer momento del trabajo describiremos algunos aspectos del funcionamiento de las agencias estatales patagónicas en los años territorianos. No intentaremos pintar un fresco impresionista sino en todo caso aportar algunos ejemplos que consideramos claves para pensar la cuestión. ¿Cómo se dio la construcción y despliegue del Estado nacional y luego provincial en la Patagonia?, ¿en qué etapa podemos visualizar como consolidada la labor de las agencias estatales patagónicas carcelarias, judiciales y de gobierno?, ¿existieron pautas de funcionamiento local que marcaron alguna especificidad respecto a otras zonas del país? Estas preguntas, a esta altura clásicas en los estudios regionales, funcionarán más como marco de análisis que como un desafío real. En tal sentido, abandonamos la pretensión de generar un relato en clave profesionalizadora o de su contrapartida, de fallido insalvable. Consideramos más interesante comprender las dinámicas reales de las instituciones patagónicas que quedarse en el monitoreo de las ideales. Interrogarse sobre el funcionamiento diario de la justicia, de las cárceles, de las Policías es un desafío necesario para las administraciones patagónicas (y nacionales) incluso hoy día.

Breve estado de la cuestión: un campo explosivo en consolidación

El estado del campo es alentador debido al renovado interés que en los últimos años generó el estudio del crimen y el castigo en los centros académicos locales (y en los no regionales pero a su vez interesados por la Patagonia). Ello se refleja en la multiplicidad de avances de investigación presentados en jornadas, talleres y congresos nacionales e internacionales que, en muchos casos, son publicados en forma colaborativa entre diferentes universidades y centros de investigación. Todo este volumen académico que comenzó a gestarse a principios de la década de 1990 le ha dado al campo una vitalidad que permite y permitirá seguir construyendo nuevos saberes sobre la vida social y política de los territorios nacionales. Vale entonces reseñar brevemente los principales grupos que en su trabajo dieron carnadura académica. Recorreremos ese derrotero sin hacer repaso *in extensum* sino más bien genealógico de un *boom* académico que hoy está en proceso de consolidación y sedimentación (Casullo, 2007).

Mencionaremos como grupos con aportes relevantes al Grupo de Estudio de Historia Social (GEHiSo) de la Universidad Nacional del Comahue, el equipo de investigación del Instituto de Estudios Socio Históricos (IESH) de la Universidad Nacional de La Pampa y las investigaciones realizadas por María Elba Argeri (1993 y 2009) y su equipo en Río Negro. También han sido de suma importancia los trabajos de investigadores de otros núcleos de investigación de la Universidad Nacional de la Patagonia San Juan Bosco, de la Patagonia Austral y de la Universidad Nacional de Río Negro (Carrizo, 1993 y 2006; Pierini y Benavidez, 2005; Baeza y Carrizo, 2008; Navas, 2012).

En el caso del GEHiSo, comenzó con la historia de los trabajadores y sectores populares de Río Negro y Neuquén y amplió su línea de investigación hacia la historia del delito, la ley y la justicia. Este equipo de trabajo organizó en el año 2000 las 1º Jornadas de Historia del Delito en la Patagonia y, posteriormente, publicó *Historias de sangre, locura y amor, Neuquén, 1900-1950* (Gentile, Rafart y Bohoslavsky, 2000), una compilación dedicada a explorar el mundo de los bandoleros, jueces y policías que operó como punto de partida para nuevos artículos y libros referidos a esta temática en diferentes revistas nacionales e internacionales (Rafart, 1994; Bohoslavsky y Rafart, 1995; Bohoslavsky, 1998; Debattista, Bertello y Rafart, 1998). Seguidamente, la serie de publicaciones referidas a este campo de estudios continuó con la edición del libro *Historias secretas del delito y la ley,* donde los autores referenciaban un proyecto del GEHiSo dedicado a recuperar, organizar y sistematizar los fondos documentales pertenecientes al Archivo de la Justicia Letrada de Neuquén como el motor que posibilitó una importante gama de estudios que reconstruyen relatos de crimen, la justicia y el castigo que "rescatan fundamentalmente los sujetos como protagonistas" (Debattista, Debener y Suárez, 2004). Finalmente, recientes trabajos publicados por Gabriel Rafart en 2007 y 2010 representan la continuidad del GEHiSo en temáticas vinculadas a la/s historia/s del delito en Neuquén y Río Negro (Rafart, 2007 y 2010).

El equipo de trabajo del Instituto de Estudios Socio Históricos (IESH) de la Universidad Nacional de La Pampa desarrolló estudios vinculados con las instituciones sociales (educativas, sanitarias, represivas, recreativas, deportivas, culturales y científicas) recuperando a los principales actores y agencias de estos procesos en el marco del "Programa de Estudios en Historia Regional". En esta línea de estudios, uno de los primeros resultados de este programa de investigación fue la publicación de *Tierra adentro... Instituciones económicas y sociales en los territorios nacionales (1884-1951)* de 2010 (Lluch y Moroni, 2010).

En el caso de los trabajos de María Elba Argeri, a partir de una muy temprana actividad en el Archivo Histórico de la Provincia Río Negro, avanzó en el conocimiento del proceso de llegada del Estado y su interrelación con las sociedades indígenas. Ese subcampo, el del Estado en su expresión más pionera y en cruce con las culturas originarias, tuvo otro punto destacado en el texto de Enrique Mases *Estado y cuestión indígena*, pero no tuvo luego una continuidad tan robusta. Es importante que en este terreno vuelvan a realizarse más investigaciones, dado que tienen fuertes potencialidades a futuro (Argeri y Chia, 1993; Mases, 1998; Argeri, 2005; Argeri, 2009; Perez, 2017).

La actividad específica de estos grupos, y el fecundo diálogo entre ellos y otros más, generó un corpus de trabajos y debates diferentes. Esto se ve con claridad en la consolidación de espacios de trabajo conjunto para los investigadores regionales, como las Jornadas de Historia de la Patagonia y las Jornadas de Historia Social de la Patagonia, que permitieron la fluidez de un diálogo entre diferentes investigadores (incluso de otros campos de trabajo) y un resultado mayor a la mera agregación de estudios de campo particulares. A su vez, y con el propósito de lograr un diálogo más nacional de esta producción regional, dentro de una multiplicidad de encuentros académicos, anotamos que en 2016 se realizaron en la ciudad de Bariloche las jornadas de diez años del grupo Crimen y Sociedad, especializado en la temática, que pusieron en valor en el trabajo conjunto con investigadores nacionales e internacionales muchas de las cuestiones a las que hacemos referencia.

Finalmente, en perspectivas más presentistas, debe destacarse la aparición de carreras de grado y postgrado vinculadas al campo, como las licenciaturas en Seguridad Ciudadana y Criminología y Ciencias Forenses en la Universidad Nacional de Río Negro, y especialmente la Maestría en

Criminología de la Universidad del Comahue, que está comenzando a generar las primeras investigaciones de base sobre los temas del crimen y el castigo pero aplicadas a la actualidad (Alfieri, 2015). Estas nuevas líneas de trabajo serán por demás importantes a la hora de construir una síntesis, dado que permiten por su carácter más vinculado a la historia del presente, interpelar el estudio del Estado desde una óptica vinculada a la ciudadanía y la planificación urbana, la protesta social y el respeto de los derechos humanos.[1] Esta óptica, hay que decirlo, no siempre estuvo del todo presente en los trabajos de los estudiosos del Estado y por eso puede nutrir en gran medida el campo a partir de la interconexión con la sociedad civil.[2] A su vez permitirá al campo historiográfico ir más allá de los límites cronológicos que impusieron los territorios nacionales. Hay un gran trabajo para hacer, por caso, en relación con la transición que implicó la provincialización o con la última dictadura. Ambos períodos mucho más recorridos por la historia política o la historia del presente.

El camino queda hecho y la apuesta a la continuidad también. Repasaremos ahora los principales puntos metodológicos y conceptuales que vemos presentes en la producción de todos estos grupos de investigadores.

---

[1] Dentro de estos nuevos grupos podemos mencionar el Grupo de Estudios Delito y Sociedad del Centro de Estudios Históricos de Estado, Política y Cultura de la Facultad de Derecho y Ciencias Sociales de la Universidad Nacional del Comahue.

[2] En esta cuestión los investigadores del Gehiso y del Cehir también han hecho punta, véase por ejemplo la colección Historias del Presente y sus títulos *Un conflicto social en el Neuquén de la Confianza* (Camino Vela *et al.*, 2007) y *Silencio hospital. Una historia de la salud pública en Neuquén* (Taranda *et al.*, 2008).

Enfoques y metodologías del campo

Como mencionamos en la introducción, en un principio lo que se presentó en el marco de los estudios sobre el Estado y sus agencias en la Patagonia fue el impacto de las instituciones de control. Destacan así una serie de narrativas históricas que hablaron del discurso y las prácticas de los gobernantes en términos de progreso y modernización del Estado nacional. En una clave muy apegada a grandes referencias nacionales, como el texto de Oscar Oszlak (1997) *La formación del Estado Argentino,* muy propia de los años de la profesionalización de la historia social, los textos sobre el Estado en la Patagonia apuntaban a narrar el crecimiento en la región de un Estado nacional en avance. La Patagonia era una escala más de ese proceso nacional, que se había dado casi como una piedra arrojada a un estanque, expandiéndose con círculos concéntricos.

Esta primera etapa, que puso mayor énfasis en el carácter de control social estatal, fue reforzada con los aportes de las teorías sobre las sociedades disciplinarias que abrevaban principalmente de la pluma lúcida y sinuosa de Michel Foucault (Bohoslavsky, 2005a; Canavese, 2015). Este expediente no fue propio de la Patagonia, sino que estuvo en sintonía con la escala nacional (Casullo, 2007). Sin embargo creemos posible intentar algunas explicaciones más amplias que el haber adoptado en clave parroquiana una moda conceptual ("pecado" por otro lado absolutamente normal de cualquier campo profesional). Queremos hacer referencia entonces a una especie de "ambición totalizadora" de la historia social y a la confianza de poder captar a la sociedad en su conjunto (Sewell, 2009), o más aun a la indefinición de la noción de control social que, como refiere Oliver Olmo, constituye una herramienta útil para explorar el "fondo de dominación y conflicto en las relaciones sociales" pero no es suficiente para trasladarlo teórica y metodológicamente a la investigación histórica (Oliver Olmo, 2005: 74).

De todos modos, posteriores miradas surgidas especialmente a finales de los años 1990 y principios de los 2000 mostraron el proceso constitutivo de las instituciones de control social como juzgados, prisiones, comisarías y hasta los hospitales de las regiones patagónicas en un plano de mucha distancia entre la realidad material y los discursos. Mucho se insistió entonces en las diferencias entre los ideales del modelo reformador de los positivistas de fines del siglo XIX y la realización en la práctica cotidiana, y la necesidad de recurrir a su vez a las representaciones de los sectores subordinados y no solo de las elites e intelectuales en su papel de legítimos intérpretes de una "nueva cultura estatal" (Salvatore, 2001: 82). Esta interpretación contó con muchos trabajos empíricos y ya es un tropo dentro del campo reconocer que los proyectos reformadores de la elite finisecular no tuvieron su correlato en las regiones del interior del país (Di Liscia y Bassa, 2003), donde la exclusión de la población en "estado peligroso" sencillamente procuraba minimizar los efectos que los "no deseables" podían causar a la sociedad (Lvovich, 1993). En ningún caso se trataba de una empresa conjunta entre la elite local y las disposiciones del Estado, por el contrario, se han identificado lazos de solidaridad entre los actores del delito e integrantes del poder político local, la justicia y la Policía. En este sentido y con ambición de comenzar a mapear el campo, surgieron varios trabajos a principios de la década del 2000, entre los que destaca el estudio de Di Liscia y Bohoslavsky (2005), que analizan las instituciones de control social en América Latina (México, Chile, Brasil y Argentina). Este aporte derriba los presupuestos de la dominación pasiva de los sujetos por parte de las instituciones del interior del país y deja al descubierto la supuesta eficiencia que rodeaba el diseño y ejecución de políticas de control social diluidas en un mar de imprevisión donde las soluciones temporales se constituían en norma. Los autores advierten en la introducción del libro la intención de poner en tela de juicio la magnitud de los procesos reformadores y conceptualizan los saberes de los profesionales del control social como un *área de disputas*.

Los recursos metodológicos y el posicionamiento teórico-ideológico de los estudios de caso que orientan aquella publicación nos permiten reconocer otra dimensión del control social y del binomio poder dominante/dominados. En este camino, los saberes profesionales son considerados desde el tamiz de la apropiación que hacían de ellos los sectores subordinados, alejándolos de la imagen de beneficiarios pasivos de las transformaciones políticas y sociales proyectadas por la *intelligentsia,* que enfundada en sus conocimientos consagrados por la academia y el poder institucional que poseía, negaba posibilidades de resistencia o negociación hasta devolver una representación homogénea y pasiva de la población. Los artículos de criminólogos, penalistas y psiquiatras de inicios del siglo XX son fuentes documentales impregnadas de un lenguaje aséptico que diagnosticaba y resolvía sistemáticamente los desórdenes sociales -y morales- de una sociedad que transitaba el camino de la modernización. Sin embargo, la lectura de esta documentación también nos permite conocer la brecha que separaba el discurso del poder normalizador de la efectiva materialización en los márgenes del Estado; entonces, debemos preguntarnos sobre los "límites del Estado" y equilibrar interpretaciones vigentes que insisten en la fórmula de la centralización efectiva y la penetración estatal para escribir la historia argentina a partir de 1880 (Bohoslavsky, 2005b). Bohoslavsky identifica en Patagonia una ausencia de estructuras estatales para ejercer control sobre la población y asegura que esta condición propiciaba altos niveles de injerencia de los agentes, quienes ganaban terreno al momento de interpretar y/o aplicar la ley (Bohoslavsky, 2005b: 49-72). En el caso de la cárcel de Neuquén, el autor describe las dificultades materiales y sociales de esta institución represiva que carecía de presupuesto y profesionales para cumplir con su tarea regeneradora. En un aporte anterior el autor examinó minuciosamente la situación de las cárceles provinciales y detectó una serie de soluciones incompletas que se ajustaban a la infraestructura estatal de estas regiones que, en la mayoría de los casos, rozaba el abandono (Bohoslavsky y Casullo, 2003). Si desplazamos el foco de atención de las instituciones represivas a las educativo-sanitarias advertimos idénticos patrones de funcionamiento y la heterogeneidad del proceso de formación estatal no solo desde el punto de vista material sino también desde la participación de la sociedad civil.

Este segundo momento historiográfico mostró con solidez empírica la deficiencia de algunos presupuestos asumidos por el primero y resultó central en el campo. En el terreno de las fortalezas conceptuales de estas investigaciones, consideramos que brindó perspectivas que permitieron estudiar las instituciones con sus contradicciones y limitaciones. Permitieron así reconocer la dinámica cotidiana y la reinterpretación de los "dispositivos" de control social desde la mirada de los sujetos a los que había que encorsetar en el marco de una batería de propuestas legitimadas por el poder de la ciencia. Mostraron cómo el contexto político y social que caracterizó el proceso de institucionalización de los territorios nacionales permitió advertir las dificultades y posibilidades de las capacidades normalizadoras, punitivas y de control del Estado argentino. En este sentido, instalaron una necesaria discusión y búsqueda de nuevos interrogantes sobre el proceso de construcción estatal desde una *dimensión social y cultural* que extienda el análisis más allá de la historia política en los Estados subnacionales. En las especificidades que brindaba la realidad de los territorios nacionales se pudieron identificar las estrategias y posibilidades de negociación, adaptación o resistencia frente a las estructuras del poder nacional y reconocer a los actores que ensayaron improvisadas respuestas para minimizar la brecha entre el diseño inicial y una realidad que acusaba la inconsistencia de los proyectos y las políticas centralistas para gestionar la administración de los territorios.

Las propuestas analíticas que identificamos permiten calibrar el papel y el poder de los ideólogos del control social en un escenario regional donde las decisiones y el "tratamiento institucionalizado" pasaban por el tamiz de las necesidades y urgencias cotidianas que, por otra parte, siempre resultaban extrañas para la mirada de los expertos de los gabinetes porteños. Es en este registro donde advertimos una dimensión de análisis del disciplinamiento que se aproxima a unos actores que deben negociar en forma permanente sus posibilidades frente a un Estado que no era el que promocionaba la retórica oficial. Esta vía de entrada complementaria que rastrea la dimensión cultural y "emocional" nos permite identificar la representación del castigo en la sociedad territoriana y especialmente de la prensa, más allá del veredicto de los profesionales donde las implicancias del delito, la ley y la pena estaban atravesadas por las dificultades que generaba la escasa materialidad del Estado, y en particular por la desconexión entre la modernización punitiva y las dificultades que conllevó la institucionalización de la justicia y la puesta en marcha de un servicio sanitario y educativo capaz de contener a una población dispersa en unos pocos centros urbanos.

Finalmente, y para terminar la sección, marcaremos una suerte de tercer momento metodológico, tal vez el menos preciso de los tres por encontrarse en progreso. Lo ubicamos en una línea menos "punitivista" o "precarista" y más enfocada en construir relatos sobre el funcionamiento cotidiano de las agencias estatales (Casullo, Perren y Gallucci, 2013). Menos preocupadas en definir la suerte del Estado como un todo, las últimas investigaciones se han centrado en una multiplicidad de agencias para tener una idea más acabada del funcionamiento real de las mismas. Sin temor de abrevar de las dos posiciones metodológicas previas y también inserta en un cambio nacional (Bohoslavsky y Soprano, 2010), la renovación disciplinar de los últimos años ha utilizado diferentes enfoques para iluminar la vida cotidiana de las agencias estatales de justicia.

Creemos que estos nuevos aportes son importantes y que debe, de hecho, profundizarse en las propuestas que recuperan el análisis de una serie de condiciones sociales vinculadas a la influencia de las elites, el papel del Estado y la denominada "solidaridad intragrupo" de los subordinados para indagar en la modificación/adaptación de las políticas de control social. En términos de Garland, se trata de recuperar la fuerza de la sensibilidad civilizada (*civilized sensibilities*) a la hora de considerar los ajustes punitivos en las prácticas institucionales (Garland, 2005: 830). Consideramos que pensar las agencias estatales en esta línea complejiza la narrativa histórica en términos de oposición entre poder dominante y grupos subordinados, mostrando las transacciones, negociaciones y resistencias -que fueron moneda corriente en los espacios periféricos patagónicos donde era necesario minimizar los efectos de la limitada penetración estatal-.

Salir de los atolladeros sobre el poder o no del Estado en los anteriores momentos de las reflexiones ha permitido solventar algunos déficits importantes, principalmente el cronológico. Las investigaciones que hemos referenciado han comprendido un marco temporal que se concentró en las últimas décadas del siglo XIX y las primeras décadas del siglo XX, momento clave de la formación del Estado. Sin embargo, son escasos aquellos aportes que profundizan más allá, por ejemplo, en el análisis de los años 1930, donde el quiebre político institucional y la crisis económico-social afectaron significativamente la gobernabilidad de los territorios nacionales y marcaron una bisagra en los modos y tiempos de la intervención estatal. A su vez, consideramos que además es necesario avanzar en el conocimiento del funcionamiento de las agencias estatales carcelarias y de justicia durante el peronismo, el ciclo burocrático autoritario o la última dictadura militar. Una vez más, vale aclarar que estos "faltantes" también son propios de la escala nacional y estas apuestas de la mirada regional son necesarias no en clave regionalista si no justamente como un aporte que mejore sustancialmente (con todos los otros) los relatos nacionales.

Estado y administración de justicia en los territorios nacionales (1884-1955)

Fue durante la Organización Nacional que se dieron los avances más sostenidos sobre el sur del país, prefigurando la fuerte expansión estatal en la Patagonia acaecida en los años del roquismo. Los primeros antecedentes de legislación sobre lo que serían los territorios nacionales hay que buscarlos en la Ley N° 28 de 1872, la Ley N° 576 y en 1878, la Ley N° 954, junto con la Ley N° 1144, la primera sobre la Justicia Federal, ámbito que incluiría a la justicia territoriana (San Martino de Dromi, 2003). Pero sin dudas el año 1884 depararía la ley más significativa, no solo en términos de control social sino en aspectos mucho más amplios. La Ley 1532, llamada Ley Orgánica de los Territorios Nacionales, vino a dar en 1884 el formato y la lógica que adoptaría el orden estatal. Si bien sufriría unas cuantas modificaciones o agregados, como las Leyes 3575 de Jueces Letrados, o la 5104 que dispondría la creación de Juzgados de Paz y Oficinas de Registro Civil, o la 5559 de fomento de los mismos, su espíritu fue el que rigió el cuerpo de normas a lo largo de su etapa territoriana (aunque también es necesario agregar el Código Rural de 1894 y el Código de Policía de Territorios Nacionales, instrumentos complementarios que centraban su mirada en temáticas como el tránsito de ganado o la Policía rural, determinante en los territorios).

Inspirada en la legislación norteamericana de 1787, la Ley 1532 apuntaba a imitar el tratamiento tan exitoso del gigante del norte respecto de sus nuevos territorios incorporados. Ya en las sesiones del Parlamento se dejaba clara la intención de emular el ejemplo de los Estados Unidos, de modo que los nuevos espacios de "conquista" no fueron incorporados como otras provincias sino bajo la nueva figura de "territorios nacionales".[3] Susana Bandieri (2005) ha caracterizado a los territorios y su configuración de acuerdo con la Ley 1532 como entidades de carácter híbrido con leyes unificadas que desconocían las particularidades regionales y colocaban dichos espacios bajo una dependencia muy marcada respecto del Poder Ejecutivo Nacional. En el caso de la administración de gobierno, los gobernadores serían designados por tres años por el Poder Ejecutivo Nacional con acuerdo del Senado y deberían cumplir las disposiciones de aquel. Esto no impedía que aquellos gestionaran una pequeña burocracia local y se insertaran en las redes sociales locales de poder a la vez que atendían algunas demandas de las poblaciones. Las únicas elecciones populares que la Ley Orgánica posibilitó eran las de los Concejos Municipales y las de los jueces de paz, pero sujetas a una cantidad mínima de 1000 habitantes. Esto estaba establecido en el artículo 10 de la Ley Orgánica de los Territorios Nacionales.

La administración de justicia fue también, hasta la provincialización, federal, y su financiamiento provenía del presupuesto nacional y en primera instancia, tanto ordinaria como federal, quedó a cargo de un solo funcionario, el juez letrado. Su jurisdicción era sobre todo el territorio nacional y su sede era en la capital del territorio. Vale mencionar que la administración de justicia, con un poco más de prestigio que las otras instituciones de control, tampoco se salvaba de las dificultades del presupuesto,

---

[3] Esta diferencia normativa implicaba que los habitantes de los territorios nacionales tenían derechos civiles pero no políticos, y las autoridades del territorio serían designadas por el presidente de la nación con acuerdo del Senado, todo esto al menos hasta que esos territorios consiguieran un desarrollo social y demográfico que les permitiera obtener el estatus de provincia. Los alcances de esta diferencia en la legislación han sido muy discutidos en la historia política territoriana (Gallucci, 2014).

recursos humanos y distancias.[4] Los jueces letrados asumían la representación de la ley y la justicia en una sociedad que depositaba sus expectativas de progreso en el establecimiento del orden y la seguridad pública de los bienes y de las personas. Las aspiraciones de terratenientes y comerciantes se vinculaban con las garantías que podía ofrecer un magistrado capaz de ejercer la ley del Estado. Neutralizar cualquier rasgo de anarquía judicial o desgobierno en la administración se imponía como un objetivo unificador de los intereses de estos sectores de poder y de sus redes relacionales locales y nacionales. Precisamente, los vínculos con propietarios de grandes extensiones de tierra que residían en Capital Federal y formaban parte de la elite dirigente nacional aseguraban la eficacia de sus reclamos. De esta forma, las acciones trascendían el espacio público local e instalaban la denominada *situación de la justicia territorial* en la prensa nacional y en la agenda política de los ministerios correspondientes. Sin embargo, la certidumbre en el sistema de justicia se diluía a la hora de considerar el contexto en el que los magistrados debían ejercer sus funciones. Existía un marco legal codificado[5] y, a la vez, un camino en construcción que incluía la sanción de nuevos códigos,[6] modificaciones parciales de la Ley 1532[7] y

---

[4] Como por ejemplo marcan estas palabras de vecinos de la ciudad de General Roca al presidente de la nación en una fecha tardía, 1930: "Actualmente toda gestión judicial debe hacerse en los tribunales de la capital del Territorio distante diez y ocho [sic] horas de ferrocarril con las consiguientes molestias para los litigantes y el aumento en los gastos de orden causídicos, agregándose la circunstancia de que en los casos de orden correccional se produce el envío de los acusados a la sede del tribunal siendo puestos en libertad al llegar a esta". Mesa de Entrada del Ministerio del Interior, Archivo General de la Nación, 1930, f. 4.

[5] Código de Comercio (1863), Código Civil (1869) y Penal (1887).

[6] Código de procedimiento en lo Criminal para la Justicia Federal y los Tribunales Ordinarios de la Capital y territorios nacionales (1888) y Código Rural para los Territorios Nacionales (1894).

[7] En el año 1889 se sanciona la Ley 2662 sobre recusación del juez, competencias y nombramiento de funcionarios auxiliares; en 1890 la Ley 2735 regulaba la relación con la justicia de paz y la 3575 de 1897 introduce la modificación de la condición de inamovilidad en el cargo de jueces letrados,

decretos aclaratorios del PEN que regulaban sobre la marcha el pretendido monopolio estatal de la justicia. En definitiva, la administración de justicia comenzó su andadura institucional atravesada por el enfrentamiento con otras agencias estatales y la coexistencia de un doble repertorio normativo (Casullo, 2010).

Las sociedades locales tenían una fuerte vinculación con los funcionarios de administración de justicia. La especificidad de los métodos y conocimientos legales revestían de solemnidad la intervención de los magistrados que comenzaron a orientar el debate público sobre las limitaciones de las prácticas institucionales. Los profesionales efectuaban diagnósticos e informes periódicos que reflejaban la preocupación social por el funcionamiento del sistema de justicia y de la institución carcelaria. Por otra parte, la actuación de los jueces no se limitaba a cuestiones vinculadas con el funcionamiento de la justicia, sino que sumaba expectativas a diferentes causas relacionadas con las posibilidades de modificar la condición territorial y acceder a la provincialización. Los magistrados exponían soluciones que eran reconocidas y referenciadas por una sociedad que depositaba en los agentes designados por el poder central la responsabilidad del éxito o fracaso de la resolución de problemáticas cotidianas. El juez letrado asumía el papel de portador de un compromiso social que aumentaba su prestigio y consideración. La influencia de los jueces se afianzaba al ritmo del proceso de organización de la institución y estimuló la conformación de un sector profesional ligado al Estado con capacidad para proponer, modificar o adaptar las políticas públicas diseñadas para los territorios nacionales.

---

estipulaba la duración por cuatro años, contemplaba la posibilidad de reelección e incluía la obligatoriedad del título de abogado (Suarez, 2007: 245-270).

En el caso del funcionamiento local de la administración de justicia, a los juzgados letrados se sumaban los de paz. Los jueces de paz dependían de manera bifronte tanto de los gobernadores como de los jueces letrados. Como dijimos, de acuerdo con la Ley 1532 los jueces de paz eran elegidos por el voto de la sociedad. Pero si no, eran designados por el gobernador, a él debían dar cuentas y de él dependían en cuanto a asignación de recursos, pero por otro lado tenían la obligación de auxiliar al juez letrado y este era la instancia de apelación a sus resoluciones. Estos términos generaban focos de conflicto entre jueces de paz y letrados así como con otras instituciones.[8] La Justicia de Paz funcionaba como una instancia "lega" que resolvía las causas civiles y comerciales que no excedían montos de 300 pesos: en las demandas de desalojos, en la emisión de documentación para transitar con ganado de un destino, en fin, pequeños conflictos locales. De hecho, y a diferencia del juez letrado, para ocupar el cargo solo debía cumplimentar como requisitos saber leer y escribir y ser residente del lugar. Sus atribuciones también pasaban por la apertura del Registro Civil en el lugar con el consecuente registro de los nacimientos y fallecimientos, así como también con facultades para autorizar enlaces matrimoniales. Este carácter no letrado del juez de paz lo colocaba en una situación de "desventaja" normativa respecto del juez letrado, más allá de que por el contexto de precariedad de los primeros años de despliegue de estas agencias sus responsabilidades fueran

---

[8] Como era el caso del juez de paz de Viedma que se quejaba al gobernador Winter por abuso de las atribuciones que se tomaba el Concejo Municipal de esa ciudad. Archivo Histórico Provincia de Río Negro (AHPRN), Caja Administración de Justicia 1887-1888, Exp. 30, Letra J, Nota n° 59. O el ejemplo de la presentación del preceptor del Estado en contra del juez de paz de Coronel Pringles, acusándolo de ignorancia en sus funciones. AHPRN, Cada Administración de Gobierno 1881-1885, Letra F, Nota n° 194. Véase también Índice de Causas Judiciales del Territorio de Río Negro (ICJRN), expedientes s-n° 908, 1623, 1647, 2035, 4885, 10.806, 19.701, todos contra jueces de paz.

mayores más de una vez.⁹ Vale enfatizar que su carácter local los convertía muchas veces en pequeños tiranos que motivaban continuas denuncias por parte de los habitantes comunes u otras autoridades, fuera por manejos confusos en los embargos dictados u otros motivos.¹⁰

La otra institución que se insertaba en este circuito era la Policía de los territorios nacionales. La Policía fue una institución dependiente del gobernador y, por ende, del Poder Ejecutivo Nacional, específicamente del Ministerio del Interior. Pero a su vez debía ser extremidad de la Justicia Letrada y auxiliar de la de Paz. Es decir, por disposición normativa, le era ordenado ponerse a disposición del juez letrado cuando fuera necesario. Sin embargo, la falta de especificidad de las situaciones en las que esta así debía proceder podía generar una nueva instancia de tensión entre gobernador y juez letrado. Por ejemplo, para 1887, el gobernador de Neuquén Olascoaga remitía una dura nota al juez letrado por un pedido de este de trasladar mediante la fuerza pública a dos ciudadanas al juzgado para tomarles declaraciones. Reaccionaba aquel señalando que la fuerza pública dependía en realidad de él, y no podía el juez considerarse con atribuciones que no le correspondían. Cuestionaba, en fin, "el error en que parece estar vs. de considerarse con facultades absolutas en este territorio" (Archivo Histórico Provincia de Neuquén, Libro Copiador n° 1, f. 352, nota 116).

---

9   Por ejemplo, a fines del año 1884, en nota del Ministerio del Interior al -todavía- gobernador del territorio nacional de la Patagonia, se los facultaba para conocer y resolver en materia criminal con elevación de autos en consulta al juez de sección de la provincia más cercana. AHPRN, Caja Administración de Gobierno 1881-18885, Nota n° 762.
10 Por ejemplo en la causa del expediente 1647 antes citada, "Astete Manuel de la Cruz c/ Juez de Paz de Choele Choel por ilegalidad de embargo preventivo", n° de matriz 1689, legajo 51, año 1898, ICJRN. Sobre la Justicia de Paz, la historiografía neuquina ha generado una serie de trabajos que muestran con claridad los márgenes de acción que tenían los jueces de paz respecto de los jueces letrados, y también el uso de la justicia de paz por parte de comerciantes locales. Véase Debattista, Desteffaniz, 1998b, y especialmente Debattista, Rafart, 2003.

Mucho se ha trabajado sobre lo inexistente de la carrera policial en la región hasta años posteriores. La falta de preparación adecuada -existen casos de expedientes judiciales donde los testigos policiales eran analfabetos- marcaba el ritmo de aquellos agentes del orden. Son varias las investigaciones que han señalado que el oficio policial pocas veces era tomado como algo fijo y definitivo, sino más bien como un complemento del trabajo irregular del jornalero. Basta con observar la correspondencia de las Gobernaciones con el Ministerio del Interior para darse cuenta de que la situación distaba de ser sencilla para aquellos que se enrolaban en las fuerzas policiales. Otra situación que se repetía una y otra vez era la toma de agentes de policía en un territorio nacional que eran prófugos, procesados o condenados de otras jurisdicciones nacionales.[11] A su vez, y en un tema hasta ahora no demasiado explorado, también era alta la rotación del personal por problemas de tensión laboral. De todos modos, por cubrir una serie importante de cuestiones atinentes a las economías rurales, los comisarios y los agentes policiales eran figuras de peso político (e incluso económico) dentro de los parajes y las pequeñas urbanizaciones del interior patagónico. Asegurarse su lealtad y el cumplimiento de sus funciones eran tareas que se tornaban muy difíciles para el gobernador o el jefe de Policía. Muchas veces, su consentimiento o su silencio eran claves para los habitantes respecto de sus actividades, independientemente del grado de legalidad que tuvieran. Además de la cuestión económica, también existió una multiplicidad de roces en

---

11 Para una fecha tardía como 1931, el gobernador interino de Chubut recomendaba al ministro del Interior que no se contratara como comisario de ese territorio a Carlos Máximo Birer por considerar "lo indeseable de esta persona para ocupar un puesto en la Policía". Lo que sucedía era que Birer tenía antecedentes en La Pampa de haber incurrido en abandono de puesto y luego asesinado en estado de ebriedad. Ministerio del Interior, Mesa de Entrada y Salida, Archivo General de la Nación, f. 3.

las competencias entre jueces y gobernadores al estar sus funciones muchas veces poco delimitadas así como no del todo clara la cadena de subordinación.[12]

Conclusiones

El campo que nos ha tocado reseñar en este artículo, el de los estudios sobre administración de justicia en la Patagonia, ha tenido un crecimiento sostenido y plural en las últimas dos décadas. La multiplicidad de grupos de estudio y su producción empírica y conceptual nos permite hoy hablar de un campo académico consolidado (que pudo sortear con éxito el mero seguidismo de las modas de la historiografía nacional). Destacamos a su vez una actitud abierta de los investigadores regionales que pudieron ir sumando las diferentes etapas metodológicas y sus posicionamientos más concretos (potencia del Estado, precarismo, Estado con rostro humano) generando una sinergia conceptual. En la actualidad existe una densidad explicativa digna de mención.

Hoy conocemos más que antes sobre las agencias de justicia en la Patagonia. Sabemos que las diferentes etapas por las que atravesó la conformación de la institución judicial en los territorios nacionales permiten reconocer la intervención de diversos actores que ensayaron, en algunos casos, improvisadas respuestas para minimizar la brecha entre el diseño inicial y una realidad que acusaba la

---

[12] "En algunas Gobernaciones se han producido incidentes que llegaron a afectar seriamente la coexistencia de la autoridad judicial y la superior administrativa. Las Gobernaciones de la Pampa Central y Río Negro y los Juzgados Letrados de esos Territorios han proporcionado materia para la formación de gruesos expedientes, con imputaciones graves y recíprocas recriminaciones. Los Jueces quejándose del desacato continuo a sus mandatos y los gobernadores oponiéndose a la dictadura judicial como la han llamado". Carta publicada en el diario *Neuquén*. Neuquén. 18 de diciembre de 1918. Pág. 1, columna 1 y 2, citado en Rafart, 2003: 47.

inconsistencia del centralismo para gestionar la administración de justicia y el disciplinamiento en los territorios. El establecimiento de los juzgados letrados, su traslado, ampliación y, por último, el conflictivo proceso de descentralización confirmó que la demanda de recursos para el funcionamiento de la justicia actuaba como un disparador para exigir al poder central mayor atención al desarrollo económico y social de los territorios. En estos términos, la posibilidad de aplicar la ley y garantizar el orden requería una institución fortalecida y, a la vez, se transformaba en una condición determinante para la provincialización. Los jueces, abogados y otras figuras influyentes esgrimían razonados argumentos en defensa del interés general; efectivamente, un adecuado funcionamiento institucional y legal fue la fórmula que postulaban para asegurar el ansiado progreso, sin embargo, el interés sectorial y personal fue una característica central del proceso de organización de la institución judicial.

Según advertimos, el protagonismo de los magistrados en la vida pública se consolidó a partir de su radicación efectiva en el territorio, de la intervención en los reclamos por el aumento de tribunales y en la divulgación de sus memorias o informes técnicos sobre la administración de justicia, las cárceles y la Policía. Los funcionarios capitalizaban sus saberes y experiencia legal para legitimar su participación en los debates vinculados a la gobernabilidad de los territorios nacionales. En efecto, al prestigio que otorgaba la profesión se sumaba una fuerte vinculación con los sectores de poder local que, como hemos señalado, les aseguraban su reelección o una carrera ascendente en la justicia nacional.

Para finalizar queremos enfatizar de nuevo sobre la necesidad de dialogar de manera más fluida con otros campos historiográficos, especialmente con la nueva historia política. La necesidad de salir de cierta endogamia heurística y conceptual es por demás relevante para nuestros trabajos y los diferentes grupos de investigación. Es parte de un proceso de oxigenación de la historia territorial y provincial necesario y, paradójicamente, similar al que aquella hizo sobre los relatos nacionales hace ya más de una década.

De todas maneras, y a modo de cierre, queremos insistir en que el campo que nos ha tocado reseñar, está en un proceso de cambio y expansión por momentos vertiginoso. Así, desafíos que hemos marcado como centrales, como la incorporación de miradas comparativas o la ampliación temporal de la mira a mucho más allá de 1930, seguramente sean abordados en breve con profundidad y haya nuevas conclusiones interesantes que destacar.

Bibliografía

ABRAMS, P. (1988), "Notes on the Difficulty of Studying the State", *Journal of Historical Sociology*, Vol. 1, N° 1.

ALFIERI, E. (2015), "Herramientas para el estudio de las organizaciones de víctimas. El cruce entre la sociología del castigo y la perspectiva de la acción colectiva", XI Jornadas de Sociología, Facultad de Ciencias Sociales, Universidad de Buenos Aires, Buenos Aires.

ÁLVAREZ, E. (1978), *Reseña histórica de la Justicia pampeana*, Santa Rosa.

ALONSO, A. (1994), "The politics of space, time and substance: state formation, nationalism and ethnicity", *Annual Review of Anthropology*, N° 23, pp. 379-405.

ARGERI, María Elba y CHÍA, S. (1993), "Resistiendo a la ley. Ámbitos peligrosos de sociabilidad y conducta social. Gobernación de Río Negro, 1880-1930", *Anuario del Instituto de Estudios Histórico-Sociales*, N° 8, Tandil.

ARGERI, María Elba (2005), *De guerreros a delincuentes. La desarticulación de las jefaturas indígenas y el poder judicial. Norpatagonia, 1880–1930*, Consejo Superior de Investigaciones Científicas, Madrid.

ARGERI, María Elba (2009), "Tensiones institucionales entre jueces letrados y jerarquías policiales (Territorio Nacional del Río Negro 1880-1930)", en Bohoslavsky, Ernesto; Caimari, Lila y Schettini, Cristiana (org.), *La policía en perspectiva histórica. Argentina y Brasil (del siglo XIX a la actualidad)*, CD-Rom, Buenos Aires.

BASSA, D. (2003), "Insania y justicia en el Territorio Nacional de la Pampa, Argentina (1880-1930)", *Frenia*, III-1.

BAEZA, Brígida y CARRIZO, G. (2009), "La policía del Territorio Nacional del Chubut en los yacimientos petrolíferos de Comodoro Rivadavia: entre la desorganización y el control del movimiento obrero, 1887-1955", en Bohoslavsky, Ernesto; Caimari, Lila y Schettini, Cristiana (orgs.), *La policía en perspectiva histórica. Argentina y Brasil (del siglo XIX a la actualidad)*, CD-Rom, Buenos Aires.

BOHOSLAVSKY, Ernesto y RAFART, G. (1995), *La cuestión del orden social en la frontera, 1884-1930*, Covunco.

BOHOSLAVSKY, Ernesto (1998), *Bang, bang. El mundo del delito en el Territorio del Neuquén, 1900-1930*, tesis de Licenciatura, UNCo.

BOHOSLAVSKY, Ernesto (2005a), "Uso (y abuso) de Foucault para mirar a las instituciones de castigo en Argentina, 1890-1930", *Cyber Humanitatis*, N° 35, invierno.

BOHOSLAVSKY, Ernesto (2005b), "La incurable desidia y la ciega imprevisión argentinas. Notas sobre el Estado, 1880-1930", Vilas, Carlos; Iazetta, Osvaldo; Forcinito Karina y Bohoslavsky, Ernesto, *Estado y política en la Argentina actual*, Buenos Aires, Universidad Nacional de General Sarmiento-Prometeo.

BOHOSLAVSKY, Ernesto y SOPRANO, G. (eds.) (2010), *Un Estado con rostro humano. Funcionarios e instituciones estables en Argentina (desde 1880 hasta la actualidad)*, Buenos Aires, Prometeo.

BOHOSLAVSKY, Ernesto y CASULLO, F. (2003), "Sobre los límites del castigo en la Argentina periférica. La cárcel de Neuquén (1904-1945)", *Quinto Sol*, N° 7, pp. 37-59.

BOHOSLAVSKY, Ernesto y DI LISCIA, M. (2008), "La profilaxis del viento. Instituciones represivas y sanitarias en la Patagonia argentina, 1880-1940", *Asclepio*, Vol. LX, N° 2, pp. 187-206.

BOHOSLAVSKY, Ernesto; CAIMARI, L. y SCHETTINI, C. (orgs.) (2009), *La policía en perspectiva histórica. Argentina y Brasil (del siglo XIX a la actualidad)*, CD-Rom, Buenos Aires.

CAIMARI, Lila (2004), *Apenas un delincuente. Crimen, castigo y cultura en la Argentina, 1880-1955*, Buenos Aires, Siglo XXI.

CAIMARI, Lila (2005), *Usos de Foucault en la investigación histórica*. Documento de Trabajo N° 18, Universidad de San Andrés, octubre.

CAIMARI, Lila (2009a), *La ciudad y el crimen. Delito y vida cotidiana en Buenos Aires, 1880-1940*, Buenos Aires, Sudamericana.

CAIMARI, Lila (2009b), "Entre el panóptico y el pantano: avatares de una historia de la prisión argentina", *Política y Sociedad*, UCM, 46, 3.

CAMINO VELA, F. et al. (2007), *Un conflicto social en el Neuquén de la confianza*, Neuquén, EDUCO.

CANAVESE, M. (2015), *Los usos de Foucault en la Argentina. Recepción y circulación desde los años cincuenta hasta nuestros días*, Buenos Aires, Siglo XXI.

CARRIZO, G. (1993), "Moralidad y control en el Departamento Tehuelches, 1920-1940", en Márquez, Daniel y Baeza, Brígida (eds.), *Resistir en la frontera. Memoria y desafíos del gobernador Costa y del Departamento Tehuelches*, Comodoro Rivadavia, Andrade.

CARRIZO, G. (2006), "La materialización del control en el Territorio Nacional del Chubut: conflictos y resistencias, 1887-1944", ponencia presentada en Congreso Internacional de Estudios Latinoamericanos "Delito, Justicia y Castigo en América Latina", Chillán.

CASULLO, F. (2007), "Historiografía reciente del delito, la justicia y el control social en la Argentina y la Patagonia: entre la unidad y la autonomía", en II Jornadas de Historia Social de la Patagonia, Neuquén.

CASULLO, F. (2010), "El Estado mira al sur. Administración de Justicia en los Territorios Nacionales de Río Negro y del Neuquén (1884-1920)", en Bohoslavsky, Ernesto y Soprano, Germán (eds.), *Un Estado con rostro humano. Funcionarios e instituciones estables en Argentina (desde 1880 hasta la actualidad)*, Buenos Aires, Prometeo, pp. 333-358.

CASULLO, F.; PERREN, J. y GALLUCCI, L. (comps.) (2013), *Los Estados del Estado. Instituciones y agentes estatales en la Patagonia 1880-1940*, Prohistoria, Rosario.

DEBATTISTA, S.; BERTELLO, C. Y RAFART, G. (1998), "El bandolerismo rural en última frontera: Neuquén 1890-1920", *Estudios Sociales*, VIII, 14, 1° semestre.

DEBATTISTA, S.; DEBENER, M. y SUAREZ, D. (comps.) (2004), *Historias secretas del delito y la ley. Protagonistas y desamparados en la Norpatagonia, 1900-1960*, Neuquén, Educo.

DI LISCIA, M. y BOHOSLAVSKY, Ernesto (eds.) (2005), *Instituciones y formas de control social en América Latina, 1840-1940. Una revisión*, Buenos Aires, Prometeo.

DI LISCIA, M. y BILLOROU, M. (2003), "Locura y crimen en el discurso médico jurídico. Argentina, Territorio Nacional de la Pampa, ca. 1900", *Anuario de Estudios Americanos*, LX, 2, pp. 581-606.

DI LISCIA, S. y BASSA, D. (2003), "Tiempos y espacios de reclusión. Sobre marginación, locura y prácticas jurídico-médicas en el interior argentino, La Pampa, 1880-1930", en Álvarez, Molinari y Reynoso, *Historias de enfermedades, salud y medicina en la Argentina de los siglos XIX y XX*, Mar del Plata, Universidad de Mar del Plata.

DIEZ, M. y DI NARDO, C. (1999), "El recorrido de los expedientes judiciales penales de la pampa territorial: su accesibilidad como fuente socio-histórica", en *La construcción de la memoria y la fuente judicial*, Actas I Jornadas sobre la fuente judicial, La Plata, Corte Suprema de Justicia de la provincia de Buenos Aires y Facultad de Humanidades, UNMP, pp. 461-479.

FARGE, A. (2008), *Efusión y tormento. El relato de los cuerpos. Historia del pueblo en el siglo XVIII*, Buenos Aires, Katz.

GALLUCCI, L. (2014), "Una engañosa exclusión en el orden conservador. La ciudadanía política y el régimen institucional de los Territorios Nacionales", Jornadas "La conflictiva construcción del consenso en el marco del orden conservador. Actores, espacios y formas de participación política", Instituto Ravignani.

GARLAND, D. (1990), "Frameworks of Inquiry in the Sociology of Punishment", *The British Journal of Sociology*, Vol. 41, N° 1, pp. 1-15.

GARLAND, D. (1999), *Castigo y sociedad moderna. Un estudio de teoría social*, México, Siglo XXI.

GARLAND, D. (2005), "Penal Excess and Surplus Meaning: Public Torture Lynchings in Twentieth-Century America", *Law & Society Review*, 39, 4, pp. 793-834.

GENTILE, M.; RAFART, G. y BOHOSLAVSKY, Ernesto (comps.) (2000), *Historias de sangre, locura y amor (Neuquén, 1900-1950)*, General Roca, PubliFadecs.

LLUCH, A. y MORONI, M. (2010), *Tierra adentro... Instituciones económicas y sociales en los territorios nacionales (1884-1951)*, Rosario, Prohistoria.

LVOVICH, D. (1993), "Pobres, borrachos, enfermos e inmorales. La cuestión del orden en los núcleos urbanos del territorio del Neuquén (1900-1930)", *Estudios Sociales*, N° 5, pp. 83-91.

MASES, E. (2009), *Estado y cuestión indígena. El destino final de los indios sometidos en el sur del territorio (1878-1910)*, Buenos Aires, Prometeo.

MORONI, Marisa (2008), "La administración de justicia y orden legal", en Lluch, Andrea y Salomón Tarquini, Claudia (eds.), *Historia de La Pampa. Sociedad, política y economía desde los poblamientos iniciales hasta la provincialización (ca. 8000 AP a 1952)*, Santa Rosa, EDUNL-Pam, pp. 172-178.

NAVAS, P. (2012), "La construcción de soberanía y el control social en la periferia patagónica desde la cárcel de Río Gallegos (1895-1957)", tesis de Doctorado en Historia, Universidad Nacional de La Plata.

OLIVER OLMO, P. (2005), "El concepto de control social en la historia social: estructuración al orden y respuestas al desorden", *Historia Social*, N° 51.

OSZLAK, O. (1997), *La formación del Estado argentino. Orden, progreso y organización nacional*, Buenos Aires, Planeta.

PÉREZ, P. (2017), "Archivos del silencio. Estado, indígenas y violencia en Patagonia central. 1878 – 1941", Buenos Aires, Prometeo.

PIERINI, M. y BENAVIDEZ, M. (2005), "La educación en un medio carcelario: una primera mirada desde la cárcel de Río Gallegos durante la época del Territorio", X Jornadas Interescuelas/Deparamentos de Historia, Universidad Nacional de Rosario.

QUINTAR, J. (2003), "El orden como misión, la coerción como método. Frontera y abuso de poder", en Trujillo, J. y Quintar, J., *Pobres, marginados y peligrosos*, Universidad de Guadalajara-Universidad del Comahue.

RAFART, G. (1994), "Crimen y castigo en el territorio nacional del Neuquén, 1884-1920", *Estudios Sociales*, N° 6, 1° semestre, pp. 73-84.

RAFART, G. (2007), *Tiempos de violencia en la Patagonia: bandidos, policías y jueces, 1890-1940*, Buenos Aires, Prometeo.

RAFART, G. (2010), *Historia social y política del delito en la Patagonia*, Neuquén, EDUCO.
RUIBAL, B. (1990), "El control social y la policía de Buenos Aires, 1880-1920", *Boletín del Instituto de Historia Argentina y Americana "Dr. E. Ravignani"*, Tercera Serie, N° 2, 1° semestre.
SAN MARTINO DE DROMI, M. (2003), *Los territorios nacionales*, Buenos Aires, Ciudad Argentina.
SEWELL, W. (2009), "Líneas torcidas", *Entrepasados*, año XVIII, N° 35.
SUÁREZ, G. (2005), "La seguridad y el orden: el accionar policial en la región", Rey, Héctor Daniel (comp.), *La cordillera rionegrina. Economía, Estado y sociedad en la primera mitad del siglo XX*, Viedma, Editorial 2010/Bicentenario.
SUÁREZ, G. (2007), "La justicia letrada: su organización y funcionamiento en el territorio de Río Negro, 1879-1915", en Ruffini, Martha y Masera, Ricardo Fredy (coords.), *Horizontes en perspectiva*, Viedma, Fundación Ameghino-Legislatura de Río Negro.
TARANDA, D. et al (2008), *Silencio Hospital. Una historia de la salud pública en Neuquén*, Neuquén, EDUCO.
TERÁN, Oscar (1993), "La estación Foucault", *Punto de Vista*, año XVI, N° 45.
ZIMMERMANN, E. (1994), *Los liberales reformistas. La cuestión social en la Argentina 1890-1916*, Buenos Aires, Sudamericana.

La historia reciente argentina a escala regional (1973-1983)

Ernesto Bohoslavsky y Daniel Lvovich

El propósito de este capítulo es revisar algunos procesos de la historia reciente argentina usando una perspectiva de análisis de alcance subnacional. Nuestra intención es aprovechar el cada vez mayor número de estudios locales y regionales referidos a los procesos ocurridos entre los años 1973 y 1983 para confirmar, profundizar o matizar algunas de las interpretaciones predominantes sobre aquel período. Esas explicaciones surgieron oportunamente del análisis de casos locales -por lo general en el área metropolitana de Buenos Aires- cuyos principales rasgos han sido convertidos en "nacionales" de una manera poco reflexiva o al menos sin que mediara una debida constatación empírica. De allí que las interpretaciones de muchos de estos procesos en trabajos académicos, discursos públicos o testimonios de contemporáneos parecen requerir ajustes o matizaciones provenientes de la percepción de que la diversidad regional de la historia reciente parece haber sido mayor de lo que se creía. Las historiografías locales y regionales, reacias hasta hace poco tiempo a incorporar problemáticas más cercanas en el tiempo, han renovado nuestra comprensión del pasado inmediato de nuestro país. Esta multiplicación de estudios no solo ha permitido acumular nueva información empírica, sino que ha contribuido a darle mayor complejidad al análisis y a "hacer más denso el estudio y la explicación sobre estos problemas" (Aguila, 2015: 94).

Vale la pena reseñar al lector que se trata de un capítulo que tiene intenciones de ofrecer una síntesis de la producción más relevante sobre el período en cuestión, y no tanto dar a conocer fuentes nuevas. En ese sentido, es inevitable que este texto descanse sobre un trabajo amplio y fértil de numerosos colegas que hoy nos permiten tener una lectura más rica y abarcativa de la historia reciente argentina. Este texto consta de cuatro secciones. La primera de ellas aborda el período de 1973 a 1976 y se concentra en torno a las características que tomaron las disputas entre las fracciones del peronismo en diversos puntos del país. La segunda sección se refiere a los rasgos regionales de la implementación de la política de represión y persecución de la última dictadura. En la tercera sección se da cuenta de algunas de las estrategias seguidas por el régimen militar para obtener consenso y para reclutar personal político, así como de las dinámicas locales y provinciales que asumieron los organismos de derechos humanos. Finalmente, en la cuarta sección hacemos referencia a algunas de las particularidades que ha tenido el proceso de conformación de las memorias de la dictadura a partir de 1983. En consonancia con el espíritu general de este capítulo, nos parece que es posible mostrar que sobre ese régimen hay patrones de memoria que son más regionales que nacionales.

El tercer peronismo: politización y represión

Un estudio a nivel local y regional del período del tercer gobierno peronista permite apreciar la complejidad de ciertos procesos sociales y políticos. Dentro de ellos, el que probablemente ha obtenido más atención académica, social y periodística sea el derivado de los enfrentamientos entre las diversas fracciones del peronismo, así como el vínculo entre esas formas de violencia y la posterior implementación de la dictadura. Si bien se identifica un choque político entre modelos antagónicos de país, al realizar acercamientos a escala local lo que aparece es una pluralidad de situaciones y de actores muy disímiles y que ameritan explicaciones en las cuales cuente la dimensión regional. En la lucha por el control del gobierno (y la identidad) peronista entre 1973 y 1974 participaron diversos grupos articulados a veces con estructuras políticas y sindicales, y con las fuerzas de seguridad provinciales y locales. Como sostuvo Hernán Merele (2015: 17), ese proceso represivo "incorporó distintos grupos, no siempre articulados entre sí -e incluso en algunos casos enfrentados-, que aportaron modalidades operativas y objetivos propios". La mayor parte de los actores involucrados en la "depuración" del peronismo terminaron convergiendo en la estructura comandada por López Rega, pero no quedaron en su totalidad subsumidos operativa ni ideológicamente al ministro. En ese sentido, quizás es preferible sostener la siguiente interpretación: la persecución política iniciada en 1973 y acelerada en 1974 no tuvo desde sus inicios un mando unificado en términos organizativos, aunque si gozó de cierta homogeneidad ideológica. De ser cierta esta idea, la Triple A no estaba presente desde el inicio del proceso represivo, un proceso que se caracterizó por la diversidad regional de actores, metodologías y recursos intervinientes. Hoy parece más acertado relativizar –cuando no abandonar- la idea de que el despliegue represivo contra el peronismo de izquierda entre 1973 y 1976 fue responsabilidad de la Triple A: por el contrario, lo que es más ajustado es percibir las diversas dinámicas regionales y horizontales del proceso, derivadas del peso específico de los actores involucrados en el "cartel político-sindical" (Carnagui, 2015: 183) o la "coalición contra-revolucionaria" (Besoky, 2016). De allí que sea necesario balancear la existencia de orientaciones políticas nacionales –como la proclamación del Documento Reservado de 1973 que ordenaba la depuración del justicialismo- con las particulares implementaciones locales que implicaron el involucramiento de distintos actores: "la extendida participación y el compromiso exhibido por distintos sectores de la militancia de base peronista señalan una de las características centrales de este proceso represivo, su capilaridad" (Merele, 2015: 115).

Admitir la diversidad local no es asimilable a suponer ausencia de vínculos entre los actores de la derecha peronista involucrados en el desplazamiento de los gobernadores cercanos a la Tendencia Revolucionaria o en la comisión de atentados y homicidios. Hacemos nuestras las palabras de Zapata (2015: 143) cuando afirma que estas organizaciones "si bien operaron en espacios situados, admitieron nexos de conexión con bandas de lógicas similares en otros puntos del país". Así, hoy es posible afirmar que, más allá de que la política de denuncia y persecución de los "infiltrados" tuvo alcance nacional desde finales de 1973, su despliegue territorial específico estuvo cargado de particularidades puesto que implicó la asociación de fuerzas de seguridad, organizaciones políticas y sindicales que por "afinidad ideológica o intereses particulares, colaboraron activamente en la identificación y represión de los "infiltrados" (Merele, 2015: 19). Estos sujetos proveyeron de transporte, información y asistencia en la preparación y ejecución de las actividades represivas, lo cual le imprimió "características particulares de acuerdo a las condiciones y a los recursos disponibles en el lugar" (Merele, 2015: 25). La serie de asesinatos, atentados y actos políticos que jalonan esta época están marcados por la simultaneidad de varios tipos de violencia: aquella horizontal que se produce entre grupos políticos, y aquella otra vertical que es desplegada por integrantes del gobierno constituido contra civiles. En estos procesos participaron actores estatales, paraestatales y no estatales (Besoky, 2016), cuyas identidades se mostraban más porosas e intercambiables que sólidas. En el período hay asesinatos entre militantes que se conocen personalmente por haber compartido experiencias, territorios e instituciones de militancia, pero también hay represión clandestina a cargo de empleados públicos –como los matones del Ministerio de Bienestar Social- y represión explícita y con cobertura legal a cargo de las Fuerzas Armadas específicamente designados para esas actividades, como el Operativo Independencia en 1975.

Los estudios locales sobre el período se han concentrado en la provincia de Buenos Aires. Por un lado se han analizado las tensiones que se produjeron en la propia Legislatura bonaerense (Ferrari y Pozzoni, 2012), pero también sabemos algo sobre los enfrentamientos y operaciones armas en mano producidos en diversos puntos de la provincia. Juan Luis Carnagui (2016) ha mostrado el peso que tuvo en la ciudad de La Plata el despliegue represivo de la Concentración Nacional Universitaria (CNU), una organización del peronismo de derecha en la que confluyeron jóvenes de la capital provincial. La historia de la CNU es inseparable de la figura de Carlos Disandro, su fundador y profesor de la Universidad Nacional de La Plata, así como de las pujas por el control de esa casa de altos estudios a partir de 1973. La CNU tuvo también presencia en la Universidad Nacional de Mar del Plata (Ladeuix, 2010), pero su peso no fue significativo ni en el resto de la provincia ni del país. La caída de los intendentes de Pergamino y de Junín en 1975 no parece ser en absoluto resultado de las tensiones entre un peronismo radicalizado a la izquierda y otro en vías de fascistización (Leiva, 2011). La investigación sobre el caso bahiense también mostró que la Universidad Nacional del Sur y la sede local de la Universidad Tecnológica Nacional fueron escenarios repetidos de la persecución política a quienes se identificaban con la izquierda (peronista o marxista) y que en esa tarea tuvieron destacado rol no solo los actores previsiblemente encargados en esa tarea (organizaciones peronistas y sindicales) sino también matones contratados como empleados por la gestión del rector Remus Tetu (Zapata, 2015: 151), una práctica que se repitió en Neuquén al asumir el rectorado de la Universidad Nacional del Comahue.

El panorama fue bien distinto en otras provincias. Desde ya en Tucumán, donde la intervención de las Fuerzas Armadas predominó sobre las formas de violencia horizontal. Allí el Ejército consiguió desplegar no solo altos y eficientes niveles de represión sobre las columnas del

ERP, sino que también tuvo una inusitada capacidad para producir intervenciones en infraestructura y orientación económica de algunos parajes rurales (Garaño, 2015). El caso de Mendoza se aleja de ese modelo. Alejandra Ciriza y Laura Rodríguez Agüero (2015) han argumentado con solidez que la última dictadura no solo constituyó un ejercicio de revancha de clase sino también del patriarcado, con lo que se reimpusieron roles más tradicionales y subordinados para las mujeres, roles que en los años anteriores habían sido muy seriamente puestos en discusión. En Mendoza ese proceso de restauración de la distribución de tareas y expectativas de género empezó antes de la dictadura: se desplegó contra las maestras organizadas desde 1972 en los "Seminarios Educativos" y posteriormente en la represión a las mujeres que ejercían la prostitución callejera. Las maestras fueron objeto de condena por parte de la Iglesia local y de organizaciones católicas por presentar en 1973 un proyecto educativo que contemplaba la existencia de guarderías para que las mujeres se vieran liberadas de la obligación cotidiana de cuidar a sus hijos pequeños. Estas experiencias gremiales, religiosas y feministas cuestionaban puntos neurálgicos del *status quo* en torno a la división sexual del trabajo, la maternidad, el rol que cabía a las docentes, las relaciones entre mundo público y privado, la moral sexual, la idea misma de dios. De allí que fueran percibidas como amenazantes por los sectores civiles y militares que tomaron el poder en marzo de 1976 (Ciriza y Rodríguez Agüero, 2015: 56). Es claro que se trataba de una provincia como Mendoza y de una universidad como la de Cuyo en las cuales la tradición del hispanismo integrista se había mostrado sólida en los años cincuenta y sesenta (Fares, 2011). No resulta extraño que fuera allí que se desplegaran el Comando Anticomunista de Mendoza y el Comando Moralizador Pío XII, cuyas autodeclaradas intenciones eran evitar la infiltración marxista a la vez que salvaguardar la moral de las familias mendocinas (Rodríguez Agüero, 2013). Se trataba de organizaciones con presencia de jóvenes, pero también hombres provenientes de la orden de los dominicos y de las fuerzas de seguridad e inteligencia con asiento en la región, que encontraron evidente la equivalencia entre prostitutas y subversivos.

La dictadura: patrones regionales de represión

El conocimiento de la represión desarrollada en los años de la dictadura fue construido en buena medida gracias al trabajo de las organizaciones de derechos humanos, de la CONADEP y de la acción de la justicia en los distintos procesos seguidos contra los imputados de haber participado en acciones del terrorismo de Estado. La historiografía y más en general las ciencias sociales de alcance "nacional" han sido tributarias de esa información y de los esquemas interpretativos brindados por esos trabajos que las precedieron. Los estudios regionalmente situados han permitido complementar esas perspectivas a la vez que matizar algunas generalizaciones indebidas sobre la actividad represiva en la Argentina dictatorial.

Hoy sabemos que el accionar represivo se articuló a través de un plan diseñado en el nivel nacional, pero que su despliegue territorial fue llevado a cabo por individuos concretos y con modalidades específicas locales y provinciales. Tales especificidades se manifestaron también debido a que, si bien se coordinaban las acciones de las distintas áreas represivas, existió una clara descentralización operativa entre los distintos circuitos represivos, no solo a nivel de las cinco grandes zonas militares sino también en el nivel de las subzonas y áreas (Aguila, 2013: 110). A ello debe sumarse que una de las peculiaridades de la dictadura fue la extrema fragmentación del poder entre las tres Fuerzas Armadas y al interior de cada una de ellas, a pesar de que compartieran la prioridad asignada a la guerra "antisubversiva". De allí que el modo en que se implementó el accionar represivo estuvo vinculado a los recursos y opciones disponibles en las distintas áreas (áreas definidas a su vez por criterios administrativo-políticos y/o de operatividad militar). Entre esos recursos decisivos para definir la modalidad represiva regional se contaban la experiencia adquirida por las fuerzas represivas en los años previos al golpe de Estado, la vinculación -o la identificación- de las fuerzas militares y policiales con los "comandos antiextremistas" que actuaron antes de 1976, como el Comando Pio XII de Mendoza o las bandas de la CNU en La Plata o la existencia previa de centros clandestinos de detención, como fue el caso de Tucumán. Estas acciones proveyeron al accionar "antisubversivo" desplegado desde 1976 de un conjunto de cuadros experimentados, recursos y prácticas, lo cual explica las distintas velocidades con que se constituyeron los grupos operativos y se instalaron los centros de detención: rápidamente en las áreas más densamente pobladas del país, y más lentos y de menor magnitud en otros casos (Aguila, 2013: 110-112).

La participación de las distintas fuerzas armadas fue diferente en las provincias. Nos referimos por un lado a la mayor participación del Ejército en las tareas represivas, ya que se encargó de esa actividad en buena parte del país, mientras que la Armada tomó la responsabilidad de las ciudades de Buenos Aires, Mar del Plata y Bahía Blanca, y la Aeronáutica se concentró en los circuitos represivos circundantes a sus bases de Morón y Reconquista. Pero otras fuerzas de seguridad también jugaron roles diferenciados: la Gendarmería tuvo un rol muy importante en las provincias fronterizas, mientras que el accionar policial fue decisivo en el "circuito Camps" en la provincia de Buenos Aires o en Rosario (Aguila, 2013: 113; Aguila, 2008; Maneiro, 2005).

Los blancos e intensidades de la represión contra el "enemigo" identificado fueron distintos según las regiones analizadas. Hay peculiaridades que están irreductiblemente vinculadas a la historia local más que a tendencias nacionales homogeneizadoras: así, es cada vez más claro que deben tomarse en consideración variables extrabélicas, como la existencia -y la naturaleza- de redes previas, la densidad local de las organizaciones revolucionarias, el peso relativo del movimiento obrero y el estudiantil, pero también las trayectorias previas de las fuerzas represivas. La caracterización de los grupos perseguidos varió significativamente en las distintas regiones del país, tal como demuestran, por ejemplo, los estudios sobre el Partido Comunista Argentino (PCA) durante la dictadura. Entre 1973 y 1979 fueron asesinados o desaparecidos 154 miembros del PCA: de ellos, 62 en la provincia de Buenos Aires, 38 en Capital Federal, 26 en Córdoba, 7 en Jujuy y 7 en Tucumán. El análisis de Natalia Casola (2015) muestra que el nivel de represión no estuvo atado a la influencia del PCA en cada región: en Santa Fe, donde el partido tenía peso considerable, el número de muertos fue mucho menor que en Córdoba o Buenos Aires. Si se observa la distribución de las víctimas de acuerdo con las zonas represivas coincidentes con los cuerpos del Ejército, se observa que en las zonas I y III se dio la represión más intensa. Sin embargo, los secuestros y asesinatos en la zona I no parecen haber sido motivados por el carácter de militantes comunistas de las víctimas, sino que se debieron a su participación en los llamados "frentes de masas", como las comisiones internas, centros de estudiantes u organismos de derechos humanos (Casola, 2015: 98-118). En contraste, en la zona controlada por el IIIº Cuerpo de Ejército el panorama fue distinto, ya que el nivel de represión fue muy alto, e incluso en Córdoba y Jujuy existieron operativos orientados específicamente a arremeter contra el PCA. Mientras que la dirección nacional del partido no sufrió consecuencias graves, en la escala local los eventos resultaron muy distintos. En 1976 en Tumbaya (provincia de Jujuy), en un pueblo de 150 habitantes fueron secuestrados 20 campesinos (4% de la población): 6 de ellos, militantes comunistas, siguen desaparecidos hasta la fecha (Da Silva Catela, 2006: 62)

Los estudios regionales también han contribuido a poner de manifiesto la distancia entre las normativas y prácticas en el ámbito de la represión. En las órdenes y directivas del Ejército que organizaron el plan represivo a escala nacional desde 1975 se establecía que el esfuerzo militar se orientaría hacia el control de los más grandes centros urbanos del país y de cinco amplias áreas rurales en los que se buscaba evitar el establecimiento de nuevos focos guerrilleros. Sin embargo, en el área urbana de Neuquén y Cipolletti, no incluida entre las áreas "calientes" desde el punto de vista militar, se desplegó desde las primeras horas del golpe una intensa represión dirigida contra las diversas expresiones revolucionarias del peronismo y el guevarismo (Scatizza, 2015: 71-73). Scatizza (2015:76-78) propone como otra peculiaridad de la región la autonomía de los oficiales respecto de sus mandos superiores en lo que se refiere a la preparación y desarrollo de los procedimientos represivos previstos en la reglamentación militar.

En un sentido complementario, contamos en los últimos tiempos con trabajos de síntesis que aprovechan una amplia gama de estudios locales y regionales para alcanzar generalizaciones fundadas. Sin duda uno de los más relevantes es el reciente informe *Responsabilidad empresarial en delitos de lesa humanidad. Represión a trabajadores durante el terrorismo de Estado* (Ministerio de Justicia, 2015), que permite constatar a través del análisis de 25 casos los modos de participación empresarial en la represión ilegal, sus responsabilidades y su articulación con la estrategia represiva de las Fuerzas Armadas.[1] Ese informe muestra con claridad

---

1 El informe fue presentado a fines de 2015 por un equipo de investigación del Programa Verdad y Justicia y la Secretaría de Derechos Humanos del Ministerio de Justicia y Derechos Humanos de la Nación, el Centro de Estudios Legales y Sociales y el Área de Economía y Tecnología de FLACSO Argentina. El trabajo abordó los casos de una veintena de empresas que tuvieron responsabilidad en crímenes cometidos contra sus trabajadores en dictadura en distintas provincias: Buenos Aires (Ford, Mercedes Benz, Dálmine-Siderca, Astarsa, Mestrina; Lozadur, Cattáneo; La Nueva Provincia, Astilleros Río de la Plata; Propulsora Siderúrgica; Petroquímica Sud-

los numerosos puntos de contacto entre los distintos modos de acción de los empresarios en combinación con el poder militar, lo que permite sostener la idea de una estrategia represiva común contra los trabajadores, manifestada en la presentación por las patronales de listas de personas a perseguir, la colaboración material con la represión e incluso el establecimiento de campos clandestinos de detención en instalaciones privadas.

Resistencias, reclutamiento y búsqueda de consensos durante la dictadura

Los estudios sobre la etapa dictatorial no se han agotado en la investigación de la represión. Otros aportes han ido en el sentido de comprender las actitudes sociales durante la dictadura, en una gama que va desde la complacencia y el consenso hasta la oposición y la resistencia. En textos ya clásicos, Guillermo O'Donnell (1984) y Hugo Vezzetti (2002) plantearon que reconocer el terror impuesto por la dictadura no debía ocluir la percepción de que hubo consensos activos y pasivos de sectores de la sociedad argentina. Esa sociedad ejerció su *pathos* autoritario en un contexto político favorable a su despliegue y en un contexto económico en el que empresarios, eclesiásticos y políticos obtenían beneficios tangibles, así como capas medias que disfrutaban de la sobrevaluación del peso. Sin embargo, este tipo de miradas carecía de una base empírica que permitiera, de manera sistemática, darles carnadura a estas intuiciones o impresiones. Los estudios regionales han posibilitado conocer esos mecanismos y prácticas.

---

americana; Loma Negra, Swift; Alpargatas y Molinos Río de la Plata), Jujuy (Ingenio Ledesma y Minera Aguilar), Salta (La Veloz del Norte), Tucumán (Ingenios Concepción y La Fronterita), Corrientes (Las Marías), Santa Fe (Acindar), Córdoba (Fiat) y las empresas Grafa y Grafanor (con sede en Capital Federal y Tucumán).

En su estudio sobre Rosario, Gabriela Aguila (2008) postula que, con independencia de los intentos de manipulación de la opinión pública por parte de las fuerzas militares y policiales, amplios sectores de la población local mostraron disposición a asumir los estereotipos difundidos por el régimen y a generar conductas que favorecieron el accionar represivo –como las denuncias de personas consideradas sospechosas– o al menos contribuyeron a deteriorar los lazos de solidaridad previos. Más allá de las conductas individuales, la autora muestra el marcado apoyo de las entidades empresariales, la prensa y el Arzobispado de Rosario al régimen militar, al que se sumaron organizaciones como la Liga de la Decencia, que encontraban en el autoritarismo del régimen un estímulo para sus campañas pretendidamente moralizadoras. La presencia de civiles de distintas orientaciones políticas en los gabinetes municipales encabezados por el capitán Augusto Cristiano hasta 1981, y la asunción del cargo de intendente por el demócrata-progresista Alberto Natale ese año, muestran el compromiso de parte de la civilidad con el régimen dictatorial, tanto como el sostenido apoyo de las vecinales rosarinas a estas gestiones municipales *de facto*. La autora también escruta las ocasiones en que se produjeron grandes concentraciones en las que los participantes asistieron voluntariamente, como las visitas del general Videla a Rosario. Aun ponderando la multiplicidad de causas que puedan haber motivado la masiva participación en esas ocasiones, Gabriela Aguila se interroga sobre la posibilidad de considerarlas manifestaciones de un efímero e inestable consenso activo de una parte importante de la población.

En ocasiones la adhesión al régimen surgió de un entusiasmo militante con sus políticas. Pero en otros casos es menester buscar la explicación en dimensiones no expresamente políticas e ideológicas. Así, para el caso de las burocracias provinciales y municipales se ha constatado que buena parte de los cargos directivos fueron ocupados por personas que encontraron en el contexto dictatorial una oportunidad de ascenso laboral, sin que mediara en ello adscripción ideológica explícita al régimen. En tal sentido, las regularidades de la vida burocrática y las pequeñas ambiciones personales incidieron sobre la decisión de asumir cargos públicos durante la dictadura, posibilitando así el funcionamiento efectivo de instituciones estatales de distinta importancia y nivel (Lvovich, 2010; Rodríguez, 2010). Esas prácticas entroncaron muy bien con un régimen que insistió en ponderar al municipio como el ámbito ideal para el desarrollo de formas de gestión estrictamente administrativas (Canelo, 2015). No es de extrañar que al revisar las formas de reclutamiento de autoridades municipales, la dictadura haya volteado sus ojos hacia quienes ya tenían experiencia en el asociacionismo local, al que entendían como una forma de participación legítima (Ballester, 2016; Lvovich, 2010).

El aporte de los estudios regionales también es relevante para comprender el accionar opositor a la dictadura de los organismos defensores de los derechos humanos. Al respecto, debe señalarse que existe un relato "canónico" sobre la emergencia y desarrollo de esos organismos que fue construido por integrantes de esas organizaciones y por interpretaciones de las ciencias sociales. Según esta perspectiva, las organizaciones de los familiares de las personas directamente afectadas por la represión -Madres y Abuelas de Plaza de Mayo y Familiares de Detenidos y Desaparecidos por Razones Políticas- llevaron a cabo sus luchas desde los primeros tiempos de la dictadura instaurada en 1976. Si bien esta narración contiene una parte importante de veracidad, invisibiliza la existencia previa y la acción de otros organismos y -sobre todo- no da cuenta de la variedad de las experiencias que atravesó Argentina en este punto. La dimensión trasnacional ha sido considerada fundamental para comprender la emergencia de esas luchas dado el peso de las redes que vinculaban al ámbito capitalino con actores internacionales: sin embargo, poco es lo que hoy se sabe sobre el funcionamiento de redes en otros espacios de la Argentina (Alonso, 2015: 118-119).

Solo en los últimos años los análisis se han enriquecido al hacer énfasis en la variedad de las experiencias locales y mostrar la disparidad regional de su implantación, así como la fuerte incidencia de las dinámicas locales sobre los repertorios usados por esos actores. Esta disparidad se potenció por los propios modos de organización de los organismos de derechos humanos. Luciano Alonso ha señalado que, de los ocho agrupamientos de derechos humanos, solo la Liga Argentina por los Derechos del Hombre (LADH, vinculada al PCA) funcionaba como un sistema interconectado a nivel nacional. Por el contrario, la Asamblea Permanente por los Derechos Humanos y Familiares de Detenidos y Desaparecidos por Razones Políticas tuvieron réplicas en el interior, y el Movimiento Ecuménico por los Derechos Humanos (MEDH), de forma paulatina, generó una estructura de cobertura territorial amplia pero su conducción nacional estaba asentada en Buenos Aires hacia el fin de la dictadura. Por el contrario, la agrupación que mayor interés generó, Madres de Plaza de Mayo, tuvo durante el régimen militar escasas localizaciones. Solo hacia mediados de los años ochenta esta organización se estableció en las ciudades más importantes del país. Otro elemento a destacar es que en la mayor parte de los casos -y con la excepción de la LADH y el MEDH– las agrupaciones del interior no constituyeron filiales de las organizaciones capitalinas (Alonso, 2015: 127). Mientras que en el área metropolitana cada entidad mantenía una organización y un funcionamiento bien diferenciado respecto a las demás, en las ciudades del interior lo más habitual era que los organismos trabajaran juntos y que incluso compartieran sus sedes.

Un repaso por algunos casos muestra una diversidad irreductible a un relato nacional unificado, dadas las diferencias en los contextos y actores involucrados en cada región. En enero de 1976 ya se registraba en la ciudad de

Córdoba una Comisión Provisoria de Familiares de Secuestrados y Desaparecidos. Sin embargo, fue tan fuerte el grado de violencia ejercido contra esta agrupación que recién en la segunda mitad del gobierno militar se pudieron presentar en público organismos de este tipo, como Familiares de Desaparecidos y Detenidos por Razones Políticas, APDH, MEDH, el Servicio de Paz y Justicia y otros. Tal como sostiene Carol Solís (2014), en Córdoba se dio la paradoja de que mientras la constitución de organismos de familiares de las víctimas fue muy temprana y se remontaba a la época predictatorial, su inscripción pública fue muy dificultosa hasta los momentos finales de la dictadura. En Rosario, por el contrario, la aparición del movimiento por los derechos humanos fue comparativamente más temprana que en Córdoba y fue liderada por el LADH, en tanto que la represión a los familiares y abogados resultó menos intensa que en Córdoba. En la ciudad de Santa Fe la emergencia del movimiento fue más lenta y la presencia de la LADH poco relevante. En el interior santafesino las posibilidades de acción fueron menores y en general fueron mejor aprovechadas por representantes de distintas confesiones: católicos en Reconquista, católicos y protestantes en Rafaela (Alonso, 2015: 124). En Neuquén, el rol institucional de la Iglesia católica, en torno a la figura preponderante del obispo Jaime de Nevares, resultó de primordial importancia para la articulación del amplio tejido de organizaciones dedicadas a la protección de los derechos humanos en la región (Azconegui, 2012). Sin dudas entonces, resulta acertada la apreciación de Kotler y Scocco de que "la complejidad de los entramados relacionales en cada región, provincia o ciudad, fueron delimitando modos de organización que si bien aparecen como similares, responden a cuestiones netamente locales" (2014: XI).

Las memorias (sectoriales, locales) de la dictadura

Esa incidencia regional también es posible de encontrar a la hora de analizar los registros de memorias sobre la última dictadura. Si la puja por las interpretaciones del pasado encuentra su correlato en la multiplicidad de memorias, resulta evidente que los estudios regionales no podían sino dar cuenta de esa variedad. Por supuesto, la conformación de estas memorias en disputa se desprende de la variedad de identidades políticas y pertenencias sociales, así como de factores etarios y de género, entre otros. Pero la dimensión regional parece haber tenido un rol relevante en los modos de rememorar el pasado, como muestran diversas investigaciones. Hemos seleccionado tres aspectos para ilustrar esta variedad, ya que contrastan con la imagen de una memoria que, concentrada en las violaciones a los derechos humanos desarrollados desde 1976 o aun en los años inmediatamente anteriores, repudia unas prácticas dictatoriales consideradas excepcionalmente crueles.

El primer punto tiene que ver con la pregunta acerca de si todas las memorias le conceden a 1976 el lugar de parteaguas. En el noroeste argentino se arrastra una tensa relación entre pobladores indígenas, campesinos y luego obreros, frente a patrones y empresas, relación que ha sido de constantes sometimientos, enfrentamientos y represiones. Una de las características fue la dependencia y subordinación de las fuerzas represivas –Policía y Gendarmería– a los intereses de las elites locales, que generaba una "verdadera y perversa simbiosis entre el poder político e instancias privadas de las elites económicas" (Da Silva Catela, 2010: 110). Debido a estas características de larga duración, en esos territorios aparecen en escena "memorias subterráneas", como las llama Da Silva Catela, en las cuales conviven "memorias largas" -basadas en el recuerdo de las violencias sufridas a lo largo de los años- y "cortas" -restringidas a los recuerdos a la violencia del golpe de 1976-. La memoria de las comunidades jujeñas de Tumbaya y Calilegua contrasta con las representaciones dominantes sobre las violaciones a los derechos humanos. Los habitantes de ambos poblados, sobre todo los que habían estado presos, concentraban sus relatos en periodos anteriores a 1976 (Da Silva Catela, 2010: 112). La investigadora descubrió que palabras como "centro clandestino de detención", "desaparecidos", "tortura" o "terrorismo de Estado" denotaban cosas muy distintas de las que ella misma usaba. Por ejemplo, uno de los secuestrados en Tumbaya señalaba que había sido "apaleado", "tratado como un perro", "tirado al suelo como un tronco", remitiendo a formas de violencia muy anteriores a 1976: en todo caso, para los habitantes de Tumbaya la violencia sufrida en dictadura no era muy distinta de la que sufrieron antes en las minas donde trabajaban y por parte de los uniformados (Da Silva Catela, 2010: 113).

El segundo punto tiene que ver con los impactos políticos de las memorias sobre la dictadura. Como han mostrado varios estudios, no son unánimes las memorias sobre la dictadura y el terrorismo de Estado ni el efecto de ellas sobre la práctica política. En 1991 fue electo gobernador de Salta quien ejerció la intervención de facto en esa provincia entre 1977 y 1982. En 1995 el general Antonio Domingo Bussi, gobernador de la provincia de Tucumán durante la dictadura, alcanzó por voto popular la primera magistratura provincial. Ambos estaban acusados por la comisión de gravísimas violaciones a los derechos humanos. El caso de la elección de Antonio Bussi ha sido estudiado por Alejandro Isla, quien concluyó que la profunda crisis socioeconómica de Tucumán, la desocupación y la erosión de los roles familiares tradicionales eran asociados por una buena parte de la población con un régimen democrático al que asimilaban con desorden y corrupción. Por el contrario, una porción de la población tucumana entendía que bajo el régimen militar se vivía mejor debido a que existía "orden", "respeto" y "familia". De tal modo, la aplicación del terror durante el "Operativo Independencia" (desde febrero de 1975) y su continuación durante la dictadura lograron moldear la subjetividad de un sector de la población que identificaba a la democracia como causa de los males sociales y reclamaba un Estado autoritario -del cual la dictadura militar instaurada en 1976 es el modelo- que impusiera el orden a través de una "mano dura" (Isla, 2000). Sin dudas, este tipo de percepción trascendía en mucho al caso tucumano y parece hasta hoy resultar convincente para amplios sectores sociales. Ello permite intuir que, aun cuando no se expresan con potencia en ámbitos públicos, existen memorias que reivindican la dictadura o parte de su accionar. Ese elemento ayuda a entender por qué el interventor en Tandil durante la dictadura resultó posteriormente electo intendente de esa localidad bonaerense en 1991, 1995 y 1999 (Larsen, 2014).

El tercer punto tiene relación con la diversidad regional de las memorias. Un caso significativo es el provisto por aquellas memorias centradas en la experiencia de la guerra internacional (o su amenaza). Según ha mostrado Federico Lorenz, para los fueguinos, la marca distintiva de los años del gobierno militar pasa por dos episodios asociados a guerras externas convencionales, teñidos por la idea territorialista de la nación. Al igual que en muchos otros lugares de la Argentina, su valoración de las Fuerzas Armadas no es negativa: al contrario de lo que ocurre en grandes centros urbanos que anclan su percepción actual de las Fuerzas Armadas en la experiencia de la última dictadura y en las memorias de la represión ilegal, en muchas localidades, como en Río Grande (pero también en Bahía Blanca o cerca de Campo de Mayo, en la provincia de Buenos Aires), los militares son vecinos, parientes, amigos y/o una fuente de trabajo. En el caso de Tierra del Fuego, además, fueron durante la dictadura la única cara visible del Estado. Su cercanía con el teatro de operaciones de la guerra de Malvinas instaló en muchos protagonistas la idea de una forja común de experiencias (Lorenz, 2010: 142-143). Aunque no dejaron de ser años de miedo y desconfianza, así como de silencio autoimpuesto e incertidumbre por la propia vida, estas condiciones estuvieron ancladas en una experiencia histórica local diferente a la marcada por la represión estatal y paraestatal.

Conclusiones

Este capítulo descansa en la convicción de que una alteración en el uso de la tradicional escala nacional a la hora de estudiar la historia reciente argentina permite una percepción más ajustada de los procesos de victimización, de las lógicas de acción política y de la construcción de memoria. A tal efecto nos hemos servido de una serie de investigaciones recientes –muchas aún en marcha- para ofrecer una perspectiva mucho más diversificada en términos regionales de algunos problemas historiográficos relevantes.

Así, confiamos haber mostrado que los enfrentamientos políticos armados producidos entre 1973 y 1976 no pueden ser considerados como el resultado exclusivo del despliegue de la Triple A sobre sus enemigos. Por el contrario, los conflictos fueron múltiples y de características muy disímiles: los actores estaban conectados, pero difícilmente pueda decirse que se trataba de actores de alcance nacional ni uniformes en sus prácticas y alineamientos ideológicos. A su vez, la intensidad, propósitos y responsables de la actividad represiva estatal y paraestatal durante la dictadura tienen que ser entendidos como fenómenos que mostraron una fuerte incidencia del ámbito regional. Aun cuando las tres fuerzas armadas acordaban en darle prioridad absoluta a la "lucha antisubversiva", la selectividad de las capturas de "enemigos" da cuenta del peso de algunos factores de alcance subnacional. Esa especificidad regional de las prácticas represivas debe ser entendida como parte de fenómenos más amplios y de más largo plazo. Solo para anotar algunos aspectos que han de ser tenidos en consideración mencionamos los procesos de constitución de vínculos entre las

Fuerzas Armadas y las elites y poblaciones locales a lo largo del siglo XX, así como las relaciones sociales establecidas entre los sectores populares y esas mismas elites, relaciones en algunos casos recargadas de sentidos etnizados como en el norte argentino. La diversa configuración regional de esos lazos contribuyó a definir diversos diagnósticos sobre el tipo de "enemigo" a combatir, la profundidad y tipo de represión a desplegar y la naturaleza del proyecto sociopolítico a orientar por los mandatarios *de facto* de nivel provincial o local.

No es extraño entonces que las memorias sobre la dictadura tengan muchas más aristas que aquella que ha resultado a la postre hegemónica, que se concentra en la crítica a las violaciones a los derechos humanos y asume la incompatibilidad de que alguien sea funcionario o autoridad de una dictadura y tenga un cargo electo en democracia. Sobre el particular, como muestran –entre tantos otros- los casos de Tucumán, Salta y Tandil, las poblaciones pueden albergar ideas bien distintas.

Bibliografía

AGUILA, Gabriela (2008), *Dictadura, represión y sociedad en Rosario, 1976/1983. Un estudio sobre la represión y los comportamientos y actitudes sociales en dictadura*, Buenos Aires, Prometeo.

AGUILA, Gabriela (2013), "La represión en la historia reciente argentina; fases, dispositivos y dinámicas regionales", en Aguila, Gabriela y Alonso, Luciano (comps.), *Procesos represivos y actitudes sociales. Entre la España franquista y las dictaduras del Cono Sur*, Buenos Aires, Prometeo, pp. 97-121.

AGUILA, Gabriela (2015), "Las escalas de análisis en los estudios sobre el pasado reciente. A modo de introducción, *Avances del CESOR*, año XII, N° 12, pp. 91-96.

ALONSO, Luciano (2015), "Redes y dimensiones espaciales en la movilización por los derechos humanos en la Argentina", *Avances del CESOR*, año XII, N° 12, pp. 117-139.

AZCONEGUI, María Cecilia (2012), "La Iglesia Católica y la APDH neuquinas frente al terrorismo de Estado", en Muñoz Villagrán, Jorge, *Pedagogía política en Don Jaime de Nevares*, Neuquén, EDUCO.

BALLESTER, Guadalupe (2016), "Las dirigencias del asociacionismo en la historia reciente argentina: el caso de General Sarmiento, 1973-1983", tesis de la Maestría en Historia Contemporánea, Universidad Nacional de General Sarmiento.

BESOKY, Juan Luis (2016), "La derecha peronista. Prácticas políticas y representaciones (1943-1976)", tesis del Doctorado en Ciencias Sociales, Universidad Nacional de La Plata.

CARNAGUI, Juan Luis (2016) "Nacionalistas, católicos y peronistas. Auge, afianzamiento y reconfiguración de la Concentración Nacional Universitaria (CNU). La Plata, 1955-1974", tesis del Doctorado en Historia de la Facultad de Humanidades y Ciencias de la Educación de la Universidad Nacional de La Plata.

CASOLA, Natalia (2015), *El PC argentino y la dictadura militar. Militancia, estrategia política y represión estatal*, Buenos Aires, Imago Mundi.

CIRIZA, Alejandra y RODRÍGUEZ AGÜERO, Laura (2015), "La revancha patriarcal. Cruzada moral y violencia sexual en Mendoza (1972-1979)", *Avances del CESOR*, año XII, N° 13, pp. 49-69.

DA SILVA CATELA, Ludmila (2006), "Tumbaya, Jujuy. El estigma de la memoria", *Los Puentes de la Memoria*, N° 17, pp. 61-66.

DA SILVA CATELA, Ludmila (2010), "Pasados en conflicto. De memorias dominantes, subterráneas y denegadas", en Bohoslavsky, Ernesto et al. (eds.), *Problemas de historia reciente del Cono Sur*, Buenos Aires, UNGS y UNSAM, tomo I.

FARES, María Celina (2011), "Tradición y reacción en el Sesquicentenario. La escuela sevillana mendocina", *Prismas*, Vol. XV, N° 1, Universidad Nacional de Quilmes.

FERRARI, Marcela y POZZONI, Mariana (2012), "Tensiones y conflictos en el peronismo: un análisis a través de la Legislatura bonaerense, 1973-1976", *Cahiers des Amériques Latines*, N° 75, París.

GARAÑO, Santiago (2015), "La construcción de los cuatro pueblos en el pedemonte tucumano. La apuesta productiva del Operativo Independencia (Tucumán, 1975-1977)", *Avances del CESOR*, año XII, N° 12, 2015, pp. 157-170.

ISLA, Alejandro (2000), "Los apoyos de Bussi. Valores domésticos, espacios públicos en el presente tucumano", en Svampa, Maristella (ed.), *Desde abajo. La transformación de las identidades sociales*, Biblos y UNGS, pp. 209-241.

KOTLER, Ruben y SCOCCO, Marianela, (2014), "Estudio introductorio: los orígenes del movimiento de derechos humanos en la periferia argentina. Un mapa por trazar", en Kotler, Ruben (comp.), *En el país del si me acuerdo. Los orígenes nacionales e internacionales del movimiento de derechos humanos argentino: de la dictadura a la transición*, Buenos Aires, Imago Mundi.

LADEUIX, Juan (2010), "Los últimos soldados de Perón: Reflexiones en torno a la violencia paraestatal y la derecha peronista a través de una experiencia local, 1973-1976", en Bohoslavsky, Ernesto y Echeverría, Olga (eds.), *Las derechas en el cono sur, siglo XX. Actas del segundo taller de discusión*, Tandil, disponible en https://goo.gl/o8Jg1m.

LARSEN, Juan Martín (2014), "El teniente coronel Zanatelli y Tandil durante la dictadura: ¿el origen de la derecha local de la década de 1990?", en Bohoslavsky, Ernesto y Echeverría, Olga (eds.), *Las derechas en el cono sur, siglo XX. Actas del quinto taller de discusión*, Los Polvorines, pp. 126-137, disponible en https://goo.gl/5KcbNC.

LEIVA, Orlando (2011), "Política nacional y escala local. Las luchas y divisiones del tercer peronismo en Pergamino (1973-1976)", tesis de la Licenciatura en Historia, UNNOBA, Junín.

LORENZ, Federico (2010), "Otras marcas. Guerra y memoria en una localidad del sur argentino (1978-1982), en Bohoslavsky, Ernesto et al. (eds.), *Problemas de historia reciente del Cono Sur*, Buenos Aires, UNGS y UNSAM, tomo I.

LVOVICH, Daniel (2010), "Micropolítica de la dictadura. Poder municipal y asociacionismo local, entre la aceptación y el distanciamiento", en Bohoslavsky, Ernesto y Soprano, Germán (eds.), *Un Estado con rostro humano. Funcionarios e instituciones estatales en Argentina (de 1880 a la actualidad)*, Buenos Aires, UNGS-Prometeo.

MANEIRO, Maria (2005), *Como el árbol talado. Memorias del genocidio en La Plata, Berisso y Ensenada*, La Plata, Al Margen.

MINISTERIO DE JUSTICIA Y DERECHOS HUMANOS (2015), *Responsabilidad empresarial en delitos de lesa humanidad. Represión a trabajadores durante el terrorismo de Estado*, Buenos Aires, disponible en https://goo.gl/SCHGqh.

O'DONNELL, Guillermo (1984), "Democracia en la Argentina. Micro y macro", en Oszlak, Oscar (comp.), *"Proceso", crisis y transición democrática/1*, Buenos Aires, Centro Editor de América Latina.

RODRÍGUEZ, Laura Graciela (2010), "Gobierno municipal, descentralización educativa y funcionarios en la provincia de Buenos Aires durante la dictadura militar", en Bohoslavsky, Ernesto y Soprano, Germán (eds.), *Un*

Estado con rostro humano. Funcionarios e instituciones estatales en Argentina (de 1880 a la actualidad), Buenos Aires, UNGS-Prometeo.

RODRÍGUEZ AGÜERO, Laura (2013), "Ciclo de protestas, experiencias organizativas y represión paraestatal. Mendoza, 1972-1976", tesis del Doctorado en Historia, Universidad Nacional de La Plata.

SCATIZZA, Pablo (2015), "Un Comahue no tan *frío*. La Norpatagonia argentina en el proyecto represivo de la dictadura militar (1975-1983)", *Izquierdas*, N° 28, Santiago de Chile, pp. 66-80.

SOLIS, Ana Carol (2014), "De las comisiones a los organismos en Córdoba: derechos humanos, dictadura y democratización", en Kotler, Rubén (comp.), *En el país del si me acuerdo. Los orígenes nacionales e internacionales del movimiento de derechos humanos argentino: de la dictadura a la transición*, Buenos Aires, Imago Mundi.

VEZZETTI, Hugo (2002), *Pasado y presente. Guerra, dictadura y sociedad en la Argentina*, Buenos Aires, Siglo XXI.

ZAPATA, Ana Belén (2015), "Pensar la escalada de violencia y la violencia en escalas. Entramados de la 'lucha antisubversiva' pre-dictatorial. Bahía Blanca, 1974/1976", *Avances del CESOR*, año XII, N° 12, pp. 141-156.

Reformas del Estado y movimientos sociales

Santa Cruz a comienzos del siglo XXI

ELIDA LUQUE Y SUSANA MARTÍNEZ

El presente trabajo está referido al conflicto social protagonizado por una capa de los estatales provinciales de Santa Cruz que se produjo de marzo a agosto de 2007, en un contexto de crisis política a nivel provincial del Frente para la Victoria (FPV), alianza que gobernaba desde diciembre de 1991. Fue llevado adelante por organizaciones gremiales en su mayoría tradicionalmente opositoras a los gobiernos del FPV, que exigían la derogación de la Ley de Emergencia Económica, en especial los artículos que suspendían las paritarias, el blanqueo de las sumas en "negro" y el aumento de los salarios básicos.

El marco general se inscribe en la observación de los hechos de protesta y lucha que llevan adelante los trabajadores en Santa Cruz, desde principios de los años 90 del siglo pasado, y que muestran las consecuencias de la reforma del Estado y en particular de la privatización de YPF en la región, elementos que hacen a la imposición de las relaciones propias del capital financiero.

La huelga con movilización y choque callejero de mayo de 1990 protagonizada por los asalariados estatales es el conflicto que marca la crisis terminal de una estructura que ha sido caracterizada como de capitalismo de Estado en enclave, asentada sobre la explotación centralmente estatal de la actividad hidrocarburífera. Tras esta huelga, el sector público no protagonizó otro conflicto hasta el del año 2007, aunque sufrió procesos de precarización laboral y reducción de sus salarios, sobre todo a partir de la sanción de la Ley de Emergencia Económica a principios de los noventa (Luque, Martínez, Auzoberria y Huenul, 2003: 98-141).

Sí se produjo, entre 1994 y 2004, un ciclo de resistencia por parte de los trabajadores del petróleo y del carbón, sobre todo a partir de 1997 en que comienzan a aumentar los índices de desocupación, contexto en el que emergen movimientos de desocupados, en especial en la zona norte de la provincia (Luque y Martínez, 2011: 179-226).

El conflicto social del año 2007 constituirá un hito en la historia de los trabajadores de la provincia no solo por los logros económicos, sino por los nuevos alineamientos políticos en el marco de la crisis abierta en el partido gobernante.

Los años noventa y la transición hacia una nueva estructura económica

Las transformaciones económicas que se dan en Argentina a partir de los años noventa van a impactar de manera muy particular en la Patagonia, en razón de la importante presencia que en esta región ha ejercido históricamente el Estado, el cual ha tenido un rol determinante por su participación directa en la producción. Han sido empresas estatales las que han explotado el carbón, el petróleo, el gas, el hierro, lo que generó grandes oleadas migratorias desde otras regiones del país, expulsoras de población, y desde el país limítrofe, Chile, sobre todo a partir de la década de 1960, bajo la influencia de políticas desarrollistas que caracterizaron el período.

Los trabajadores que llegaban a la región para incorporarse a la actividad minera establecían una relación muy especial con las empresas -Yacimientos Petrolíferos Fiscales, Yacimientos Carboníferos Fiscales, Gas del Estado-:

buenos sueldos, garantía de un futuro asegurado para su familia; progreso económico y ascenso social; cobertura de salud; acceso a la vivienda; una estructura donde el Estado garantizaba la situación laboral y una futura jubilación; ciudades que nacen a partir del establecimiento de la empresa estatal y donde toda la vida comunitaria gira en torno a la misma, que controla el hospital público, los servicios, el club social, etc. (Luque y Martínez, 2011: 181).

La explotación petrolera y gasífera es así en gran parte de Patagonia el eje alrededor del cual se dará el desarrollo económico. Surgen enclaves, que es la forma que adoptó la explotación minera, que desplazan a la actividad ganadera (cría extensiva de ovinos), que en su momento generó el poblamiento del entonces territorio nacional de Santa Cruz, a fines del siglo XIX.

Entre los años 1960 y 1980 se consolidó en Santa Cruz una estructura económica concreta, caracterizada como de *capitalismo de Estado en enclave*, la cual a partir de los años noventa sufrirá transformaciones profundas en el marco del avance del dominio del capital financiero, que incidirán sobre los enclaves productivos que habían florecido al amparo del llamado "Estado benefactor" ahora en retirada, en especial sobre la situación de los trabajadores.

Dicha estructura se caracterizaba por centrar su actividad productiva en la rama minas y canteras: la gran industria controlada por unas pocas empresas monopólicas (YPF, YCF, Gas del Estado), que junto a las ramas construcción y comercio, ocupaban la mayor cantidad de trabajadores; una industria manufacturera, poco diversificada; alto peso del proletariado y, dentro de este, de los asalariados estatales (Iñigo Carrera, Podestá y Cotarelo, 1994).

Si comparamos la información que brindan los censos nacionales de población entre 1980 y 2001, se observa que la población ocupada por la rama minas y canteras disminuye en términos absolutos y relativos, sin perjuicio de que sigue siendo la actividad que provee el mayor ingreso para la provincia en concepto de regalías.[1]

En cambio, en el período considerado crecen comercio, transporte y construcción, esta última en menor medida desde mediados de los ochenta cuando también había sido históricamente una de las actividades más importantes de la provincia.

El empleo público provincial crece ininterrumpidamente desde 1960 hasta 1991, tanto en términos absolutos como relativos, sobre todo a partir de 1985, constituyendo la principal fuente de empleo. Mientras que si comparamos los censos de 1991 y 2001, se verifica que se mantiene relativamente estable en términos absolutos el empleo público.[2] Lo que sí aumenta notablemente en este período es la cantidad de desocupados que pasan de 3.780 y representan el 5,3% de la población económicamente activa a 13.522, o sea el 15,5%.[3]

La privatización de las empresas nacionales con su consecuencia de desempleo hace que el Estado provincial salga a hacer frente a la situación de los desocupados tomando trabajadores a través de contratos precarios en los municipios, brindando apoyo financiero a través de

---

[1] Esto se hace observable a partir de los años 1990 (Cen 91) y muestran el impacto de procesos previos a las privatizaciones, como los "retiros voluntarios" que habían reducido significativamente las plantas de personal.

[2] El número de empleados públicos podría estar subdimensionado en el censo si tenemos en cuenta la incidencia de los planes de empleo nacionales, provinciales y municipales que pueden no haber sido considerados.

[3] Cabe aclarar que el INDEC señala para el caso del Cen 001 que "las mayores tasas de desocupación del censo son debidas a la escasa sensibilidad de esta fuente para captar como ocupados a población en empleos precarios e inestables, particularmente en época de crisis económica como la que acompañó la medición censal". La información producida por la Unidad Académica Caleta Olivia de la Universidad Nacional de la Patagonia Austral (UNPA) muestra a su vez para la ciudad de Caleta Olivia una tasa de desocupación abierta de 15,1% para el mes de julio de 1995, 19% para septiembre de 1996; 17,1% para septiembre de 1997; 17, 8% para 1998, 13,5% para octubre de 2000 y 28,1% para abril de 2002.

préstamos para microemprendimientos -a algunos les irá bien, a la mayoría no-, y creando planes de trabajo provinciales y municipales, para evitar conflictos como los que se dieran en otras ciudades patagónicas como Cutral-Có y Plaza Huincul en Neuquén (Luque y Martínez, 2011).

La gestión de gobierno a cargo de Néstor Kirchner, iniciada en diciembre de 1991, produjo un ordenamiento administrativo en consonancia con los lineamientos propios de la fase capitalista que se encontraba transitando el país y los empleados estatales serían los más afectados por la implementación de la Ley provincial N° 2263 de Emergencia Económica. La constante será, a partir de entonces, el pago en negro, la suspensión de convenios colectivos y de negociaciones paritarias, y el continuo ingreso de personal a la administración provincial pero bajo modalidades de contrato precario o planes de empleo.

La estructura económico social de la provincia de Santa Cruz se transformará así en los noventa ante el avance de la presencia de las empresas privadas. Los enclaves de gran industria -antes propiedad del aparato estatal- han pasado a manos de empresas privadas, en condiciones oligopólicas. Y aunque el Estado, como personificación del elemento capitalista, sigue regulando la economía, necesita en este entrelazamiento de estructuras articular -a veces mediante el acuerdo, otras mediante el conflicto- alianzas especialmente con la cúpula de la burguesía: la oligarquía financiera, situación que se complejiza en la medida que, bajo la hegemonía del capital financiero ha incrementado su participación el capital transnacional.

La política de estabilización a nivel nacional que favoreció la transferencia de ingresos hacia las grandes empresas y aceleró el proceso de centralización y concentración del capital otorgó al Estado provincial un rol activo: tratar de distender las tensiones internas y contradicciones sociales que, de seguir desarrollándose, llegarían a interponerse en el propio proyecto de la gran burguesía ya de carácter monopólico, según las relaciones propias del capitalismo argentino en este momento.

Como se señalara, el aparato burocrático del Estado absorberá la desocupación generada a partir del avance del capital privado en los sectores productivos. Asimismo como consecuencia de estos procesos, a partir de mediados de los noventa los trabajadores ocupados y desocupados del sector petrolero, junto a los trabajadores del carbón, protagonizarán constantes conflictos que se irán profundizando hacia fines de la década (Luque, Martínez, Auzoberria y Huenul, 2003: 98-141).

Los empleados públicos (provinciales y municipales) no protagonizan a lo largo de los noventa nuevos conflictos y recién recuperarán su capacidad de organización en el proceso que se inicia a partir de la crisis de diciembre de 2001. Durante la década de los noventa su accionar se vio limitado ante los elevados índices de desempleo, la recesión que se produce durante el segundo gobierno del presidente Menem, y en especial por la coacción económica y extraeconómica implementada desde el gobierno provincial.

El nuevo siglo y el avance del capitalismo de empresa privada

En Argentina partir del año 2001 puede observarse "un cambio de ciclo" que alteró muchos aspectos del modelo de acumulación vigente entre 1976 y 2001: la reversión aunque acotada del proceso de desindustrialización, la creación de nuevos puestos de trabajo y la mejora en indicadores sociales a partir de políticas públicas concretas. Otros elementos están dados por el "desendeudamiento", la reestatización del sistema previsional y las mejoras vinculadas a los superávit externo y fiscal. Elementos que sin embargo no alteraron la creciente concentración económica y la centralización de capital, así como el proceso de extranjerización de la economía (Azpiazu, 2011).

Por otra parte a partir de la llegada al gobierno nacional del Frente para la Victoria, en mayo de 2003 comienza a observarse la recuperación del poder adquisitivo de los salarios, la mejora en la distribución del ingreso, el fomento de la negociación colectiva, la creación de puestos de trabajo, la disminución de los niveles de desocupación y subocupación y el descenso lento pero constante de la clandestinidad laboral; también se dictaron normas que generaron una progresiva y gradual recuperación de derechos cercenados, y se derogó la Ley Banelco, símbolo de las políticas de flexibilización laboral de los años noventa (Díaz, 2010).

Mientras que a partir del año 2003 comenzaban a recuperarse parcialmente en Argentina los derechos laborales conculcados en las décadas anteriores, en Santa Cruz se mantenía a rajatabla la Ley de Emergencia Económica dictada durante el gobierno de Kirchner en la década de 1990 y no llegaban esas políticas de desmantelamiento de las leyes menemistas que tanta prensa tenían a nivel nacional y que generaban simpatías hacia el presidente en sus primeras medidas presidenciales.

La creciente concentración económica y la centralización de capital, unidas al proceso de transnacionalización, pueden verificarse en la provincia de Santa Cruz, en especial en la minería, tanto la hidrocarburífera como la auroargentífera. Dentro de las petroleras, para el año 2006 REPSOL YPF, Pan American Energy, PETROBRAS y CHEVRON controlaban el 75% de la producción; y en la minería a cielo abierto operaban Minera Santa Cruz (sociedad entre la peruana Mauricio Hochschild y Cía. y la canadiense Minera Andes), Cerro Vanguardia, bajo el control de la británica-sudafricana Anglo Gold, con mínima participación accionaria de la provincia. La concentración y la centralización del capital también pueden observarse en otras ramas de actividad, como comercio y construcción (los casos del Grupo Braun -Supermercados La Anónima- y Austral Construcciones, por citar dos ejemplos).

En síntesis, al momento de producirse el conflicto del año 2007 la estructura económica de Santa Cruz se caracteriza como de capitalismo de economía privada en enclave: con una actividad minera extractiva en manos de grupos monopólicos transnacionales; construcción y comercio monopolizados por grupos nacionales, escasa actividad manufacturera y un aparato burocrático (provincia y municipios) en constante crecimiento.

Contexto político y social

Sergio Acevedo del FPV asume en diciembre de 2003 la gobernación de Santa Cruz y a comienzos del 2004 los docentes protagonizan en la provincia una extensa huelga con epicentro en Caleta Olivia; en las otras filiales el porcentaje de adhesión fue bajo. Dentro de las demandas ya figuran las consignas de la huelga de 2007: aumento al básico, blanqueo del salario, eliminación del presentismo y titularizaciones. Este movimiento quedó aislado y constituyó una derrota para el gremio docente que no pudo contrarrestar las medidas y presiones implementadas por el gobierno.

A principios de 2005 comenzará a hacerse evidente la interna dentro del FPV en el momento en que el gobernador designa en el Ministerio Secretaría General de la Gobernación a Liliana Korenfeld, funcionaria históricamente ligada a Néstor Kirchner. El gesto del gobernador de darle participación en su gabinete a una militante histórica del kirchnerismo, en lugar de aplacar las aguas las agitó, en dicho acto se arrojaron panfletos que rezaban "Por fin una compañera en el gabinete", y el Salón Blanco de la Casa de Gobierno daba la imagen de estar copado por militantes que se sentían desplazados desde diciembre de 2003.

Un mes después el gobernador Acevedo toma una medida importante en relación con los empleados públicos: la incorporación a planta permanente de la administración pública y entes descentralizados, de trabajadores que revistaban con la modalidad de "locación de servicios", contratados en forma temporaria, y también los contratados con planes de emergencia ocupacional, PEC y PRENO; en diciembre del mismo año se resuelve lo mismo con los trabajadores de Servicios Públicos, FOMICRUZ, Canal 9 y Administración General de Vialidad Provincial. Decisión que comienza a poner en cuestión la vigencia de la Ley de Emergencia Económica de principios de los noventa, aún vigente.

En agosto de 2005, durante una conferencia de prensa en la Casa de Santa Cruz, en la Capital Federal, Acevedo anuncia que repatriará los USD 521 millones (regalías mal liquidadas) que el presidente Néstor Kirchner había girado al exterior durante su mandato al frente de la gobernación de Santa Cruz.

En octubre sectores de la Policía provincial se acuartelan en reclamo de aumento salarial. El conflicto se produce dos días antes de las elecciones legislativas y a horas de que el presidente Néstor Kirchner viaje a Santa Cruz a votar.

A principios de marzo de 2006 el gobernador Sergio Acevedo anuncia que en una cuenta del Banco Santa Cruz, se encuentran depositados los fondos repatriados; esta circunstancia en apariencia, precipita su renuncia. Parecen ser varios los puntos de quiebre entre el gobernador Acevedo y el gobierno nacional: renegociación de contratos petroleros, las licitaciones de las obras públicas, el manejo de los fondos de Santa Cruz repatriados durante su mandato y la política salarial de los empleados públicos.

Respecto de este último punto, Acevedo había enviado a la Legislatura una ley de reforma administrativa que incluía paritarias, la cual no fue aprobada en la Cámara de Diputados a pesar de contar con la mayoría del FPV, manifestándose los medios de comunicación identificados con el kirchnerismo (por ejemplo *El Periódico Austral*) en contra de dicha medida, según manifestaciones del ex gobernador.

Ante la renuncia de Acevedo, el 17 de marzo de 2006 asumió la gobernación el vicegobernador, Carlos Sancho, quien tomó juramento a los nuevos ministros designados: Juan Bontempo en Economía; Daniel Varizat en Gobierno y Silvia Esteban en el Consejo Provincial de Educación, importantes referentes del FPV. Además confirmó en sus cargos a los ministros Nélida Álvarez en Sociales y Roque Ocampo en Secretaría General. En el acto estuvieron presentes el presidente Néstor Kirchner y la senadora Cristina Fernández.

Posteriormente y con la presencia del director ejecutivo de la Administración Nacional de Seguridad Social (ANSES), Sergio Massa, se firmó el convenio por el cual el Estado nacional se comprometía a garantizar el financiamiento del déficit del Sistema Previsional de Santa Cruz, por la suma de $ 130.000.000; otro de los temas sensibles para los trabajadores públicos de la provincia.

Surge la Mesa de Unidad Sindical

A partir de 2006 todos los sindicatos de trabajadores estatales en Santa Cruz se encontraban agrupados en dos frentes intersindicales: la Mesa de Unidad Sindical (MUS) y el Frente de Gremios Estatales (FGE).

La MUS estaba integrada por sindicatos de dos centrales de trabajadores, CTA: Asociación Docente de Santa Cruz (ADOSAC), ATE y Judiciales provinciales; CGT: Asociación del Personal Legislativo (APEL) y Sindicato de

Obreros y Empleados Municipales (SOEM) Río Gallegos, adherían la Asociación Docentes e Investigadores de la Universidad de la Patagonia Austral (ADIUNPA) de la CTA y la Asociación del Magisterio de Enseñanza Técnica (AMET) y el Sindicato Argentino de Televisión (SAT) de la CGT.

Estas organizaciones en su mayoría tradicionalmente opositoras a los gobiernos del FPV, exigían la derogación de la Ley de Emergencia Económica, en especial los artículos que suspendían las paritarias, el blanqueo de las sumas en "negro" y aumento de los salarios básicos.

Si bien estas demandas beneficiaban al conjunto de los trabajadores públicos, la MUS representaba los intereses de la capa acomodada de los estatales provinciales, caracterizada por empleos donde se requiere un mayor grado de calificación, lo que les confiere una mejor remuneración, y dada la función que ejercen pertenecen a la pequeña burguesía asalariada inserta en el empleo público; no obstante, la excepción la constituye SOEM Río Gallegos, compuesto mayoritariamente por proletarios.

El otro agrupamiento es el FGE, integrado por la Asociación del Personal de la Administración Pública (APAP), la Asociación de Trabajadores de la Sanidad Argentina (ATSA), la Unión del Personal Civil de la Nación (UPCN), el Sindicato Regional Luz y Fuerza de la Patagonia, la Federación Nacional de Trabajadores de Obras Sanitarias seccional Santa Cruz (FENTOS) y el Sindicato de Trabajadores Viales de Santa Cruz. Estas organizaciones integran la CGT e históricamente sus conducciones se alinearon con el peronismo en general y en las últimas décadas con el FPV.

La mayoría de los trabajadores de este frente, correspondientes a la administración central y entes descentralizados, de baja calificación y que perciben bajas remuneraciones, conforman la capa empobrecida de los empleados públicos. APAP y UPCN son sus principales sindicatos.

Durante el conflicto el FGE se alineó con el gobierno centrando sus demandas en la recategorización del personal administrativo, el pase a planta permanente de los contratados y la conversión de sumas no remunerativas a remunerativas sin que esto signifique un aumento de los salarios básicos, dejando en un segundo plano la convocatoria a paritarias; esto explicaría el porqué de la no realización de medidas de fuerza por parte de este frente sindical.

El conflicto de los estatales (marzo-agosto 2007)[4]

En el contexto de un comienzo de ciclo lectivo conflictivo a nivel nacional, en Santa Cruz no se inician las clases, dado que el aumento anunciado por el gobierno provincial del 15%, no afectaba al sueldo básico, para el sector docente. Mediante una solicitada ADOSAC rechaza el aumento y se realizan movilizaciones en distintas localidades de la provincia. En el mismo mes se suman conflictos de judiciales y trabajadores hospitalarios afiliados a ATE.

En la misma línea de la política salarial implementada desde 1991, el gobierno otorgó mejoras sectoriales -judiciales y trabajadores de Servicios Públicos Sociedad del Estado, entre otros-, mientras crece el rumor de aumento del 15% a los trabajadores públicos, que no afectaría al básico; la respuesta de la MUS es convocar a una movilización para el 15 de marzo, donde se unifica el reclamo con un mensaje claro: revertir años de una política salarial contraria a sus intereses. Es la primera gran movilización de este año.

Este mes en virtud del clima imperante arribó Gendarmería Nacional a Río Gallegos y se denuncian "aprietes" a trabajadores y ataques que tienen como blanco a ADOSAC. Se suman con medidas de fuerza ATE y judiciales y el gobierno denuncia la complicidad de la dirigencia

---

[4] La descripción fue realizada sobre la base de los diarios locales *Tiempo Sur* y *La Opinión Austral*, y de entrevistas a dirigentes.

sindical con partidos de la oposición (UCR, FUT-PO). El obispo Juan Carlos Romanín participará activamente de las movilizaciones.

En el marco de la huelga general convocada por la CTA y la CGT a nivel nacional del 9 de abril, por los hechos ocurridos en Neuquén (asesinato del maestro Carlos Fuentealba) la MUS convocó a un paro provincial con movilización. La movilización se dirige a la Casa de Gobierno, fuertemente custodiada por fuerzas de Gendarmería, y en medio de incidentes con la Policía se exige la renuncia del gabinete provincial. Empiezan a observarse voces disidentes dentro del oficialismo ante el proyecto de derogación de los artículos de la Ley de Emergencia Económica que suspendía las paritarias, presentado por un grupo de diputados del oficialismo; la sesión donde debía ser tratado se levantó por falta de quórum e integrantes de la MUS, como manifestación de repudio, toman por unas horas la Legislatura.

ADOSAC realiza varios escraches a funcionarios, entre ellos, al domicilio del gobernador, mientras que en distintos puntos del interior provincial se producían cortes de ruta y la instalación de carpas docentes, y tras un nuevo paro con movilización masiva convocado por la MUS se instala frente a la Casa de Gobierno la que será denominada "Carpa de la dignidad".

La llamada a conciliación obligatoria por parte de la Subsecretaría de Trabajo genera cacerolazos espontáneos por el centro de la ciudad, donde los manifestantes exigen "Que se vayan todos"; finalizan en la Carpa de la dignidad, frente a una Casa de Gobierno ahora cercada por un vallado.

El llamado Grupo de los 7 (diputados disidentes del FPV) presenta un proyecto de ley para convocar a paritarias. Por esos días los medios locales dan cuenta de una reunión entre el interventor de YCRT, y a su vez diputado provincial en licencia, Daniel Peralta,[5] con el presidente Néstor Kirchner, para analizar la situación social. Comienza a sonar fuerte su nombre en reemplazo de Carlos Sancho.

ATE y ADOSAC profundizan las medidas de fuerza, con nuevas huelgas, se ocupan las instalaciones del Consejo Provincial de Educación, se realizan cortes de ruta en distintos lugares y se bloquea el ingreso al yacimiento hidrocarburífero Los Perales (Las Heras).

El gobierno provincial a través del Frente de Gremios Estatales da a conocer un paquete de medidas que no impactan en el salario básico, comprometiendo la recategorización de los empleados de la administración central. ADOSAC es convocada desde el Ministerio de Trabajo y Seguridad Social de la Nación a una mesa de diálogo, junto al gobierno provincial, CTERA y Ministerio de Educación de la Nación; la resolución del conflicto docente se traslada a la órbita nacional.

El jueves 26 de abril los sindicatos de la MUS realizan un paro y se movilizan ante el posible tratamiento de la ley que habilitaría las paritarias; sin embargo los legisladores deciden el pase a comisiones del proyecto de ley, terminando la sesión con incidentes entre los manifestantes y los diputados; la Legislatura fue rodeada impidiendo la salida de los legisladores y del personal legislativo hasta la madrugada del día siguiente, cuando acompañados por Gendarmería Nacional pudieron dejar el edificio.

El mes termina con el primer encuentro en la mesa de diálogo en el Ministerio de Trabajo, aunque esto no signifique que cesen las medidas de fuerza.

El 1° de mayo la Carpa de la dignidad se convierte en el punto neurálgico donde convergen sectores gremiales, organizaciones de DD.HH., autoridades como el intendente

---

[5] Daniel Peralta es un dirigente de extracción sindical, ocupó el cargo de subsecretario de Trabajo en el primer mandato de Néstor Kirchner y la ya mencionada intervención de YCRT.

de Río Gallegos (UCR) y el obispo. ADOSAC ratifica la continuidad del paro y rechaza la propuesta del gobierno pero insiste en mantener el diálogo.

En el marco de un cacerolazo y marcha hacia la casa del presidente Kirchner en Río Gallegos, luego del rechazo de la conciliación obligatoria dictada por el Ministerio de Trabajo en el conflicto docente, se produce la represión por parte de Gendarmería, que deja como saldo heridos leves en ambos bandos.

Horas más tarde bombas molotov estallan a la entrada del comité de la UCR y en la vereda de ADOSAC.

Como consecuencia de estos hechos de violencia se produce una nueva movilización en repudio a la represión; a la convocatoria de la MUS se sumaron otros sectores como la Asociación de Abogados y un representante del Obispado; más de 6000 personas piden la renuncia del gobernador Sancho y de todo su gabinete. En este acto, planteado como un cabildo abierto, se empieza a hablar de que "en Santa Cruz hemos perdido el miedo en que vivimos más de quince años".

Una solicitada de la MUS critica la represión por parte de "las fuerzas de choque de la Policía provincial y Gendarmería", y continúa:

> ¿Qué hace falta para que las autoridades provinciales entiendan que lo que comenzó con un reclamo gremial de aumento salarial al básico [...], se ha convertido en un reclamo social de una parte muy importante del pueblo santacruceño que decidió plantarse firme reclamando se reconozca su dignidad después de la opresión de tantos años?

La solicitada hace referencia a la corrupción, en particular en el manejo de las obras públicas, la falta de independencia de los poderes del Estado, y se insiste en la derogación de la Ley de Emergencia Económica.

Los municipales, compartiendo los reclamos del resto de los trabajadores, paran por 24 horas y se movilizan hacia la Casa de Gobierno exigiendo que el Poder Ejecutivo asista económicamente al municipio para hacer frente al aumento salarial. Este hecho, reprimido por la Policía provincial, es el desencadenante de la renuncia del gobernador Carlos Sancho, el día 10 de mayo.

La represión con más de 20 trabajadores heridos sumó el rechazo de gran parte de la sociedad; horas más tarde se produce una nueva marcha del SOEM acompañada por el intendente Roquel (UCR) y el presidente del Concejo Deliberante Raúl Cantín (FPV), y monseñor Romanín que culmina en la fiscalía de turno donde se presentó la denuncia por la represión. Otra marcha de unas 10.000 personas exige la renuncia y juicio político del gobernador, del ministro Varizat y del jefe de Policía Roque. Un hecho a destacar es la participación de distintos sectores comerciales, enmarcados en la Asociación de Pequeños y Medianos Comerciantes: a manera de repudio y como muestra de solidaridad cierran las puertas de los comercios para sumarse a la manifestación.

El reemplazante de Sancho será Daniel Peralta, que prometió llamar a paritarias.

El 11 de mayo se realiza otra movilización convocada por la MUS: más de 15.000 personas en la mayor convocatoria de la historia gremial de la provincia, piden soluciones urgentes, renuncia del gabinete, y el juicio y castigo a los responsables de la represión.

Otro hecho de amplia repercusión nacional fue el escrache a la ministra de Desarrollo Social, Alicia Kirchner, por parte de un grupo de docentes en Río Gallegos.

El conflicto social se profundiza al iniciar los municipales un paro por tiempo indeterminado, y los hospitalarios un paro por 48 horas, mientras el gobernador anuncia el envío a la Legislatura del proyecto para abrir las convenciones colectivas.

En la Cámara de Diputados se discuten distintos proyectos de paritarias, y otro tema sensible para la provincia: la prórroga de los contratos petroleros de la Pan American Energy (PAE).

El día 26 de mayo ADOSAC acepta por unanimidad la propuesta de aumento salarial y decide el levantamiento de las medidas de fuerza a partir del 28 de mayo, tras 41 días de paro. Otros puntos no resueltos del conflicto como la eliminación del presentismo y el reintegro de los días caídos buscarían resolverse en la mesa de negociaciones que funcionaría a partir del 1° de junio; se mantiene la Carpa de la dignidad. El proyecto de ley de paritarias será aprobado 15 de junio.

El contrato con la PAE comienza a ser centro del debate político, mas las convocatorias a movilizaciones en su contra tienen poca repercusión; en el mes de julio ADOSAC y ATE, junto a otros sectores, conforman una multisectorial que organiza la Marcha Provincial en defensa de los recursos naturales; tendrán escasa convocatoria. En agosto la Cámara de Diputados ratifica el acuerdo.

La MUS llama a una movilización para reclamar el inicio de las paritarias y en apoyo a ATE, que se realiza el 17 de agosto, y coincide con el acto de lanzamiento de la fórmula del FPV a la gobernación –Daniel Peralta y Hernán Martínez Crespo–; a su vez se presenta la candidatura presidencial de Cristina Fernández y del acto participa el presidente Kirchner. Horas antes del acto del FPV, el gobierno convoca a paritarias.

En plena movilización de la MUS y tras un escrache en el centro de la ciudad, el ex ministro Varizat atropella con su camioneta a manifestantes con el resultado de 17 heridos.

Por la noche Varizat es detenido y se le deniega la excarcelación; por su parte la MUS reunida de emergencia llama a un paro de 24 horas con movilización para el día 21. Posteriormente debe renunciar el jefe de la Policía provincial.

La MUS marcha hacia la Casa de Gobierno, donde se producen serios incidentes cuando delegados de base, militantes de izquierda y estudiantes tiran las vallas y producen destrozos en la misma.

El día 20 se realiza en el Obispado una reunión multisectorial convocada por la MUS, de la que participan organizaciones sindicales, sociales, sectores empresariales y todos los partidos de la oposición; llaman a una movilización para el 21. Ese día se suman a la huelga provincial los mineros de Río Turbio y la Cámara de Comercio de Río Gallegos; en la marcha se lee un petitorio que contiene todos los reclamos que cobraron dimensión durante el conflicto: además de los gremiales, desmilitarización de la provincia, anulación del acuerdo con la PAE, vigencia de valores democráticos, entre otros.

El 22 de agosto, el gobernador Peralta anuncia un aumento salarial al básico para todo el sector público, activos y pasivos.

Conforme avanzan los días, se suceden anuncios y reuniones entre los gremios y los poderes del Estado, progresivamente los sindicatos en conflicto, tras obtener sus exigencias comunes comienzan a alcanzar sus demandas sectoriales.

Se han establecido dos períodos atendiendo a los momentos ascendente y descendente de la lucha, observando los grados de unidad y alianza que alcanzan los trabajadores estatales a lo largo del desarrollo del conflicto.

1. Del inicio de la huelga docente a la huelga con movilización y choque callejero del SOEM (5 de marzo al 9 de mayo)

El aumento del 15% "en negro" provoca la profundización del plan de lucha de los docentes y la movilización del 15 de marzo convocada por la MUS muestra el grado de unidad de los estatales[6]; en ella se expresa el interés de las fracciones de pequeña burguesía asalariada, centrado en obtener mejoras salariales.

La constitución del grupo social de pequeña burguesía asalariada y no asalariada que enfrenta a la política del gobierno representado por el FPV, con planteos democráticos y de transparencia de los actos de gobierno, comienza a conformarse a partir del paro provincial con movilización de la MUS de fines de marzo, de la que participan el obispo y partidos políticos opositores.

El carácter político del conflicto ya dado por el paro provincial se acentúa con la presencia de Gendarmería Nacional.

Es a partir de este momento cuando el FPV comienza a mostrar las fisuras propias de la crisis interna que ya venía atravesando desde 2006. En las primeras semanas del conflicto se observa que el gobierno no puede, recurriendo a los mismos mecanismos económicos y extraeconómicos utilizados en años anteriores, frenar la protesta social.

El conflicto cuenta con la adhesión de la UCR, FUTPO, sectores del FPV como concejales y diputados provinciales, la Iglesia católica, referentes políticos, entre otros el ex gobernador Jorge Cepernic, organizaciones de DD.HH., organizaciones profesionales y otros.

La instalación de la carpa frente a la Casa de Gobierno cobra relevancia dado que en cuestión de días toda una cuadra se verá colmada de carpas de los distintos gremios de la MUS, agrupaciones sindicales, estudiantes secundarios e incluso esposas de policías. Se convirtió en lugar de concentración y de asamblea de sectores de la oposición, punto de referencia para el inicio y la finalización de las movilizaciones. Este piquete que interrumpió el tránsito durante meses

---

[6] El germen ya se había expresado en una movilización realizada el 30 de agosto de 2006 en Río Gallegos, convocada por la MUS. Se exigía un aumento del salario básico y la derogación de la Ley de Emergencia Económica.

era mantenido por los trabajadores en turnos rotativos y era el lugar al cual se dirigían las donaciones realizadas por comerciantes, profesionales y trabajadores del sector privado. Fue central el apoyo brindado por el municipio de Río Gallegos en manos de la UCR: carpas y baños químicos.

El gobierno respondió reforzando la defensa de la Casa de Gobierno y de la Legislatura con la instalación de vallas.

Este período se cierra con la huelga con movilización de los municipales, que pretendían ir hacia la Casa de Gobierno el 9 de mayo. Marca el ingreso del SOEM al conflicto con reclamos propios. Aunque su protesta era por motivos salariales, el SOEM dirige sus demandas hacia el gobierno provincial, a quien acusaba de incumplir un acuerdo entre provincia y municipio, y no hacia su patronal, la Intendencia de Río Gallegos en manos de la UCR, que había gobernado durante tres períodos desde 1991 implementando las mismas políticas salariales que el gobierno provincial.

Este hecho es cualitativamente distinto a los anteriores. Primero: lo protagonizan mayoritariamente obreros, no obstante su interés inmediato –aumento salarial– se subordina al enfrentamiento entre el gobierno provincial y municipal, dado que la movilización a la Casa de Gobierno –que no se concretó– sería acompañada por el intendente Roquel y ediles radicales. Segundo: el choque con la Policía provincial con heridos en ambos bandos. No hay evidencia de que los municipales iban dispuestos a enfrentarse con la Policía, dado que los elementos que le arrojan son los que se encuentran en la zona.

Luego del choque y con un número de manifestantes que iba creciendo, la UCR y la Iglesia se muestran como garantes de la "paz social" llamando a los trabajadores a desistir en su intento de movilizarse contra el gobierno provincial para evitar mayores incidentes.

2. De la marcha ante la asunción de Peralta a la huelga con movilización en repudio por el atropello de manifestantes (11 de mayo a 21 de agosto)

La designación de Daniel Peralta como gobernador contó con el apoyo del presidente Kirchner, que envió referentes nacionales al acto de juramento, y también de la UCR, cuyos diputados votaron a favor de su nombramiento. De esta forma los cuadros políticos de la burguesía cierran filas y la resolución del conflicto gobierno-oposición se difiere para las elecciones de octubre.

Pocos días después los dirigentes de la MUS declaraban que esperaban de Peralta una respuesta concreta: "creemos que tiene que venir con una solución inmediata [...] y además sabe cómo se resuelve el conflicto en Santa Cruz. Esto se resuelve con plata, ni más ni menos", sostuvo Ezequiel Pérez de APEL.

Peralta se reúne con referentes de la Iglesia, del radicalismo y con la dirigencia de la MUS que reconocía haberse reunido con el gobernador, con la ausencia de ADOSAC, sin aclarar el porqué del secreto que rodeó a la misma.

En la primera semana de gobierno, Peralta logra bajar el grado de conflictividad social y aunque ningún sindicato había alcanzado acuerdo alguno, la MUS no convocó a movilizaciones por demandas salariales hasta el 25 de mayo cuando la resolución del conflicto docente era inminente; no obstante algunos sindicatos continuaron con medidas de fuerza.

En los hechos, la alianza que había conformado la capa acomodada de los empleados públicos, la Iglesia, los partidos opositores y sectores de la pequeña burguesía no asalariada comenzaba a desarticularse.

Una vez resuelto el reclamo salarial del sector docente, la MUS exigió las mismas condiciones salariales para todos los trabajadores provinciales. ADOSAC garantizaba a su vez el acompañamiento a los otros sindicatos en caso del levantamiento de las medidas de fuerza.

La unidad en la acción que había caracterizado a la MUS no significaba la búsqueda de un acuerdo en conjunto; más bien desde la asunción de Peralta se imponía la decisión por parte de los secretarios generales de que cada organización gremial negociara por separado con el gobierno. La unidad alcanzada por los sindicatos ya daba muestras de fisuras.

Por su parte el SOEM continuaba la huelga por tiempo indeterminado, pero mostraba importantes divisiones, levantando las medidas de fuerza a mediados de junio; será el último de los sindicatos de la MUS en hacerlo.

Luego de alcanzar un acuerdo con ADOSAC, el gobierno anunció recategorizaciones y el blanqueo salarial, al tiempo que oficializaba el envío de un proyecto sobre paritarias a la Legislatura. En el acto se encontraban presentes dirigentes del Frente de Gremios Estatales.

Entre junio y julio la actividad sindical se concentra en las protestas ante la renegociación de los contratos petroleros con la PAE, pero la escasa convocatoria demuestra que más allá de los planteos contra la política oficialista centrados en democratización y transparencia de los actos de gobierno, lo que prima en el conflicto es el interés económico corporativo.

El hecho protagonizado por el ex funcionario Varizat, cuando atropella con su camioneta a manifestantes, cambia el eje del reclamo que los sindicatos estaban llevando adelante, pasando a primer plano el pedido de justicia. El ataque a la Casa de Gobierno por parte de militantes de base y estudiantes recibe el repudio de las fracciones de pequeña burguesía asalariada que conformaban la MUS. La convocatoria de la MUS en el Obispado se transforma en un encuentro multisectorial centrado en la necesidad de garantizar la paz social; la respuesta del oficialismo en este sentido será, por un lado, la renuncia del jefe de la Policía provincial y negar la excarcelación a Varizat; por otro lado, anunciar un paquete de medidas que incluía, entre otras, aumento salarial al básico y apertura de paritarias para todos los trabajadores estatales.

Resultados

El conflicto protagonizado por la capa acomodada de los empleados estatales (pequeña burguesía asalariada), en situación de movilización permanente, fue sumando a fracciones de pequeña burguesía no asalariada, en el marco de la crisis política del FPV.

Las formas de lucha más utilizadas fueron la huelga general con movilización como la más relevante desde lo cualitativo, y las manifestaciones callejeras, en particular cacerolazos y escraches, como forma de demostración popular de repudio y donde se evidenciaba en especial, la crítica hacia al FPV. También se utilizaron la toma simbólica de edificios, siempre como demostración de rechazo al gobierno, cortes de calles y rutas, como forma de demostración de fuerza. Lugar destacado ocupa la instalación de la denominada Carpa de la dignidad, punto de referencia de la protesta social.

Prácticamente todas las acciones que se realizan son organizadas desde la MUS, o por los sindicatos que la conforman; las acciones que se producen por fuera de las organizaciones son escraches y en particular los hechos violentos sobre la Casa de Gobierno, ya en la fase de descenso, hecho que fue repudiado por la MUS.

Respecto de los resultados del conflicto debe distinguirse entre las mejoras inmediatas obtenidas por los trabajadores y las consecuencias desde el punto de vista político.

Entre las primeras es necesario diferenciar aquellas mejoras que beneficiaron al conjunto de los trabajadores estatales: aumentos al básico, blanqueo de sumas "en negro" y convocatorias a paritarias, de aquellas que constituyen mejoras sectoriales: convenios colectivos para la administración central, eliminación del presentismo para docentes, implementación del convenio colectivo y convocatoria a paritarias para judiciales.

Entre las consecuencias políticas se encuentran la derogación de la Ley de Emergencia Económica y el surgimiento de agrupaciones políticas opositoras al gobierno integradas por dirigentes sindicales que participaron activamente en el conflicto, como Encuentro Ciudadano[7] y el Movimiento Socialista de los Trabajadores (MST);[8] por último, el intento de gremios de la MUS (judiciales y ATE) de conformar un partido de trabajadores.[9]

La conformación de la MUS les confirió a las organizaciones sindicales mayor grado de protagonismo y participación en el campo político tras una década y media en donde su poder de negociación y su capacidad de enfrentar las políticas oficiales estuvieron fuertemente limitados.

En las elecciones de octubre de 2007 la fórmula a gobernador y vice del FPV obtuvo el 58%, resultando Daniel Peralta electo gobernador, frente a la fórmula de la UCR encabezada por Eduardo Costa.[10]

---

[7] Encuentro Ciudadano expresa los intereses de fracciones de la pequeña burguesía, conformado por ex dirigentes del FREPASO, referentes sindicales y representantes de la Asociación de Abogados, muchos de ellos vinculados a la Iglesia católica. En su primera participación consiguió una concejalía y una diputación provincial.

[8] El MST estaba integrado por militantes sindicales, en especial de ADOSAC, y representantes de asociaciones profesionales

[9] La denominación partidaria era Movimiento Sur, que integraba la CTA local pero no logró reunir los requisitos ante la justicia electoral.

[10] Eduardo Costa es un importante empresario dedicado a la venta de materiales de construcción y al rubro automotriz. Posee inversiones en las ciudades patagónicas más importantes; en 2006 intentó sin éxito obtener concesiones de áreas petroleras en Santa Cruz asociado a Sipetrol, filial de la empresa ENAP de capitales chilenos. Comenzó su carrera política en la UCR en el marco del conflicto aquí descripto.

Si bien el FPV retuvo la gobernación, su caudal de votos disminuyó en un 13% con respecto a las elecciones de 2003; por su parte, la UCR mejoró su performance electoral en casi 11 puntos.

La UCR y Encuentro Ciudadano fueron los partidos que capitalizaron electoralmente el conflicto convirtiéndose así en la expresión política del grupo social que dirigió el movimiento de protesta, la pequeña burguesía asalariada. Por otra parte, los partidos de izquierda (FUT-PO y MST) no superaron el 1% cada uno de ellos.

El conflicto acentúa la crisis del FPV, ya manifiesta con la renuncia del gobernador Acevedo en 2006, sin provocar una ruptura abierta, la que se producirá al iniciar Peralta su segundo mandato en 2011.

En lo que hace al carácter del conflicto, comienza siendo económico para transformarse en político a partir de que las huelgas generales evidencian ya la oposición a las políticas del gobierno. El gobierno provincial denuncia inmediatamente la politización del conflicto gremial, acusando a los partidos UCR y FUT-PO de complicidad con la dirigencia sindical. La Iglesia católica, personificada en el obispo Romanín, se muestra como mediadora en el conflicto social pero el gobierno la visualiza como parte de la oposición, de ahí las críticas que recibe tanto del gobierno provincial como nacional por apoyar a los sindicatos.

A partir del desarrollo del conflicto y las iniciativas llevadas adelante por los sectores sindicales, se podría observar el intento de constitución de un movimiento de oposición con participación de la pequeña burguesía asalariada estatal, que intenta dirigir una alianza opositora.

La escasa participación en el conflicto de la capa más empobrecida de los empleados estatales, que se integra mayoritariamente al Frente de Gremios Estatales, alineado con el gobierno, podría estar vinculada con el hecho de que esta masa de empleados públicos constituye población sobrante para el capital, habida cuenta del incesante incremento de su número a partir de principios de los años noventa y hasta la actualidad.

Bibliografía

AZPIAZU, Daniel; MANZANELLI, Pablo y SCHORR, Martín (2011), *Concentración y extranjerización en la economía argentina en la posconvertibilidad*, Buenos Aires, Capital Intelectual.

DÍAZ, Claudio (2010), *El movimiento obrero argentino. Historia de lucha de los trabajadores y la CGT*, Buenos Aires, Fabro.

INIGO CARRERA, Nicolás; PODESTÁ, Jorge y COTARELO, María Celia (1994), *Las estructuras económico sociales concretas que constituyen la formación económica de la Argentina*, Buenos Aires, PIMSA.

IÑIGO CARRERA, Nicolás (2009), "Indicadores para la periodización (momentos de ascenso y descenso) en la lucha de la clase obrera: la huelga general. Argentina 1992-2002", en *PIMSA (Publicación del Programa de Investigación sobre el Movimiento de la sociedad argentina)*, Documentos y Comunicaciones, Buenos Aires, PIMSA.

LUQUE, Elida; MARTÍNEZ, Susana; AUZOBERRIA, Miguel y HUENUL Hugo (Grupo Contraviento) (2003), "Conflictos sociales en la provincia de Santa Cruz. Los años noventa", en *PIMSA (Publicación del Programa de Investigación sobre el Movimiento de la sociedad argentina)*, Documentos y Comunicaciones, Buenos Aires, PIMSA.

LUQUE, Elida y MARTÍNEZ, Susana (2011), "Los trabajadores de la zona norte de Santa Cruz frente a la emergencia del movimiento de desocupados", en Iñigo

Carrera, Nicolás (dir.), *Sindicatos y desocupados en Argentina 1930/35-1994/2004. Cinco estudios de caso*, Vicente López, PIMSA-Dialektik.

RECALDE, Héctor (2012), *Una historia laboral jamás contada... 1869-2012*, Buenos Aires, Corregidor.

Representaciones de la Nación y del espacio social

Cultores del pensamiento conservador en una ciudad "plural y cosmopolita"

El caso de Antonio F. Cafferata

RONEN MAN

Introducción

Este capítulo analizará el fortalecimiento de un pensamiento conservador, más o menos evidente según los diversos casos y rasgos, en una serie de intelectuales, políticos y funcionarios asociados a un movimiento ideológico intransigente, católico y nacionalista, pero con la particularidad de que la mencionada tendencia se produce al interior de una ciudad pretendidamente "plural y cosmopolita", como la Rosario de las primeras décadas del siglo XX. Para ello pondremos el foco en una serie de figuras, condensadas en la personalidad de Antonio F. Cafferata, entre otros cultores locales de un posicionamiento anclado a la derecha del arco político.

Siguiendo a Sarlo y Altamirano (1997) el horizonte ideológico del Centenario, si bien estaba aún ampliamente hegemonizado por el discurso liberal, comienza a tener una serie de fragmentaciones expresadas en algunos cuestionamientos al modelo que, iniciándose en Europa hacia fines del siglo XIX, plantean que las certidumbres democráticas, racionalistas y progresistas deben ser revisadas. En este sentido queda configurada una disputa al interior de los sectores dominantes entre dos tendencias opuestas y que al parecer empiezan a plantearse como irreconciliables: una postura que privilegia la continuidad de la hegemonía liberal o incluso la profundización reformista de la misma, frente a la que directamente rechaza lo alcanzado en términos más conservadores y tradicionalistas, bregando por una regeneración telúrica de lo autóctono. En el aspecto ideológico estas dos propuestas tendrían sus expresiones concretas en una tendencia caracterizada como "positivista", por un lado, frente a una más eminentemente "nacionalista", por el otro.

De esta manera, el pensamiento signado por la preocupación nacional puede distinguirse entre al menos dos tipos diferenciados: uno caracterizado como patriotismo o nacionalismo de carácter cívico, unificador y asimilacionista que tiene sus orígenes hacia fines del siglo XIX y una expresión importante en torno al Centenario (Villavicencio, 2003); y otro que Fernando Devoto denominaría como un nacionalismo ideológico-político, aquel que haría implosión en la década de 1920 y que tomaría el poder político a nivel nacional tras el golpe militar de 1930. Este último sería un claro ejemplo de un nacionalismo anclado en la derecha política antiliberal, con vocación unanimista e intolerante (Devoto, 2010: 159).

Por lo tanto, hacia los años 1919/1921 puede situarse un quiebre a nivel nacional (Zanatta, 1996), y particularmente para el caso santafesino, a partir del cambio y la diferencia de tácticas de sectores alineados a la Iglesia católica (Mauro, 2010), desde el paso de una actitud entre pasiva y conciliatoria a otra más activa y de choque, pudiendo incluso asumir una actitud intransigente (Martín, 2010: 134; Devoto, 2005: 173).

Entonces, al menos hasta la década de 1920 puede percibirse una tensión entre dos tendencias que recorren el panorama intelectual y argumentativo nacional y que tienen una singular expresión en la ciudad de Rosario. Hasta aquellos años ambas tendencias pugnarían por tornarse hegemónicas, pero entretanto aceptarían una convivencia equilibrada. Sin embargo, como veremos, lo que aparece durante la tercera década del siglo XX es la precipitación de este equilibrio con un peso específico hacia uno de los dos lados de la balanza, lo que produce el quiebre definitivo de este tenso equilibrio y la diferenciación en la práctica entre sectores demarcados.

Un caso singular

Antonio F. Cafferata (1875-1932)[1] era hijo de Juan Manuel Cafferata, gobernador de la provincia de Santa Fe hacia 1890, vinculado políticamente al iriondismo, facción clerical del conservadurismo en la región (Martín, 2010: 124). Si bien Cafferata provenía de un hogar de inmigrantes, tras varias generaciones su familia consiguió instalarse como un linaje tradicional y patricio en la provincia de Santa Fe, llegando, como dijimos, su padre a ser gobernador, mientras que por línea materna descendía también de una familia tradicional entroncada con los fundadores de la provincia de Córdoba.

Los antecedentes convulsionados de la revolución radical y la de los colonos extranjeros producidos entre 1890/93 en la provincia de Santa Fe, que culminarían en la destitución de su padre como el gobernador provincial tras los sucesos revolucionarios[2], influyeron profundamente en su

---

[1] Según su libro *Motivos históricos y anecdóticos*, Antonio F. Cafferata era para 1932 doctor en Derecho y Ciencias Sociales por la Universidad de Buenos Aires; miembro honorario de la Academia Literaria del Plata; miembro titular de la Societe Ancheológique de Badeaux; de la Academia Americana de la Historia, de la Sociedad de Bibliófila Argentina y de la Junta de Historia y Numismática Americana; miembro correspondiente de la Junta Nacional de Uruguay; profesor de Historia y Geografía en la Escuela Superior Nacional de Comercio.

[2] Para 1893 se produce en la provincia de Santa Fe el levantamiento armado de parte de los colonos extranjeros exigiendo la ampliación de sus derechos políticos, pero manteniendo su condición de inmigrantes no naturalizados. A su vez dicho movimiento se alió en conjunto con las revueltas y asonadas de los Cívicos Radicales ocurridas desde el año 1890, en las cuales se inscriben los reclamos de los "colonos en armas" (Gallo, 2007).

visión sobre una serie de problemáticas determinantes, tales como el problema de la inmigración y el de la nacionalidad de los extranjeros, lo cual le llevó a proponer una "solución" signada por el otorgamiento de la nacionalización automática. Esta preocupación quedaría evidenciada en la elección del tema de tesis doctoral del joven Antonio F. Cafferata hacia finales del siglo XIX.[3]

Su tesis doctoral defendida en 1898 en la Universidad de Buenos Aires está íntegramente dedicada al tema de la inmigración y la colonización. En ella Cafferata comparte plenamente el consenso decimonónico sobre el inmigrante como un factor aún vigente e ineludible para el progreso y el avance civilizatorio del país. De esta manera se alinea con toda una serie de pensadores que entienden a la inmigración de una manera mayoritariamente positiva y determinante para el crecimiento nacional. Sostiene allí que el extranjero debe disponer de los mismos derechos y también de las mismas obligaciones, "llamándolos a participar de nuestras ventajas así como de nuestras cargas, procediendo con espíritu verdaderamente democrático...". Y menciona que frente a las resistencias y oposiciones de algunos sectores cultos e ilustrados a que el extranjero se inmiscuya en el manejo de la cosa pública, convendría "reaccionar decididamente contra estas ideas antiliberales y anticosmopolitas, si queremos que el extranjero se incorpore decidida y definitivamente a nuestra nacionalidad..." (Cafferata, Antonio F. *Apuntes sobre Inmigración y Colonización*..., p. 69).

Sin embargo, estas ideas en principio aparentemente liberales y pluralistas serían rápidamente puestas en cuestión por el propio Cafferata cuando reflexione sobre el problema que implicaba la incorporación concreta de los inmigrantes en la nacionalidad. Ante esa disyuntiva, el autor propone una serie de argumentaciones extremas con

---

[3] Cafferata, Antonio F. *Apuntes sobre Inmigración y Colonización* (tesis), Facultad de Derecho y Ciencias Sociales, Universidad Nacional de Buenos Aires, 1898.

los fines de remarcar ciertas diferenciaciones al interior del contingente migratorio, con intenciones de resguardar supuestos rasgos de homogeneidad que convendría preservarse. Así, plantea abiertamente la necesidad de realizar una selección de la inmigración, distinguiendo entre la más fácilmente asimilable, alertando sobre la buena y la mala inmigración o entre la útil y la innecesaria, o incluso la amenazante. En su tesis diría que

> Uno de los puntos que debe preocupar a nuestros estadistas es el relativo a la *calidad* de inmigración que nos conviene recibir, pues es indudable que entre todos los diferentes pueblos europeos existen *diferencias sustanciales* y que muchos de ellos no reportarían a nuestro país las ventajas que tenemos derecho a pretender por las dificultades que opondrían a su incorporación definitiva *el idioma, los hábitos y los usos diametralmente opuestos* a los nuestros (Cafferata, Antonio F. Apuntes…, p. 53. Énfasis añadido).

Esta preocupación por la "calidad" de la inmigración que convenía fomentar y la apreciación de "diferencias sustanciales" según los diversos tipos migratorios estaba en la base de una estricta política de selección orientada según las capacidades de "adaptación" y en las cercanías raciales de algunos pueblos europeos, descartando desde el inicio la posibilidad de integración de grupos migratorios extraeuropeos. Estas capacidades de asimilación estarían dadas por las más evidentes cuestiones idiomáticas, aunque también por las más subjetivas de los usos y hábitos idiosincráticos de cada pueblo. Claro que para definir si los hábitos de un pueblo extranjero son similares u opuestos a los propios, antes tendría que existir un amplio consenso sobre la idiosincrasia del ser nacional, cuestión que para fines del siglo XIX no solo estaba lejos de resolverse, sino que aún comenzaba tibiamente a plantearse.

De todas maneras, esta política de selección migratoria que hacía énfasis en la capacidad adaptativa de los contingentes migratorios según sus cercanías idiomáticas y raciales estaba muy en boga en la época, por ejemplo en las propuestas de personalidades políticas como Marco Avellaneda o posteriormente en Indalecio Gómez; mientras que su apuesta por la cercanía racial sobre la base de hábitos y costumbres similares sería la que posteriormente se impondría durante la gestión de Juan Alsina[4] en la Dirección Nacional de Migraciones hacia 1910.

En el mencionado contexto se les plantearon a los intelectuales argentinos dos alternativas conceptuales para consagrar al sujeto nacional. Una era la línea nativista –que imaginaba al tipo argentino moldeado sobre el pasado indio como entidad incontaminada y autóctona–; frente a esta aparecía una línea derivatista[5] –que postulaba la creación del argentino como producto de algún tipo de combinación o de mezcla racial, con su consecuente idealización del modelo del "crisol de razas"–. A su vez, ese derivatismo se dividió entre los que privilegiaban una mezcla con mayor carácter de base extranjera o los que preferían una mayor preeminencia de la "cepa criolla" (Terán, 2000).

Descartada por la dirigencia la línea indigenista, quedó planteada la disyuntiva de proponer de cuál tronco hacer derivar la rama argentina, en un primer momento en el que no se postularía aún la herencia española debido al recuerdo de la dominación y del atraso colonial, con la consiguiente hispanofobia que circulaba al interior de los grupos dirigentes, expuesta por ejemplo en autores como Domingo F. Sarmiento. Hasta el Centenario, las polémicas quedarían instaladas básicamente entre los partidarios de la línea derivatista, ya que se mantenía inquebrantable el rechazo al legado indigenista como tronco o "roca dura" de

---

[4] Alsina, Juan. *La inmigración en el primer siglo de la independencia*, Ed. Alsina, Buenos Aires, 1910.
[5] Como explica Terán tomando un concepto de Roberto Schwartz, "derivativo es un término indicativo para referirse a áreas culturales que tienen sus centros reconocidos en ámbitos exteriores a sí mismas y que además imaginan que en esos 'centros' la cultura es autóctona y que por ende allá las ideas 'están en su lugar'" (Terán, 2000).

la nacionalidad. Pero desde ese inicial consenso se renovaría la pregunta acerca de la "buena mezcla", ya que la masiva presencia de extranjeros movilizó la discusión sobre cuál debía ser el elemento básico sobre el que realizar la combinación, y si alguno tendría la preeminencia o si todos se mezclarían en iguales términos.

Con relación al debate en torno al idioma nacional y a la Babel de lenguas, estas dos visiones se tradujeron en las posiciones de los *apocalípticos*, quienes veían en la pluralidad idiomática la disolución del orden social y la catástrofe, y los *genesíacos*, que consideraban el caos idiomático como la base de un nuevo orden promisorio a futuro expresado, por ejemplo, en la fusión de dialectos tales como el cocoliche. Primaba en aquella tendencia apocalíptica una idea de matriz heterofóbica, basada en creer que la diversidad era detestable y que el mal se alojaba en la diversidad. Según esta visión la heterogeneidad de la sociedad conduciría a su ingobernabilidad. En sintonía con estos temores Indalecio Gómez proponía en 1894 un proyecto de ley para garantizar la exclusividad del idioma español en la enseñanza de las escuelas, inclusive en las de las colectividades extranjeras. Siguiendo un esquema herderiano entendía que el problema del idioma nacional conllevaba una evidente identificación entre una lengua y una nacionalidad, necesariamente unívocas y unitarias. Por lo tanto, el problema del idioma estaba en la base de la identidad y de la unidad nacional.

A su vez, esgrimiendo una idea que sería reiteradamente expresada, Marco Avellaneda exponía la necesidad de garantizar un idioma nacional "para que nuestra patria no se convierta un día, como el templo de Jehová, en una vasta tienda de mercaderes".[6] Esta preocupación por instalar un idioma nacional único terminaría estableciendo el español como el idioma característico de los argentinos. En 1910

---

[6] Diario de sesiones, Cámara de Diputados, 4 y 9 de septiembre de 1894, p. 236.

se crearía la Academia Argentina de la Lengua, con lo cual se sancionaba la dirección de España y del español en las cuestiones idiomáticas.

Desde un pensamiento afín a estas últimas posturas y alejándose de su inicial visión pretendidamente liberal, Antonio F. Cafferata le otorgaría al problema del idioma nacional un rol determinante en cuanto a la delimitación del ser nacional a construir, decantándose por la solución hispanista para dicho problema. Asimismo, el autor le asignaba al Estado un rol activo y determinante en su propuesta de selección migratoria, aunque terminaría oponiéndose a las propuestas de incentivos económicos y de pasajes subsidiados caracterizándolas como provocadoras de una "inmigración artificial".

"El Estado, por consiguiente, debía hacer lo posible para facilitar más que las otras, la inmigración de aquellos que más probable y rápidamente habrían de asimilarse" (Cafferata, Antonio F. *Apuntes*..., p. 53).

Pero ¿quiénes serían estos inmigrantes deseados, aquellos más cercanos en hábitos y en idioma? Frente a esta pregunta Cafferata demuestra lo subjetivo y acomodaticio de la respuesta.

"Lo natural parece ser que convendría mayormente a nosotros aquellos que pertenecen a nuestra raza y se nos parecen en relijión, idioma y carácter, cuyas circunstancias ninguno la resume mejor que el italiano y después de este el español" (Cafferata, Antonio F. *Apuntes*..., pp. 53-54).

El italiano, aunque de raza latina y de un idioma diferente, le parece a Cafferata la mejor respuesta a la pregunta. Después de este grupo étnico aparece el más evidente de los españoles, los que claramente compartirían una raza hispana común y un similar idioma castellano. Por lo tanto propondría la primacía de una inmigración italiana seguida de una española, aunque sin desestimar el aporte que podrían hacer a la "raza argentina" las migraciones anglo-germanas.

"Por lo demás reconozco las grandes condiciones de las razas sajonas y germanas de cuya sangre necesitamos tomar sus mejores cualidades, complementando las nuestras..." (Cafferata, Antonio F. *Apuntes...*, p. 54).

Como queriéndose excusar de la gravedad de sus planteos ante la mesa examinadora, el tesista propone que con ello no pretende "que esas nacionalidades sean las únicas aceptables y convenientes; sostengo simplemente, que son las que más fácilmente se nos asimilan". También propone el autor una temprana visión de la "fusión" que entre el elemento migrante europeo y el elemento autóctono podría lograrse anticipándose a los términos del "injerto euríndico" postulados por Ricardo Rojas: "para que, fundiéndose con la que podríamos llamar indígena y las que nos envían los otros países de Europa, haga surgir el tipo verdadero y genuinamente argentino con su fisionomía propia..." (Cafferata, Antonio F. *Apuntes...*, p. 54).

Si bien estuvo a favor de un Estado activo en cuanto al control y el estímulo de las políticas migratorias, Cafferata se opone a lo que denomina "el pernicioso sistema de la inmigración artificial". Lejos de esta iniciativa que le parece inconveniente, propone sin embargo que el Estado se convierta en una especie de garante, para facilitar a las compañías navieras privadas la tarea de recolectar y atraer a los inmigrantes:

> ... pensamos que podrían acordarse primas moderadas ó garantías con el objeto de que se establecieran compañías de navegación que se dedicaran principalmente al transporte de inmigrantes en sus viajes de venida y en los de retorno a la conducción de aquellos de nuestros productos valiosos y abundantes, cuyo consumo nos conviene propagar mayormente en el continente europeo (Cafferata, Antonio F. *Apuntes...*, p. 56).

De esta manera propone la existencia de incentivos o garantías, para asegurarles a las empresas navieras un cierto margen de ganancia y un uso más racional del espacio al destacar que este "intercambio" equilibraría la balanza comercial entre Argentina y Europa, un intercambio entre hombres que ingresan y productos y materias primas que salen.

Después de este énfasis por la selección y el intercambio equitativo, llega finalmente el turno para el problema crucial de la asimilación y la argentinización del inmigrante: "Hay algo más trascendental, de mayor interés general y más patriótico: la identificación del europeo con el criollo, *su conversión de extranjero en ciudadano*" (Cafferata, Antonio F. *Apuntes...*, p. 60. Énfasis añadido).

Reactualizando un debate entre Domingo F. Sarmiento y Estanislao S. Zeballos (Bertoni, 2001; Man, 2011) y que como vemos en la provincia de Santa Fe tendría un contundente impacto, Cafferata retoma el argumento de Zeballos de entregar la ciudadanía de manera automática, en clave compulsiva, a los extranjeros: "La obra y los efectos de la inmigración y colonización se complementarían, á mi juicio, ofreciendo al europeo la ciudadanía expontáneamente..." (Cafferata, Antonio F. *Apuntes...*, p. 61).

Un año antes, desde comienzos de 1897 Zeballos había conformado junto con otros prohombres a nivel nacional el Comité Patriótico, una de las tantas ligas y asociaciones que como político integraría para intentar fortalecer el "amenazado *espíritu de la patria*".[7] Según la intención esencialista del comité patriótico, la naturalización se otorgaría de manera "general y automática" a todos los extranjeros residentes con cierta antigüedad; si bien estos podían rehusarse a aceptar la nueva nacionalidad, para lo cual deberían manifestarlo por escrito ante los juzgados pertinentes. De

---

[7] Para 1900 Zeballos participó como orador en una conferencia dictada en la naciente "Liga Patriótica Nacional", en la cual realizó su descargo chauvinista y beligerante contra la nación chilena. Esta constituyó un antecedente directo de la "Liga Patriótica Argentina", institución de la cual Zeballos participó desde su fundación en 1919 y hasta su muerte, integrando la planta honorífica de esta asociación.

esta manera el acto voluntario lo constituía la acción de rechazar una nacionalidad impuesta desde arriba, antes que la actitud activa y libre para gestionarla.

Si bien Sarmiento, también preocupado por la asimilación de los inmigrantes en clave nacional, participó inicialmente de esta asociación patriótica, pronto se evidenciarían las diferencias entre las dos ramas que componían el comité. Al defender Sarmiento una imagen contractualista de la nación, se oponía a la idea de que la naturalización automática pudiera otorgarse de manera forzosa aun a costa de que los extranjeros no la solicitarían ni explicitarían su acto voluntario de filiación. De este modo se volvió evidente que tras el proceso de naturalización se presentaban dos cuestiones totalmente distintas, por un lado la adopción de nuevos derechos políticos propios de la ciudadanía y por otro y no justamente compatible, la adquisición de una nueva nacionalidad y la creación de una *nación* en sí misma. Así la nacionalidad terminaría estableciendo un *límite negativo* a la forma en que se entendían los derechos políticos (Bertoni, 2001: 127).[8]

Entroncado con la propuesta de Zeballos y presentada en términos de beneficio, más allá del aspecto compulsivo, Cafferata propone que el extranjero no tendría que solicitar la ciudadanía y aborrecer con ello la nacionalidad de origen, sino que la misma se le otorgaría automáticamente, siendo que el interesado podría optar por rechazarla si estuviera en

---

[8] La existencia de una lengua, un arte, una historia, una raza nacional, en fin una sola cultura propia y única a la vez, se convirtió -en opinión de estos sectores- en la evidencia de la nacionalidad y en la legitimación de la existencia de la *Nación Argentina*. Esta concepción más bien exclusivista y defensiva emergió con cierta claridad hacia 1890, cuando la crisis política hizo sentir con fuerza la presión de los extranjeros por obtener los derechos políticos sin la necesidad de tomar la nacionalidad. Para unos la nacionalidad remitía a la constitución de una nueva nación como un cuerpo político soberano en clave de *nación cívica*; para otros se basaba en la existencia de una raza y una cultura, "no en formación sino reconocida, no de existencia futura sino con el respaldo de una larga tradición de siglos" (Bertoni, 2001: 3-9).

desacuerdo: "Es decir, en vez del sistema actual que quiere que se acuda a los jueces pidiendo la ciudadanía, que se vaya a ellos, pero para negarse a aceptarla" (Cafferata, Antonio F. *Apuntes…*, p. 68).

Retomando un argumento que ponía el énfasis en la apatía y el desinterés de los extranjeros por intervenir en la cosa pública, la propuesta invertía los roles y obligaba a los extranjeros a tomar una actitud activa si es que deseaban rechazar la nacionalidad impuesta o por el contrario los instaba a mantener una actitud entre pasiva e indiferente en cuanto a las decisiones políticas. Como puede apreciarse, la propuesta no era del todo original, ya que se inscribía en un debate vigente por aquellos años sobre los modos de otorgar la ciudadanía, pero sí contenía un alto nivel de polémica por el carácter compulsivo de la misma. De todas maneras, a tal extremo llevaba Cafferata la idea de la nacionalización automática que llega a postular una singular idea, basada en declarar argentinos al conjunto de los habitantes sudamericanos, "dando un elevado y hermoso ejemplo de confraternidad Sud Americana se dictase una ley que declarase ciudadanos argentinos a todos los hijos de las repúblicas de América" (Cafferata, Antonio F. *Apuntes…*, p. 72).

Rosario, "ciudad bicentenaria"

Desencantado ante la experiencia traumática de su padre y alejado de la política provincial, Antonio encontraría en la ciudad de Rosario un lugar para, en principio, ejercer su profesión de jurista y abogado, y más tarde militar en la política local, llegando a ocupar una banca en el Concejo Deliberante local. Entretanto Cafferata tuvo un rol destacado entre los intelectuales locales católicos que esgrimieron intenciones concretas de "cristianización o más bien catolización" de la llamada "ciudad fenicia" (Martín, 2010: 131 y n. 9). Así conformó la dirección del Círculo Católico de Obreros de Rosario; dirigió desde 1908 el periódico católico *La Verdad*, siendo uno de los principales voceros e impulsores locales del proyecto de creación de un Obispado en Rosario que se afirmaba desde la coyuntura del Centenario; organizó la sede de la Acción Católica local y tuvo además una fuerte influencia en la recreación de un pasado histórico "bicentenario" para la joven ciudad, postulando un ilustre origen entroncado con la raíz colonial y devota hacia el año 1925. Unos años antes, en 1921 Cafferata esgrimía en la Convención Constituyente provincial un discurso titulado "Dios en la Constitución",[9] como una toma de partido contundente ante la renovación laicista que se estaba produciendo en la provincia de Santa Fe.[10]

La consideración que tuvo sobre el éxito indiscutible del "progreso" mostró como contrapartida su apelación incansable a la problemática del "orden", en tanto exposición de los males de la modernización y la problemática urbana; por lo que Cafferata fue un ferviente intelectual católico que se posicionó en torno a temas claves de la modernidad tales como la inmigración, la nacionalidad y la ciudadanía (Martín, 2010).

En la ciudad de Rosario, la década de 1920 trajo aparejado un desarrollo económico creciente, pero el mismo se encontraba determinado por una cuestión más profunda, con una fuerte carga simbólica. La ciudad necesitaba justificar su expansión y *boom* de crecimiento material anclándolo en una clave cultural. Era menester borrar los orígenes monetarios y mercantiles, para proveerla de un pasado más digno e ilustre. Con su colega en el Concejo Deliberante

---

[9] Cafferata, Antonio F. *Dios en la Constitución*. Discurso en la Convención Constituyente de Santa Fe, 1921.

[10] Como sostiene María Pía Martín, en 1919 la Iglesia argentina, en respuesta a la conflictividad desatada tras la semana trágica, reorganizó su actividad pastoral afectando a varias de las instituciones preexistentes. En 1921 la reforma de la Constitución provincial marcó un hito importante en el realineamiento de la jerarquía y de ciertos sectores católicos en la región, pero sobre todo en Rosario (Martín, 2010).

local, el Dr. Calixto Lassaga, aunarían votos para sostener la iniciativa de conmemorar un supuesto bicentenario de la fundación de la ciudad de Rosario el día 4 de octubre de 1925 en consonancia con el día de la Virgen del Rosario, patrona de la ciudad. Desde el año 1924 el interés por el origen urbano se acrecentó. El Dr. Lassaga, representante local de la Junta de Historia y Numismática Americana, fue el encargado de preparar los fundamentos de un nuevo proyecto que debía rastrear la herencia tradicional de la ciudad.

Se eligió el año de 1925 para conmemorar un pretendido "bicentenario", ante la falta de una fecha de fundación (más o menos) cierta, postulándose "de manera intuitiva, pero caótica" la celebración de un presunto aniversario remisible al siglo XVIII, específicamente a 1725. La pretensión era por donde se la mire excesiva (Barriera, 2010: 45-51), en vez de optar por un aniversario que conmemore un más modesto centenario remitiéndolo a la mención de villa del año 1823 o la designación de pueblo fechada en 1826. Los esfuerzos historiográficos por sacarle lustre a la ciudad fueron intensos pero contradictorios, el consenso no se alcanzaba. El propio Juan Álvarez, miembro correspondiente de la Junta de Historia y que ya contaba para la época con cierto reconocimiento como historiador de alcance nacional (Glück, 2010: 165), no se involucró completamente en la materia y se lamentaba "que, seguro como estaba de cumplir los doscientos años en 1925, resulte ahora que por ansia de informarse más no sepa ya ni cuantos tiene, ni cuando cumplió los últimos". Rosario debía, aunque sea, "fijarse una edad de oficio".[11]

Como bien sostiene Diego Roldán, el proyecto "exudaba espíritu festivo antes que rigor historiográfico", por ello "Lassaga eligió el delgado hilo que unía la ciudad portuaria con la gesta de la independencia: el día que se izó la bandera en las barrancas del Paraná" (Roldán, 2010: 171-172). Poco

---

[11] Las citas de Álvarez corresponden al artículo periodístico aparecido en *La Prensa*, 23/11/1924, citado en Frutos de Prieto (1985: 70).

le importó a este intelectual que en el mejor de los casos esa efeméride confirmaría en 1925 el aniversario número ciento veintitrés de aquel izamiento ocurrido en 1812, lo cual no se condecía con la intención de conmemorar bicentenario alguno. "La invención del pasado no podía ser más elocuente" (Roldán, 2010: nota 246) y el uso político más evidente. El nacionalismo cultural imperante cobraba su tributo. Rosario, la "segunda ciudad de la República", debía inscribirse en la clave de la epopeya nacional independentista (Milanesio, 2000: 89).

El año 1924 transcurrió entre intensos debates y visitas a archivos documentales, pero 1925 se presentó de repente sin los trabajos realizados. Enseguida se constató que la fecha de febrero no era un buen momento para asignarle a la celebración, era más indicado "inventar" otra. Febrero se encontraba con el Concejo Deliberante en pleno receso y más aun, con los escolares en tiempos de vacaciones, por lo tanto no podrían ser movilizados en cooptados desfiles patrióticos.

Si bien Rosario no tenía un fundador consensuado, sí tenía a todas luces una madre: la Virgen del Rosario, por lo tanto algunos concejales, entre ellos los más acérrimos católicos como el caso de Antonio F. Cafferata y Calixto Lassaga, propusieron la fecha del día de la virgen del 4 de octubre de 1925 para celebrar el ansiado bicentenario. De hecho los festejos debían extenderse por el plazo de ocho días, hasta entroncar con la conmemoración del Día de la Raza del 12 de octubre. El círculo se cerraba elocuentemente y la balanza se inclinaba para darle a la efeméride un tinte racial en clave hispana con su contundente legado católico. Si se habían perdido los tiempos para conmemorarlo en consonancia con los eventos patrios de la revolución e independencia, la opción de aunarlo con una raigambre imaginaria devota parecía un mal necesario para una ciudad que se jactaba de su pluralismo, pero que estaba comenzando a consolidar, si bien simbólicamente, su impronta religiosa.[12]

En el prólogo al libro de su compañero *Motivos históricos y anecdóticos* del año 1932, Calixto Lassaga aceptaba que si bien Antonio Cafferata no era precisamente un historiador profesional ni a tiempo completo, era, sin embargo, un asiduo escritor de crónicas y anecdotarios, mientras que sus relatos históricos los lograba en el paréntesis de las labores cotidianas profesionales, las tareas políticas en el Concejo y la militancia católica. Por tanto sus textos eran

> ... anécdotas y recuerdos sobre tópicos varios, relatados en ameno y galano estilo, cuya lectura, por su fondo y por su forma, deja una grata impresión en el espíritu al transportarlo a épocas un tanto lejanas ya. El resto lo constituyen trabajos de índole histórica, a los que el autor supo consagrar su tiempo haciendo un paréntesis a las cotidianas labores profesionales y a las perentorias exigencias de la cátedra (Cafferata, Antonio F. *Motivos históricos y anecdóticos*, Rosario, 1932, p. 7).

Se trataría de las producciones de un "trabajador infatigable", que a la vez de cultivar el estudio de la historia general del país, rescata del olvido los viejos papeles resguardando las "antiguas tradiciones", ya que "sabe consagrar su tiempo a la investigación de los hechos remotos de este pueblo compulsando al efecto los viejos papeles y archivos para desentrañar de ellos su pasada historia y evitar que el polvo del olvido cubra por siempre el recuerdo de sus *antiguas tradiciones...*" (Cafferata, Antonio F. *Motivos históricos...,* p. 7-8. Énfasis añadido).

---

[12] El posterior incidente de la demolición de la torre de Correos y Telégrafos por "hacer sombra" a la cúpula de la Catedral se inscribe en esta misma transición ideológica. Según la especialista en el catolicismo rosarino, María Pía Martín, esta "compleja trama de continuidades y disrupciones daría lugar a nuevos sentidos y resignificaciones [...] [que] parece tener un quiebre a partir de 1919/1921" (Martín, 2010: 134-135).

Para estos concejales católicos militantes, la búsqueda de las herencias y las tradiciones era fundamental en una ciudad como Rosario acusada de pagana y de no tener historia ni pergaminos. Esta indagación por los orígenes vendría de la mano del rescate de la herencia colonial y las raíces católicas con ella aparejadas. En aquellos *Motivos históricos y anecdóticos* aparecía un artículo sobre los "Antecedentes históricos relativos a la fecha en que deberá celebrarse el segundo centenario de la fundación de Rosario". En él, Cafferata haría gala de su experiencia en los archivos para dilucidar los antecedentes de la fundación urbana, con la intención de confirmar no solo el año del acontecimiento, sino también la fecha.

> Consta por los documentos existentes en el archivo de la curia eclesiástica metropolitana, que ya en el año 1726 desempeñaba las funciones de capellán de la Capilla de Nuestra Señora del Rosario [...] el Presbítero Don Diego de Leiba [...] demostrándose con ello que antes de la creación del curato de este nombre en el año 1730 y seguramente desde 1725, ya existía y se conocía este paraje, con el nombre de Capilla del Rosario (Cafferata, Antonio F. *Motivos históricos…*, p. 78).

A pesar del carácter amateur y de mantener su actividad profesional principal asociada al derecho, Cafferata fue miembro correspondiente de la Academia de Historia y Numismática por Rosario y escribió una serie de efemérides y anecdotarios a la manera de los anales o crónicas históricas.[13] De esta manera, Cafferata apelaba al archivo de la curia eclesiástica metropolitana para corroborar el acontecimiento local. De todas formas sus impresiones eran dubitativas al mencionar que "seguramente desde 1725, ya

---

[13] Cafferata, Antonio F. *Cronología santafesina: principales autoridades políticas y eclesiásticas 1527-1927*, 1928; Cafferata, Antonio F. *Don Celedonio Escalada: conferencia dada en la Junta de Historia y Numismática Americana, filial Rosario*, 1930; Cafferata, Antonio F. *Motivos históricos y anecdóticos*, 1932; Cafferata, Antonio F. *Efemérides santafecinas: 1527-1927*, 1938.

existía y se conocía este paraje". Pero quizás más importante aun que fijar el año de la celebración sea la de fijar un día, una fecha para conmemorarlo: "Nada más lógico ni más justo entonces que, al tratar de determinar una fecha para arrancar de ella el hecho de la fundación de Rosario, se elija el día de la virgen que le dió su nombre y que es oficialmente su patrona…" (Cafferata, Antonio F. *Motivos históricos…*, p. 79).

Si bien la incertidumbre también aparece tras la mención de la expresión "tratar de determinar", para el autor lo primordial es ligar la fecha de la fundación con el día de su virgen patrona. Pero si el debate y más aun las críticas eran recurrentes y las dubitaciones eran evidentes, Cafferata apelaría a una figura de autoridad "indiscutiblemente neutral" como Estanislao Zeballos, quien habría "dicho en documentos que han visto la luz pública que la tradición de la Virgen del Rosario está tan íntimamente ligada a la vida de este pueblo que no sería posible hablar de él, de sus orígenes sobre todo, sin referirse a aquella…" (Cafferata, Antonio F. *Motivos históricos…*, p. 79).

De repente parecía que aquellos epítetos sobre Rosario como ciudad fenicia, liberal, plural y cosmopolita, o incluso la masónica, atea y anarquista, se diluían ante la constatación de una tradición homogénea que entroncaba íntimamente con una ligazón cristiana evidente desde los orígenes remotos de la población. Según Martín esta era una victoria simbólica para el catolicismo, con lo cual se "revertía de esta manera la larga tradición anticlerical que había identificado" a la ciudad (Martín, 2010: 125).

De las colecciones privadas a los museos públicos

Como heredero de dos familias con asentado linaje y tradición histórica, Cafferata recibió de ambos progenitores una heterogénea colección familiar formada, entre otros, por objetos artísticos, manuscritos y documentos históricos, monedas, medallas, fotografías, que a la postre resultarían una base patrimonial fundamental para lo que sería en principio su colección particular y posteriormente el incipiente Museo Histórico de la ciudad.

Desde el comienzo, la colección de Cafferata no estuvo determinada por el valor estético de las piezas sino por su valor histórico. Fue impulsor de una propuesta por un "Museo Artístico y Científico" que debía contar con una sección para las artes y otra sección para realizar un "museo zoológico, étnico, arqueológico, colonial-histórico". Evidentemente el concepto de museo en él estaba profundamente determinado por el contenido particular de su colección privada (Montini, 2010: 117-118).

Esto le permitió a Antonio Cafferata ser parte de un grupo selecto de personalidades que desde la esfera política y económica amplió su influencia al campo intelectual, artístico y cultural. Con base en este legado y en el que posteriormente iría adquiriendo, hacia el año 1912 pudo organizar en su residencia particular el primer museo histórico con que contó la provincia.

La apremiante necesidad de formar un verdadero ambiente intelectual, cultural y científico para Rosario vendría de la mano de la creación de laboratorios, gabinetes y museos, para investigar pero también resguardar el patrimonio nacional. Estos cultores de museos científicos y del coleccionismo local serían algunos de los mencionados por la revista cultural *El Círculo*, tales como Antonio Cafferata, quien aparecía firmando una nota con un "Anecdotario histórico",[14] o la singular nota del editor del magazine, Fernando Lemmerich Muñoz, donde se hacía referencia al patrimonio artístico colonial en manos de los cultores locales, y se mencionaba que incluía una excelsa serie de vestigios y documentos de singular interés para el estudio folklórico de la pintura americana y la platería colonial. Allí se

---

14 *La Revista de El Círculo*, segunda época, otoño-invierno de 1924, p. 46.

enumeraba el valioso e interesante conjunto artístico de las colecciones privadas del Dr. Antonio F. Cafferata, además de las de notables personalidades como el Dr. Julio Marc, Dr. Fermín Lejarza, Eduardo Hertz, entre otros.

Al igual que sus pares europeos y americanos, los burgueses rosarinos encontraron en el coleccionismo de arte un reparo ético para legitimar sus diferencias de clase y a la vez para mantener sus fortunas en resguardo ante la avalancha de críticas y comentarios negativos aparejados con sus falencias espirituales y culturales. El arte podría servir como un exponente tangible de que también ellos tenían desarrolladas inquietudes estéticas y que detrás de esos "ricos especuladores" habría un alma con preocupaciones estéticas. Y por tanto si los burgueses tenían estas inquietudes espirituales, la ciudad entera podría redimirse y perder el halo mercantilista que la estigmatizaba.

Para ello, debieron recurrir a una singular operación basada en la donación "desinteresada" de lotes importantes de sus vastos patrimonios particulares en la conformación de colecciones y museos públicos, traspasando de esta manera sus colecciones privadas al ámbito de la esfera pública, conformando lo que puede denominarse un "ciclo de consagración" (Bourdieu, [1979] 2014: 71). Así la obra artística perdía definitivamente su carácter material y mercantil como bien de intercambio y se inscribía en el orden de la contemplación pura.

Sin lugar a dudas la cesión o donación de obras de arte para engalanar la esfera pública de la ciudad era una muestra evidente del "desinterés por lo material" y de las elevadas prácticas que hacían distinguible y consagraban al círculo burgués rosarino. Por ello, con la intención de legitimar su posición social, darse aires de distinción y justificar sus diferencias de clase, los burgueses locales realizaron una trasferencia de parte de sus patrimonios privados a la esfera pública para dotar de manera particular a su ciudad con cualidades entendidas como necesarias pero faltantes, por causa de los desatendidos presupuestos estatales. De todas maneras, eran conscientes de que abasteciendo a su ciudad, los burgueses estaban cerrando el *círculo* y abasteciéndose a sí mismos, ya que entendían que toda "inversión" realizada en la ciudad la mejoraba y refinaba y podría posicionarlos mejor aun a ellos mismos. Esta función los conformó como verdaderos cultores y mecenas particulares en pos de la ciudad que los representaba.[15]

Significativamente estos "pudientes" o mecenas del arte tenían que completar un ciclo. Primero debían concurrir a los salones de arte para apreciar y adquirir las buenas obras de su gusto, pero esas obras tenían luego que ser elevadas y santificadas mediante su donación con el fin de engrosar los patrimonios de los nacientes museos públicos.[16]

En esa clave de incorporación y distinción, Antonio F. Cafferata estará vinculado a los proyectos originarios que culminaron en la creación del Museo de Bellas Artes y del Museo Histórico Provincial (Príncipe, 2008; Montini, 2008, 2010, 2014). De manera tal que el Dr. Cafferata estuvo en los orígenes y antecedentes inmediatos de este tipo de museos pedagógico moralizantes (Príncipe, 2008), aunque su consecución finalmente se lograría bajo la órbita directiva del Dr. Julio Marc (Montini, 2008). Significativamente, en todas las instancias preparatorias la figura de Ángel Guido sería determinante (Montini, 2014).

---

[15] "En todo lugar donde se producen, tales *ciclos de consagración* tienen por función realizar la operación fundamental de la alquimia social: transformar relaciones arbitrarias en relaciones legítimas, diferencias de hecho en distinciones oficialmente reconocidas. Las relaciones duraderas de dominación legítima y de dependencia reconocida encuentran su fundamento en la circulación circular donde se engendra esta plusvalía simbólica que es la legitimación del poder" (Bourdieu, [1979] 2014: 71).

[16] A este carácter de mecenazgo desinteresado se apelaría durante todo el período formativo de los museos locales y aún después sería una prédica recurrente de los cultores del arte local, como en el caso emblemático del Dr. Julio Marc en la conformación del Museo Histórico Provincial. Cfr. infra.

Miembro etario de una generación mayor, Antonio Cafferata moría en el año 1932. Su rol como coleccionista de objetos históricos y documentos del período colonial hispanoamericanos sería a la postre un legado patrimonial fundamental para la conformación del futuro Museo Histórico Provincial. Estos museos científico-patrimoniales tardarían en llegar hasta bien entrada la década de 1930, puesto que el Museo Histórico Provincial se inauguraría finalmente en 1939, aunque los preparativos se remontan al menos a mediados de la década. Estos tendrían el consecuente aporte material y financiero de los gobiernos conservadores que intervenían la provincia de Santa Fe y complacían algunos requerimientos de los cultores del coleccionismo local, como en el caso de Julio Marc y Ángel Guido. Guido sería el secretario de la institución desde la firma del decreto provincial que mencionaba la creación del museo y era el encargado de orientar a su director Marc en la tarea de selección de piezas para la colección. Además, fue el responsable de proyectar arquitectónicamente el edificio del museo, diseñar su espacio expositivo y su museografía (Montini, 2008: 220).

En plena sintonía con las propuestas en pro de la dotación de un lugar para el resguardo patrimonial, aparece también en uno de los números de la *Revista de El Círculo* un fragmento de un trabajo aprobado por el Tercer Congreso Universitario Anual reunido en Córdoba, cuyo autor es el ingeniero Ángel Guido. El trabajo versa sobre la conveniencia de la "Creación de un Instituto Nacional Arqueológico de Arquitectura Americana" y la apremiante utilidad de formar un Museo Histórico de arquitectura colonial. Estas dos instituciones se fundamentan en la necesidad de preservar la herencia arquitectónica y el legado documental colonial, ante el inminente avance de la modernización constructiva que arrasa y pone en peligro su continuidad material.

Antes que los restos de esa primitiva arquitectura desaparezcan, sería conveniente que reuniéramos nuestra propia documentación. Documentación constituida por fotografías y dibujos, restauraciones, relevamientos de conjunto y de detalles tales como moldurados diversos, balcones, aljibes, puertas, rejas, arriates, herrajes, etc., que podría constituir en el Museo Histórico una Sección especial destinada a ser, ahora y en el futuro, fiel exponente de nuestra arquitectura colonial.[17]

De esta manera, concluida la primera etapa museística basada en el sostenimiento privado y particular, se pasó entonces a un segundo momento en el cual la intervención del Estado municipal, pero también del provincial y nacional se volvió determinante para la historia del arte local. De ahora en más el Estado sería un sostén necesario y fundamental para este tipo de iniciativas. Estas tendrían una tónica pedagógica y moralizante para instruir al pueblo en las cualidades artísticas y estéticas, con un evidente trasfondo ideológico nacionalizador. Sería de aquí en más el arte nativo argentino y el americano el que sería valorizado y se dejaría de lado el arte europeo y extranjero que era parte imprescindible de las originales muestras.

El Estado cooptaba el ámbito de las esferas culturales, interrumpiendo el mito de los "desatendidos presupuestos oficiales" invertidos en la ciudad. Se perdía también la idea del mecenazgo como dinamizador de las bellas artes y aparecía la imagen del funcionario, así como la del experto y el especialista en el asesoramiento y en la intermediación por el arte.

Como mencionamos, el Museo Histórico fue inaugurado en 1939, pero su muestra más distinguida y mejor lograda sería la realizada apenas dos años después, en 1941 en conmemoración por el día de la Coronación de la Virgen del Rosario, en la que se realizaría una *Exposición de Arte Religioso Retrospectivo*, demostrando que el proyecto de

---

[17] *La Revista de El Círculo*, segunda época, octubre de 1925, p. 57.

Antonio Cafferata de otorgar un carácter católico a la ciudad al entroncarlo con la figura de su virgen patrona sería contundente y marcadamente exitoso. Encomendada por el obispo de Rosario monseñor Dr. Antonio Caggiano, la exposición se realizó bajo la coordinación del director del museo Dr. Julio Marc y con la organización artística y técnica del Ing. civil y arquitecto Ángel Guido.

Realizada en principio con los aportes y las cesiones de los patrimonios particulares de las familias locales, pero con la diferencia de que en esta oportunidad, "los 'hogares tradicionales' de Rosario dieron otro uso social a sus piezas artísticas, marcando una clara diferencia con los coleccionistas más profesionales" (Montini, 2008: 236). La obra que hacía las veces de catálogo para la muestra se encargaría de enunciar en el epígrafe a manera de advertencia y de legitimación de la muestra, que "los objetos y obras de arte religiosos que forman esta exposición proceden, exclusivamente, de instituciones y personas de esta ciudad de Rosario".[18] Monseñor Caggiano pondría el énfasis en destacar la ligazón de la religión católica con los orígenes de la ciudad de Rosario, en tanto la virgen se convierte no solo en patrona, sino en real fundadora de la urbe. A su vez, los trabajos artísticos y culturales son los que aportan un aura de distinción para solemnizar el magno acontecimiento conmemorativo. Rosario además de ser una ciudad burguesa "opulenta y emprendedora", podía caracterizarse también como una ciudad religiosa al exponer valores "artísticos y culturales".

> Al proyectar las solemnes ceremonias de la Coronación de la Sagrada Imagen de la SSma. Virgen del Rosario, Fundadora y Patrona Jurada de nuestra querida Ciudad, me propuse

---

18 *Exposición de Arte Religioso Retrospectivo. Coronación de la Virgen del Rosario*, Museo Histórico Provincial, Rosario, 1941, p. 4.

circundar el magno acontecimiento de una aureola de actos y trabajos artísticos y culturales que fueran como el esplendor magnífico irradiado por los valores religiosos...
Nuestra Ciudad es conocida como opulenta, dinámica y emprendedora, pero no como eximia por sus valores religiosos, artísticos y culturales (*Exposición de Arte Religioso Retrospectivo...*, pp. 13-14).

Por su parte Julio Marc mencionaba en una misma línea que el aporte artístico y cultural colonial se destaca en razón de la contribución del "genio de la civilización hispana", como un reducto de esperanzas por su característico "espiritualismo".

Con esas obras del arte colonial, ha efectuado el Museo Histórico su aporte propio a esta exposición. Está, en muchas, el genio de la civilización hispana, y en todas, su religión de siempre, que ha puesto en ella un sello de profundo espiritualismo y la ha mantenido como el reducto más seguro de las esperanzas y de los ideales de toda la humanidad (*Exposición de Arte Religioso Retrospectivo...*, p. 18).

Rosario puede ser una ciudad de "felicidad y progreso", pero más allá de su éxito económico, su mayor tesoro y riqueza está vinculada al pasado colonial de América y se debe recordar "siempre que la verdadera grandeza solo se alcanza elevando el espíritu y acercándolo a Dios y a las más altas expresiones de la belleza y de la bondad". Por último Ángel Guido cierra la introducción a la obra mencionando que estas altas expresiones de la belleza están efectivamente relacionadas con la posibilidad de elevación espiritual que el arte colonial le abre a la ciudad, como el reencuentro de Rosario con sus orígenes históricos, que están ligados como por un tronco de raigambre autóctono con el arte del "renacimiento español" y con la auténtica "hispanidad": "Toda estimativa de la pintura colonial debe iniciarse, ante todo, con una reestimación moderna del arte del Renacimiento español. Toda obra de arte clásico en la península debe ser sospechada de 'hispanidad' auténtica" (*Exposición de Arte Religioso Retrospectivo...*, p. 54).

Esta preponderancia por el arte colonial hispanoamericano se debía a que Ángel y Alfredo Guido habían logrado formar una serie pictórica, conocida como la "colección Guido", adquirida en sus viajes exploratorios por el área surandina de Bolivia y Perú hacia mediados de la década de 1920. Por lo tanto, esta colección de pintura hispanoamericana colonial se trasformó en un tema primordial de estudio para Ángel Guido (Montini, 2008: 222). Esto queda evidenciado en su alocución de ingreso a la Filial Rosario de la Academia Nacional de la Historia[19] en 1940, con un análisis estético e histórico de su colección privada, pero que ya había pasado a manos del museo por una llamativa operación. Según refiere Pablo Montini (2008, 2010) en su vasta obra sobre el coleccionismo de arte local y sobre Ángel Guido y el Museo Histórico en particular, los hermanos Guido pretendían vender en Europa su amplia colección de pintura colonial compuesta por más de sesenta lienzos, por lo tanto, no estuvieron dispuestos a "donarlas desinteresadamente" al museo, sino que preferían comercializarlas. Para que las piezas quedaran efectivamente en la ciudad y fueran exhibidas en el espacio público fue necesario el concurso de algunos "mecenas" y burgueses destacados por sus enormes fortunas, como los españoles Ramón y Ángel García –dueños de la tienda La Favorita-. Ellos fueron los que adquirieron la colección de pinturas para luego sí donarla

---

[19] Guido, Ángel. *Estimativa moderna de la pintura colonial. Significación estética dé la colección colonial del Museo Histórico Provincial de Rosario*, en Academia Nacional de la Historia, Publicaciones de la Filial Rosario n. 5, Rosario, 1942. (Conferencia en la incorporación del ingeniero civil y arquitecto Ángel Guido a la filial Rosario de la Academia Nacional de la Historia, pronunciada en la Biblioteca Argentina el 17 de agosto de 1940) (cit. en Montini, 2008: 222).

inmediata y "desinteresadamente" para engrosar el patrimonio del Museo Histórico; que recordemos sería dirigido por Marc y secundado por Ángel Guido en la secretaría.

Con esta donación, realizada en 1936, se pretendía dar una muestra ejemplificante para el resto de la burguesía local, para que retomara la misma senda y aporte también con sus riquezas a la empresa pública encarnada en el museo. Sin embargo, vaya paradoja, personajes como los hermanos Guido que actuaban como verdaderos expertos y a la vez ejercían funciones públicas, no parecen haber sido alcanzados por esta puesta en escena ejemplificante destinada a los burgueses locales, sino que ellos eran solo sus promotores. Si bien donarían documentos, manuscritos y hasta objetos artísticos, raramente se desprendían de aquellas obras de arte pictóricas, que podrían tener una mejor salida comercial en el mercado de arte atlántico.

El devenir singular de la "colección Guido" podría plantearnos la incertidumbre de si personajes como los Guido fueron realmente fervientes creyentes del credo nacionalista promovido por Ricardo Rojas, por una cuestión ideológica, o si en cambio, vieron en esta doctrina la posibilidad de valorizar ideológicamente sus patrimonios artísticos y sus colecciones privadas al dotarlas del aspecto conceptual euríndico, revitalizador del legado hispanoamericano colonial, que era precisamente el que ellos se habían encargado de adquirir en sus expediciones. Es decir, nos plantean el interrogante casi a manera de hipótesis a trabajar, de comprobar si efectivamente fueron primero nacionalistas y luego, con base en eso, construyeron sus patrimonios artísticos, o si en cambio primero encontraron la veta de estas colecciones artísticas para después dotarlas de un halo ideológico asociado al nacionalismo y al hispanoamericanismo que pueda valorizarlas en términos patrimoniales.

Recapitulación

Si analizamos su pensamiento desde el comienzo, Antonio F. Cafferata fue más bien un conservador católico que un liberal en el sentido estricto de la palabra, ya que su accionar demostraba tempranamente rasgos que, combinados, anticipaban un nacionalismo católico autoritario, tales como sus propuestas en cuanto a la selección de la inmigración, sus preocupaciones por la identidad nacional, la soberanía territorial y por el control de la clase obrera.

Si bien el horizonte ideológico del Centenario estaba aún ampliamente hegemonizado por el discurso liberal, comienzan a colarse una serie de fragmentaciones que plantean una "revisión de las certidumbres democráticas, racionalistas y progresistas". En este sentido queda configurada una disputa dual al interior de los sectores dominantes entre dos tendencias opuestas y que al parecer empiezan a plantearse como irreconciliables, entre una postura que privilegia la continuidad de la hegemonía liberal o incluso la profundización reformista de la misma; frente a una tendencia dominada por términos más conservadores y tradicionalistas. Por lo tanto, hacia comienzos de los años veinte puede situarse un quiebre a nivel nacional y particularmente para el caso regional santafesino y rosarino, que presentaría el fortalecimiento de una tendencia autóctona y conservadora en desmedro de visiones más amplias y pluralistas.

Hasta aquellos años ambas tendencias pugnarían por tornarse hegemónicas, pero entretanto aceptarían una adaptación acomodaticia basada en una convivencia equilibrada. Sin embargo, hacia los años 1920 en algunos ámbitos específicos de la sociedad local, se produce la precipitación de este tenso equilibrio hacia uno de los lados de la balanza.

Como puede verse, este pensamiento intransigente contenía una doble cara, un doble filo, en tanto puerta de entrada de ciertas ideas esencialistas, asociadas con lo espiritual, lo elitista, lo autóctono y lo nativo, que servirían para que en una ciudad pretendidamente "plural y cosmopolita" como Rosario penetraran con cierta fuerza ideas regeneracionistas de una religión en pleno avance evangelizador y una identificación patriótica en clave nacional y nacionalista, pasando por ideas corporativistas, unanimistas y euríndicas según los moldes de intelectuales como Rojas, Gálvez o Lugones. Si las obras de estos intelectuales culturalistas tendrían su *boom* en los años en torno al Centenario, un texto paradigmático para el nacionalismo vernáculo como *Eurindia* de Ricardo Rojas, que vería la luz en el año 1924, sería tomado como una referencia ineludible para este grupo intelectual local.

Como hemos visto, los cultores locales de estas ideologías serían personajes multifacéticos como los hermanos Ángel y Alfredo Guido, Antonio F. Cafferata, Julio Marc, Calixto Lassaga, entre otros, que si bien no llegarían aún en el tránsito de los años 1920 y 1930 a ser un grupo plenamente homogéneo, ni mucho menos hegemónico, serían sin embargo un reducido bastión en el que el pensamiento nacionalista argentino pudo referenciarse hacia finales de la década de 1930 y sobre todo hacia 1940, cuando este apuntó su mirada hacia la "segunda ciudad de la República" en clave de "cuna de la bandera".[20]

Fuentes

AA.VV. (1941), *Exposición de Arte Religioso Retrospectivo. Coronación de la Virgen del Rosario*, Museo Histórico Provincial, Rosario.

---

[20] Quizás una imagen sirva como metáfora y como cierre de este recorrido, con la confirmación emblemática de Rosario como ciudad asociada al pensamiento nacional, en tanto símbolo y "cuna de la bandera" con la ratificación de este paradigma en la instalación del elocuente "monumento a la bandera", ideado y realizado por el propio arquitecto Ángel Guido e inaugurado después de una serie de peripecias por el gobierno militar de Aramburu y la "Revolución Libertadora" en 1957, pero esa ya sería otra historia.

Alsina, Juan (1910), *La inmigración en el primer siglo de la independencia*, Ed. Alsina, Buenos Aires.
Cafferata, Antonio F. (1898), *Apuntes sobre Inmigración y Colonización* (tesis), Facultad de Derecho y Ciencias Sociales, Universidad Nacional de Buenos Aires.
Cafferata, Antonio F. (1921), *Dios en la Constitución*. Discurso en la Convención Constituyente de Santa Fe.
Cafferata, Antonio F. (1928), *Cronología santafesina: principales autoridades políticas y eclesiásticas 1527-1927*.
Cafferata, Antonio F. (1930), *Don Celedonio Escalada: conferencia dada en la Junta de Historia y Numismática Americana, filial Rosario*.
Cafferata, Antonio F. (1932), *Motivos históricos y anecdóticos*, Rosario.
Cafferata, Antonio F. (1938), *Efemérides santafecinas: 1527-1927*.
La Revista de El Círculo, segunda época, Rosario, 1923-1925.

Bibliografía

BERTONI, Lilia Ana (2001), *Patriotas, cosmopolitas y nacionalistas. La construcción de la nacionalidad argentina a fines del siglo XIX*, Buenos Aires, Fondo de Cultura Económica.
BOURDIEU, Pierre ([1979] 2014), *Las estrategias de la reproducción social*, Buenos Aires, Siglo XXI.
DEVOTO, Fernando (2005), *Nacionalismo, fascismo y tradicionalismo en la Argentina moderna: una historia*, Buenos Aires, Siglo XXI.
DEVOTO, Fernando (2010), *Historia de la inmigración en la Argentina*, Buenos Aires, Sudamericana.
FRUTOS DE PRIETO, Marta (1985), *La polémica fundación de Rosario, su historiografía. Ensayo crítico*, Rosario, Fundación Ross.

GALLO, Ezequiel (2007), *Colonos en armas: las revoluciones radicales en la Provincia de Santa Fé, 1893*, Buenos Aires, Siglo XXI.

GLÜCK, Mario (2010), "Juan Álvarez y la consagración historiográfica de un mito de orígenes para Rosario: la hija de su propio esfuerzo", en Megías, Alicia *et al.*, *Los desafíos de la modernización: Rosario, 1890-1930*, Rosario, UNR.

MAN, Ronen (2011), "Raza, herencia y tradición. Los escritos de Estanislao Zeballos, una revalorización hispánica en clave de autoctonía", en Fernández, Sandra y Navarro, Fernando (coords.), *Scribere est agere. Estanislao Zeballos en la vorágine de la modernidad argentina*, Rosario, Quinta Pata & Camino.

MARTÍN, María Pía (2010), "El mundo católico rosarino a comienzos del siglo XX. Orden, progreso y cristiandad en el espacio local", en Megías, Alicia *et al.*, *Los desafíos de la modernización: Rosario, 1890-1930*, Rosario, UNR.

MAURO, Diego (2010), *De los templos a las calles. Catolicismo, sociedad y política. Santa Fe, 1900-1937*, Santa Fe, UNL.

MONTINI, Pablo (2008), "El gusto por lo religioso La exposición de arte religioso retrospectivo en el Museo Histórico Provincial de Rosario, 1941", en Artundo, Patricia y Frid, Carina, *El coleccionismo de arte en Rosario: colecciones, mercado y exhibiciones 1880-1970*, Buenos Aires, Fundación Espigas.

MONTINI, Pablo (2010), "El programa cultural de la burguesía: museos y colecciones", en Prieto, Agustina *et al.*, *Ciudad de Rosario*, Rosario, Museo de la Ciudad-EMR.

MONTINI, Pablo (2014), "La ciudad del puerto petrificado", en Megías, Alicia *et al.*, *Los desafíos de la modernización: Rosario, 1890-1930*, Rosario, UNR.

PRÍNCIPE, Valeria (2008), "El museo antes del mueso: la colección histórica del doctor Antonio Cafferata", en Artundo, Patricia y Frid, Carina (comp.), *El coleccionismo de arte en Rosario: colecciones, mercado y exhibiciones 1880-1970*, Fundación Espigas, Buenos Aires.

ROLDÁN, Diego (2010), "Formación y reforma del municipio", en Barriera, Darío G. (dir.), *Instituciones, gobierno y territorio. Rosario, de la Capilla al Municipio (1725-1930)*, Rosario, ISHiR-CONICET.

SARLO, Beatriz y ALTAMIRANO, Carlos (1997), *Ensayos Argentinos*, Buenos Aires, Ariel.

TERÁN, Oscar (2000), *Vida intelectual en el Buenos Aires fin-de-siglo (1880-1910). Derivas de la "cultura científica"*, Buenos Aires, Fondo de Cultura Económica.

VILLAVICENCIO, Susana (ed.) (2003), *Los contornos de la ciudadanía. Nacionales y extranjeros en la Argentina del centenario*, Buenos Aires, Eudeba.

ZANATTA, Loris (1996), *Del Estado Liberal a la Nación Católica*, Bernal, UNQ.

Río Negro mirado desde el oeste

Economía y sociedad de un espacio regional

LAURA M. MÉNDEZ Y ADRIANA PODLUBNE

Presentación

La cordillera de los Andes fue, desde épocas indígenas, un espacio de intercambio de bienes y personas que persistió durante largo tiempo, aun tras los violentos embates expansionistas de los Estados nacionales argentino y chileno acaecidos en las dos últimas décadas del siglo XIX.

Estancieros mendocinos y consumidores chilenos habían construido una fructífera relación comercial desde el siglo XVII en adelante, pero cuando los primeros comenzaron a reemplazar sus campos de alfalfa por vides, los interesados en continuar con la producción pecuaria se desplazaron hacia el sur, en especial en las inmediaciones de los Andes, en pos de construir un mercado ganadero en torno al río Neuquén y a los boquetes cordilleranos de la Patagonia norte (Bandieri y Blanco, 1998).

En el sur chileno, culminada la campaña militar contra los pueblos originarios, la posición mediterránea de Osorno y sus condiciones para la mantención y engorde de ganado mayor produjeron un incremento en la demanda de compra o apropiación de grandes extensiones de tierra para la instalación de haciendas. Asimismo, la privilegiada posición de Puerto Montt como puerto marítimo abría la posibilidad de comerciar con potencias europeas.

En este contexto, el Estado chileno implementó una política de colonización que fue impulsada con el fin de dinamizar los circuitos productivos y mercantiles. Los germano-chilenos instalados en la región de Llanquihue habitualmente traspasaban los Andes y recorrían pasos intercordilleranos. Entre ellos, uno llamó la atención de inversionistas y comerciantes: el paso lacustre del Nahuel Huapi, que permitía a través de una corta travesía, comunicar puertos chilenos con poblaciones argentinas. Así se daba inicio a la conformación de una región económica que perduraría por más de tres décadas y que permitió la construcción de un espacio social signado por una heterogeneidad de origen, diversidad cultural y procesos identitarios múltiples y dinámicos.

En este marco, el propósito de este trabajo es historiar los lazos económicos, las conformaciones sociales y las formaciones culturales que se desplegaron en el oeste rionegrino desde las últimas décadas del siglo XIX hasta los años 1950, con el fin de aportar a la comprensión de un espacio fronterizo que estableció relaciones a veces fluidas, otras escasas, por momentos ríspidas, con el gobierno argentino y su par chileno, en una amalgama que tensa la cuestión regional con realidades nacionales e internacionales, identificando rasgos y problemáticas que perduraron en el tiempo.

Dentro de las formaciones culturales, nos interesa especialmente narrar la historia de las prácticas corporales concebidas como productoras de sentidos, subjetividades y sociabilidades, que contribuyen a la formación de identidades corporales de quienes las realizan, generando procesos de interacción con otros, condicionadas por escenarios sociales, políticos, económicos, históricos y ambientales.

Una región y dos ciudades

> Después de hacer escala en Calbuco, llegamos a Puerto Montt, capital de la provincia de Llanquihue. Es una ciudad pequeña y silenciosa, de tres o cuatro mil habitantes, situada en el fondo de una magnífica grada natural, de fuertes corrientes, pero desde donde pueden anclar los mayores navíos. El puerto no tiene hasta ahora más que una pequeña dársena de hierro, donde se desembarca en canoa cuando se llega en los grandes buques que han anclado en la rada. Pero, cuando se hayan construido diques y muelles, y sea una realidad el ferrocarril argentino en vías de construcción desde San Antonio, en la costa atlántica hasta el Nahuel Huapi, Puerto Montt servirá de escala a los viajeros que vayan de Australia a Europa o viceversa por la Argentina (Jules Huret, 1913: 281).

El periodista parisino Jules Huret (1913), célebre por sus columnas en el diario *Le Figaro*, se refería así a la ciudad de Puerto Montt en su viaje por la Patagonia en 1911. Por entonces, parecía inminente la construcción de un ferrocarril que uniría el Atlántico con Bariloche y, comunicada esta con Puerto Montt, posibilitaría el traslado de personas y mercaderías de manera rápida y segura. Paradójico resulta que el ansiado ferrocarril se concretara veinte años después de la fecha del escrito y que las fluidas relaciones entre el Nahuel Huapi y los puertomontinos hayan quedado en el pasado. Nos proponemos a continuación, explicar por qué.

Una vez finalizadas las contiendas bélicas tanto en Chile como en Argentina que tuvieron como propósito desmantelar el mundo indígena e incorporar a los territorios sureños al efectivo dominio estatal, se reorganizaron los circuitos mercantiles intercordilleranos: los nuevos dueños de la tierra se apropiaron de los mercados a la vez que permaneció como invariante la venta de ganado argentino en territorio chileno.

Entre los nuevos agentes comerciales regionales se destacó en el Nahuel Huapi la Compañía Comercial y Ganadera Chile Argentina, de capitales germano-chilenos. La Chile-Argentina fue sucesora de la empresa comercial iniciada por Carlos Wiederhold en la actual San Carlos de Bariloche en 1895 y, posteriormente, de la Federico Hube y Rodolfo Achelis.

Tanto Wiederhold como Hube y Achelis desarrollaron una beneficiosa actividad comercial que se caracterizó por la compra y engorde de ganado en las riberas del lago Nahuel Huapi. El mismo era procesado burdamente para extraer sus cueros y lanas, las que eran enviadas por un camino privado (construido por Wiederhold y que conectaba el lago Nahuel Huapi con Llanquihue) hasta el puerto chileno de Puerto Montt, donde eran embarcadas hacia Europa del norte, particularmente a Alemania.

Tras la firma de los Pactos de Mayo en 1902, los gobiernos involucrados se dispusieron a concesionar los valles cordilleranos de los territorios en disputa, aun cuando estos se encontraban litigados por ambos países. En agosto de 1904, el presidente Julio Argentino Roca permitió la exención del pago de impuestos a los productos ingresados desde Chile hacia los territorios nacionales de Chubut y Río Negro;[1] disposición que eliminaba los engorrosos problemas de la doble tributación o la necesidad de paso de los vapores por Buenos Aires, uno de los puertos más caros de entrada en el cono sur americano.

Días después de esta medida, se constituyó oficialmente la Compañía Comercial Ganadera Chile y Argentina, siendo su primer objetivo adquirir todos los activos y pasivos de la firma Hube y Achelis, incluyendo sus terrenos

---

[1] El decreto se justificaba: "Para el fomento de esas localidades, puesto que en nada se perjudica el comercio general, desde que por la distancia y condiciones que la rodean no pueden importarse mercaderías de contrabando en los territorios de la Pampa Central o de la provincia de Buenos Aires que disponen de administración de renta". Citado por Bandieri y Blanco (2001: 389-390).

y concesiones de tierras. Daba así inicio a una década en la que "la Compañía" sería uno de los principales actores políticos y económicos de la Patagonia norte.

La Chile Argentina, "la Compañía"

> Me quedaba por ver en San Carlos la tienda de la Sociedad Chileno-argentina que, con la hostería, es el lugar más animado del pueblo.
> En ella encuentra el colono todo lo que puede desear. Es una especie de gran bazar, que tiene abacería, quincallería, farmacia, perfumería y estanco, perfectamente adaptado a las necesidades de estas comarcas, y en donde se ven instaladas las fruslerías de fabricación alemana [...]. Uno de los principales negocios de la Sociedad consiste en comprar en sus almacenes la lana del ganado de la región, pagar su valor en mercaderías y expedirla a Chile, por el camino que nosotros acabamos de seguir, para exportarla a Europa (Huret, 1913: 325).

En 1904 se creó la Sociedad Anónima Comercial y Ganadera Chile-Argentina, con un capital social de 275.000 libras esterlinas, dividido en 55.000 acciones de 5 libras cada una. Inscripta en Chile, su directorio era exclusivamente de personas de esa nacionalidad. La ampliación de las conexiones de la Chile-Argentina hacia los capitales del centro de Chile fueron congruentes con la expansión del giro emprendido por sus predecesoras: compra, crianza, reproducción y venta de ganado, la adquisición y arriendo de nuevas embarcaciones, la construcción de nuevos edificios, bodegas y muelles, junto a la creación de industrias manufactureras, según la conveniencia de la empresa (tanto en Puerto Montt como en Bariloche y el Neuquén), y la organización, en territorio argentino, de un gran almacén de ramos generales con casa central en Bariloche y sucursales en Río Negro y Chubut, que comercializaba los productos manufacturados traídos vía Chile desde Alemania.

Tierra y ganado en territorio neuquino y rionegrino, control del paso Pérez Rosales, salidas fluviales autónomas al Pacífico y la administración de las estancias en territorio argentino a cargo de representantes de la nobleza alemana, emparentada con el Emperador, fueron los soportes del gran crecimiento económico de la empresa.

En el inicio del año de 1906 Chile-Argentina era la principal concesionaria o propietaria de tierras de los territorios nacionales de Neuquén y Río Negro -casi un millón de hectáreas que funcionaban como una única unidad de producción-, poseía, además, propiedades en la provincia de Llanquihue y era la administradora del único puerto mayor de cordillera al sur de la Araucanía y al norte de Magallanes.

Directivos y empleados de la Compañía tuvieron una directa filiación con Alemania, relación que, con los vaivenes de la política internacional, causaría en la década de 1910 profundos inconvenientes al desarrollo empresarial. Por otro lado, que fuera una compañía de capitales germano-chilenos el mayor agente económico de la región norpatagónica no dejaba de ser una paradoja, ya que uno de los objetivos más publicitados en la prensa nacional argentina, al momento de la conquista militar, era cortar el flujo de ganado a Chile, contrarrestar las apetencias expansionistas que este tenía sobre el territorio patagónico, y fomentar procesos de argentinización. ¿Cómo justificar entonces el tránsito de bienes y personas a través de los Andes y la continuidad de las relaciones comerciales sin control aduanero alguno?

El impacto de la Primera Guerra Mundial

Inaugurada la década de 1910, el clima de "paz armada" teñía el accionar político de las dirigencias nacionales y generaba una sensación de beligerancia mutua, en tanto en la Argentina un nacionalismo xenófobo, anticomunista y antiobrero comenzaba a tomar forma y a accionar en contra del extranjero. En este contexto, los vaivenes económicos, legislativos e identitarios de la Compañía terminaron por provocar suspicacias en las autoridades de Argentina y Chile.

El ambiente de desconfianza que establecieron los Estados sobre los germano-chilenos y sus empresas se relacionó con otros eventos que transformaron los circuitos mercantiles: en 1913 llegó el tren a la ciudad de Puerto Montt, y con él una política estatal que beneficiaba la centralización de la economía y reemplazaba el eje económico este-oeste por el eje norte-sur. Simultáneamente se dispuso que los únicos puertos de salida de productos al exterior debían tener todos los requerimientos aduaneros en regla. Finalmente, la inauguración oficial en 1914 del Canal de Panamá debilitó las antiguas rutas magallánicas y provocó la clausura de las grandes rutas navieras por los mares del sur, haciendo caer en desuso los puertos chilenos. Al iniciarse la guerra mundial, por presiones del gobierno norteamericano, Chile adhirió a la política de listas negras que excluía de todo apoyo económico y legal a empresas con capitales ligados al Imperio alemán.

La dirigencia argentina, por su parte, tendió a apoyar las políticas de integración al mercado nacional y comenzó a cobrar forma el "Parque Nacional del Sud", creado en 1911 y que, si bien solo existió en papeles, permitió preservar una vasta cantidad de territorio para la órbita nacional en carácter de tierras fiscales y expulsar a "chilenos intrusos" que moraban en el territorio sin título de propiedad. Comenzaba así a perfilarse una orientación económica de la región hacia el turismo, imposibilitando de facto la continuación de un giro económico agro-productivo.

Así, la Chile Argentina, sospechada en Argentina a principios de siglo por ser chilena, hacia el primer lustro de 1910 tuvo el estigma de responder al Estado alemán, en especial en Chile, donde estaba asentada y donde la presión estadounidense para alentar medidas contra los alemanes fue mayor. El contexto internacional de contienda bélica sumado, entre otras cuestiones, a las medidas aduaneras tomadas tanto por Argentina como por Chile aceleró su disolución.

Chilena para los argentinos, alemana para los chilenos, "extranjera" para ambos Estados, los vaivenes de la Compañía nos permiten comprender la complejidad en la construcción social de las identidades y advertir cómo un lugar tan alejado de los poderes centrales como el Nahuel Huapi sufrió los efectos de la primera gran guerra, de los capitales privados en pugna y de la política nacional e internacional.

La paralización de la actividad mercante desde y hacia Alemania más el retiro de las inversiones que los accionistas de la compañía habían realizado en territorio argentino marcaron el fin del circuito comercial. Finalmente, la pérdida por parte de Alemania de la Primera Guerra Mundial y las durísimas condiciones impuestas por los vencedores sobre esta hicieron que el circuito mercantil y financiero organizado por la Chile-Argentina comenzara un proceso de disolución, mucho antes que el Resguardo Aduanero se estableciera en San Carlos de Bariloche en 1920. Finalizaba así una trayectoria empresarial exitosa que nacida como empresa familiar devino en internacional.

Tras algunos intentos fallidos de actividades económicas -como la actividad maderera y la producción de trigo-, con el transcurso del siglo XX, el turismo se convirtió en la actividad económica monopólica del espacio regional, en especial tras la llegada del ansiado ferrocarril a Bariloche y la creación del Parque Nacional Nahuel Huapi en 1934. Pero los cambios de timón en el campo económico se sostuvieron a partir de la continuidad de ciertas prácticas sociales: una constante movilidad territorial a ambos lados de la cordillera, y el asentamiento de importantes contingentes de chilenos arribados a la región en busca de trabajo y mejores condiciones de vida.

El Estado en escala: la nación, el territorio y la región

Los porteños no han dirigido aún la especulación hacia estas tierras. Los pocos habitantes que se encuentran en ellas son extranjeros: vascos, suizos, alemanes y belgas; pero sobre todo alemanes, como ocurre en el otro lado de los Andes. Colonos que habían obtenido del Estado concesiones gratuitas de tierras, que las habían puesto en cultivo durante varios años, pero que no poseían títulos definitivos, se veían de repente desposeídos de ellas en beneficio de gente más sagaz, que se aprovechaba así del fruto de sus trabajos. Tal era la ratería consuetudinaria (Huret, 1913: 318).

El poblamiento temprano de las riberas del lago Nahuel Huapi por indígenas y mestizos provenientes de Chile, a los que se sumaron empresarios y comerciantes chilenos y trabajadores de la misma nacionalidad, puso en el tapete la discusión acerca de la real integración de la región al Estado argentino, máxime cuando a la población chilena mayoritaria se le sumaban inmigrantes europeos provenientes principalmente de Italia, Alemania y Suiza, lo que daba a la región una profunda diversidad cultural que se tradujo en la posibilidad concreta -o no- de ascenso social.

Tempranamente, funcionarios públicos denunciaron la oposición de los emigrados chilenos a integrarse a los sistemas formales de educación e inclusive, a la inscripción de sus hijos en las oficinas públicas de Argentina.

El deseo del Estado argentino por deschilenizar sus fronteras caía en contradicción al momento de reconocer la necesidades de tales territorios de capitales y mano de obra. La ponderación de los chilenos variaba en relación con su grupo de pertenencia. En orden jerárquico, se valoraba muy positivamente a los germano-chilenos, empresarios y comerciantes en su mayoría, que traspasaban la cordillera para asentarse por largos períodos de tiempo y con miras a invertir en la región. Posteriormente aparecía el chileno, en genérico, enganchado por los germano-chilenos para trabajar en sus empresas en la Argentina. Era reconocida su capacidad de mano de obra, aunque se dudaba de su disposición a asentarse por largo tiempo en el Nahuel Huapi y, por lo tanto, de su involucramiento con el trabajo agro-ganadero y la educación de sus hijos. Finalmente, se equiparaba a la población indígena con los trabajadores provenientes de la isla de Chiloé, siendo abiertamente estigmatizados y discriminados por los funcionarios públicos argentinos.

Estas ponderaciones acerca de las características y potencialidades de los pobladores tuvo su correlato en los mecanismos de otorgamiento de tierras: títulos de propiedad y grandes extensiones para algunos, con posibilidad de crecimiento y concentración; y permisos precarios de ocupación para otros, quienes, siendo pobladores originarios como en el caso de mapuches y manzaneros o chilenos pobres, se convirtieron en habitantes de tierras fiscales o mano de obra barata de los nuevos dueños.

Así, en aras del "progreso" que garantizaría el crecimiento de la nación, se ejerció una política de adjudicación de la tierra según la adscripción de origen de los pobladores y se dio inicio a un programa destinado a civilizar a la totalidad de la población, civilidad que se comprendía en términos de argentinidad: la mejora vendría de la mano de un accionar que modelizaría cuerpos y sujetos en clave positivista, eugenésica y nacional. Frente a estas políticas, algunos grupos -como los alemanes[2]- pudieron sostener sus prácticas culturales y religiosas, mientras que otros no tuvieron más opción que someterse a los mandatos desplegados en función de construir una ciudadanía argentina subordinada y homogénea, guardando para la intimidad del hogar y de su grupo de connacionales las pautas identitarias de origen.

---

[2] En forma simultánea a la creación de la primera escuela pública de la región, se abrió una escuela alemana (1908), a cargo de un pastor que educaba niños y niñas, evangelizaba y enseñaba el idioma germano. Esta fue el germen del Colegio Capraro, que perdura hasta la actualidad.

Identidades en construcción: escuelas, conmemoraciones y tiempo libre

Sustentado en las ideas enunciadas en el párrafo precedente, se promovió un lento proceso de institucionalización que permitió en el oeste rionegrino una paulatina organización del sistema escolar del nivel primario, la instalación de instituciones de salud y seguridad, y el ordenamiento del tiempo libre, en especial de niños y niñas territorianos a partir de distintas prácticas corporales implementadas desde la esfera estatal.

Las escuelas territorianas proliferaron en los años 1930, en especial las de zona de frontera; los contenidos escolares aseguraron formación en historia y geografía argentina, mientras que un conjunto de conmemoraciones, rituales y rutinas desplegaron, tanto en el adentro como en el afuera escolar, itinerarios pautados para convertir a los sujetos en ciudadanos argentinos, más allá de su procedencia étnica.[3]

Efemérides nacionales como las del 25 de Mayo y el 9 de Julio fueron respaldadas por funcionarios estaduales, instituciones escolares y fuerzas armadas. Los actos escolares eran promovidos y supervisados por las autoridades territorianas, quienes, respetando los distintos niveles jerárquicos, hacían llegar a las escuelas un protocolo a seguir para lograr mayor efectividad. La presencia de alumnos y docentes era requerida en todos los eventos que se realizaban en los pequeños poblados: recepción de notables y de delegaciones diplomáticas, inauguración de obras y actos públicos de diversa índole.

La agenda festiva y conmemorativa de las fiestas mayas y julias disputó la hegemonía en el espacio público con otro conjunto de eventos vinculados a la esfera comunal, como lo fueron los festejos por el aniversario de fundación de

---

[3] Recomendamos la lectura del texto de Liliana Lusetti y Cecilia Mecozzi en este libro, que profundiza el análisis de estas cuestiones.

pueblos y colonias y sus hechos históricos más significativos, los carnavales y las conmemoraciones de las efemérides de los países de origen de los inmigrantes. En este último grupo, la ramada chilena fue el festejo más significativo por su duración y cantidad de participantes, a la vez que el más vigilado por las autoridades regionales, en cuanto potencial foco de excesos y desmanes.

Junto a las conmemoraciones y festejos, las manifestaciones corporales del espacio regional evidenciaron procesos identitarios en construcción, acciones de la sociedad civil y modos de intervención de los funcionarios estatales, que produjeron estilos de sociabilidad y alternativas de participación que configuraron una experiencia social compartida, especialmente por jóvenes y adultos.

Prácticas corporales como marcas de identidades y sociabilidades

En los núcleos urbanos de la región se desarrollaron una variedad de prácticas corporales en las que diferentes grupos según lugares de procedencia, se asociaron y organizaron a partir de intereses, experiencias previas y representaciones sociales para realizar actividades físicas y deportivas. Estas prácticas poseían fines recreativos, de desarrollo físico personal e intercambio social, configurando nuevas identidades corporales en consonancia con el discurso de la cultura física predominante. En escaso tiempo se organizaron clubes deportivos y sociales que fueron respaldados por la prensa regional y local, acompañando las transformaciones económicas de la región. Como actor político significativo, la prensa publicó noticias de competencias, encuentros recreativos, excursiones, paseos, torneos y veladas artísticas; resaltó logros deportivos de los miembros de dichas instituciones y otorgó prestigio y relevancia social a sus dirigentes.

Durante las décadas de 1930 y 1940, proliferó una diversidad de prácticas corporales organizadas prioritariamente desde la sociedad civil.[4] Tiro de fusil, ciclismo, montañismo, fútbol, carreras atléticas, boxeo, básquetbol, equitación, automovilismo, pesca, pelota paleta, ajedrez, entre otras, eran acompañadas por encuentros sociales como bailes, festejos y veladas artísticas musicales o teatrales. En gran medida, los actores sociales que las practicaban se relacionaban con actividades comerciales -como dueños o empleados-, con las profesiones liberales, la obra pública o eran trabajadores de la esfera estatal. Contaban con un tiempo disponible que les permitía organizar y participar en dichas actividades por fuera de sus obligaciones cotidianas. Las mismas -salvo el boxeo, el ajedrez y en contados casos, el fútbol- se realizaban en espacios al aire libre, en consonancia con una idea de naturaleza liberadora de las presiones de la vida moderna, responsable de las enfermedades y vicios de la época.

El discurso predominante resaltaba la importancia de realizar ejercicios físicos como prácticas saludables, fortalecedoras del organismo, la moral y el carácter. Una adecuada preparación física aseguraría a los varones la posibilidad de incorporarse al servicio militar y convertirse en soldados guardianes de la nacionalidad, y a las mujeres -con trayectorias corporales diferenciadas- les permitiría potenciar su capacidad de convertirse en madres y tener hijos sanos.

En ese universo de significados, los varones tuvieron más posibilidades de acceso a determinadas prácticas corporales -en general asociadas a la fuerza, agilidad y estrategia-, que les aseguraban competencia, entrenamiento físico e interacción social. Las mujeres se inclinaron a prácticas gimnásticas básicas, la participación en paseos y excursiones en bicicletas, salidas a la montaña y prácticas de esquí.

---

4   Para profundizar en este tema pueden leerse los capítulos relacionados escritos por Mariano Chiappe, María Chiocconi, Adriana Podlubne y Laura Méndez, en Méndez y Podlubne (2015).

Con el correr del tiempo, tras la continuidad de los encuentros para realizar actividades físicas y deportivas, se generaron nuevos escenarios de sociabilidad. Los clubes proliferaron en las décadas de 1930 y 1940, y tuvieron un significativo rol en ese proceso. Fueron espacios en los que se construyeron identidades y redes sociales de hombres y mujeres que eligieron reunirse en torno a la práctica de determinada actividad corporal o deportiva. Congregaron socios con el sentido de compartir prácticas socialmente valiosas, como actividades desrutinizantes, promoviendo la relación con los pares, identificados con modos similares de sentir y de emprender mejoras en la calidad de vida individual y colectiva. El reconocimiento y disfrute del entorno natural -caracterizado por la belleza paisajística- fue concebido como un medio para construir nacionalidad y amor a la patria: de allí el incentivo a actividades en la montaña como el trekking y el esquí, excursiones y paseos a pie y en bicicleta. Como sostuvo el eslogan de la Dirección de Parques Nacionales en la década de 1940: "Amar la patria es conocerla".

Siete fueron los clubes que pautaron el ritmo de los tiempos de ocio en la región.[5] Cuatro de ellos fueron entidades que se formaron en torno a una práctica deportiva: el Club Andino, el Club Hípico, el Pedal Club y el Tiro Federal, mientras que otro conjunto de entidades deportivas que no estaban formalmente institucionalizadas también participó de la agenda del tiempo libre. El fútbol, que como deporte popular a nivel nacional se había convertido en un deporte profesional que atraía multitudes, fue el que concitó en

---

[5] El semanario *La Voz Andina* tenía por costumbre publicar una guía de Bariloche con el nombre de instituciones locales, sus titulares, gerentes o presidentes. El 17 de junio de 1939, en la categoría "clubes deportivos y sociales" se enlistaron las siguientes instituciones: *Club alemán* (presidente A. Leerle); *Club Andino* (presidente Ing. Emilio Frey); *Club Hípico* (presidente teniente 1º Miguel Caróchela); *Club Suizo* (presidente Fritz Röthlisberger); *Pedal Club* (presidente Leopoldo Baratta); *Rotary Club* (presidente Oscar Correa Falcón) y por último, el *Tiro Federal* (presidente Federico Molinelli). Al año siguiente, en 1940, se inauguró el Club *Nahuel Huapi*.

la región la mayor cantidad de jugadores, competencias y espectadores. Con probado entusiasmo, la sociedad local acompañó esta pasión.

De prácticas corporales a prácticas deportivas. El caso del fútbol, esquí y ciclismo

Fútbol, esquí y ciclismo se transformaron en las primeras décadas del siglo XX en prácticas deportivas institucionalizadas con una profusa actividad social en el entorno regional. De manera sintética, historizaremos su devenir en relación con procesos identitarios y adscripciones genéricas, étnicas y sociales de sus practicantes y adeptos.

En nuestro país, como mencionáramos, el fútbol -deporte de origen inglés que llegó a la Argentina junto al comercio, el ferrocarril y las inversiones británicas en la segunda mitad del siglo XIX- se convirtió en los inicios del siglo XX en una práctica cada vez más popular.

Fue un deporte caracterizado por la heterogeneidad de jugadores y espectadores tanto por sus adscripciones étnicas como de grupo social. Su práctica se asoció al desarrollo de las cualidades morales que desplegaba. De la mano del ideal de masculinidad de la época, fútbol y hombría constituyeron un binomio indisoluble en consonancia con la mirada recia de la actividad. Vigor, pujanza, fuerza y potencia eran cualidades resaltadas en su práctica, por ello se mantenía anclada en el mundo de los varones, siendo las mujeres quienes los acompañaban como espectadoras.

En la región, los primeros clubes de fútbol aparecieron en la década de 1910 y se multiplicaron en los años 1930. El Club Independiente, Maragatos, Juvenil Obrero, Club Estudiantes Unidos, Boca Juniors, Solteros contra Casados, e incluso Club Atlético Pilcaniyeu y Club Atlético Comallo, estos dos últimos en representación de dichas comunidades de la Línea Sur, fueron los protagonistas de las actividades de los fines de semana. La proliferación de equipos y la frecuencia de partidos generaron la necesidad de crear una liga local. Fue así que en septiembre de 1939 nació la Liga de Fútbol Bariloche.

Hablar de ciclismo implica remontarse a la invención de distintas máquinas que dieron origen a la bicicleta.[6] En la Argentina y en la región, fueron inmigrantes de origen italiano quienes extendieron su práctica. En el Nahuel Huapi, si bien el ciclismo surgió desde las mismas bicicleterías, la aparición de esta práctica tomó verdadero impulso de la mano de Leopoldo Baratta,[7] quien promovió el ciclismo como práctica deportiva en la región. En aquellos años, la bicicleta era un artículo suntuoso por su valor monetario, y quienes poseían una bicicleta y la sabían usar adquirían cierta jerarquía.

El ciclismo como actividad física y deportiva fue practicado mayoritariamente por familias de origen italiano y español, pertenecientes a sectores urbanos medios y

---

[6] Las primeras noticias que se conocen sobre máquinas antecesoras de la bicicleta datan del año 1490. Fue en Europa del siglo XIX que su práctica se desarrolló lográndose realizar carreras ciclísticas de largo alcance, como el Tour de France o el Giro d'Italia. Con el transcurrir de los avances tecnológicos se sucedieron una larga serie de modificaciones que concluyeron en las bicicletas actuales.

[7] Leopoldo Baratta, hijo de Federico Baratta oriundo de Italia y Rosa Andrade proveniente de Chile, nació en San Carlos de Bariloche en el año 1920. Realizó sus estudios primarios en la escuela Nº 16 además de colaborar en tareas de biblioteca, entre ellas la organización de archivos y de una especial campaña a domicilio para suscribir socios y repartir libros. En la década de 1930, comenzó a trabajar en el Banco Nación. Con su grupo de compañeros de trabajo, organizaron una especie de club en el que realizaban distintas actividades en su tiempo de ocio; aprendían guitarra, alemán, armado de radios, ajedrez y todo aquello que cada integrante o conocido podía aportar o enseñar. A sus 18 años de edad pudo adquirir su primera bicicleta usada. Como existían pocas máquinas en la localidad y solo se utilizaban para realizar actividades físicas y recreativas, Baratta fue acumulando distintos accesorios para ir mejorando el rendimiento de su máquina y adecuarla al terreno. Así dio inicio a una nueva actividad comercial de reparación y venta de artículos para bicicletas. A partir de los años 1930, se ocupó de mejorar la calidad del servicio, reparando, vendiendo o alquilando bicicletas para la zona.

medios-bajos. Estos últimos se incorporaron a dicha práctica a medida que bajaron los costos de las bicicletas y se facilitaron créditos para su compra, lo cual generó nuevos procesos de producción cultural en conjunción con el disfrute de la vida al aire libre.

En 1938 surgió el primer club de ciclismo, denominado "Pedal Club", que promovió la expansión de una organización formal en torno al desarrollo y práctica del ciclismo cuyo objetivo se centró en fomentar el deporte en general y especialmente el ciclismo por medio de excursiones y carreras, además de promover el desarrollo físico, moral y social de la juventud barilochense. Con un amplio despliegue de actividades sociales, se destacaron la organización de eventos con participantes de otras localidades, bailes, veladas artísticas, excursiones, reuniones familiares y de amigos.

En sintonía con el discurso médico de la época, la expansión del ciclismo fortaleció la idea de una cultura física basada en el desarrollo de un cuerpo saludable, fuerte y vigoroso representado en el ejercicio y la preparación física favorecidos por el uso de la bicicleta. Como deporte activo practicado al aire libre, se lo concebía como oxigenador de los músculos y purificador del organismo, incrementando la energía vital. La práctica del ciclismo para las mujeres, orientada más a las excursiones y paseos que a la competencia, permitía acentuar la delgadez de las piernas, otorgándoles más tono muscular y belleza. Niñas y jóvenes debían procurar formas moderadas y proporcionadas sin exagerar el desarrollo de los músculos. Curvas, pechos medianos, caderas fuertes eran vistos como prototipos físicos para la mujer y su misión en la reproducción (Scharagrodsky, 2004).

El último deporte al que haremos referencia es el esquí, actualmente la actividad deportiva que concita el interés de turistas nacionales y extranjeros en la temporada invernal y que se ha transformado en una fuente de recursos indispensable para el empresario local vinculado al turismo.

El esquí también nació en Europa, en este caso, en la península escandinava. Fue utilizado como medio de locomoción ante las dificultades que la naturaleza presentaba. El desarrollo del esquí en la región del Nahuel Huapi data de principios de siglo, sin embargo, el origen de su uso recreativo se estableció a principios de la década de 1930; anteriormente se utilizaba como medio para trasladarse en los meses de invierno, cuando nevaba intensamente.

Las prácticas de montañismo como el trekking, las excursiones, la escalada, el esquí, el cuidado de la naturaleza y su disfrute formaron parte de un concepto integral de relación del hombre con el entorno: un escenario para conocer, explorar, proteger y respetar. El medio natural adquirió un valor simbólico en la conformación identitaria del grupo de estos inmigrantes montañistas: a las actividades deportivas se sumaron prácticas más autóctonas como el mate compartido, el asado, la música y el baile en los refugios. En 1931, un grupo de vecinos fundó el Club Andino Bariloche, que tuvo como propósito fomentar estas actividades para compartir con familiares y amigos, en contacto directo con cerros y montañas del entorno regional.[8]

Estas prácticas fueron desplegadas por hombres y mujeres. En particular el esquí era considerado provechoso para el universo femenino ya que con su práctica se podía desarrollar la gracia, el estilo, la estética -virtudes asociadas a la distinción social- y trabajar la coordinación, elasticidad y motricidad en contacto directo con la naturaleza.

La creación de la Dirección de Parques Nacionales -dispuesta a proteger y custodiar las zonas de frontera- junto a la llegada del ferrocarril a Bariloche, ambos en 1934,

---

[8] La cantidad de visitantes fue incrementándose en el espacio regional: 330 visitantes en 1930, 440 en 1931, 620 en 1932. El número asciende a 2484 en 1937 -sin duda a causa de la llegada del ferrocarril a Bariloche y a las políticas implementadas por Parques Nacionales-. Esa cifra es superada solo en doscientos visitantes en el año 1945, para advertir un crecimiento muy importante en los años siguientes: 15.243 en 1946, 32.319 en 1947, 45.266 en 1949 y 55.000 en 1950 (Rey, 2005).

influyeron en la consolidación del turismo como actividad básica de la región y transformaron las prácticas del esquí. Los vecinos que hasta entonces se desempeñaban como instructores fueron reemplazados por esquiadores profesionales, el cerro Otto como lugar de práctica se cambió por el centro de esquí Cerro Catedral, en el que se erigieron medios mecánicos de elevación, y los equipamientos caseros fueron reemplazados por equipos profesionales y ropa elaborada con el fin específico de resguardar al esquiador y facilitar sus movimientos. Bariloche, que hasta entonces era visitado en verano y descansaba en invierno, transformó los meses fríos en su temporada alta. El incremento de los costos hizo que cada vez más esquiar se transformara en una actividad para turistas y para los sectores económicamente privilegiados de la localidad y la región. La creación de la Federación Argentina de Ski y Andinismo en el año 1941 formalizó este proceso, y la competencia de elite reemplazó a la reunión de vecinos que -con esquíes o sin ellos- disfrutaban de la nieve.

En perspectiva comparada, el Estado intervino en forma directa en el impulso y difusión del esquí con importantes inversiones de infraestructura para su expansión y desarrollo. A tal fin, se convirtió en una práctica corporal con alto rédito económico vinculado al turismo internacional. El fútbol y el ciclismo fueron menos tutelados y solo apoyados ocasionalmente en coyunturas como campeonatos, carreras y subsidios esporádicos para fines menores.

A manera de epílogo. Crisis y continuidades

Hemos intentado demostrar las relaciones densas y dialécticas entre contextos internacionales, lógicas estaduales y realidades regionales, focalizando la mirada en las prácticas económicas y socioculturales de la región cordillerana de la Patagonia norte, haciendo hincapié en el oeste rionegrino.

Desde el último lustro del siglo XIX se organizó un circuito mercantil que vinculó la ciudad de San Carlos de Bariloche con Puerto Montt y Hamburgo: lanas, cueros, crines y plumas se vendieron en ferias europeas, mientras que productos manufacturados alemanes se distribuyeron a través de una cadena de almacenes de ramos generales. Durante las primeras dos décadas del nuevo siglo, la Compañía Comercial y Ganadera Chile-Argentina -de capitales germano-chilenos- monopolizó el mercado de trabajo y el circuito mercantil intercordillerano, controló el tráfico comercial del puerto de Puerto Montt, tuvo activa participación política a escala regional y mantuvo relaciones fluidas con funcionarios nacionales tanto argentinos como chilenos.

Un conjunto de factores políticos y económicos acaecidos a ambos lados de la Cordillera, sumado al desenlace de la Primera Guerra Mundial, produjo la disolución de la Compañía y la merma del tráfico comercial por el Nahuel Huapi, hasta prácticamente su desaparición. Tras el intento fallido de desarrollar una serie de actividades económicas poco redituables, fue el entorno natural el que definió el destino de la región: la belleza paisajística propiciaba el turismo y su desarrollo fue impulsado por el Estado nacional tras el golpe de Estado de 1930.

Concomitante a los procesos económicos, la región del Nahuel Huapi se caracterizó desde la conformación de sus centros urbanos por su cosmopolitismo: chilenos y alemanes fueron los grupos con mayor peso, los primeros por numerosos, los segundos por su capacidad económica y sus prácticas culturales y religiosas.

Frente a la diversidad de origen, el Estado argentino instaló en las primeras décadas del siglo XX un conjunto de instituciones y programas destinados a consolidar la nacionalidad argentina y a velar por la seguridad y civilidad de sus habitantes. Pero el resultado de tales políticas no fue unívoco: derroteros propios coexistieron con los orquestados por los funcionarios estatales y tanto los sujetos como los cuerpos construyeron procesos identitarios, en algunas instancias complementarios, en otras antagónicos, en directa relación con el entorno natural y adscripciones sociales, de géneros y étnicas.

Con el sentido de otorgarle productividad al tiempo libre de la población, las conmemoraciones y festejos fueron pilares para generar pautas de identidad vinculadas al ser nacional. Como garantes del porvenir deseado, año tras año su celebración permitía otorgar continuidad temporal, instituir o recuperar valores y contribuir a las funciones pedagógicas y de reproducción de la lógica cívica establecida.

Según las ideas dominantes de la época, la actividad física poseía una alta valoración por sus beneficios higiénicos y también morales, ya que el ejercicio era apreciado como factor inspirador en la búsqueda de superación, distinción y continuos desafíos. Un cuerpo fuerte y sano, apto tanto para el ejercicio de la ciudadanía como para el trabajo, dio lugar a la expansión de variadas prácticas corporales y deportivas que fueron modelando las corporalidades y sus formas de moverse, expresarse y comunicarse.

Para ese entonces, si bien en la región existían diferentes asociaciones y clubes deportivos que promovían un atractivo abanico de actividades físicas, el fútbol, el esquí y el ciclismo fueron los que contaron con mayor cantidad de adeptos, concentraron el interés de la prensa y el apoyo de la sociedad civil en su conjunto, comprometida en su difusión y sostén, así como la atención y respaldo de funcionarios territorianos y destacados vecinos de la comunidad.

El fútbol, como práctica corporal y deportiva, se instaló con entusiasmo en la región siendo un ámbito que favoreció la construcción de cohesiones grupales y de masculinidades. En la actualidad continúa su desarrollo y expansión, ya sea de manera informal o en escuelas deportivas, clubes y asociaciones, o espacios cerrados con la modalidad de fútbol cinco y en canchas al aire libre de modo amateur o profesional. Las mujeres fueron incorporándose a estas prácticas con equipos representativos de distintas edades y diversas instituciones compitiendo en torneos locales, regionales, provinciales y nacionales.

El desarrollo del ciclismo fue significativo como práctica para mantener la salud y el ejercicio físico. Como actividad deportiva permitió a jóvenes y adultos de Bariloche conocer y recorrer la región a través de carreras y excursiones, tender lazos de unión con otras localidades y realizar acciones colaborativas y solidarias. Con el entrenamiento diario, los ciclistas aprendieron a optimizar la tecnología de las bicicletas incluyendo accesorios adecuados a las necesidades que imponía el entorno.

Teniendo en cuenta el desarrollo tecnológico que se logró con las bicicletas a lo largo del último siglo, la proliferación de clubes dedicados a esta práctica a nivel regional no fue tan significativa como en el caso del fútbol. En la actualidad se realizan carreras de ruta, *mountain bike* -con la modalidad *cross* y *rally*- y carreras de descenso. La práctica ciclística también forma parte de pruebas combinadas, como por ejemplo el triatlón.

En el caso del esquí, el potencial como bien turístico fue el que motivó su desarrollo -principalmente en el Cerro Catedral-, aunque acotado a los grupos sociales de mayores recursos económicos. Hoy en día, si bien existen experiencias significativas de implementación de programas de aprendizaje de esquí para niños, niñas y jóvenes de la localidad, los altos costos para acceder a los medios de elevación, la necesidad de contar con equipo específico para el disfrute de las montañas nevadas y su sublime naturaleza hacen que el acceso al deporte aún no sea para todos.

La población de San Carlos de Bariloche creció vertiginosamente: en la década de 1900 por el asentamiento de la Chile Argentina y sobre finales de los años 1930 por el desarrollo turístico, hecho que trajo aparejado un crecimiento desordenado del ejido urbano. El centro intentó reflejar la postal turística y usó el lago como espejo. A mayor lejanía del lago, mayor precariedad en los trabajos y en las condiciones de vida. Estos procesos de segregación urbana se han profundizado en el presente, acentuando la desigualdad y la conflictividad social. A modo de analogía, observando el cerro Otto pueden visualizarse las diferencias: sus laderas norte y suroeste están dedicadas a la oferta inmobiliaria de elite, en sus laderas oeste y sur viven los sectores más vulnerables y carenciados; la cima -nevada en invierno- es solo para los turistas. Como la ciudad, la montaña tiene múltiples caras: es en sus aristas donde pierde brillo la imagen de la postal y los contrastes se hacen evidentes.

Bibliografía

BANDIERI, Susana y BLANCO, Graciela (1998), "Propietarios y ganaderos chilenos en Neuquén: una particular estrategia de inversión (fines del s. XIX y comienzos del XX)", *Revista Estudios Trasandinos*, año 2 (2).

BANDIERI, Susana y BLANCO Graciela (2001), "Invirtiendo en tierras y ganados: capitales chilenos en la frontera norpatagónica", en Bandieri, Susana (ed.), *Cruzando la cordillera... La frontera argentino-chilena como espacio social*, Neuquén, Centro de Estudios de Historia Regional de la Universidad Nacional del Comahue.

BANDIERI, Susana y BLANCO, Graciela (2009), "Política de tierras en los territorios nacionales: entre la norma y la práctica", en Blanco, Graciela y Banzato, Guillermo (comps.), *La cuestión de la tierra pública en Argentina. A 90 años de la obra de Miguel Ángel Cárcamo*, Córdoba, Prohistoria.

BARATTA, Leopoldo (1996), *Leyendas entre lagos y montañas*, San Carlos de Bariloche, La impresora.

BENCLOWICZ, José Daniel (2012), "Migración chilena, pueblos originarios y discursos sobre Bariloche: reflexiones en torno a las representaciones hegemónicas de la historia reciente", *Estudios Trasandinos* 17.1.

CHIAPPE, Mariano; CHIOCCONI, María y PODLUBNE, Adriana (2011), "¡Todo por la Patria! Nacionalismo, prácticas corporales y tiempo libre en asociaciones civiles. Región del Nahuel Huapi. Primera mitad del siglo XX", en Méndez, Laura (dir.), *Historias en movimiento. Cuerpo, educación y tiempo libre en la Norpatagonia. 1884-1945*, Rosario, Prohistoria.

MENDEZ, Laura y PODLUBNE, Adriana (dirs.) (2015), *Tiempo de jugar, tiempo de aprender. Educación, museos y prácticas corporales en la Patagonia Norte, 1910-1955*, Buenos Aires, Prometeo.

MÉNDEZ, Laura y MUÑOZ SOUGARRET, Jorge (2013), "Economías cordilleranas e intereses nacionales: genealogía de una relación. El caso de la Compañía Comercial y Ganadera Chile-Argentina (1895-1920)", en Núñez, Andrés; Sánchez, Rafael y Arenas, Federico (eds.), *Fronteras en movimiento e imaginarios geográficos*, Santiago de Chile, Editorial de la Universidad Católica de Chile/Ril Editores.

MÉNDEZ, Laura (2001), *Estado, frontera y turismo. Historia de San Carlos de Bariloche*, Buenos Aires, Prometeo.

NAVARRO, Pedro y VEJSBERG, Laila (2009), "El proyecto turístico barilochense antes de Bustillo. Entre la prehistoria del Parque Nacional Nahuel Huapi y el desarrollo local", *Estudios y perspectivas en turismo* 18.

PINTO, Jorge y ÓRDENES, Mathias (2012), *Chile, una economía regional en el siglo XX. La Araucanía, 1900-1960*, Osorno, Universidad de La Frontera.

PODLUBNE, Adriana y CHIOCCONI María (2011), "Entre pedales y esquíes. El tiempo libre en el entorno natural de la región del Nahuel Huapi. 1930-1945", *IX Congreso de Historia Social y Política de la Patagonia Argentino-Chilena*, Chubut, Secretaría de Cultura de la Provincia de Chubut.

REY, Héctor (comp.) (2005), *La Cordillera Rionegrina. Economía, Estado y sociedad en la primera mitad del siglo XX*, Viedma, Editorial 2010, Bicentenario.

SCARZANELLA, Eugenia (2002), "Las bellezas naturales y la nación: Los parques nacionales en Argentina en la primera mitad del siglo XX", *Revista Europea de los Estudios Latinoamericanos y del Caribe*, N° 73.

SCHARAGRODSKY, Pablo (2014), *Miradas médicas sobre la cultura en Argentina (1880-1970)*, Buenos Aires, Prometeo.

SALAZAR, Gabriel (2015), *La enervante levedad histórica de la clase política civil (Chile, 1900-1973)*, Santiago de Chile, Debate.

SCHILLING, Britta (2014), *Postcolonial Germany: memories of Empire in a decolonized nation*, Oxford, Oxford University Press.

SCHULZ, Hans (2004), *Bariloche. Breve historia de la comunidad alemana y su escuela, 1907-2004*, San Carlos de Bariloche, Libros del Mediodía.

Fuentes

Archivo Histórico y Museo Gobernador José Eugenio Tello de Viedma, *Boletín Oficial de la Gobernación de Río Negro*, 1920-1945 (varios tomos).

BUSTILLO, Exequiel (1999) [1968], *El despertar de Bariloche. Una estrategia patagónica*, Buenos Aires, Sudamericana.

Periódico *La Nueva Era*, Carmen de Patagones, 1920-1945.

Periódico *La Voz Andina*, Bariloche, 1939-1945.

Periódico *Nahuel Huapi. Con las pupilas puestas en un porvenir venturoso cooperemos a la mejora del presente*, Bariloche, 1945-1948.

HURET, Jules (1913), *La Argentina del Plata a la Cordillera de los Andes*, París, Sociedad de Ediciones Luis Michaud, traducción de Gómez Carrillo.

SOCIEDAD COMERCIAL Y GANADERA CHILE-ARJENTINA (1904), *Chile y Arjentina. De Puerto Montt al Gran Lago Arjentino Nahuelhuapi*, Valparaíso, Imp. Lit. Gustavo Weidmann, Plaza Justicia 24.

Migrantes internos, limítrofes y de ultramar en espacios fronterizos de Patagonia central (1955-2016)

BRÍGIDA BAEZA

Introducción

En este artículo nos proponemos desarrollar una síntesis del proceso de poblamiento en Patagonia central, considerando como límites de base lo que actualmente comprende la provincia de Chubut y de modo amplio la zona norte y centro de Santa Cruz.[1] Sin embargo emplearemos aquí un modo de entender lo que denominamos Patagonia central como un *elástico territorial*, que "estiraremos" y prolongaremos hasta aquellos lugares que se encuentran conectados a través de los procesos de movilidades, intercambios y

---

[1] Entre 1944-1955 la zona sur de Chubut y la norte de Santa Cruz formaron parte de la denominada Gobernación Militar de Comodoro Rivadavia. Diversos factores, entre los que se encontraban el proyecto nacionalista y de disciplinamiento social emprendido por los grupos dominantes ganaderos para lograr la productividad que proyectaban en los territorios patagónicos, sumados a los geopolíticos y los vinculados a la emergencia de un movimiento obrero "contestatario", condujeron a la implementación de la ex Gobernación Militar (GM) de Comodoro Rivadavia (1944-1955), lo cual llevó a la escisión del territorio nacional del Chubut y a la conformación de otro tipo de límites, donde la zona norte de la actual provincia de Santa Cruz y el sur de la actual Chubut comprendieron la GM. A partir de su escisión en 1955 se produjo la incorporación de la zona norte de Santa Cruz a lo que en 1956 fue llamado provincia de Santa Cruz, y la zona sur del actual territorio chubutense pasó a formar parte de la provincia del Chubut, creada en 1954. Dicha administración estatal, sumada a la conformación de una trama común generada a partir de la incidencia que posee la explotación petrolera como fuente de recursos económicos incidió no solo laboralmente, sino a nivel de las representaciones locales y externas de las poblaciones pertenecientes a la ex GM.

vínculos que generan fronteras porosas en algunos casos, densas y duras en otros, entre otros tipos de relaciones fronterizas. Como arco temporal tomaremos la amplitud que va desde la mitad del siglo XX a la actualidad, por eso será la densidad temporal en sus distintas aceleraciones y duraciones la que aparecerá en los textos que contribuyen al armado de este artículo. Esto no significa que el texto esté organizado cronológicamente, sino a través de ejes problematizadores.

Nos guía la necesidad de poder explicar una serie de cuestiones que nos parecen centrales para comprender la denominada cuestión migratoria en relación con el proceso de construcción de las fronteras estatales y simbólicas al interior del espacio patagónico. Recuperaremos producciones propias y de la historiografía regional para reflexionar acerca de los principales aportes y desafíos futuros para seguir enriqueciendo los estudios migratorios en la región. Veremos de qué modo, por un lado, se reproducen una serie de lógicas generadas desde la historiografía central y el peso que poseen las clasificaciones estatales en la delimitación del objeto de estudio, en especial la trascendencia que adquieren los límites que establece la idea de nación en Patagonia. Y por otro lado, nos ocuparemos de la manera en que sobre el espacio patagónico se proyectó un modo de poblamiento que en cierto modo produjo la readaptación del modelo implementado en el centro de la nación, adquiriendo connotaciones particulares que se reflejan en la actual matriz societaria de Patagonia central.

Por último, nos interesa realizar una serie de aportes para continuar profundizando nuestros conocimientos en el campo de los estudios migratorios en Patagonia, en particular atendiendo a la diversidad y complejidad que adquiere la interacción entre grupos sociales atravesados por distintos componentes identitarios. A pesar de las fuertes políticas estatales tendientes a homogeneizar la sociedad patagónica, subyacen las tensiones propias de grupos sociales que se resisten a ser modelados bajo un proyecto de nación pensado desde el centro y para todas las regiones de Argentina. De modo similar, desde el centro de las provincias –en este caso Chubut y Santa Cruz– se generaron una serie de políticas socioculturales orientadas a conformar un modelo que en cierto modo funcionó como una reproducción del formato nacional para ser transformado en provincial bajo la urgencia de generar chubutenses o santacruceños al interior de los territorios provinciales.

Nuestras investigaciones en la frontera entre Chile y Argentina a lo largo del siglo XX, a través del análisis del cruce de diferentes temporalidades, nos permitieron observar que más allá de los proyectos generados desde "el centro" de los respectivos Estados nacionales, las prácticas estatales son resignificadas de acuerdo con las agencias locales (Baeza, 2009). En este sentido, la perspectiva etnográfica facilitó la reconstrucción de los diversos modos de ser argentino o chileno en la frontera de Patagonia central. Estos marcos varían de acuerdo con el contexto y circunstancias históricas que se reflejan en la construcción de un *habitus fronterizo* (Baeza, 2009), caracterizado por la complejidad en esquemas identificatorios que aluden a lo nacional, lo étnico, lo político, la clase, la región. El *habitus fronterizo* se relaciona con las características y connotaciones especiales que adquieren las prácticas que guían la acción social, ancladas en la interacción que tienen como escenario los espacios fronterizos. Este *habitus fronterizo* se traslada al contexto urbano receptor de poblaciones migrantes, donde la idea de cruzar y reforzar fronteras convive en paralelo con la porosidad y dilución de fronteras simbólicas al interior de las ciudades de Patagonia central. De modo similar a lo que sucede en la frontera chileno-argentina, en las ciudades de Patagonia central encontramos que los grupos sociales denominados *fundadores, pioneros, patriotas, establecidos o nacidos y criados (nyc)*, tal como se denominan en términos nativos, construyeron una representación del tiempo de residencia independientemente de una noción objetiva del tiempo real. Así "los fundadores" en interacción con diversos agentes estatales y de la sociedad civil fueron asumiendo el papel de *establecidos*. En las últimas décadas, son los grupos descendientes de inmigrantes europeos los que desempeñan tareas de recepción de los nuevos grupos migrantes en pos de una convivencia pacífica (Fundación Nuevo Comodoro, 2012).

Así, al interior de la región de Patagonia central, proyectada como zona de expansión y resguardo de la frontera nacional, se fueron generando una serie de relaciones fronterizas, donde la necesidad de diferenciaciones constantes fue delimitando fuertes fronteras internas. Situaciones que nos siguen interrogando acerca del problema de ver

> … cómo y por qué los seres humanos se perciben como pertenecientes a un mismo grupo y se incluyen mutuamente dentro de las fronteras grupales que establecen al referirse en sus comunicaciones recíprocas a un "nosotros", mientras que, al mismo tiempo, excluyen a otros seres humanos que perciben como miembros de otro grupo, a los que se refieren colectivamente como "ellos" (Elias, 2000: 239).

Sin embargo, a lo largo del artículo veremos de qué modo estas mismas fronteras, que por momentos parecen infranqueables, habilitan a sus agentes a saltar, romper, quebrar, diluir barreras que parecen estancas; observaremos que en Patagonia central, a través de una serie de cambios a nivel de la matriz societaria, nada es permanente ni eterno; al contrario: el desafío para las ciencias sociales es poder explicar el cambio y los fuertes trastocamientos en las relaciones sociales patagónicas.

Modelos de poblamiento, nacionalización del territorio patagónico y de los estudios migratorios

A mediados del siglo XX vemos que se interrelacionaban elementos provenientes del modelo de incorporación forzada del territorio patagónico, cuyo exponente mayor está representado por las campañas militares del general Roca hacia 1879, y del modelo de poblamiento que se forjó bajó los marcos territorianos que funcionaron bajo la órbita de los territorios nacionales (TN). Hacia 1940 se encontraban consolidados los tres núcleos poblacionales que hasta la actualidad representan la ubicación de los centros urbanos más importantes de la provincia de Chubut y Santa Cruz. En primer término, como asiento de la capital del territorio nacional del Chubut y de las autoridades territorianas, la ciudad de Rawson y el denominado "valle del río Chubut", sede de la colonización galesa inicial. En segundo término, el "valle 16 de Octubre", con la ciudad de Esquel como centro urbano de trascendencia y toda la franja cordillerana-fronteriza. Y por último la ciudad que mayor crecimiento poblacional concentró a partir del descubrimiento del petróleo en 1907: Comodoro Rivadavia y las poblaciones que se forjaron alrededor de la órbita de la explotación del petróleo y el gas en el norte santacruceño.

El modelo desarrollista de expansión económica en Chubut

Una vez consolidadas institucionalmente las provincias de Patagonia central, las elites gobernantes comenzaron a desarrollar una serie de medidas para superar el modelo de explotación económica basado en la ganadería sobre todo ovina, que hacia mediados de siglo XX daba muestras de sus límites y decrecimiento (Marques, 2003). Esto generó una reestructuración regional y un nuevo tipo de vinculación a nivel interno y externo de los límites provinciales.

Un ejemplo de esta tendencia lo constituye la construcción de la Represa Futaleufú, la cual señala todo un símbolo del modelo desarrollista en la provincia, pero también de un modo particular de concebirlo: nos referimos a la construcción y fortalecimiento de lazos nacionales entre los habitantes, en este caso de la frontera con Chile. Esta obra conocida como el Complejo Hidroeléctrico Futaleufú –que duró entre 1971 y 1978– fue concebida desde el nacionalismo integral, que establece la visión del trabajador como un ciudadano-soldado (Vidal, 1996: 7; Marques, 2003). La producción de energía eléctrica estaba orientada a la provisión de la planta de aluminio Aluar en Puerto Madryn. Alrededor de la construcción de la represa mencionada se generó un polo de poblamiento que movilizó hombres y mujeres provenientes de zonas aledañas y de provincias del centro y norte de Argentina. Alrededor de la obra de la Represa se constituyó un proceso de intercambio cultural, en las relaciones sociales y económicas, cuyas consecuencias sobreviven aún hoy en el área de influencia de Futaleufú (Oriola, 2016). Además la Represa Futaleufú se convirtió en el ícono que el gobierno provincial consideró que debía preservar y cuidar del ataque externo en el transcurso del conflicto de 1978 con Chile. El Complejo se rodeó de tropas militares que tenían como objeto detener al enemigo. En este mismo sentido, el crecimiento de los pueblos de la provincia se potenció sobre la base de los destacamentos y delegaciones estatales que iban instalándose estratégicamente en función del posicionamiento geopolítico (destacamentos militares, asentamientos escolares, de salud, entre otros).

Asociado a este modo de desarrollo también se produjo la expansión de los parques industriales textil y lanero principalmente en Trelew, pesquero en los más importantes puertos de la provincia y metalmecánico en Comodoro Rivadavia, por su asociación al denominado *"boom* petrolero" que vivió la ciudad entre 1958-1963 y que se prolongó en el tiempo. Una imagen de lo que fuera la provincia de Chubut entre 1969 y 1970 la recibimos a través del Consejo Federal de Inversiones, que encargó al sociólogo Oscar Altimir un análisis de la economía del Chubut y de sus perspectivas de desarrollo futuro. En aquel informe se señalaban la desintegración provincial y el patrón de extrema concentración en "los polos" urbanos costeros. Sin embargo, esta situación había sido más acentuada en la década del 60, momento en que Comodoro y el valle inferior llegaron a sumar el 81% de la actividad económica provincial (Comodoro tenía el 58%). Esquel no variaba y el resto del territorio no llegaba al 12%. Alrededor de estos polos de crecimiento se fueron concentrando los núcleos poblacionales más importantes.

Poblamiento, movilidades y migraciones europeas, limítrofes e internas

La colonización galesa representó el principal grupo migratorio europeo en los inicios de la conformación del territorio nacional del Chubut. A partir de principios del siglo XX, el rasgo dominante pasó a ser la heterogeneidad en cuanto al origen de los migrantes extranjeros, sobre todo europeos de origen étnico y nacional diverso. Sin embargo, destaca el número de los migrantes limítrofes chilenos, que se vieron atraídos por un mercado de trabajo en expansión petrolero, en la ciudad de Comodoro Rivadavia.

En el período posterior a mediados del siglo XX, se produjo un aumento de la migración limítrofe y una disminución de los nacidos en otros países. Asimismo, la presencia de migrantes internos de otras provincias del país representó una tendencia creciente, al igual que los nacidos dentro de los límites provinciales. Entre 1960-1980 debemos considerar las diversas políticas de promoción de atracción poblacional de migrantes internos provenientes de provincias del norte argentino, que se implementaron en toda la región patagónica, y de las cuales Chubut no estuvo exenta.

Para el censo 2001, resultaba notable la disminución del flujo de la migración chilena, y la mayor presencia de migrantes bolivianos. Se concentraron como principales centros receptores de los grupos migratorios las ciudades de Comodoro Rivadavia (32,3%), Puerto Madryn (20,5%) y Trelew (17,1%). Además resulta evidente a partir de los datos del censo 2010 que hubo una mayor disminución de la población de migración ultramarina. De un total de 31.210 de población migrante, 26.821 provienen de países limítrofes y el resto se reparte entre países de América no limítrofes y Europa.

Los resultados del censo 2010 muestran una profundización de esta tendencia, ya que los departamentos de mayor crecimiento poblacional y que atrajeron población migratoria limítrofe fueron Biedma (de un total de 82.883 habitantes, 6.115 migrantes) y Escalante (186.583 habitantes, 16.653 migrantes), donde se ubican las ciudades de Puerto Madryn y Comodoro Rivadavia como centros urbanos sobresalientes de sus respectivos departamentos. En el caso del norte de la provincia de Santa Cruz, el mayor crecimiento poblacional lo tuvieron las ciudades de Caleta Olivia, Pico Truncado y Las Heras, siendo los tres centros más poblados luego de la ciudad de Río Gallegos. En el caso de Caleta Olivia, pasó de 36.077 habitantes de acuerdo con el censo nacional 2001 a 51.733 habitantes según el censo nacional de 2010. Al igual que Comodoro Rivadavia, entre los años 2004 y 2008 estas ciudades y en general toda la Cuenca del Golfo San Jorge atravesaron un período de expansión de la actividad petrolera, fenómeno que se extendió hasta inicios de la década de 2010. Este proceso tuvo repercusiones en diferentes ámbitos además del laboral. Como corolario del crecimiento de la productividad económica, estas ciudades acrecentaron sus rasgos de segmentación y fragmentación socio-espacial. Se incrementaron las ocupaciones de tierras y la expansión de los bordes y extremos de la ciudad.

En particular, el caso de Comodoro Rivadavia es representativo de un proceso compartido por otros centros urbanos de Chubut, donde en los últimos tiempos la "cuestión migratoria" se instaló como una problemática de debate entre los funcionarios estatales. Las autoridades locales remarcan el "cambio de modelo", respecto al reemplazo de un modelo poblacional basado en políticas de atracción de migrantes "para poblar la Patagonia" propio de las décadas del 60 y 70 del siglo XX, a un modelo que posee su propia dinámica poblacional, que el Estado –en sus diferentes instancias– se veía impedido de regular y contener, sobre todo en las asociaciones que se realizaban entre migración y delito (*El Patagónico*, 14 de agosto de 2012). En este aspecto, es necesario remarcar que si bien Chubut y Santa Cruz están dentro del grupo de provincias con menor densidad poblacional en Argentina, Chubut con 2,3 habitantes por km2 y Santa Cruz con 1,1 habitantes por km2, el modo de encarar la "cuestión migratoria" es diferente. Las ciudades del norte de Santa Cruz poseen agencias promotoras y de recepción para migrantes, dentro de sus propios municipios. En cambio en el caso chubutense, no existe nada similar y más bien se considera la llegada de nuevos migrantes como una problemática a resolver.

Vinculado a la expansión demográfica que atravesaban las ciudades del territorio provincial de Chubut, hay que considerar que el 86,1% de la provincia se concentra en los departamentos de Biedma, Rawson, Escalante y Futaleufú. Además de que el 90% del total de la población reside en las ciudades de las mencionadas jurisdicciones departamentales (SISFAM/SIEMPRO, 2005).

Comunidades indígenas y movilidades campo-ciudad

La población indígena de Chubut, de acuerdo con el relevamiento sobre comunidades indígenas en Argentina –del año 2005–, fue estimada en 24.000 habitantes, representando el 5,5% de la población total de la provincia.[2] En dicho estudio se observó que existen serias dificultades en lo que respecta a la preservación de la lengua indígena, además de su exclusión en cuanto al acceso a la educación formal. Siendo la comunidad mapuche representativa de más del 50% de la población indígena de la provincia (el resto de los grupos están representados por tehuelches y onas), es significativo que en este grupo se concentre la mayor cantidad de población analfabeta de Chubut.

Un rasgo predominante de la población indígena es que se concentra en las zonas urbanas, además de distribuirse principalmente entre los departamentos de Rawson (28,5%), Biedma (11,6%) y Escalante (15,6%). Y en Futaleufú (15,1%) y Cushamen (12,1%). Esta situación nos indica que luego de los desplazamientos (Ramos, 2010) forzados de fines del siglo XIX e inicios del XX posteriores a las expediciones militares de Roca, este proceso se prolongó y acrecentó a lo largo de las últimas décadas, como consecuencia de los despojos de tierras en los territorios indígenas.

Con base en los datos obtenidos mediante el relevamiento realizado por la Dirección de Identificación y Registro de Familias, Dirección General de Planeamiento Social y Programas, dependiente del Ministerio de la Familia y Promoción Social de la Provincia del Chubut (censo social 2005), podemos establecer algunas características generales de la situación socio-económica de las localidades que componen las comarcas, ya que brinda un mapeo de la

---

[2] Informe acerca de la Población de Pueblos Indígenas del Chubut (primera y segunda parte). Subsecretaría de Modernización del Estado, DGEyC. Informe realizado sobre la base de la Encuesta de Pueblos Indígenas 2004-2005, INDEC.

población chubutense en situación de pobreza (aquellas que no logran satisfacer sus necesidades básicas).[3] En el caso del área denominada "Comarca Andina", podemos tomar como representativo el caso de la localidad de Corcovado, donde de un total de 139 hogares relevados, todos poseen algún indicador de situación de pobreza, y 10 se encuentran en condiciones de pobreza crítica. Otro conjunto de indicadores que dan muestra de la vulnerabilidad social en Corcovado es que de un total de 34 jefes de hogar el 50% no tenía trabajo. Y el 40% de los que poseen trabajo se trata de "changas", y en menor medida trabajo temporario o fijo.

Podríamos afirmar que la situación de vulnerabilidad social se incrementa en los casos en que se trata de comunidades indígenas, tal como sucede en Cushamen, lugar donde se asentó Miguel Ñancuche Nahuelquir en 1899. En esta zona, de 211 familias relevadas todas presentan algún índice de pobreza y prácticamente el 50% se encuentra bajo situación de pobreza estructural y crítica. Asimismo los niveles de escolaridad de los jefes de hogar son menores que, por ejemplo, el caso de Corcovado, ya que un 77,6% no supera el nivel primario.

En Esquel –el centro urbano más poblado de la comarca– esta situación se modifica, de 2.460 familias relevadas, se registraron 231 familias en condiciones de pobreza crítica, y en situación de vulnerabilidad el 23,8% de los hogares relevados. Sin embargo, a diferencia de las áreas rurales la franja etaria de jefes de hogar de los hogares en situación de pobreza se ubica alrededor de los 30 años. La inestabilidad laboral que sufre este sector de la sociedad se agrava año tras año en momentos de enfrentar el período de veda invernal en la construcción. Desde la Secretaría de Producción y Empleo de la Municipalidad de Esquel, se trabaja con programas de capacitación y tareas laborales

---

[3] Los indicadores que fueron tomados para este informe fueron: hacinamiento, vivienda inadecuada, condiciones sanitarias, mayores no escolarizados, capacidad de subsistencia.

invernales como "poda y raleo",[4] para presentar alternativas a las dificultades en el mercado de trabajo local. En el caso de la meseta central, está caracterizada históricamente por un tipo de poblamiento de base rural, donde predomina la figura del "criancero" o productores fiscales:

> … inmigrantes pobres de origen europeo o chileno que buscaban constantemente los campos de invernada de la precordillera y meseta central para pastar rebaños, así también como a los criollos e indígenas que, provenientes de las reservas, o deambulantes y corridos por el alambre de las estancias iban en busca de tierras libres donde asentarse con una punta de ovejas y cabras (Pérez, 2009).

Es justamente este "prototipo" de poblador el que sigue presente en la actualidad. Tomaremos a modo de ejemplificación de la situación social de las localidades de la meseta central, el caso de Colan Conhué.[5] Hacia 2010 estaba conformado por 54 familias, quienes se distribuían en 51 viviendas. Mayoritariamente los habitantes del pueblo trabajan en las instituciones existentes, una minoría lo hace en la actividad comercial, artesanías o trabajos esporádicos. Especialmente en las actividades estacionales vinculadas a la ganadería ovina (Santander, 2010). Estos pobladores, además de compartir situaciones similares de vulnerabilidad social, atraviesan una serie de situaciones de desigualdad, que confluyen en la persistencia de un tipo de pobreza estructural, que se reproduce a través del analfabetismo, o el acceso a determinados accesos sociales. En el estudio realizado por la Agencia SIEMPRO-SISFAM en 2003, de

---

4 Entrevista realizada a Damián Villanueva, secretario de Producción y Empleo, Municipalidad de Esquel. 11 de agosto de 2012.
5 Fundada por Agustín Pujol, un comerciante de Trelew en 1931, si bien la toponimia del lugar indica la preexistencia de comunidades mapuches en la zona.

118 familias relevadas, 82 estaban dentro de NBI.[6] Una alternativa a la falta de inserción laboral en esta zona está representada por los puestos estacionales en las actividades de esquila (Ejarque, 2013).

En el caso del área conocida como "el valle" del río Chubut, resulta interesante detenernos en las características que presenta la ciudad más numerosa de la comarca: la ciudad de Trelew. Urbe que a pesar de presentarse con escaso crecimiento poblacional según los datos del censo 2010,[7] posee los rasgos "típicos" de los centros urbanos numerosos que continúan atrayendo por sus servicios y posibilidades en el mercado de trabajo. La ciudad de Trelew tuvo su mayor crecimiento poblacional a partir de la creación del parque industrial en el año 1971, con la expansión de la industria textil y de la construcción. La mayor parte de quienes se asentaron en Trelew a partir del ensanchamiento del mercado de trabajo fueron migrantes provenientes del "interior" de la provincia de Chubut.[8] Podríamos trazar algunas vinculaciones entre los sectores de mayor vulnerabilidad social de la ciudad y los grupos de migrantes internos, inspirándonos en una investigación realizada por investigadores de la Universidad Nacional de la Patagonia Austral San Juan Bosco (UNPSJB), donde pudieron determinar las vinculaciones entre los sectores que sufren de marginalidad social y la ubicación espacial de estos grupos. La ubicación de los mayores grupos de familias en situación de vulnerabilidad social se presenta en "los bordes" de Trelew, coincidente con el "área de influencia" de las redes

---

6   Indicadores sociales. Comuna rural Colan Conhue. Agencia SIEMPRO-SISFAM. Dirección General de Planeamiento Social y Programas. Secretaría de Desarrollo Social. Julio 2004.
7   En el censo nacional de 2001 la ciudad de Trelew arrojó un total de 88.305 habitantes, y en el censo nacional de 2010: 99.201 habitantes.
8   Para el caso particular de Trelew, contamos con aporte de la tesis doctoral de Mónica Gatica, donde aborda la "migración política" posterior al golpe de Estado de 1973 en Chile, a través del estudio de sus memorias e historias militantes (2014).

conformadas por los migrantes internos que comenzaron a llegar a la ciudad –sobre todo– a partir de la expansión industrial de la década de 1970 (Franco y Blanco, 2010).

Sin embargo, es la ciudad de Puerto Madryn la representante del crecimiento poblacional acelerado: según los datos del censo nacional de 2001 tenía 57.791 habitantes, y para el censo de 2010 contaba con 80.101. Este crecimiento fue sostenido desde la década de 1970 con el desarrollo de ALUAR y continuó más tarde con la industria pesquera y el incremento sobre todo del sector turístico, actividades económicas que expandieron y diversificaron el mercado de trabajo que atrajo a múltiples grupos migratorios internos y limítrofes. Actualmente Puerto Madryn acrecienta sus rasgos de segregación espacial, donde se plasman relaciones sesgadas de racismo sobre todo representadas hacia "el otro" boliviano. Se presentan situaciones donde

> la "raza", entonces, se corporiza y se torna visible a través de la hipervisibilización de ciertos migrantes extranjeros, que con su presencia aún incomodan, evidenciando que aquel racismo, supuestamente superado y diluido en la clase, aún tiene vigencia [...] en Puerto Madryn para ver cómo la xenofobia no opera sino a través del racismo (Kaminkern, 2012: 13).

En este contexto se advierte una creciente asimetría en los asentamientos humanos de la meseta central conjuntamente con una dinámica de éxodo campo-ciudad hacia los bordes de población concentrada. Las migraciones internas aumentan las asimetrías poblacionales y complican la sustentabilidad urbana de los nodos principales: Madryn, Rawson, Trelew, Comodoro y Esquel, que actúan crecientemente y en diferente medida como atractores del sistema poniendo en peligro sus propias espacialidades.

Los avances en investigaciones realizadas en la zona "del valle" –desde la geografía– nos muestran que la historia de las ciudades que la componen es una historia de migraciones. El espacio urbano refleja diversas formas de inscripciones territoriales que dan cuenta de la influencia de los migrantes. Desde la ciudad material a los imaginarios urbanos, están atravesados por las trayectorias migratorias de colectivos migrantes (Sassone, 2006). Las investigaciones llevadas adelante en el asociacionismo, las prácticas religiosas desarrolladas en el espacio público, la vida en los barrios nos muestran un mapa poblacional complejo y con variadas manifestaciones territoriales. Debemos señalar los aportes de este grupo de investigación en lo que se refiere a la situación de los migrantes bolivianos horticultores en su papel reactivador de la explotación agrícola del valle del Chubut, que en épocas pasadas fuera asumida por los productores galeses. Y en este punto debemos resaltar el análisis de la socióloga Marcela Crovetto con su estudio de los "territorios biográficos", para analizar la complejidad que asumen las relaciones sociales e identificaciones a partir de la llegada de un "otro" boliviano, entonces las diferenciaciones a partir del origen se traducen cotidianamente en las categorías de adscripciones, tales como nacido y criado (nyc), venidos y quedados (vyq), y la multiplicidad de denominaciones para referir por ejemplo a los "nacidos, criados y regresados" (2013). Este estudio también problematiza acerca de los límites entre lo rural y lo urbano, señalando para el caso de Gaiman estas movilidades cotidianas que marcan la porosidad de las fronteras. La categoría "rururbano" podría saldar este problema.

La Cuenca del Golfo San Jorge: los casos de Comodoro Rivadavia (Chubut) y Caleta Olivia (Santa Cruz)

Un aspecto preponderante a considerar para comprender las interrelaciones sociales en el caso comodorense lo constituyen las características de su poblamiento de marcada heterogeneidad nacional y étnica. Básicamente la ciudad se pobló con migrantes de origen europeo, con un incremento significativo de los migrantes de países limítrofes en la última parte del siglo XX. Desde los inicios, se registra una presencia de migrantes chilenos en la ciudad.

De acuerdo con los datos censales es posible observar cómo se produce un paulatino aumento del número de nativos en Comodoro Rivadavia. De representar el 67,38% en 1960 los nacidos en el país pasan a un 89,23% según los datos del censo de 2001. Paralelamente decrece el número de extranjeros, que de representar el 32,61 de la población total de la ciudad pasan a solo representar el 10,76 en 2001. A esta argentinización de la población la acompaña el paulatino desplazamiento de los extranjeros de otros países por los extranjeros de países limítrofes, ya que del 26,46% en 1980 pasan a representar el 18,78% en 1991.

Cuadro I. Población de Comodoro Rivadavia
de acuerdo con el lugar de nacimiento

Años	Total		Argentinos		Total de extranjeros		En país limítrofe		En otro país	
Años	Total	%	Total	%	Total	%	Total	%	Total	%
1960	56.777	100	38.258	67,38	18.519	32,61	-	-	-	-
1970	78.236	100	58.615	74,92	19.621	25,07	-	-	-	-
1980	100.997	100	82.472	81,65	18.525	18,34	13.622	73,53	4.903	26,46
1991	129.229	100	110.955	85,85	18.238	14,11	14.813	81,22	3.425	18,78
2001	137.061	100	122.302	89,23	14.759	10,76	-	-	-	-
2010	180.000	100	163.347	90,75	16.653	9,25	14.544		3.495	

Fuente: Censo Nacional de Población 1960, 1970, 1980, 1991, 2001 y 2010.

En el censo de 2001, aunque no contamos con los datos discriminados por tipo de extranjeros, podemos observar que disminuyen en la población de Comodoro Rivadavia, representando un 10,76%. Pero cabe aclarar que entre las décadas de 1960 y 1990 prácticamente la totalidad de los migrantes limítrofes son chilenos por ser en aquel momento casi la única comunidad de migrantes de países limítrofes presentes en la ciudad.

A pesar de que debemos reconocer el asentamiento de migrantes chilenos en las décadas anteriores a 1940, la mayor afluencia de chilenos a Comodoro Rivadavia se generó a partir de dos períodos de expansión económica de la ciudad. El primero, con la instalación de la Gobernación Militar (1944-1955), que otorgó a la ciudad el estatus de capital, con lo cual se generó una ampliación de la demanda laboral para los emprendimientos en torno a las obras públicas, la expansión petrolera y la ejecución del gasoducto a Buenos Aires. El segundo período corresponde al denominado "*boom* petrolero" (1958-1963), con la aprobación de la Ley de Hidrocarburos y un nuevo Estatuto Orgánico de YPF que favorecía la instalación de empresas extranjeras. Durante esta etapa se expandió la contratación de trabajadores chilenos por su carácter de "ilegales", porque de esta forma las empresas abarataban los costos en mano de obra.

La finalización del período de "*boom* petrolero" en 1963 generó la competencia por los puestos de trabajo en la sociedad comodorense. Esto acrecentó la discriminación de distintos grupos sociales con relación a la población migrante chilena, dado que competían por ubicarse socialmente en una sociedad básicamente compuesta por inmigrantes europeos y "norteños" argentinos (Marquez y Palma, 1993). Considerando que la comunidad comodorense carecía en la década de 1960 de grupos que apelasen al estatus y a la tradición para ubicarse en un lugar privilegiado de la estructura social, se conformó un tipo de estratificación social donde quedaban incluidos en primer término, los inmigrantes europeos y urbanos de larga data, luego los de reciente asentamiento, los urbanos de provincias como Buenos Aires, Entre Ríos, Santa Fe, los "norteños" y finalmente los chilenos (Mármora, 1968). La forma de inserción de los diferentes grupos migratorios permite ver el funcionamiento de la marginalidad en el caso de los chilenos, dado que debieron afrontar la mayor cantidad de problemas económico-sociales.

Si bien los migrantes europeos de larga data en la ciudad atribuían elementos de inferioridad "racial" a los chilenos para explicar su marginalidad social, no todos los chilenos compartían la misma situación, dado que algunos grupos poseían mejores posiciones económicas. Hacia la década de 1960 se destacaban tres estratos diferenciados: los comerciantes que se podrían englobar como "burguesía chilena", los obreros afiliados a sindicatos que interactuaban con grupos no chilenos, y por último, los obreros no afiliados con mayor sentimiento de marginalidad y apego a su nacionalidad.

En los años setenta los migrantes chilenos continuaron llegando a Comodoro Rivadavia por cuestiones económicas, pero un grupo numeroso lo hizo por cuestiones políticas, sobre todo a principios de la década de 1970 y 1980, momentos en que recrudecía la persecución política del régimen dictatorial de Pinochet. En el caso particular de Comodoro Rivadavia, este tipo de migración no provino de los lugares tradicionales de origen de la denominada migración "económica" (sobre todo, la Región de Los Lagos), sino que se dio el predominio de migrantes de distintas localidades de la Región XI de Aysén.

La heterogeneidad poblacional de Comodoro Rivadavia arriba señalada se profundizó en la última década considerando la llegada de migrantes "del norte" (básicamente noroeste y noreste de Argentina), de migrantes limítrofes del mundo andino provenientes de Perú y Bolivia, además de una serie de grupos migratorios de Centroamérica, principalmente de República Dominicana. También la diferenciación entre "zona norte" y "zona sur" de la ciudad se profundizó al ritmo de la extracción petrolera, con la expansión urbana, acrecentando los rasgos de fragmentación espacial. Además de la segmentación social que pudo verse con el crecimiento de Rada Tilly (ciudad aledaña a

Comodoro Rivadavia), elegida por las clases medias altas como lugar de distinción social. Actualmente –y de acuerdo con los datos del censo nacional 2011– la ciudad de Comodoro Rivadavia cuenta con 180.000 habitantes, registrando un crecimiento de alrededor de 50.000 habitantes en la última década.

Existe una correlación entre el crecimiento poblacional de Comodoro Rivadavia y el incremento de ocupaciones de tierras, principalmente en los bordes de la ciudad ubicados en el extremo sur. De modo recurrente a lo largo de la historia de la ciudad, ante un período de alza de la explotación petrolera sobrevino la expansión del mercado de trabajo y por ende del aumento poblacional. Así el petróleo sobrevalúa un mercado inmobiliario que no responde al nivel salarial de quienes no pertenecen al mundo de trabajo petrolero, y la demanda de tierras para construir terreno se vuelve acuciante. El extremo sur de la ciudad es la que mayor crecimiento poblacional ha tenido en los últimos tiempos, siendo el epicentro de una serie de asentamientos entre fines del año 2008 e inicios de 2009. Proceso que aún hoy se encuentra desarrollándose en diversos sectores de la ciudad.

Las ciudades de la Cuenca petrolera del Golfo San Jorge actúan como un polo de atracción también para los potenciales migrantes internos, y en particular de las localidades aledañas.[9] Una vez instalados en las ciudades petroleras, surge el problema habitacional, vinculado –entre otros factores– a los altos precios de alquileres y propiedades,

---

[9] De modo similar, podemos pensar que las localidades más pequeñas ofician como "atracción" de las comunidades indígenas cercanas, tal como es el caso de Río Mayo y Río Senguer con respecto a las comunidades indígenas de El Chalía o Loma Redonda. Lo cual conlleva al despoblamiento paulatino de la zona rural y la aparición de diversas problemáticas en los centros urbanos. Un tipo de problemática asociada al despoblamiento de la zona rural es la del ausentismo dominial. Como actor clave en la estructura de tenencia de la tierra en el ámbito rural, el ausentista terrateniente extraterritorial es una figura reconocida y controvertida al mismo tiempo, presente en el análisis técnico, la literatura y la poesía folklórica (Bondel, 2014).

regulados sobre la base de la demanda y posibilidad de pagos de las empresas asociadas a la explotación petrolera. Esta situación se incrementa en contextos de alza del petróleo, desarrollándose una escalada de toma de tierras en los bordes de las ciudades, en lo que localmente se denominan las extensiones de los barrios.

En este marco, se plantea como un problema el ingreso de "gente nueva" a la ciudad. Por eso, controlar las fronteras de la ciudad en el caso comodorense es pensado como un mecanismo que aseguraría el orden interno. En los sectores de los barrios de reciente conformación es posible observar cómo se intentan delimitar estas fronteras, es ahí donde se dirime quiénes formarán parte o no del conjunto. Un modo de restringir y desalentar la llegada de nuevos grupos migratorios ha sido el fortalecimiento de normativas que brindan mayores oportunidades a los grupos nativos. En general, el "espíritu" que predomina está guiado por el valor del "tiempo de residencia" (Baeza, 2009), que en el caso particular de la distribución de la tierra pública resulta sumamente restrictivo para quienes son ubicados en las peores condiciones para postular a una adjudicación de tierras donde poder construir su vivienda. En la Ordenanza de Tierras N° 10.417/12, los nacidos y criados (nyc) en Comodoro Rivadavia cuentan con la ventaja inicial de 40 puntos, frente a los escasos 2 puntos que puede tener un matrimonio de migrantes limítrofes sin hijos argentinos.

Ante la urgencia habitacional, históricamente se fueron conformando asentamientos poblacionales, denominados por los propios vecinos como "extensiones" de los barrios consolidados. Sin embargo, en los asentamientos no solo residen migrantes limítrofes e internos, sino también nativos de la ciudad. Aunque no es posible evidenciar ni villas, ni "barrios migrantes", sí es posible observar distancias físicas/sociales y la existencia de fronteras sociales/simbólicas. De este modo incorporamos una noción de segregación espacial que no solo reconoce la residencia en términos territoriales, sino que permite incluir elementos simbólicos y de diferentes tipos de distancias, entendiéndola más allá de lo físico. En este sentido, es necesario considerar la posibilidad de distinguir entre distintos tipos de segregación espacial (Carman, 2014). Determinados lugares de residencia funcionan como lugares racializados, que poseen continuidad en los espacios de circulación de quienes los habitan (Caggiano y Segura, 2014). Entonces, lo que se va conformando es un proceso de diferenciación interna por sectores delimitados por fronteras reconocidas por quienes transitan diariamente el barrio, tales como evitar pasar por lugares donde grupos migrantes reconocen que serán sometidos a robos y maltratados. Estas fronteras pueden ser inadvertidas a simple vista, pero funcionan de modo efectivo para quienes son considerados foráneos. Así una calle, una esquina, un árbol pueden oficiar de señales que marcan el fin de un sector y el comienzo de otro. El "sector boliviano" en general es el más visible por los propios vecinos y visitantes, en algunos barrios pueden ser reconocidos no solo por las edificaciones y por quienes residen, sino también por diversas prácticas culturales, tales como la realización de festividades o carnavales. En Comodoro Rivadavia, debe considerarse que en el caso de la migración proveniente de Bolivia, se trata de un grupo de reciente inserción en el mercado de trabajo, que "compite" con chilenos y comodorenses (Baeza, 2013), además de otras situaciones donde las marcaciones étnicas se suman a la condición nacional de "ser boliviano".

En el contexto de determinados episodios donde los migrantes son víctimas o victimarios de ciertos hechos violentos, los "barrios migrantes" adquieren visibilidad extrema, tal como ocurre desde los medios de comunicación. Y aun más se acrecienta cuando ocurren hechos tales como enfrentamientos entre grupos antagónicos, ataques por vecinos de otros barrios, entre otros acontecimientos que provocan que las miradas de la ciudad se posen sobre los asentamientos. En este escenario, los y las migrantes generan diversas estrategias para seguir cruzando fronteras en la ciudad. Las fronteras "duras", como los peajes que "cobran" los jóvenes de los barrios aledaños a sus viviendas, las sortean empleando caminos alternativos o agrupándose para poder transitar, o bien acudiendo a vehículos propios o taxis que les permiten salir y entrar del barrio. Otras fronteras más "blandas" –pero no menos difíciles– y que se refieren a trámites, asistencia a instituciones sanitarias y educativas, entre otros lugares de atención pública o privada, se sortean con paciencia, otras resistiendo y a veces con silencio (Baeza, 2013).

La atracción de las ciudades petroleras incide no solo a nivel de las movilidades internas al interior de las provincias que forman parte, sino de amplios grupos de migrantes limítrofes, que aunque no se emplean en forma directa en el mercado de trabajo petrolero, se instalan para desempeñar trabajos anexos de la construcción, la pesca, entre otras actividades como el comercio minorista. Para el caso de Caleta Olivia, hemos avanzado desde el campo de las denominadas "geografías indígenas", de nuestro conocimiento acerca de las formas espaciales que adquieren las diferenciaciones e identificaciones de un grupo de migrantes indígenas-bolivianos, considerando su adscripción indígeno-quechua, su condición de clase, nacional y de género, en un contexto migratorio. Hemos analizado el modo en que las adscripciones indígenas y migrantes de estos individuos se intersectan de modo complejo en un contexto territorial urbano, diferente al del lugar de origen asociado mayormente al espacio rural cochabambino. En Caleta Olivia, los migrantes quechuas-bolivianos residen en su mayor parte en un área "alta" de la ciudad, el denominado "Barrio 3 de Febrero", territorio caracterizado por poseer su propia dinámica y complejidad (Baeza, 2015).

Desafíos para pensar las migraciones y las fronteras patagónicas

A lo largo del artículo destacamos la necesidad de pensar Patagonia central sin límites estancos y proponemos, al contrario, la idea de "elástico territorial" para permitirnos una concepción del espacio social y temporal en sentido amplio, cuya extensión esté impuesta por las interacciones sociales y no por los marcos institucionales estatales. De todas formas, no negamos de qué modo las clasificaciones estatales condicionaron no solo las relaciones sociales y nuestras propias investigaciones, al tener que delimitar nuestro campo a los marcos que se imponen desde los censos nacionales, y que, por ejemplo, fueron determinando nuestro objeto de estudio en "británicos", "chilenos", "españoles", entre otros grupos que fueron "nacionalizados" al momento de realizar el conteo de quiénes residían en Patagonia. Así, se han pensado las migraciones internacionales como protagonizadas exclusivamente por "sujetos estadonacionales". Este "nacionalismo metodológico" (Wimmer y Glick Schiller, 2002) nos ha llevado a aceptar el Estadonación y sus fronteras como elemento dado en el análisis social.[10] Este modo de encarar las investigaciones de los grupos que migran nos ha llevado a confinar nuestros estudios a las fronteras políticas y geográficas de un Estadonación particular.

Debemos reconocer que algunos intentos para el caso patagónico se han venido desarrollando, por ejemplo con respecto a la presencia de chilotes en la zona de Río Turbio, Santa Cruz (Vidal, 1996, 1997). Y aquellos estudios que a través del seguimiento del análisis de redes migratorias prometen avanzar en una línea de *elástico territorial* uniendo diferentes núcleos poblacionales de Patagonia y por fuera

---

[10] Un avance en este sentido lo representa la tesis doctoral de Pablo Mardones Charlone para el caso del mundo andino quechua aymara en Buenos Aires (2016).

de los límites territoriales, tal como es el caso de familias gallegas en Patagonia austral (Allende, 2016). O bien trabajos que colocan la mirada en la etnicidad de los grupos migrantes provenientes de Bolivia, como los quechuas para Caleta Olivia en Santa Cruz (Baeza, 2015).

Sin duda, los estudios migratorios están caracterizados por la complejidad de temáticas vinculadas a su interior, y sin duda la adaptación de un único modelo teórico-metodológico para su estudio estaría condenado al fracaso. En el caso patagónico, resulta fundamental vincular los procesos migratorios con el de *fronterización*, atendiendo al modo en que se construyeron y construyen grupos que crean, recrean, producen y reproducen límites que van más allá de los impuestos por las distintas agencias estatales.

También debemos destacar que metodológicamente el estudio de los procesos migratorios en Patagonia se vio enriquecido a través de la utilización de diversas fuentes documentales, tales como las estadísticas, las provenientes de la historia oral y los registros etnográficos, del mismo modo en que sucede a nivel nacional, donde el foco está puesto no solo en el lugar de recepción, sino también en el de origen, y se rescatan experiencias migratorias de hombres y mujeres (Magliano, 2010). Poder atender a los condicionamientos que poseen las mujeres migrantes indígenas que provienen de Bolivia, y al mismo tiempo las prácticas de resistencia que se generan en contextos de atención hospitalaria, es uno de los caminos posibles a profundizar en los estudios migratorios regionales (Baeza, 2016). Por último, aún resta seguir indagando acerca de los significados que conlleva ser migrante interno del norte del país en las ciudades patagónicas, o provenir de Bolivia, Perú y Paraguay, entre otras adscripciones nacionales y étnicas, en contextos fronterizos de interculturalidad y diferenciación constante.

Bibliografía

ALLENDE, Pablo (2016), "Migraciones españolas a la Patagonia austral. Un estudio a partir de las trayectorias de tres familias gallegas, 1902-1940", tesis de Lic. en Historia, Fac. de Humanidades y Ciencias Sociales, Sede Comodoro Rivadavia, UNPSJB.
BAEZA, Brígida (2013), "Subalternidad, diferenciaciones e identificaciones de grupos migrantes limítrofes. Fronteras internas y marcaciones en el caso de Comodoro Rivadavia", en Nicoletti, María Andrea y Núñez, Paula (comps.), *Araucanía-Norpatagonia: la territorialidad en debate. Perspectivas ambientales, culturales, sociales, políticas y económicas. Libro del Taller Binacional Argentino-Chileno*, UNRN, Bariloche, pp. 206-223, disponible en https://goo.gl/kbWMqH.
BAEZA, Brígida (2015), "Identificaciones y territorialización de migrantes quechuas de Bolivia en Caleta Olivia, Santa Cruz, Argentina", en "Dossier Convocatoria, La cuestión territorial indígena en América Latina: perspectivas y desafíos", *Revista de Geografía Norte Grande*, UCA Ch, noviembre, N° 62, pp. 109-126.
BAEZA, Brígida (2016), "Memorias, mujeres y salud en contextos de desplazamientos transnacionales", en Ramos, Ana Margarita *et al.* (comp.), *Memorias en lucha: recuerdos y silencios en contextos de subordinación y alteridad*, 1a ed., Viedma, Universidad Nacional de Río Negro.
BAEZA, Brígida (2009), *Fronteras e identidades en Patagonia central (1885-2007)*, Rosario, PROHISTORIA Ediciones.
BONDEL, Santiago (2014), "Ausentismo y organización del espacio. Aportes preliminares en casos patagónicos. Eje temático 4: Dinámicas socioespaciales urbanas y rurales en sus múltiples escalas", *IX Jornadas Patagónicas de Geografía*, Río Gallegos, Santa Cruz.

CARMAN, M.; VIEIRA DA CUNHA, N. y SEGURA, R. (coords.) (2013), *Segregación y diferencia en la ciudad*, Quito, FLACSO, Sede Ecuador, Consejo Latinoamericano de Ciencias Sociales (CLACSO), Ministerio de Desarrollo Urbano y Vivienda.

CROVETTO, Marcela (2013), "Movilidades espaciales, alteridades y disputas. Múltiples territorios en el Valle Inferior del Río Chubut", ponencia presentada en *V Jornadas de Historia de la Patagonia "Homenaje al Dr. Pedro Navarro Floria"*, Res. CDFHCS 190/12, desarrolladas durante los días 15 al 17 de abril de 2013, Comodoro Rivadavia.

EJARQUE, Mercedes (2013), "Problemas ambientales y su relación con las prácticas productivas y de trabajo en la ganadería ovina de las tierras secas chubutenses", tesis de Maestría de la Universidad de Buenos Aires en Investigación en Ciencias Sociales, Facultad de Ciencias Sociales, UBA.

ELIAS, N. y SCOTSON, J. (2000), *Os Establecidos e Os Outsiders*, Jorge Zahar, Rio de Janeiro.

El Patagónico (2012), "El intendente se reúne hoy con concejales y jueces de faltas. Será para 'blindar' ordenanzas. Di Pierro también anticipó encuentros con el director de Migraciones por medidas de control sobre residentes extranjeros", Comodoro Rivadavia, 14 de agosto.

GATICA, Mónica (2012), *¿Exilio, migración, destierro? Trabajadores chilenos en el noreste de Chubut, 1973-2010*, Buenos Aires, Editorial Prometeo.

Informe Principales Indicadores Sociales. Provincia de Chubut. Dirección General de Planeamiento Social y Programas. Secretaría de Desarrollo Social. Agencia SIEMPRO-SISFAM. Gobierno del Chubut.

KAMINKER, S. (2012), "La dimensión racial en el análisis de la segregación residencial urbana en Puerto Madryn, Chubut", *Papeles de trabajo, Centro de Estu-*

dios Interdisciplinarios en Etnolingüística y Antropología Socio-Cultural, 22, diciembre, Rosario, disponible en https://goo.gl/bjZ13u [acceso: 09 de febrero de 2012].

MAGLIANO, María José (2010), "El *género* y la *historia oral* en los estudios sobre las migraciones internacionales. Aportes y desafíos", revista digital *Escuela de Historia*, N° 1, Facultad de Humanidades y Artes, disponible en https://goo.gl/Dgbrcv.

MARDONES CHARLONE, Pablo (2016), "Buenos Aires Jacha Marka. Migrantes aymaras y quechuas en Buenos Aires en los umbrales de un nuevo pachakutik", tesis doctoral en Antropología, Buenos Aires, UBA.

MARQUEZ, Daniel y PALMA GODOY, Mario (1993), *Comodoro Rivadavia en tiempos de cambio. Una propuesta para la revalorización de nuestras identidades culturales*, Comodoro Rivadavia, Ediciones Proyección Patagónica.

MARQUES, Daniel (2003), "Caracterización del proceso de poblamiento y del desarrollo productivo de un área fronteriza a través de indicadores censales: El Departamento Tehuelches (Chubut) entre 1895 y 1991", en Baeza, Brígida y Marques, Daniel, *Resistir en la frontera. Memoria y desafío de la sociedad de Gobernador Costa y del Departamento Tehuelches*, Comodoro Rivadavia, Imprenta Gráfica.

MARMORA, Lelio (1968), *Migración al sur, argentinos y chilenos en Comodoro Rivadavia*, Buenos Aires, Ediciones Libera.

ORIOLA, Jorge (2016), *Presa Futaleufú. Entre cipreses y aluminio. 1968-1979*, Remitente Patagonia, Trelew (en prensa).

PEREZ Liliana (2009), "Aportes para una historia social de la meseta norte del Chubut. Crianceros y comerciantes. Conflictos, consensos y mediaciones". En tesis *"Vivir en las márgenes": La construcción social de la historia en un espacio de relaciones sociales complejas y actores ocultos. La meseta norte del Chubut (1890-1930)*.

RAMOS, Ana (2010), *Los pliegues del linaje. Memorias y políticas mapuches-tehuelches en contextos de desplazamiento*, Buenos Aires, Eudeba.

SANTANDER, Celeste (2010), *¿Campesinos? Población rural y construcción de ciudadanía en Colan Conhué, Chubut*, tesis de Licenciatura, Departamento de Trabajo Social, Facultad de Humanidades y Ciencias Sociales, UNPSJB.

SASSONE, Susana *et al.* "Migraciones, etnicidad y territorio. Puerto Madryn y Trelew: hacia el diálogo de la interculturalidad, síntesis del P.I.", PI 599/06 UNPSJB, Universidad Nacional de la Patagonia San Juan Bosco, disponible en https://goo.gl/BUBK32.

VIDAL, Hernán (1996), "Argentina, Chile y los otros. Historias de articulación y desarticulación en la frontera patagónica", Cuadernillo 4, *Encuentro Internacional De la articulación social a la globalización en la antropología latinoamericana*, IDES, Centro de Antropología Social (en Homenaje a Esther Hermitte), Buenos Aires, 15, 16 y 17 de agosto.

VIDAL, Hernán (1997), "Migración chilota en Patagonia", *Revista Tierra Adentro*, N° 13, diciembre, Secretaría de Educación, Departamento de Cultura, XI Región.

WINNER, A. y GLICK SCHILLER, N. (2003), "Methodological nationalism. The social sciences and the study of migration. An essay in historical epistemology", *International Migration Review*, N° 37, pp. 576-610.

La ciudad y lo urbano

Una ciudad dualizada

Rosario a través de Las colinas del hambre de Rosa Wernicke

DIEGO ROLDÁN

> "The image of the city is a figure with profound tones and overtones, a presence and not simply a setting [...] The inhabitant or visitor basically experiences the city as a labyrinth, although one with which he may be familiar. He cannot see the whole of a labyrinth at once, except from above, when it becomes a map"
> Burton Pike

Las imágenes de la ciudad

La ciudad es un fenómeno plural compuesto por un concierto de elementos azarosos imperfectamente controlados. La ciudad está vinculada a numerosos significados y moviliza sentidos tan fuertes como ambivalentes: civilización, corrupción, perversión, poder, destrucción, muerte, revelación. En la ciudad, el pulso de la vida se hace más intenso. La ciudad es el espacio artificial y el artefacto cultural construido por el hombre para poner a raya, expulsar y domesticar a las fuerzas naturales. La ambivalencia que destilan los muros y las calles de las ciudades es lo que les confiere su punto de máxima atracción y rechazo. Se trata, al mismo tiempo, del efecto seductor que ejercen el brillo de la ciudad, la intensidad de su vida, la diferencia y concentración de mundos, pero también, de la hipnosis que procuran sus tugurios, sus bajos fondos y sus pequeños infiernos. Esta ambigüedad vinculada a la experiencia de la ciudad moderna fue descripta con extraordinaria clarividencia para el caso parisino por Baudelaire.

La tensión (inscripta en el epígrafe) entre el laberinto, la confusión producida por un caos organizado a ras del suelo, y el mapa, un instrumento de orientación que busca hacer transparente el espacio, engendra varias paradojas. Quizá, en esta ocasión, convenga reparar en una. La mayoría de sus habitantes no es consciente de la ciudad. En gran parte de la vida cotidiana, los residentes de una ciudad despliegan trayectorias y prácticas con dosis variables de automatismo y alienación. Para los residentes, el extrañamiento es un procedimiento casi inalcanzable, pues exige demasiado. Sin embargo, tanto para el viajero como para el narrador, dos expertos en las artes de la distancia, no existe ninguna posibilidad de restituir la ciudad sino a través de una operación de simplificación. Es mediante esa traducción de un ambiente, primaria pero no exclusivamente visual, en una secuencia narrativa, visual, audiovisual o multimedia que la ciudad puede ser registrada. En esa conversión se genera un resto, un excedente, en general asociado a la sensibilidad y la experiencia, que resulta casi imposible de restituir. No obstante, las artes, en general, y las literaturas, en particular, han conseguido expresar de un modo bastante más sofisticado el mundo urbano que las perspectivas que renuncian a la experiencia en favor de los diagramas y las estadísticas y que los ojos que saltan fuera del laberinto para alcanzar la perspectiva aérea y la distanciada geometría del mapa.

Hace casi cuatro décadas, Richard Morse (1978) señaló el vínculo del registro ficcional y ensayístico con la cultura, la sensibilidad y la experiencia urbanas. Si bien su concepto de periferias persiste relegado (Morse, 1985), su metáfora de arenas culturales ha sido restituida en el centro de la reflexión sobre las ciudades sudamericanas (Gorelik y Peixoto, 2016). Las dificultades y el fracaso de las perspectivas omnicomprensivas capaces de intervenir racional y críticamente sobre la trama urbana, propias de la planificación y la sociología, impulsaron un giro cultural. Esa nueva perspectiva puso a la historia en el centro de la agenda de los estudios urbanos (Lepetit, 1992). Este trabajo se enmarca en esa línea de investigaciones, procurando establecer, aún de forma esquemática y sumaria, el nacimiento y recorrido de la metáfora de la ciudad dual. Una modulación espacial de la polarización social que dominó los imaginarios urbanos en coyunturas específicas, asociadas con crisis y oscilaciones económicas y con metamorfosis socioculturales. La unidad analítica espacial de la investigación es Rosario. Esta elección no responde a que Rosario sea una ciudad subsidiaria (la segunda de la República) y menos estudiada que Buenos Aires, sino a las fuertes tendencias procíclicas de su economía urbana (Baremboin, 2013; Pascual y Roldán, 2015). El desarrollo de ciertas tendencias más generales puede observarse con mayor detalle y especificidad en el ámbito de esta ciudad portuaria. Aunque la principal pieza del corpus documental sea la novela *Las colinas del hambre*, de Rosa Wernicke (2015), también se han consultados otras narrativas literarias, estadísticas y oficiales. El corte temporal de la pesquisa está delimitado por el momento urbano que intenta capturar la novela: 1937, la salida del período de entreguerras. Sin embargo, el trabajo no renuncia a reflexionar sobre otras escalas y a convocar, en una suerte de *continuum* tiempo-espacio, datos, hipótesis y orientaciones estratégicas producidas sobre fenómenos similares en tiempos y espacios dislocados.

Ciclos de una metáfora industrial y postindustrial

La metáfora de la ciudad dual asume diferentes formas y su pulso varía conforme a las épocas. Habitualmente es empleada a efectos de captar el proceso de incremento de la polarización en la sociedad urbana. Se trata de una especie de *zoning* que divide las residencias de los ricos que se enriquecen y de pobres cada vez más empobrecidos. A pesar de su carácter amplio e indiferenciado, esta metáfora exhibe variaciones en el significante: ciudad dual, dos ciudades, ciudad de la luz y ciudad de la oscuridad, ciudad polarizada, etc.

Dos textos impulsaron la difusión de esta metáfora. Ambos hacían referencia a un mismo país (Inglaterra), una misma clase (obrera) y fueron publicados el mismo año (1845), uno en Londres y el otro en Leipzig. El desarrollo desequilibrado e inequitativo de la Revolución Industrial se subtendía a los dos argumentos. Por una parte, la novela *Sybil and the two Nations* del miembro del partido Tory, Benjamin Disraeli, y por otra, la crónica analítica *Die Lage der arbeitenden Klassein England*, de Friedrich Engels. En ambos libros aparecían dos temáticas destinadas a perdurar. Disraeli planteaba que el desarrollo desigual de la nación inglesa hallaba una traducción en la diferenciación de las ciudades y sus barrios. Engels presenta a Manchester escindida en dos secciones. Por un lado, un mundo luminoso y visible, construido por una avenida, la zona comercial y residencial de la burguesía. Por otro, espacios oscuros y ocultos formados por las miserables viviendas de los trabajadores migrantes (Stedman Jones, 1996). Pocos años más tarde, estas dos potentes descripciones fueron (re)ensambladas en un texto ambientado en un *coketown* y de amplio impacto sociocultural (Briggs, 1993). *Hard Times*, de Charles Dickens (1854), mostraba cómo la ciudad de la luz y el deseo era producida por una ciudad residual, incapaz de generar una imagen propia y autónoma, una urbanización siempre observada a través de los ojos y escrita por las plumas de otros, quienes estaban dispuestos alternativamente a erradicarla, censarla, analizarla, reformarla y/o intervenirla (Topalov, 1991). Sobre esa imagen del *coketown* se construyó la figura de la otra cara de la ciudad brillante: los barrios bajos. Se trataba de una ciudad relegada, habitada por la marginalidad, donde el tiempo moderno y el progreso nunca llegaban sin profundas aberraciones. Las figuraciones literarias y periodísticas evidenciaban los peores efectos de una ciudad definida por una economía basada en la utilidad y la razón instrumental.

A pesar de su universalismo y de cierto grado de ahistoricidad, la aparición de la metáfora de la ciudad dual se atiene a un patrón cíclico que responde a los períodos de crisis y recuperación económica: 1870-1890-1930 y las coyunturas marcadas por las dos guerras mundiales. Consecuentemente, no es casual que su uso se haya vuelto bastante frecuente tras la crisis de 1973 y la reconfiguración del patrón de acumulación económico, estructuración social y construcción cultural (Harvey, 1990). En Londres, el thatcherismo relanzó la metáfora de las dos naciones y las dos ciudades, acuñadas por el conservador Disraeli, para tratar los problemas sociales desde una perspectiva neoliberal. En Nueva York, el *Report of the Commision on the Year 2000* se refirió a Manhattan y sus alrededores como una ciudad dividida que excluye de cualquier tipo de oportunidades a los que están en el fondo de la estructura social y urbana (Marcuse, 1989: 697).

> Nueva York incontestablemente continúa siendo la capital del capital, resplandeciente con consumos de lujo y alta sociedad [...] Pero Nueva York también simboliza la decadencia urbana, el flagelo del crack, el SIDA, los sin techo y el ascenso de la nueva *underclass*. Wall Street puede hacer de Nueva York uno de los nervios centrales del sistema capitalista global, pero esta posición dominante tiene un lado oscuro en los guetos y barrios donde crece y vive la población pobre (Mollenkopf y Castells, 1991: 3).

La reaparición y el rápido ascenso de la metáfora de la ciudad dual están directamente vinculados a la crisis económica de 1973, cuya huella urbana en las ciudades norteamericanas y, especialmente, en Nueva York fue muy profunda. El pasaje de una comunidad agraria a una sociedad urbana, de un mundo artesanal de talleres a uno industrial de fábricas estuvo en la base del primer despegue de la idea de una ciudad dual. La actual restructuración del patrón de acumulación urbano, definido por la economía industrial, hacia otro configurado a partir de una economía postindustrial, está en la base del más actual retorno de la metáfora. La secuencia del éxito de esta imagen polarizada de la ciudad se apoya en una lectura de la reconfiguración profunda del sistema económico (Revolución Industrial-Revolución Informática), su impacto directo en una alteración (polarización) del patrón de las relaciones sociales (capitalismo industrial-capitalismo financiero) y la traducción (dualizadora) de estas tendencias al espacio urbano (ciudad industria-ciudad postindustrial). Sin embargo, estas formas de reconfiguración urbana solo resultan perceptibles una vez que el ciclo económico ha generado las condiciones para el restablecimiento de ciertos niveles de equilibrio y ha relanzado el nuevo régimen de acumulación social. Incluso con sus déficits profundos, sus simplificaciones y su ahistoricidad, la imagen de la ciudad dual revista, aún hoy, una extrema utilidad en el campo de la retórica política de cierto reformismo urbano.

La metáfora de la ciudad dual en la Buenos Aires preperonista

En los países de América Latina esta dualidad se estableció primero entre el centro y los suburbios, entre las zonas privilegiadas y los extramuros populares. Entre fines del siglo XIX y comienzos del XX, el higienismo y las primeras manifestaciones del urbanismo dividieron la ciudad de los conventillos, inquilinatos, vecindades, etc., y luego, en las primeras décadas del siglo XX, de las favelas y las villas miseria. Las condiciones de visibilidad de estas "externalidades" de la ciudad, estas caras ocultas e indeseables del progreso urbano, se intensificaron mientras la modernización de la parte luminosa de la ciudad se hacía más profunda, sostenida y firme (Pascual, 2015; do Prado Valladares, 2008).

En la Argentina, hubo un proceso de transformación del medio urbano a partir del impacto de la inmigración masiva en la capital de la República. Uno de los primeros textos que problematizaron ese proceso se concentró sobre la potencial naturaleza epidémica de las casas de inquilinato o conventillos. El conocido "Estudio sobre las casas de inquilinato de Buenos Aires", publicado por Guillermo Rawson en 1884, transmite una sensación de distancia entre las casas lujosas y las pocilgas miserables habitadas por los inmigrantes. Sin embargo, esa lejanía no era tan profunda como hubiera convenido. La separación entre el centro y los arrabales era más marcada que entre el centro y los conventillos y apareció tematizada, por primera vez, en la prosa de otro médico: Eduardo Wilde:

> allí, en los arrabales, se aglomera todo cuanto hay de malo, de inmundo, de miserable, de corrompido y de malsano. Allí va, podemos decir, la espuma de la sociedad, lo que arrojan sus calles centrales, lo que rechazan sus casas lujosas o decentes tanto en materia de industrias, de profesiones, de medios para ganarse la vida, como de establecimientos de perversión y de insalubridad [...] allí se dejan ver con su aspecto más o menos grotesco y repugnante, los cafés, fondas, tabernas y canchas de la más baja especie; allí se come se bebe y se baila en medio de la suciedad y la miseria animal, convierten generalmente a los suburbios de las ciudades en sitios malsanos, en los cuales la putrefacción de los residuos orgánicos está en su apogeo (1885: 227).

A medida que la ciudad se fue consolidando y los inmigrantes asimilando a sus formas y costumbres, la atención de políticos y reformistas comenzó a trasladarse de un tipo de habitación colectiva específica, como era el conventillo, a una zona de la cuadrícula urbana: los barrios populares y obreros. A partir de esa nueva preocupación, distintos sujetos sociales comienzan a trazar mapas y ejes de la segregación en Buenos Aires. Quizá el más perdurable y emblemático fuera el puesto en circulación por Mario Bravo en *La ciudad libre*.[1] Allí se fragua la vieja oposición que divide a la Ciudad de Buenos Aires en las zonas favorecidas y publicitadas del norte y las pauperizadas y olvidadas del sur.

> Tenemos una ciudad seccionada en dos partes, la ciudad del norte y la ciudad del sur; la ciudad de los barrios ricos y la de los barrios pobres; las calles bien iluminadas y las de las calles sin luz; la ciudad higiénica y la ciudad que recibe tardíamente los beneficios de la limpieza pública, que se paga, no obstante; los barrios donde la mortalidad es de un 17,6 por mil, como en la sección obrera de San Bernardo, y donde es de 9,75 por mil, como en la parroquia cuidada del Socorro; barrios asegurados contra el avance de las aguas y barrios que claman periódicamente contra las inundaciones, barrios ocupados por extensos latifundios inhabitados y barrios donde la población debe aglomerarse en casuchas miserables y conventillos horribles. Esta desigualdad en la distribución de la acción municipal asume proporciones más odiosas cuando la administración [...] construye avenidas diagonales y resuelve ensanche de calles, descuidando la atención a las necesidades más elementales de gran parte de la ciudad, para aplicar los dineros públicos a la ejecución de obras cuya demora a nadie perjudicaría (Bravo, 1917: 16-17).

Esta dicotomía descentra la discusión de los términos en los que la había planteado el higienismo. No asume la idea de una pobreza indolente, condenable e inescrupulosa. Para Bravo, la inmoralidad no proviene de las clases populares sino de las autoridades que, concentradas en el ornato del centro, dejan librados a su suerte los suburbios de la ciudad. Su prosa no asume la representación de individuos y de conductas específicas, sino que, asistido por la estadística

---

[1] La cita a la *Ciudad libre* estampada en las últimas páginas del artículo de Oscar Yujnovsky (1974: 362) evidencia hasta qué punto la huella del pensamiento de Bravo fue profunda.

de mortalidad, se refiere a conjuntos poblacionales y a su vulnerabilidad estadística. Más allá de su alusión a las casuchas y conventillos, sus referencias no se limitaban a un tipo constructivo delimitado, sino que abarcan a los barrios perjudicados por la distribución inequitativa de los bienes y servicios urbanos.

El plantel literario nucleado alrededor del barrio de Boedo produjo un sinnúmero de textos protagonizados por marginales. Sin embargo, en esas narrativas la perspectiva urbana no siempre fue central. Esa lateralidad fue corregida por el viraje que alrededor de 1928 emprendió la prosa de Roberto Arlt y por la irrupción de la palabra "villa" para designar a un campamento de desocupados formado en 1932 (Saitta, 2006).

> Caminamos ahora entre el pasto cubierto de bultos, frazadas, mantas, coladores de café, periódicos, algún que otro libro, ollas, sartenes, maderas, un desocupado refacciona sus botines hechos pedazos, otro duerme de nariz contra el suelo, un grupo más allá nos mira y habla en su dialecto balcánico, otro con las piernas abiertas se inclina sobre una lata de agua caliente y friega su ropa. Más allá otros hombres desarman algunas camas de fierro, llegan en distintas direcciones grupos de individuos cargados de bolsas, avanzan despacio en el yuyal [...] Restos de palanganas, fuentones desfondados, trincheras protegidas por techos de hojalata oxidada, refugios subterráneos, latas de sardinas podridas, huesos con resto de carne sangrienta, hombres en cuclillas que pelan papas echadas a perder, uno avanza con un trozo de pescado que ha encontrado en un cajón de basura, otro abre una bolsa. Ha ido a buscar entre la basura la comida. En nuestra ciudad los tachos están llenos de basura y comida. Yo levanto la cabeza... ¿es posible que estemos únicamente a quinientos metros de la calle Florida, el estuche de bombones, la vía de cristal y el oro de nuestra ciudad? (Arlt, 1932. Citado en Saitta, 2006: 95).

Emplazada en el centro, en la última dársena del Puerto Nuevo, esta villa recibió varias designaciones, algunas referidas a la situación laboral de sus residentes y ciertos estados de ánimo: Villa Desocupación, Villa Esperanza y Villa Desesperación. Si bien la experiencia fue breve, ya que terminó siendo desalojada por las fuerzas del orden en 1935, a su descripción se consagraron plumas como la de Raúl González Tuñón y Elias Castelnuovo (Snicofsky, 2013). Quizá la crónica de Arlt sobre los desocupados de Puerto Nuevo sea la que mejor recupera la idea de una polarización social que se registra en el marco de una casi inexistente segregación urbana. Con gran detalle, procurando generar un efecto realista, y sirviéndose de un juego de imágenes similar al *travelling* cinematográfico, Arlt ingresa a la villa describiendo sus alrededores, sus moradores, las porquerías que se amontonan sin orden ni concierto, la vida miserable de los desocupados. Claramente, las imágenes de la ciudad dual se han concentrado sobre Buenos Aires. Son muy pocos los críticos que, desde posiciones centrales y/o hegemónicas, repararan en textos que con temáticas similares fueran producidos en y sobre otras ciudades argentinas. La más notable excepción, sin dudas, se inscribe en las páginas de *La lengua del ausente*, del crítico literario Nicolás Rosa (1997).

Rosario como ciudad dual: *Las colinas del hambre*

En 1943, la editorial Claridad de Buenos Aires publicó *Las colinas del hambre*. La novela estaba ambientada en Rosario, dos años después que Villa Desocupación fuera desmantelada (1937). Fue la obra de una autora nacida en Buenos Aires, pero que estaba radicada en esta ciudad desde hacía más de una década. Rosa Wernicke había estudiado magisterio, colaboraba en los suplementos literarios de los diarios locales, había publicado dos compilaciones de cuentos y decía de sí misma que la escritura no era una tarea diferenciadora, algo que la jerarquizara del resto del colectivo de mujeres. En su narrativa empleó procedimientos literarios muy visuales, casi cinematográficos. En algunos cuentos exploró el problema de la ciudad moderna, la alienación, la insatisfacción, el conflicto de clases y el anonimato (Wernicke, 1938).

El universo oculto que describen *Las colinas del hambre* está configurado por el vaciadero municipal de basuras, las viviendas precarias, las vidas miserables, las vías del ferrocarril y el vacío dejado por los antiguos mataderos. Ese cuadro establece un abrupto contraste con el centro, la meca del lujo, el lugar de los palacios, los pavimentos regulares, las vidrieras y las mercancías. En las *Colinas...*, estos dos sectores de la ciudad forman dos figuras literarias y una dualidad urbana, en el corazón de una ciudad que había sido representada, hasta entonces, como un territorio homogéneo y sin fracturas.

A fines del siglo XIX y comienzos del XX, Rosario atravesó un proceso de crecimiento económico y demográfico brutal. De los menos de diez mil habitantes de 1852 pasó a 245.000 para 1914. Rosario no posee una fundación colonial. Es posiblemente la hija más pura y aventajada del proceso de modernización capitalista, emprendido por la Argentina liberal y agroexportadora. Para fines de los años 1930, los *Anuarios Estadísticos* atribuían a la ciudad una población que superaba el medio millón de habitantes.

Ese proceso de despegue económico y demográfico hizo que la ciudad experimentara una gran confianza sobre sí misma. Una suerte de fe en un progreso a la europea colonizó sus imágenes, estadísticas y narrativas. Testimonio de ese proceso fue la fiebre censal de comienzos del siglo XX, cuando entre 1900 y 1910 se levantaron tres censos municipales, para verificar el acelerado ritmo del crecimiento y la modernización urbana (Roldán, 2013).

Algunos fragmentos modernos se extendieron por el centro de Rosario. Era una modernidad cuya extensión resultaba trabajosa, aunque tan solo luchaba con una especie de vacío o extensión. En el centro se levantaron edificios importantes, se trazaron anchos bulevares de ronda, se pavimentaron calles con maderas francesas y se construyó un parque central de 100 hectáreas. Pero en las periferias, esas novedades llegaron como ecos distantes. Las materializaciones de la modernización se astillaron, esparciendo tan solo fragmentos. A los barrios, los emisarios del progreso y la civilización llegaron heridos, enfermos y deformados.

En 1938, Mateo Booz (2009) publicó *La ciudad que cambió de voz*, texto que trazó un bosquejo de la urbe en crecimiento. La tensión narrativa muestra el arrollador crecimiento económico de la ciudad. Rosario se amplía por el trabajo incesante y la ética cuasi protestante de sus pobladores. Esa imagen reproducía, entonces a través de figuraciones literarias, algunos momentos de las narrativas científicas de Gabriel Carrasco y de los censistas de comienzos del siglo XX. La homogeneidad de este dispositivo textual fue desbaratada por *Las colinas...*, que hablaba sobre una ciudad miserable, cuyo crecimiento era paralelo, estaba alejado de la idea de progreso y constituía el reverso oscuro, aunque necesario, de la ciudad brillante que delineaban las estadísticas.

En *Las colinas del hambre*, la ciudad funciona alternativamente como escenario y fábrica de historias. Sus cuadros principales están compuestos por lo y los que se acumulan al otro lado del progreso. Las imágenes componen una geografía oculta, segregada detrás del horizonte oficial. El territorio delineado por *Las colinas...* es una especie de infierno en la tierra. La barriada y sus interdependencias aparecen condensadas en una imagen estéticamente quizá no tan nueva, en gran parte dependiente del modelo del boedismo y Claridad (Eujanian y Giordano, 2002), pero disruptiva respecto a las tendencias literarias que habían imaginado a Rosario, y polémica frente a la política urbana desarrollada por un municipio administrativo. La escritura de *Las colinas...* elige como problema las historias que la prensa no publicaba, las vidas que la literatura omitía, la miseria que la ciudad ocultaba. Esa prosa recorre las calles prefiriendo perderse en las fracturas antes que deslizarse sobre los mármoles: quiere escudriñar lo otro, el desecho mal disimulado.

Cuando apareció el libro de Wernicke, la Argentina liberal y agroexportadora, entre la crisis de 1929 y las dos guerras mundiales, había sellado su suerte. Sin embargo, los actores del escenario céntrico de la novela simulaban la inexistencia de ese declive, vivían como si nada afectara la prosperidad de la ciudad portuaria. La imaginación narrativa que caracteriza a los personajes que poblaban el centro era la indiferencia, la anestesia de aquellos que Wernicke llama los *felices* ante la pobreza. Pero si el tiempo y el espacio del centro continúan ritmados al son del canto de sirenas del progreso, Wernicke construye el vaciadero como un espacio siempre igual a sí mismo, inmune frente a cualquier forma de modernización, sumido en un continuo proceso de hundimiento y degradación. Los vientos del progreso apenas llegan al vaciadero, allí el tiempo asume una forma circular, el ritmo queda impuesto por las estaciones y por el incesante regreso de lo reiterado.

En el centro, hombres y mujeres son movidos como engranajes de una maquinaria fatal, como marionetas prisioneras de un movimiento cuya finalidad desconocen. Internados en los laberintos de la alienación, los hombres y las mujeres del centro jamás alcanzan una forma de realización. El centro configura un laberinto alienante en el que sus habitantes se extravían. Rosario era una ciudad en la que se habitaba, pero que, también, habitaba a sus moradores.

La periferia se infiltraba en el centro a través de la figura de los mendigos que reposaban en los espacios verdes y los umbrales de los edificios. Los pobres solo podían ser observados momentáneamente, luego los ojos de los habitantes del centro estaban obligados a corregir esa imagen que problematizaba la homogeneidad social que caracterizaba el área más opulenta de la ciudad. Había una indiferencia frente a la pobreza, casi por una regla establecida en el ámbito urbano, el transeúnte debía ser insensible ante el espectáculo del sufrimiento continuo. A las mayorías, la ciudad les imponía el pasar del largo.

Hacia 1937, fecha en que está ambientada la novela, Rosario continuaba jactándose de sus obras y narcotizándose con sus proyectos. Un gran monumento a la nación, un espléndido zoológico, un lujoso club hípico, un museo de bellas artes y otro de historia. Nuevas planificaciones urbanas, como el Plan Regulador y de Extensión de Della Paolera, Guido y Farengo, proponían embellecerla y celebrar un nuevo matrimonio con su río, ajeno a las fatigas del puerto y más estrechamente ligado a la construcción de espacios verdes. En las barriadas, el mundo era muy diferente, los efectos de esas obras y esos planes no llegaban, la segregación urbana y la ineficacia de los servicios de transporte mantenían a los sectores populares lejos de la costa norte y central.

En *Las colinas...* Rosario emerge fracturada, aparece retratada configurando un sistema polarizado y polarizador. El centro está completamente escindido de los suburbios. El corte no resulta tan preciso como la pretendida homogeneidad interna de las unidades que construía. Las grandes referencias a esa polaridad eran el norte y el sur. El contraste era intencionalmente abrupto, quizá algo exagerado. Sin embargo, la frontera era difusa y muchas veces resultaba permeable. Las distancias materiales eran móviles y salvables; los varones y, bastante menos, las mujeres podían movilizarse de un lado a otro del arco trazado por esa polaridad. Pero si las distancias podían salvarse, las separaciones simbólicas eran considerablemente más rígidas.

La visión urbana partida y binaria que propone Wernicke homologa el proceso de segregación de Buenos Aires con el de Rosario, la imagen dual construida por *La ciudad libre* de Mario Bravo habita su prosa. La representación del espacio social de Buenos Aires, donde había nacido Rosa Wernicke, se sobreimprimió a la de Rosario. En *Las colinas...*

no hay espacios intermedios ni zonas de transición. Para que Rosario pueda ser escrita como una ciudad dual, las zonas grises deben ser borradas. Tan solo puede existir un bicromatismo absorbente y totalizante: en blanco y negro la opulencia y la miseria se escinden y contrastan. Los barrios populares del oeste, las asociaciones vecinales del norte y los nacientes sectores medios son disimulados por la descripción avasallante de la miseria. El sur desconoce estratificaciones; allí solo es posible una pobreza extrema. El pasado de los barrios es achatado. A Saladillo se le impone la imagen de los años 1930, ajena a las casas solariegas de la elite y con la silueta del frigorífico Swift dominando las aguas del arroyo. En la geografía imaginaria de *Las colinas del hambre* los hospitales, cuarteles, mataderos, frigoríficos y vaciaderos constituyen todo el sur. Solo hay alguna mención lateral al mundo decadente de las mansiones de Saladillo. Esta omisión es una estrategia poética que despliega su potencia en pos de construir la geografía imaginaria de una ciudad completamente polarizada.

Una operación simétrica se pone en marcha a la hora de narrar el centro. Las incrustaciones de la periferia, formadas por los conventillos y las casas de inquilinato, permanecen desdibujadas y ausentes de este registro literario. Son representadas como una forma de habitación que pertenece a una ciudad antigua y condenada a desaparecer. En el centro, todo está hecho a medida de los comercios iluminados y los edificios monumentales, donde solo existe espacio para la abundancia y el derroche. La realidad urbana queda así simplificada. El realismo social de la literatura de Wernicke coquetea con la producción de cierto efecto mimético, pero ese efecto, en rigor de verdad, depende más de una estrategia retórica y la construcción de una geografía imaginaria que de esa presunta mimesis. La Rosario polarizada, sin zonas de transición, sin clases intermedias, aplana deliberadamente los matices y suprime las vacilaciones de la vida urbana. El fuerte diálogo intertextual entre las escrituras de la configuración urbana de Buenos Aires y Rosario hace su trabajo. La figura crítica de la ciudad polarizada estaba disponible para Buenos Aires, Wernicke toma prestado ese esquema y lo traduce, lo transcultura a Rosario. Con ese procedimiento no solo se modifican los nombres sino también los contenidos de las relaciones. El mismo efecto mimético se resiente en esa transposición retórica, se desestabiliza y se desplaza en el propio proceso de traducción. Se produce una imagen nueva de Rosario que no se parece a la de Buenos Aires y que tampoco coincide con una polaridad local, pero que tiene su epicentro en esa barriada que hoy caracterizaríamos como villa de emergencia, como asentamiento irregular, como hábitat autoconstruido, etc.

La zona céntrica establece un *continuum* con el norte. El primero destaca por la ornamentación edilicia, mientras que el segundo lo hace por la frondosa vegetación y la posibilidad de contemplar higiénicamente el río Paraná. En ambos espacios la pobreza extrema está ausente. El río y los árboles del norte hipnotizan al paseante en esa zona que se caracteriza por la construcción de parques y balnearios modernos (Parque Alem y Balneario La Florida).

El centro permanecía bien iluminado, limpio, ordenado, lujoso. La parte deslumbrante y encantadora de la ciudad irradiaba luz, pero a medida que los personajes la abandonaban, su fulgor era más tenue. El agua, la luz, los pavimentos y el transporte no llegaban a todas partes. En la barriada de los mataderos las calles estaban oscuras, el agua se mantenía estancada y el polvo se esparcía sobre los caminos. Si bien el vaciadero estaba a orillas del Paraná, sus habitantes estaban lejos de disfrutar del paisaje ribereño que quedaba oculto tras las montañas de desperdicios. Las barrancas estaban sembradas de escoria. No era el puerto, ni el ferrocarril, ni el edificio de la aduana lo que impedían la contemplación del paisaje. El horizonte del vaciadero estaba tapiado por las deyecciones de la ciudad y por los tanques de inflamables.

Los terrenos de la barriada eran bajos e inundables. Delgados callejones surcaban la urbanización improvisada. El rancherío de lata estaba emplazado sobre los terrenos del ferrocarril. Las viviendas se hacinaban. Los niños jugaban entre las basuras.

> No hay patios, ni paredones, ni cercas, ni nada. La vivienda consta de un cuarto o dos y una cocina construida con tres tablas, cuatro tablas, sunchos, arpilleras y elásticos de cama agujereados y mordidos por la herrumbre. A veces los techos son de chasis de autos desechados hasta del cementerio del automóvil. Las mujeres lavan la ropa y la extienden al frente de la casa, cocinan, despiojan a sus hijos, discuten, luchan, reniegan todo el día. Cada uno muestra a su vecino lo que hace, lo que come, lo que guarda, cómo se viste, se peina, se lava o se emborracha. El barro y la mugre lo invaden todo (Wernicke, 2015: 18).

El hacinamiento establecía un estilo de vida común para varones, mujeres y animales. Los materiales de construcción eran precarios: desechos de origen múltiple y utilidad dudosa. Los moradores vivían a la vista de todos. En la barriada, no existía la vida privada de tipo burgués que caracterizaba al centro. Las miradas recordaban una compañía permanente. El barro y el agua cuando llovía y la tierra cuando estaba seco dominaban las calles y las casas. Los pobres se servían de su ingenio para sacar provecho de lo inservible, la pericia del marginal es el producto de su posición social. Desarrollada en medio de necesidades impuestas por un espacio social desfavorable, la astucia del pobre es un sustituto y una compensación de los verdaderos valores. A quienes la educación y la cultura les fueron negadas no pueden enorgullecerse de su inteligencia, aunque sí de su astucia (Rosa, 1997).

Para los *felices*, los que vivían en el centro y tenían dinero, la miseria era un misterio: siempre presente, pero pocas veces visto y raramente interrogado. Wernicke pensaba que la pobreza era un enigma capaz de explicar la parte negada de la historia y el crecimiento de Rosario, pero también la fracción indócil al ideario humanista. El extrañamiento es el procedimiento literario que emplea la autora para convencer al lector de emprender ese viaje hacia el vaciadero. Wernicke sugiere que para hallar a alguien totalmente distinto, los rosarinos quizá no tuvieran que viajar demasiado lejos. A pocos kilómetros del centro, hombres, mujeres, niños y animales existían bajo una forma y con un sentido muy diferente.

La zona del vaciadero estaba oculta bajo la hegemonía de la ciudad escrita. Las miserias, sus escenas descarnadas y desgarradoras poseían un efecto de verdad tenue en la literatura y el imaginario urbano local. La ciudad del vaciadero era menos real que la ciudad del centro porque de ella no se escribía, carecía de una representación, nadie había objetivado simbólicamente su existencia.

El vaciadero se construye a partir de una estrategia literaria que practica un corte abrupto, que establece distancias irreconciliables. Wernicke abre un foso entre las dos caras de la ciudad. Así, consigue narrar la existencia de unos otros, de esos que también habitan la ciudad, que forman parte de su inevitable desigualdad que es negada en aras de la afirmación absolutista del centro.

La utopía de Wernicke era minimalista. Un poco de justicia espacial, educación y hornos incineradores. Reclamaba un municipio capaz de articular una política que no solo favoreciera al capital, la inversión y las ganancias, sino que distribuyera también recursos y beneficios a los pobres. Denunciaba las condiciones indispensables de la existencia de un centro brillante por obra de la civilización y un norte embellecido por los dones naturales: la segregación urbana del sur de Rosario. La autora quería extender los beneficios de la naturaleza y de la modernidad urbana hacia la periferia sur, conciliando equidad social, extensión de las funciones urbanas y aprovechamiento del paisaje. Wernicke proponía integrar la barriada al orden social, mejorar sus condiciones de existencia. De haber transformaciones serían producidas desde arriba y comandadas por el Estado.

Coda

Desde que descubrí y leí por primera vez *Las colinas del hambre* pasaron más de diez años. Por entonces, conseguir un ejemplar de la novela de Rosa Wernicke era una empresa difícil. Solo dos bibliotecas públicas de Rosario poseían el libro en su catálogo: la Biblioteca de la Asociación del Concejo de Mujeres de Rosario y la Biblioteca de la Escuela Normal N° 1, dos instituciones históricamente vinculadas a círculos femeninos y con las que Wernicke trabó relación. Estas dificultades de acceso reforzaban una intuición: el vaciadero que había representado *Las colinas del hambre*, contra todas las convenciones de la literatura urbana local, como en un juego de espejos y de corrientes fluviales, se había tragado a la novela. En el apretado lapso de seis años, la publicación de dos ediciones de esta obra, una de La Capital (2009) y la última muy cuidada e integral de la Editorial Serapis (2015) modificaron ese diagnóstico. Ambas revirtieron una ausencia de reediciones que se había perpetuado por sesenta y seis años. Asimismo, en 2013, confirmando la puesta en valor de la narrativa de Wernicke, Baltasara reeditó en su serie Patrimonio *Los treinta dineros*, colección de cuentos que tuve el privilegio de prologar junto a Cecilia Pascual. Esas reediciones muestran un ambiente cultural completamente diferente al que encontré cuando empecé a rastrear esta novela. Evidencian que la literatura y la poética de Wernicke continúan vivas, tienen algo para decirnos, son capaces de dialogar con nuestro presente. Llegados a este punto, una pregunta se impone. ¿Por qué un conjunto de libros (en particular, *Las colinas...*) y una escritora que parecían completamente olvidados resucitaron súbitamente en los últimos años? Podemos atribuir ese reverdecer del interés por el pasado de la literatura local y urbana a las diferentes empresas literarias que las numerosas y muy laboriosas editoriales independientes de la ciudad pusieron en marcha en los últimos años. No obstante, prefiero conjeturar que la actualidad de *Las colinas...* está cifrada en el hecho de que sus páginas, sus relatos, los grabados de Julio Vanzo que acompañan al texto y la actitud política y el producto del compromiso social de estos dos artistas continúan interpelando nuestra actualidad. Este punto de lectura coloca en primer plano la contemporaneidad de la literatura de Rosa Wernicke.

Esa contemporaneidad, en el sentido que Agamben (2008) atribuye al término, estriba en los juegos especulares que pueden establecerse entre el contexto de redacción y primera publicación de la novela y el contexto de reedición y (re)lectura actuales. *Las colinas del hambre* se publicó a poco más de una década de la crisis de 1930, a ocho años de la edición del Plan Regulador y de Extensión de Rosario (1935), a cinco de la *Ciudad que cambió de voz* (1938), a cuatro de la adjudicación del proyecto Invicta para la construcción de un Monumento a la Bandera (1939) y a tres de los ensayos de remodelación de la costa central a partir del emplazamiento de un Parque Nacional a la Bandera (1941).

No parece ser casual que el redescubrimiento y la reedición de *Las colinas...* ocurra, precisamente, a diez años de la publicación del Plan Estratégico Rosario 1998, a ocho años del estallido de 2001 y muy cerca de las ediciones del Plan Urbano Rosario 2007 y el Plan Rosario Metropolitana Estrategias 2010, además de, especialmente, a poco de la puesta en marcha de la megaoperación urbano-inmobiliaria de Puerto Norte (Cuenya, 2012). Arquitectónica y socialmente, Puerto Norte no solo se propone como el simulacro rosarino de Puerto Madero, sino que sus Torres Dolfines Guaraní buscan convertirse en la postal de la ribera y en los novísimos (no) símbolos de la identidad rosarina, desplazando del lugar que ocupó, por medio siglo, al Monumento

Nacional a la Bandera. En ese marco, el Movimiento Giros lanzó su campaña de esténciles con la consigna "Rosario: ciudad fragmentada", proponiendo (re)abrir la discusión sobre el modelo de ciudad y diagnosticando la fractura de Rosario. Es en torno a esos fenómenos que aparece la primera reedición de *Las colinas del hambre*.

Poco después, entre 2012 y 2013, el crecimiento del narcotráfico se hizo inocultable. Una escalada notable de la violencia interpersonal asoló los barrios del sur de la ciudad, cuyo emblema fue el Triple Crimen de Villa Moreno. El número de homicidios vinculados al crimen organizado impulsó la proliferación de las imágenes de Rosario como ciudad Narco. Lentamente, la identificación con Barcelona, dominante en los años 1990 y los primeros 2000, cedió paso y fue sustituida por ciudades latinoamericanas como Medellín, Cali y Ciudad Juárez. Por entonces, el Club de Investigaciones Urbanas delimitó el proceso de crisis y decadencia de la unidad territorial y sociocultural tradicionalmente denominada como el barrio, y con el apoyo de la Universidad Nacional General Sarmiento y la *Revista Crisis* lanzaron el documental *Rosario ciudad del boom y del bang* (2013). Por segunda vez, después de apenas seis años, *Las colinas del hambre* fue reeditada por Serapis.

Al comienzo de este trabajo afirmamos que la ciudad dual es una metáfora cuya aparición está regida por ciclos de transformación social, económica y cultural. Las coyunturas de mayor propagación y éxito de la metáfora fueron la aparición y consolidación de la ciudad industrial y su desmantelamiento, reciclaje y sustitución por la ciudad postindustrial. Rosario asistió a la desarticulación paulatina, pero sostenida, de su puerto, con el declive del modelo de acumulación liberal agroexportador, a la desestructuración de su cordón industrial, bajo la presión de las dos oleadas neoliberales financieras clásicas (1976-1983 y 1989-2001), y luego, a su reciclaje postferroportuario y postindustrial con el *boom* del mercado inmobiliario, en esa mixtura de neodesarrollismo extractivista con micropolíticas neoliberales que marcó los años del kirchnerismo.

En varios pasajes del documental *La ciudad del boom y del bang* esa imagen sociológicamente simplificadora, pero políticamente movilizadora y potente de la ciudad dual reaparece. Una vez más, como en *Las colinas...*, Rosario emerge partida entre el norte y el sur. Como un espectro mal conjurado, la ciudad dual regresa para volver a narrar, al mismo tiempo, de forma académica y militante, una trama urbana sacudida por el declive definitivo del puerto, la desindustrialización del cordón y la reactivación del mercado inmobiliario a partir de la inversión de los excedentes de dos actividades extractivistas (Harvey, 1990). Por un lado, el agro negocio concentrado en la liquidación biotecnológica de los recursos naturales. Por otro, el narco negocio alimentado por el secuestro sistemático de las energías y potencias vitales de las clases subalternas. Son esos procesos económicos, sociales, políticos y culturales, al margen y más allá de las redes, los intereses y los agentes editoriales y literarios, los que restituyen la actualidad y la potencia a las poéticas y los personajes que habitaron y habitan *Las colinas del hambre*.

Bibliografía

AGAMBEN, Giorgio (2008), *Che cos'è il contemporaneo?*, Milán, Nottetempo.

BARENBOIM, Cintia (2013), *El mercado del suelo y su ordenamiento en la periferia de las ciudades*, Buenos Aires, Teseo.

BOOZ, Mateo (2009), *La ciudad que cambió la voz*, Rosario, La Capital (1ª ed. 1938).

BRIGGS, Asa (1993), *Victorian Cities*, Berkeley (LA), University of California Press.

CUENYA, Beatriz (2012), "Movilización de plusvalías en un gran proyecto urbano. El caso de Puerto Norte, Rosario", en Cuenya, Beatriz; Novais, Pedro y Vainer, Carlos (comp.), *Grandes proyectos urbanos. Miradas críticas sobre la experiencia argentina y brasileña*, Buenos Aires, El Café de las Ciudades, pp. 67-144.

Do PRADO VALLADARES, Licia (2008), *A invençao da favela: do mito de origen a favela.com*, Rio de Janeiro, FGV.

EUJANIAN, Alejandro y GIORDANO, Alberto (2002), "Las revistas de izquierda y la función de la literatura: enseñanza y propaganda", en Gramuglio, María Teresa (dir.), *El imperio realista. Historia crítica de la literatura argentina*, Vol. 6., Buenos Aires, Emecé, pp. 395-413.

GORELIK, Adrián (2002), "Imaginarios urbanos e imaginación urbana. Para un recorrido por los lugares comunes de los estudios culturales urbanos", en *Revista Eure* Nº 83, pp. 125-136.

GORELIK, Adrián (2005), *Miradas sobre Buenos Aires. Historia cultural y crítica urbana*, Buenos Aires, Siglo XXI.

GORELIK, Adrián y PEIXOTO, Fernanda Aréas (comps.) (2016), *Ciudades sudamericanas como arenas culturales. Artes y medios, barrios de élite y villas miserias, intelectuales y urbanistas: cómo ciudad y cultura se activan mutuamente*, Buenos Aires, Siglo XXI.

HARVEY, David (1990), *La condición de la posmodernidad. Investigaciones sobre el origen del cambio cultural*, Buenos Aires, Amorrortu.

LEPETIT, Bernard (1992), "La historia urbana en Francia: veinte años de investigaciones", Secuencia (24), pp. 5-29.

MARCUSE, Peter (1989), "Dual City: a muddy metaphor for a quertered city", *International Journal of Urban and Regional Research* 13 (4), pp. 697-708.

MOLLENKOPF, John y CASTELLS, Manuel (eds.) (1991), *Dual city. Reestructuring New York*, New York, Russell Sage Foundation.

MORSE, Richard (1978), "Los intelectuales latinoamericanos y la ciudad (1860-1940)", en Hardoy, Jorge Enrique y Shaedel, Richard (comp.), *Ensayos históricos sociales sobre urbanización en América Latina*, Buenos Aires, SIAP.

MORSE, Richard (1985), "Ciudades 'periféricas' como arenas culturales (Rusia, Austria, América Latina)", en Morse, Richard y Hardoy, Jorge Enrique, *Cultura urbana latinoamericana*, Buenos Aires, CLACSO.

PASCUAL, Cecilia (2015), *Imágenes de la ciudad y las periferias. Configuración de lógicas y relaciones de segregación y estigmatización. Rosario 1886/7-1940*, tesis doctoral en Humanidades y Artes, Rosario, Universidad Nacional de Rosario.

PASCUAL, Cecilia y ROLDÁN, Diego (2015), "La Gran Guerra y sus impactos locales. Rosario, Argentina 1914-1920", *Anuario Colombiano de Historia Social y de la cultura* 42 (2), pp. 75-101.

ROLDÁN, Diego (2013), "Inventarios del deseo. Los censos municipales de Rosario, Argentina (1889-1910)", *História* (São Paulo) 32 (1), pp. 327-353.

ROSA, Nicolás (1997), "La mirada absorta", en *La lengua del ausente*, Buenos Aires, Biblos, pp. 113-131.

SAITTA, Sylvia (2006), "La narración de la pobreza en la literatura argentina del siglo XX", *Revista Nuestra América* (2), pp. 89-102.

SNITCOFSKY, Valeria (2013), "Impactos urbanos de la gran depresión: el caso de Villa Desocupación en la Ciudad de Buenos Aires 1932-1935", *Cuaderno Urbano. Espacio, cultura y sociedad* 15 (15), pp. 93-109.

STEDMAN JONES, Gareth (1996), "Voir sans entendre. Engels en Manchester et l'observation social en 1844", *Genèses* 22 (1), pp. 4-17.

TOPALOV, Christian (1991), "La ville 'terre inconnue'. L'enquete de Charles Booth et le peuple de Londres, 1886-1891", *Geneses* 22 (1), pp. 5-34.

VAN KEMPEN, Ronald (1994), "The dual city and the Poor: social polarisation, social segregation and Life Chances", *Urban Studies* 31 (7), pp. 995-1015.
WERNICKE, Rosa (2013), *Los treinta dineros*, Rosario, Baltasara (1ª ed. Ruiz, Rosario, 1938).
WERNICKE, Rosa (2015), *Las colinas del hambre*, Rosario, Serapis (1ª ed. Buenos Aires, Claridad, 1943; 2ª ed. Rosario, La Capital, 2009).
WILDE, Eduardo (1885), *Curso de higiene pública*, Buenos Aires, Imprenta y Librería de Mayo.
YUJNOVSKY, Oscar (1974), "Políticas de vivienda en la ciudad de Buenos Aires (1880-1914)", en *Desarrollo Económico* 14 (54), pp. 329-3272.

Las humanidades digitales al servicio de los estudios migratorios y de la pobreza

Una mirada desde la Patagonia (Neuquén, 1980-1991)

JOAQUÍN PERREN

En 2010, justo cuando la segunda década del siglo XXI estaba comenzando, salió a la luz el llamado *Manifiesto de las humanidades digitales*. Esta declaración no fue un rayo que sacudió la letanía de una noche oscura, sino la lógica respuesta del campo académico a una circunstancia ineluctable: las transformaciones operadas en la sociedad a partir de la revolución tecnológica, desde la emergencia de los primeros computadores personales hasta la difusión de internet, obligaban a las ciencias sociales a replantear las condiciones de producción del conocimiento. Los investigadores que suscribieron al documento dejaban claro que su aporte no suponía una *tabula rasa* en materia conceptual, sino una apuesta por aprovechar "las herramientas y las perspectivas propias de la tecnología digital".[1] Resultado de este viraje metodológico emergería una "transdisciplina" que, sobre la base de un trabajo colaborativo entre la historia, la geografía, la economía y la sociología, incorporaría "los métodos, sistemas y perspectivas heurísticas que vinculan lo digital con el campo de las humanidades".[2] De todas las fronteras que se abrían frente a la atenta mirada de los firmantes del

---

[1] AA.VV. (19-05-2010), *Manifiesto de las humanidades digitales*, disponible en https://tcp.hypotheses.org/487
[2] AA.VV. (19-05-2010), *Manifiesto de las humanidades digitales*, p. 1.

manifiesto, se destacaban dos en particular: por un lado, aquello que dieron en llamar "minería de datos"; mientras que, por el otro, la potencialidad que albergaban los Sistemas de Información Geográfica (SIG). Si con la primera se podían poner en valor las escasas y, muchas veces, fragmentarias evidencias que nos llegan del pasado, con la segunda se podía colaborar en el "giro espacial" que las ciencias sociales han venido experimentando en los últimos años.

En el presente capítulo pretendemos transitar la senda demarcada por las humanidades digitales a partir del estudio de la relación entre pobreza y migraciones en la ciudad de Neuquén. La elección de una localidad de mediano porte para el abordaje de esta problemática nace de la necesidad de buscar escalas intermedias entre los estudios nacionales y los basados en unidades microespaciales. En términos metodológicos, esta apuesta por una *mezzohistoria* se volverá operativa a partir del análisis de la información, a nivel de radio censal, brindada por los censos nacionales de población y vivienda de 1980 y 1991. Gracias a esos datos, analizaremos, en primera instancia, la estrategia de crecimiento llevada adelante por el Estado provincial y los cambios que la misma imprimió en la población y en la sociedad de la capital neuquina. Luego, en una segunda sección, brindaremos un panorama general de la discusión en torno al concepto de pobreza y, una vez lograda una definición operativa de la misma, estudiaremos la distribución de la población de acuerdo con su nivel socioeconómico. En tercer lugar, exploraremos, con el auxilio de algunas medidas clásicas de segregación y de cartografías temáticas confeccionadas con SIG, la localización de los habitantes de la ciudad en función de su condición migratoria. Por último, con el propósito de dotar al estudio de una mirada multidimensional, veremos cuál fue el grado de asociación entre las condiciones socioeconómica y migratoria. Para ello, haremos uso de un *software* estadístico con el propósito de aplicar técnicas que sean "menos sumarias que las meramente descriptivas", siguiendo a pie juntillas la recomendación realizada por Devoto y Otero (2003: 214) en un balance que realizaron sobre los estudios migratorios argentinos.

El escenario: una aproximación al Neuquén de los ochenta

Los diez años previos a la realización del censo nacional de 1991 se caracterizaron por una serie de transformaciones demográficas de enorme importancia. La más evidente de ellas fue el impresionante crecimiento de la población neuquina, que prácticamente se duplicó entre 1980 y 1991: sus 90.000 habitantes se transformaron en cerca de 170.000. Al igual que a nivel provincial, dos fenómenos ayudan a entender un crecimiento de esta envergadura. Por un lado, debemos mencionar un incremento vegetativo que se mantuvo entre los más altos de la Argentina: una mortalidad en caída libre fue acompañada por una natalidad que, aunque en baja, siempre estuvo por encima de la media nacional (Taranda, 2009). Por el otro lado, el crecimiento migratorio llevó a la ciudad de Neuquén a posicionarse como una de las áreas receptoras de mayor progreso durante la segunda mitad del siglo XX. A excepción de Ushuaia, la pequeña capital de Tierra del Fuego, no hubo centro urbano que haya recibido, siempre en términos relativos, una mayor afluencia migratoria (Lattes, 2007: 40-43).

Este masivo desplazamiento poblacional, que explica el ingreso de Neuquén dentro de las quince urbes más pobladas del país, no podía dejar de afectar la estructura de edad. Gracias al aporte migratorio, compuesto mayoritariamente por una población en edades fértiles, la proporción de jóvenes se mantuvo a niveles muy altos: durante toda la década de los ochenta, cerca del 40% de los habitantes de la capital provincial tenía menos de 14 años. Por la misma razón, los ancianos tuvieron una participación que, aunque en alza, se encontraba entre las más bajas registradas a nivel nacional. Puede que un dato nos brinde luz al respecto: el peso de la población mayor a sesenta años en la ciudad de Neuquén era, en 1991, un 22% menor que en el conurbano bonaerense; es decir, en comparación con una de las áreas que mayor cantidad de migrantes recibió durante el siglo XX (Pacecca, 2007). La transición demográfica, que en los distritos de la Pampa húmeda había concluido hacia 1950, estaba dando sus primeros pasos en la capital de una de las nuevas provincias patagónicas.

Este conjunto de transformaciones demográficas tuvieron su origen en cambios que sacudieron la estructura económica de la joven provincia de Neuquén. A partir de los sesenta, y más decididamente en los ochenta, la joven provincia patagónica experimentó un tránsito hacia una modalidad de crecimiento basada en los beneficios derivados de la explotación de sus recursos energéticos (hidroelectricidad, petróleo y gas). Esta matriz económica pivoteó alrededor de un conjunto de empresas públicas que, de acuerdo con Bohoslavsky (2008: 24), se imaginaban a sí mismas como "una garantía de la ocupación de la Patagonia y como traccionadoras de esfuerzos, subsidios y personas hacia tierras naturalmente hostiles a la llegada de inversiones y pobladores". Junto a estas auténticas fuentes de energía y soberanía, no podemos dejar de mencionar el impacto que sobre la actividad económica tuvo la creciente presencia del Estado provincial, en especial en áreas hasta entonces descuidadas como la salud y la educación. Los fondos que comenzaron a ingresar en concepto de regalías por la explotación de hidrocarburos, pero también los llegados a través del Régimen de Coparticipación Federal, permitieron que la "mano visible" del Estado se extendiera sobre la superficie neuquina. Esta activa presencia oficial, que explica el enorme peso del sector terciario en la conformación del producto bruto geográfico, fue la base material donde se sostuvo la duradera hegemonía del Movimiento

Popular Neuquino, un partido provincial que, desde 1963, ganó cada una de las elecciones en las que se disputaba la gobernación.

La estrategia de crecimiento que predominó en el período analizado impactó de lleno en la estructura ocupacional de la ciudad de Neuquén. El crecimiento del Estado provincial, al igual que el despliegue del comercio, la industria y las finanzas, hizo de los asalariados la categoría ocupacional más repetida durante la década de 1980: tres cuartas partes de la población económicamente activa podía ubicarse en ese casillero (Toutoundjian y Holubica, 1990: 59). La población no asalariada completaba el panorama ocupacional neuquino. Como en muchos otros mercados laborales, esta figura incluía mayoritariamente a trabajadores por cuenta propia, trabajadores familiares sin remuneración y patrones de empresas de reducidas dimensiones (uno o dos trabajadores). La nota distintiva de estas figuras es que encubrían buena parte de los asalariados empleados en el mundo de la construcción. Bajo esta modalidad de contratación, los empleadores evitaban el pago de cargas sociales, sumiendo a los trabajadores en una situación de extrema precariedad laboral. Cuando el nivel de actividad disminuyó, como ocurrió hacia mediados de los ochenta, las reducciones de personal se realizaron sin mayores complicaciones: entre 1985 y 1987, la incidencia de la construcción sobre el total de trabajadores por cuenta propia se redujo a la mitad (Toutoundjian y Holubica, 1990: 57).

Las razones que nos llevaron a escoger los noventa como límite de nuestra investigación no son difíciles de imaginar. Hacia comienzos de esta década se rompieron las reglas básicas que habían posibilitado la reproducción exitosa de una estrategia de crecimiento "desarrollista populista", usando los términos de Favaro y Arias Bucciarelli (2001). Con la nueva legislación sobre el destino de los fondos federales, nacida con el menemismo, creció la inestabilidad de los ingresos provinciales. Simultáneamente, y bajo los efectos de vaivenes en el mercado internacional del petróleo, los fondos en concepto de regalías disminuyeron de forma notoria. Esta situación adquirió ribetes dramáticos en el contexto de la aplicación del modelo neoliberal cuando, con la privatización de las empresas a cargo de los recursos naturales, se trazaron las líneas maestras de una nueva matriz económica. La desregulación de la actividad extractiva y una estrategia que privilegiaba la salida exportadora de los recursos, aunque multiplicaron la producción de petróleo y gas, no volcaron sus beneficios en la superficie provincial (Favaro y Vacarissi, 2005). De ahí que la permanencia de un modelo asentado en la explotación de recursos energéticos no se haya traducido en un incremento de los ingresos fiscales. Esta situación, como no podía ser de otro modo, dejó su huella en materia de empleo: la reducida ocupación de mano de obra, que contrastaba con la elevada inversión en la producción, comenzó a convivir con una creciente pauperización del nivel de vida de amplios sectores de la población. Se trataba, en definitiva, de la quiebra de un Estado interventor, planificador, distribucionista, que puso en discusión las bases sociales y económicas sobre las que se sostenía la provincia (Arias Bucciarelli, 1997).

Con una idea clara de las transformaciones que la década de 1980 albergó en materia demográfica, económica y ocupacional, estamos en condiciones de formular algunos interrogantes: ¿cómo podemos medir la pobreza urbana? ¿Cuál fue la distribución espacial de los pobres en la ciudad de Neuquén? ¿Cuáles fueron los patrones de asentamiento de los migrantes en una localidad de tan explosivo crecimiento? ¿Existe alguna semejanza en la disposición de ambos segmentos de la población al interior del tablero urbano?

Cartografiando la pobreza. Aproximaciones teóricas, desafíos metodológicos y aplicaciones en una ciudad intermedia

Podríamos empezar esta sección afirmando que el concepto de pobreza se encuentra inexorablemente ligado a la idea de privación. Como bien afirma Cabrera Castellano (2003), una parte importante de las aproximaciones convergen en afirmar que la pobreza obedece a la falta o carencia de algún recurso, ya sea monetario, material o social, limitando las condiciones de vida de las personas. Pese a este consenso básico, que pareciera entender poco de límites disciplinares, son muchos los problemas que debemos enfrentar a la hora de obtener una definición operativa de pobreza. El primero de ellos se refiere al hecho de que la noción de privación es, ante todo, una construcción social y, como tal, alberga tantas acepciones como sociedades existen. Pero, aun si pudiéramos eliminar las diferencias culturales, sería muy complicado deshacernos de la inevitable carga ideológica que el concepto de pobreza trae consigo. Después de todo, la definición del umbral a partir del cual se ingresa a la misma depende de la visión del mundo que detenta quien pretende trazar ese límite. En este sentido, no estaría mal si dijéramos, junto a González (1995: 285), que la delimitación de la pobreza no deja de ser un "yacimiento de subjetividades muy diversas".

La pobreza es, entonces, un concepto maleable y, por ello, la objetividad constituye una meta inalcanzable. De ahí la importancia de abandonar cualquier pretendida fórmula universal reemplazando ese deseo por una serie de acuerdos alrededor de lo que puede considerarse una carencia básica. Sobre este punto en particular, existen dos líneas de análisis que, si bien no son mutuamente excluyentes, se han disputado por largo tiempo la centralidad dentro del campo académico. La primera postura, a la que podríamos denominar relativa, se sostiene en una idea muy sencilla: las necesidades que se consideran esenciales y cuya satisfacción marca el umbral de la pobreza, varían en el tiempo y en el espacio de acuerdo con los valores de diferentes sociedades (Bolsi y Paolasso, 2009: 18). La forma de operativizar esta definición es por medio de un análisis de los ingresos o, lo que es igual, utilizando el gasto en consumo como medida de bienestar, tal como propone el método de línea de pobreza (Marcos y Mera, 2010: 141). La segunda posición centra su atención en las manifestaciones materiales de la pobreza. Dejando de lado las diferencias espaciales y temporales, esta postura se detiene en aquellos aspectos "duros" que expresan la falta de acceso a determinados servicios considerados imprescindibles para el desarrollo de la vida en sociedad. Desde esta óptica, y tomando prestadas las palabras de Minujin (1997: 40), son pobres aquellos hogares o personas que tienen alguna necesidad básica insatisfecha.

Como es de imaginar, las diferencias de criterio se trasladan al tipo de pobreza detectado por cada uno de estos métodos. La pobreza asociada a las necesidades básicas insatisfechas tiene enormes dificultades para reflejar los procesos económicos y sociales de mediana y corta duración. Con todo, debido a que su estimación se vincula a las carencias de las viviendas, posee una mayor capacidad para detectar a quienes, a falta de un mejor nombre, podríamos denominar "pobres estructurales". Los cálculos realizados con base en la línea de pobreza, por su parte, logran atrapar situaciones de pobreza coyuntural gracias a su mayor sensibilidad. En contrapartida, por basarse en muestreos, presentan serios problemas en cuanto a la calidad y universalidad de los datos; ambos aspectos derivados de los inconvenientes que acompañan el proceso de generación de dicha información. Además, los estudios basados en la línea de la pobreza tienen, para el caso argentino, una limitación muy difícil de ocultar si nuestro objetivo es observar cómo se relacionaban pobreza y migraciones en la ciudad de Neuquén: por provenir de la Encuesta Permanente de Hogares (EPH), un estudio oficial realizado periódicamente por muestreo, nos brinda información a nivel de aglomeración, lo cual imposibilita cualquier tipo de análisis intraurbano (Formiga, 2007: 11). En pocas palabras, con el auxilio de esta encuesta podemos saber cuán extendida es la pobreza, pero no resulta posible saber la disposición de los pobres en el espacio urbano.

Ahora bien, ¿cómo acceder a la pobreza en una ciudad de crecimiento explosivo como Neuquén? ¿Cómo volver comparables los registros de dos censos nacionales, en este caso los levantados en 1980 y 1991, que ofrecen información poco homogénea sobre un asunto tan delicado?

Comencemos con un examen de la información disponible para comienzos de los ochenta. En este periodo, el problema fundamental no reside tanto en seleccionar una forma de medir la pobreza como en obtener información básica que nos aproxime a dicho fenómeno. El censo nacional de población y vivienda de 1980, a diferencia del levantado en 1991, no permite identificar aquellos hogares que no satisfacen un conjunto mínimo de necesidades básicas a partir de variables asociadas a la pobreza estructural (Formiga, 2007: 11). Los inconvenientes se vuelven más agudos si optamos por un enfoque basado en la línea de la pobreza: solo disponemos de este tipo de información a partir de 1988 para el caso de Buenos Aires y a partir de 2001 para otras áreas urbanas de la Argentina.[3]

En función de esta serie de problemas, solo podremos acceder a la pobreza en la capital neuquina de una manera indirecta y por demás fragmentaria. En ausencia de mediciones absolutas o relativas sobre la pobreza, recurriremos al estudio pormenorizado de tres indicadores que construimos a partir de la información suministrada por el Censo Nacional de Población y Vivienda de 1980. El primero de ellos se refiere al porcentaje de la población que residía en viviendas que no cumplían un nivel mínimo

---

[3] EQUIPO TÉCNICO 3-GT, Medición de la pobreza en los países del Mercosur. Una propuesta de armonización, Buenos Aires, Mercosur / Unión Europea, 2010, p. 14.

de habitabilidad; es decir que no ofrecían a sus residentes protección contra diversos factores ambientales, así como privacidad y comodidad para llevar a cabo ciertas actividades biológicas y sociales (Feres y Mancero, 2001: 14). Los dos indicadores restantes abarcan situaciones de hacinamiento o problemas de acceso a la vivienda, a saber: la proporción de hogares extendidos que albergaban a dos o más generaciones y el porcentaje de viviendas que albergan a más de seis personas.

Con todo, para lograr una acabada aproximación a la pobreza en la ciudad de Neuquén hacia comienzos de los ochenta resulta necesario sintetizar la información brindada por estos tres indicadores. Un desafío de esta naturaleza nos obliga a dejar de lado los estudios basados en una sola variable y a abrazar la opción por un análisis multivariado. En función de las características de la documentación relevada, se nos ocurre que una estrategia válida para obtener un indicador único es a partir de lo que algunos autores han denominado Valor Índice Medio (VIM) (García de León, 1989; Buzai y Baxendale, 2006: 271-274). En particular García de León (1989: 69) la define como una técnica que apunta a clasificar un conjunto de unidades territoriales con base en un índice en torno de la información obtenida por distintas variables. Para obtener un VIM que nos brinde pistas sobre la pobreza, en primer lugar, resulta esencial una estandarización de las tres variables seleccionadas que dé como resultado un conjunto de puntuaciones de media 0 y desviación estándar 1. Cuando las variables resultan comparables entre sí, es preciso ubicar cada uno de los puntajes obtenidos en cinco intervalos: 1) muy inferior a la media (valores inferiores a -1); 2) inferior a la media (valores entre -1 y -0,5); 3) cercano a la media (valores entre -0,5 y 0,5); 4) superior a la media (valores entre 0,5 y 1); y 5) muy superiores a la media (valores superiores a 1). Por último, luego de promediar cada uno de los nuevos puntajes para cada uno de los radios censales analizados alcanzamos el VIM de la pobreza. El índice obtenido puede oscilar entre 0 (realidad de nula pobreza) y 5 (realidad de considerable pobreza).

Hagamos ahora un examen de la información disponible para comienzos de los noventa. En este caso, el panorama es un tanto más alentador: más allá de la imposibilidad de acceder a los niveles de ingreso de la población, podemos aproximarnos a la pobreza calculando proporción de hogares con necesidades básicas insatisfechas (NBI). La principal ventaja es que, por tratarse de un método extensamente utilizado, la estimación de las NBI nos brindará la oportunidad de realizar a futuro estudios comparativos, tanto entre diferentes escenarios urbanos como entre diferentes rondas censales. Esto último explica la decisión de no elegir una metodología más novedosa, como el cálculo del Índice de Privación Material de Hogares (IPMH), que pese a tratar de unir en una misma estimación los recursos corrientes (ingresos) y patrimoniales (vivienda),[4] solo ha sido utilizado a partir de la información suministrada por el censo 2001.[5] En términos generales, y como ya dijimos más arriba, el estudio de las NBI posibilita la identificación de aquellos hogares que exhibían situaciones de insuficiencia en variables censales vinculadas a la calidad de la vivienda, disponibilidad de servicios sanitarios, accesibilidad a la educación y ocupación del jefe de hogar (Formiga, 2007: 11). Aunque se trata de una metodología que intenta aproximarse a las condiciones de vida de la población, nos brinda algunos indicios ciertos sobre el nivel de ingreso de los hogares analizados. Después de todo, es probable que

---

[4] Una detallada descripción de la propuesta operacional y metodológica del IPMV puede encontrarse en FANTÍN, Alejandra y otros, "La pobreza según otros indicadores. Posibilidades y problemas", en Bolsi, Alfredo y Paolasso, Pablo, *Geografía de la pobreza en el norte grande argentino*, Tucumán, IIGHI-PNUD y ISES, 2009, pp. 29-41.

[5] Una justificación de la misma naturaleza la encontramos en MARCOS, Mariana y MERA, Gabriela, "Pobreza estructural y migración limítrofe: aportes para pensar su articulación espacial en la aglomeración Gran Buenos Aires", *Estudios Socioterritoriales*, N° 8, 2009-2010, p. 141.

este tipo de carencias se produzca con mayor frecuencia en familias de bajos ingresos y que aquellas se encuentren asociadas a otras variables relacionadas con el bienestar (Feres y Mancero, 2001: 8).

Mapa de la pobreza: 1980

Cuando volcamos la información a la cartografía queda definido un mapa de la pobreza con tres áreas claramente delimitadas. Los puntajes más bajos los encontramos en el centro histórico de la ciudad que, además de albergar el grueso de la actividad comercial y administrativa, servía de residencia a los miembros más encumbrados de la sociedad. En idénticas coordenadas debemos ubicar los radios censales que se abrían en forma de abanico hacia el norte de la ciudad, a los cuales podríamos pensar, como hicimos en otro trabajo, en términos de un "centro extendido" (Perren, 2010b). Se trataba de una franja de territorio conformada por complejos habitacionales desarrollados bajo la idea de una "ciudad satélite", muy en boga en los años setenta, que replicaban en buena medida el perfil socio-ocupacional del centro de la capital neuquina. Alrededor del centro encontramos una zona de "acrecentamiento in situ", usando las palabras de Griffin y Ford (1980), que funcionaba como una zona de transición entre las áreas que mostraban mejores y peores registros de pobreza, contando con una amplia variedad de tipo de viviendas, desde barrios antiguos de la ciudad hasta áreas que, hacia comienzos de los ochenta, comenzaban a ser loteadas y ocupadas de forma permanente. Por último, en una ubicación claramente periférica, encontramos aquellas unidades espaciales que obtuvieron un mayor puntaje; esto es, los radios censales que reunían de forma simultánea las peores condiciones habitacionales y un severo problema de hacinamiento.

Mapa 1. Valor Índice Medio de la pobreza. Neuquén, 1980

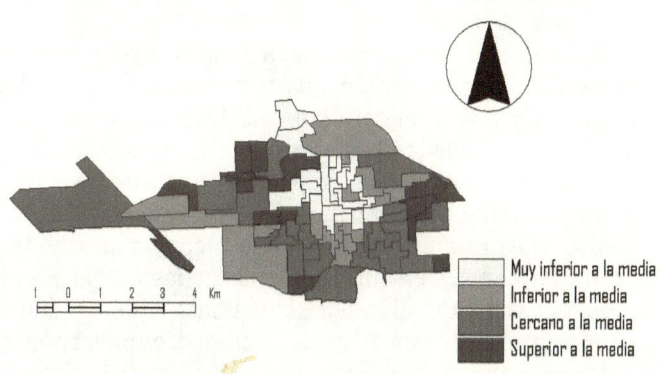

Fuente: elaboración propia sobre la base de datos suministrados por la Dirección Provincial de Estadística y Censo de Neuquén (DPECN).

Para comprender este patrón de segregación debemos centrar nuestra mirada en la dinámica que asumió el mercado inmobiliario en los años previos al desarrollo del censo analizado. En este sentido, no estaríamos errados si dijéramos que el crecimiento de la población, que adquirió un explosivo impulso hacia fines de los sesenta con la construcción del complejo hidroeléctrico Chocón-Cerros Colorados, produjo un severo desajuste entre la oferta y la demanda de vivienda. A pesar de que, durante los setenta, distintos gobiernos llevaron adelante algunas iniciativas habitacionales de envergadura, el problema de la vivienda lejos estuvo de desaparecer. Por el contrario, un medio periodístico local afirmaba que "no sería disparatado mencionar que Neuquén necesitaba [...] un mínimo que oscilaba entre las 4.000 y las 5.000 unidades".[6] Este abultado déficit hizo que fuera habitual que, ante la imposibilidad de acceder a la vivienda, "padres vivan junto a sus hijos ya casados y pequeños", redundando en un "peligroso hacinamiento familiar".[7] Este fenómeno de cohabitación nos ayuda a entender por qué algunos barrios tradicionales de la ciudad, que no mostraban grandes faltantes de infraestructura, aparecían con puntajes elevados en el mapa de la pobreza que elaboramos.

Claro que el problema ocupacional no solo afectaba a las familias que ya tenían una trayectoria en la ciudad. También impactó en la cotidianidad de quienes llegaban a Neuquén en búsqueda de mejores alternativas laborales y, en particular, de quienes se emplearon en la base de la pirámide ocupacional. Para muchos de ellos, el alquiler de una vivienda constituía una opción poco menos que privativa. De acuerdo con las estimaciones realizadas por la prensa regional, el valor del alquiler de una casa o de un departamento en el área céntrica de la ciudad duplicaba el de una vivienda de similares características en cualquier otra urbe del país y, por esta razón, solo era una alternativa para familias de mediano ingreso. Para aquellos hogares cuyo poder adquisitivo estaba por debajo de ese nivel, el abanico de posibilidades se reducía a dos alternativas: "alquilar una pieza y una cocina en lugares marginales" o bien ocupar un terreno.[8] No es extraño que, en estas circunstancias, el mapa de la pobreza muestre valores elevados en aquellas áreas periféricas que exhibían las aristas más dramáticas del proceso de "hiperurbanización" que, por entonces, Neuquén comenzaba a experimentar.

---

6   Noticias de CALF, "El drama habitacional", Neuquén, 1980, pp. 16-17.
7   Noticias de CALF, "El drama habitacional...", pp. 16-17.
8   Noticias de CALF, "El drama habitacional...", p. 16.

Mapa de la pobreza: 1991

Tracemos ahora un retrato de la pobreza para comienzos de los noventa. De acuerdo con los datos censales, la capital neuquina contaba en 1991 con cerca de 170.000 habitantes, 26.000 de los cuales pertenecían a hogares con NBI. Dicho en términos más sencillos, uno de cada seis residentes de la ciudad era pobre. Puede que una comparación nos ayude a comprender el peso relativo de estos últimos. Para esa misma fecha, los diecinueve distritos que conformaban el Gran Buenos Aires, escenario expuesto a un severo proceso de desindustrialización desde mediados de los setenta, presentaban una proporción similar de habitantes en situación de pobreza.[9] Cifras como estas nos obligan a relativizar algunas imágenes, muy difundidas en los discursos políticos de la época, que mostraban a Neuquén como una "isla del bienestar" (Favaro y Arias Bucciarelli, 2001). Pese a reforzar su papel como centro de servicios que atendía una extensa área metropolitana, multiplicando las oportunidades de trabajo, la pobreza era un fenómeno verdaderamente extendido y no dejaba de ser la contracara del crecimiento económico.

---

[9] Dirección Provincial de Estadística y Censos de Neuquén, "Hogares particulares y población en hogares particulares por existencia de NBI (Necesidades Básicas Insatisfechas). Municipio de Neuquén. Año 1991", Neuquén, 2011.

Mapa 2. Distribución espacial de la población con NBI. Ciudad de Neuquén (1991)

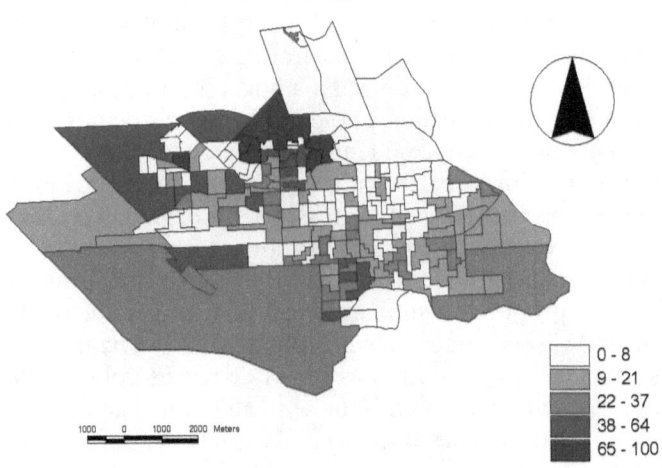

Fuente: elaboración propia sobre la base de datos suministrados por la Dirección Provincial de Estadística y Censo de Neuquén (DPECN).

En relación con la distribución espacial de la pobreza, basta con una mirada superficial del mapa 2 para darnos cuenta del importante grado de concentración de las unidades espaciales que presentaban una mayor proporción de la población con NBI. La mayoría de ellas conformaba un agrupamiento de radios censales que se localizaba en el cuadrante noroccidental de la ciudad. En todo este espacio, al que podríamos imaginar como un área social en el sentido brindado por Shevsky y Bell (1955), el peso de población que formaba parte de hogares pobres se encontraba por encima del 65%; es decir, por lo menos, dos terceras partes de quienes residían allí estaban expuestos a problemas habitacionales o bien mostraban un pobre desempeño en materia educativa. La evidencia ofrecida por la prensa pareciera estar sintonizada en la misma frecuencia, reforzando el cuadro de fuerte segregación residencial socioeconómica. En 1986, una investigación periodística alertaba sobre el grado de precariedad que enfrentaban a diario quienes residían en los márgenes de la ciudad. En los asentamientos periféricos, destacaba el artículo, reinaba la ausencia de "los servicios y condiciones de higiene mínimos", siendo auténticos afortunados quienes podían acceder al agua corriente por medio de una canilla comunitaria.[10]

En cuanto a los radios con menor incidencia de la población con NBI, puede observarse que los mismos se concentraban en aquel espacio conformado por el damero original y diferentes barrios residenciales que, en virtud del creciente precio de la propiedad inmobiliaria en el área comercial y administrativa, se construyeron en un radio comprendido entre quince y treinta cuadras del centro geográfico de la ciudad ("Villa Farrell" al este, "Cumelén" al oeste, "Santa Genoveva" y "Provincias Unidas" al noreste y "Alta Barda", "COPOL", "Salud Publica" y "14 de Octubre" al norte). Este patrón de asentamiento centralizado, que invertía la lógica sugerida por Burgess (1925) para el caso de las metrópolis norteamericanas, comenzó a ser acompañado de un elemento que ganaría peso conforme nos aproximamos al presente: la "periferización" de las pautas habitacionales de los miembros más encumbrados de la sociedad. Esto es especialmente evidente en el caso de las áreas conocidas como "Jardines del Rey" (al sur), "Rincón Club de Campo" (al norte), "Consorcio San Martín" y "Barreneche" (ambos en el oeste); todos vecindarios que fueron ideados como espacios residenciales que ofrecían una seguridad y un contacto con la naturaleza que, de acuerdo con las publicidades de la época, comenzaba a escasear en el centro de la ciudad (Perren, 2011b).

---

[10] *La Revista de CALF*, "Informe especial: Villas emergencias", N° 86, año 8, 1986, pp. 4-5.

Estas observaciones, que surgen de un análisis visual de la cartografía temática, pueden ganar en complejidad en caso de ser complementadas con el cálculo de uno de los indicadores de segregación tradicionales: el Índice de Disimilitud (ID). Esta medida, que determina cuál es el porcentaje de un grupo determinado que debería mudarse para lograr la desagregación total con respecto a otro, oscila en el rango comprendido entre 0 y 100.[11] Un valor cercano a 100 nos indicaría que el grupo en cuestión no comparte las áreas residenciales con miembros del otro grupo (realidad de segregación); mientras que uno próximo a 0 nos avisa que la proporción de ambos grupos para cada una de las subdivisiones estudiadas es idéntica (realidad de integración). Para el caso de la capital neuquina, notamos un importante nivel de segregación: cerca del 48% de quienes se encontraban en el casillero de las NBI debían cambiar de residencia para lograr una igual distribución respecto del grupo que tenía sus necesidades básicas satisfechas.

Cotejemos estos resultados a la luz de otros obtenidos para algunas áreas metropolitanas de la región. Rodríguez y Arriagada (2004: 8), en un reciente trabajo, realizaron el mismo ejercicio para el caso de Santiago de Chile hacia comienzos de los noventa y el resultado obtenido fue sustancialmente menor al que observamos en Neuquén: el ID entre las subpoblaciones que tenían y no tenían sus NBI, a escala de zonas censales, era de 32. Algo no muy diferente detectamos en la ciudad argentina de Córdoba. De acuerdo con el estudio realizado por Díaz y Caro (2002), la capital cordobesa se encontraba, hacia comienzos del siglo XXI, "efectivamente segregada en términos socioeconómicos" y registraba "una segmentación aguda"; ambas, conclusiones a las que las autoras arribaron luego de obtener un ID entre

---

[11] La fórmula para obtener el Índice de Disimilitud es la siguiente: donde Nxi es la población del grupo x en la subdivisión territorial i; Nyi es la población del grupo y en la subdivisión territorial i; Nx es la población total del grupo x en la unidad territorial superior; y Ny es la población total del grupo y en la unidad territorial superior (Duncan y Duncan, 1955).

hogares con y sin NBI de apenas 29. Gracias a este tipo de comparaciones podemos matizar, por lo menos en parte, aquella postura que imaginaba a las ciudades intermedias como escenarios espacialmente igualitarios, alejados de las fragmentaciones propias de las áreas metropolitanas de la región. La experiencia de Neuquén pareciera circular por un carril alternativo: por más que, en el transcurso de la década de 1980, la capital provincial actualizó su infraestructura de servicios, lo cual acercó algunos vecindarios periféricos al centro de la ciudad, la distancia entre quienes se hallaban en situación de pobreza y quienes no revestían esa condición era verdaderamente importante.

Distribución espacial de los migrantes limítrofes y de los llegados de otras provincias argentinas

Una mirada superficial de la estructura demográfica neuquina nos alertaría sobre la importancia que tuvieron los migrantes en su modelado. Prueba de ello es que los nacidos en la ciudad representaban, hacia fines de los ochenta, tan solo el 40% de la población. Entre el 60% restante, debemos destacar la relevancia adquirida por los llegados de otras provincias argentinas y, en menor medida, por los arribados del interior provincial y del otro lado de los Andes. Por razones heurísticas, en el presente apartado abordaremos la disposición espacial del primero y del último de los grupos mencionados. Lamentablemente, los censos de 1980 y 1991 no distinguen entre los nacidos en la ciudad de Neuquén y quienes se trasladaron a la capital desde distintos puntos de la provincia, lo cual impide que podamos analizar en detalle las características que asumió el flujo intraprovincial. Pese a ello, los datos censales permiten aproximarnos a tres cuartas partes de aquel segmento de la población que, a falta de un menor rótulo, podríamos denominar "no-nativo" (Toutoundjian y Holubica, 1990: 4).

Mapa 3. Porcentaje de la población nacida en otras provincias argentinas. Neuquén, 1980

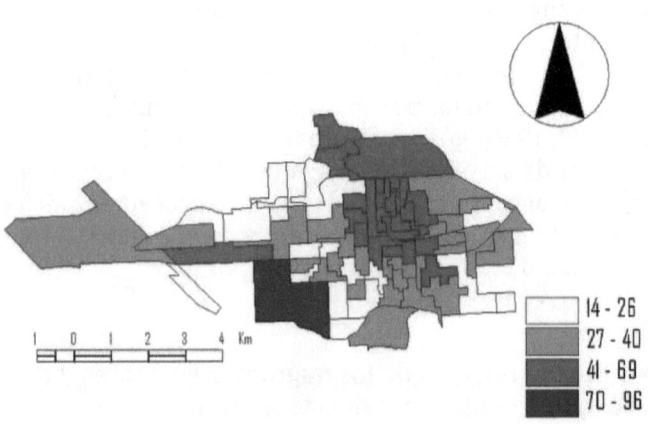

Fuente: elaboración propia sobre la base de datos suministrados por la Dirección Provincial de Estadística y Censo de Neuquén (DPECN).

Comencemos este recorrido analizando la disposición espacial de los migrantes interprovinciales hacia comienzos de la década de 1980. Un vistazo al mapa 3 es suficiente para distinguir la fuerte coincidencia entre las áreas en las que su peso era significativo y aquellas que mostraban bajos niveles de pobreza. La presencia relativa de los migrantes interprovinciales se hacía fuerte en el centro de la ciudad e iba perdiendo intensidad a medida que nos internamos en la periferia: en algunos radios del damero original de la ciudad representaban dos terceras partes del total de la población; mientras que en otros, que correspondían a "villas de emergencia", su presencia era bastante más tenue (mapa 3). La única excepción a este esquema centralizado fue la fuerte presencia de migrantes de otras provincias en una unidad especial ubicada en el suroeste de la ciudad, donde prácticamente la totalidad de los residentes eran argentinos, aunque no habían nacido en la provincia de Neuquén. Este valor excéntrico no resulta casual si tenemos en cuenta que allí funcionaba el Batallón de Ingenieros de Montaña n° 6; dependencia del Ejército Argentino que no solo albergaba personal permanente llegado de diferentes puntos del país, sino también centenares de conscriptos que desarrollaban allí su servicio militar obligatorio.

Mapa 4. Distribución de la población nacida en otras provincias argentinas. Neuquén, 1991

Fuente: elaboración propia sobre la base de datos suministrados por la Dirección Provincial de Estadística y Censo de Neuquén (DPECN).

Muy poco de lo que acabamos de describir había cambiado once años después. Al igual que en 1980, hacia comienzos de los noventa, advertimos un solapamiento entre las unidades espaciales donde la población de otras provincias tenía una fuerte presencia relativa y aquellas áreas que, a falta de un mejor nombre, podríamos denominar "no-pobres" (mapa 4). La proporción de migrantes interprovinciales seguía siendo más abultada en el centro de la ciudad que en esa periferia que se abría paso en dirección al noroeste del ejido. Las únicas excepciones a este esquema centralizado fueron algunos barrios residenciales de elite, uno de los cuales sirvió de antecedente a las *gatted comunities* del presente ("Rincón Club de Campo", en el norte de la ciudad), y dos complejos habitacionales construidos para dar solución al déficit de viviendas que enfrentaban los trabajadores de la educación ("MUDON" y "MUTEN" en el noroeste). En resumen, el patrón residencial de los migrantes podría pensarse como un "continente" que ocupaba el centro y un puñado de "islas" que comenzaban a abrirse paso en la periferia. El esquema concéntrico de 1980, sin desaparecer por completo, comenzó a convivir con estructuras celulares que, por entonces, supusieron una auténtica novedad.

En el plano explicativo, este comportamiento centralizado nos conduce inexorablemente a la inserción ocupacional de los migrantes llegados de distintas provincias argentinas. De acuerdo con los resultados que obtuvimos en un estudio realizado sobre la base de fuentes nominativas, el grueso de quienes arribaron desde otros puntos del país se empleaba en trabajos "no manuales bajos", en un comportamiento muy similar al mostrado por la población local (Perren, 2009b). A diferencia de los migrantes del interior de la provincia y los trasandinos, provenientes mayoritariamente de ámbitos rurales, encontramos entre ellos una elevada proporción de individuos con una larga experiencia en escenarios urbanos, que los ponía en mejores condiciones de enfrentarse a un mercado laboral que iba precisamente en esa dirección. Es interesante observar cómo, conforme avanzaban las décadas, la proporción de trabajadores manuales poco calificados disminuyó de forma sensible. En su lugar, fue cada vez más relevante el peso de los trabajos manuales de mayor calificación, los trabajos de oficina y, en menor medida, el ejercicio de profesiones reputadas. En resumidas cuentas, no estaría mal si dijéramos que en el cruce de su elevado grado de instrucción y un origen mayormente urbano, ambos traducibles en una mejor posición socio-ocupacional, encontramos una llave para explicar el comportamiento centralizado de este grupo (Perren, 2008).

Además del gran caudal de nativos procedentes de otras provincias, Neuquén se destacó por el importante aporte de la población chilena. Por desgracia, los censos nacionales de 1980 y 1991 no brindan información sobre el origen nacional de quienes integraban el grupo de "nacidos en países limítrofes". Sin embargo, el enorme peso de los trasandinos al interior de la población extranjera, que de acuerdo con diferentes estimaciones alcanzaba el 80% del total, nos permite extrapolar a los primeros aquellas conclusiones que obtengamos para el conjunto (Benencia, 2003). Las razones que explican esta prolongada presencia en la región se vinculan con causas económicas que atravesaban las provincias de la Araucanía chilena. Al decir de Rodríguez (1982), se trataba de áreas rurales y con áreas de minifundio, y estructuras agrarias que no han podido generar empleos para su población activa. Puede que una cifra puntual nos ilustre sobre la preponderancia de las provincias del Valle Central dentro del flujo transandino: de acuerdo con cifras oficiales, cerca del 60% de quienes se asentaron en Neuquén y sus alrededores en la década de 1980 había nacido en las provincias de Malleco y Cautín (Matossian y Sassone, 2011: 101); distritos cuyas principales actividades eran la silvoagropecuaria y, en menor medida, la minera y pesquera.

En cuanto a su distribución espacial, los migrantes llegados del otro lado de los Andes mostraban un patrón que invertía la lógica observada para el caso de los migrantes interprovinciales. Su presencia era escasa en las áreas que no mostraban situaciones de pobreza y cobraba dimensión en las áreas "pobres". Como podemos observar en los mapas 5 y 6, la participación de los chilenos en los radios céntricos alcanzaba, en el mejor de los casos, el 5%; mientras que, en el cuadrante noroccidental de la ciudad, la misma se encontraba por encima del 40% y rozaba, en algunos radios censales, el 70% del total de la población. Con todo, esta pauta de asentamiento claramente periférica no debería pensarse como una novedad de la década de 1980, por el contrario, resulta un rasgo que, como demostramos en otro trabajo, hundía sus raíces en los sesenta (Perren, 2006). Tomando estos antecedentes y proyectándolos hacia delante, podríamos imaginar el patrón de asentamiento de los migrantes limítrofes como una versión más concentrada y segregada del mapa de la pobreza de la ciudad.

Mapa 5. Porcentaje de la población nacida en países limítrofes. Neuquén, 1980

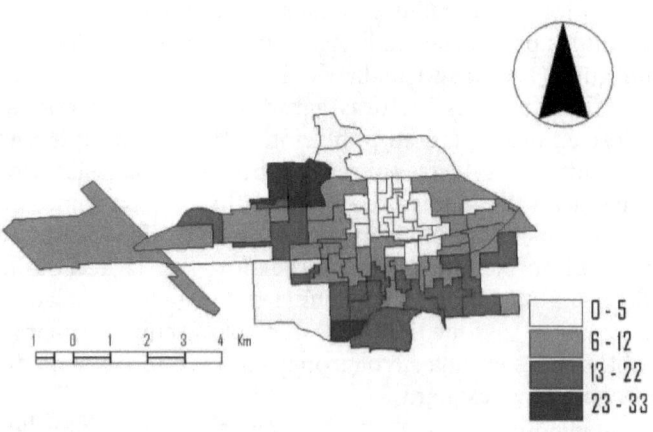

Fuente: elaboración propia sobre la base de datos suministrados por la Dirección Provincial de Estadística y Censo de Neuquén (DPECN).

La única excepción a este esquema de asentamiento periférico lo constituye la franja de complejos habitacionales oficiales que se abría en abanico hacia el noroeste, donde la incidencia de la población chilena era verdaderamente pobre. Para quienes llegaban del otro lado de los Andes, la mayoría de ellos indocumentados, la posibilidad de acceder a alguna de las viviendas ofrecidas por los Estados nacional y provincial dependía de cumplir cada uno de los requisitos establecidos por el Fondo Nacional de la Vivienda (FONAVI) y el Instituto Provincia de Vivienda y Urbanismo de Neuquén (IPVUN). Dos eran las exigencias más difíciles de cumplimentar para las familias chilenas que arribaban a la ciudad. Por un lado, para ser cubiertos por alguno de los planes de viviendas sociales más de la mitad de los integrantes de los núcleos familiares solicitantes debían ser nativos. Por el otro, y en caso que sea satisfecha la primera de las condiciones, los miembros trasandinos debían haber tramitado ante las autoridades locales el Documento Nacional de Identidad (DNI). Esto último no era algo sencillo en la medida que los trámites para acceder a la residencia precaria, paso indispensable para obtener el DNI, requerían de gestiones que demoraban meses y de un dinero que, en la mayoría de los casos, no estaba disponible (Muñoz Villagrán, 2005: 74). Esta clase de restricciones ayudan a entender por qué, para una fecha tan cercana como 2005, solo uno de cada seis chilenos había accedido a una vivienda oficial y la mayoría de quienes habían alcanzado este beneficio lo hicieron por la vía de la naturalización (Muñoz Villagrán, 2005: 74).

Mapa 6. Distribución espacial de la población nacida en países limítrofes. Neuquén, 1991

Fuente: elaboración propia sobre la base de datos suministrados por la Dirección Provincial de Estadística y Censo de Neuquén (DPECN).

Para comprender en toda su dimensión este patrón de asentamiento debemos dirigir nuevamente nuestra mirada a la forma en que la población chilena se integró a la estructura productiva local. Tomando distancia de las tendencias que surcaban a la población migrante "en general", más proclive a los empleos no manuales, este grupo mostró desde muy temprano una fuerte inclinación por los trabajos manuales. En la década de 1960, por ejemplo, dos terceras partes de los contrayentes de origen chileno declaraban estar desempeñando aquel tipo de labores (Perren, 2011a: 119). En ese momento eran todavía fuertes los oficios desplegados en los bordes rurales de la ciudad, entre los cuales descollaban declaraciones como "peón" o "jornalero". En las décadas siguientes, cuando la capital neuquina apuró los tiempos de su urbanización, las labores ligadas al sector primario perdieron terreno frente a los empleos citadinos, especialmente los que correspondían al mundo de la construcción (Muñoz Villagrán, 2005: 101-105). Este pasaje, claro está, no disminuyó el peso del empleo manual al interior de la población transandina, por el contrario, en la década de los ochenta, cerca del 40% de quienes habían nacido en Chile declaraba estar en aquel casillero ocupacional (Perren, 2009b: 119-120).

Dado que se trataba de empleos precarios, en gran medida ubicados en la parte gris de la economía, no resulta extraño que el centro de la ciudad haya sido para quienes se empleaban en este tipo de labores una opción que complicaba el andamiaje de una trayectoria social ascendente. El pago periódico de un alquiler y las obligaciones que nacían del suministro de los servicios significaban que una considerable masa de recursos debía ser canalizada hacia áreas que no eran precisamente las de subsistencia. En ese contexto, aparecía como posibilidad la ocupación de un terreno periférico a la espera de una situación propicia para acceder a la propiedad en las áreas más consolidadas o, como finalmente sucedió, forjar allí redes que facilitaran la incorporación de estas barriadas al tejido de la ciudad. En tanto se encontraba sobrerrepresentada en los segmentos más vulnerables del mercado laboral, es fácil entender la fuerte presencia de la población trasandina en aquellos asentamientos irregulares que se abrieron paso en la periferia neuquina durante los años ochenta.

La fuerza de los indicadores pareciera coincidir con una percepción general que no dudaba en calificarlos como "barrios de chilenos". Puede que el "Sector 5" del barrio Progreso, en el corazón mismo del agrupamiento de radios con altos porcentajes de NBI, traiga luz sobre la significativa presencia de los migrantes trasandinos en los nuevos vecindarios de la periferia neuquina. En un relevamiento realizado a mediados de los ochenta, los técnicos de la Municipalidad de Neuquén descubrieron que la mitad de los residentes adultos de este asentamiento habían nacido allende la cordillera.[12] Este espacio, que sumaba más de un millar de habitantes, solo contaba con cuarenta estudiantes secundarios y una persona cursando sus estudios universitarios.[13] Al mismo tiempo, el origen rural de la población y el escaso nivel de instrucción se reflejaba en una estructura ocupacional donde sobresalían los trabajadores manuales y, en especial, quienes se empleaban en el mundo de la construcción. A modo de muestra, podríamos decir que de la mano de obra disponible, de cerca de quinientos trabajadores, más de doscientos oficiaban de albañiles, pintores, plomeros o cloaquistas.[14] Aunque conformaba una pequeña franja de tierra de poco peso demográfico, nos brinda algunas pistas sobre la concentración de los migrantes chilenos en algunos sectores de la nueva periferia.

Es interesante ver cómo las pautas de asentamiento diferenciadas que mostraron los migrantes interprovinciales y los limítrofes pueden ser también detectadas si calculamos el ID entre ambos grupos. Cuando observamos, en el caso del censo nacional de 1991, cuán diferentes son los porcentajes de ambas subpoblaciones para cada una de las unidades espaciales escogidas, llegamos a un resultado que no deja de ser interesante: más del 40% de los migrantes limítrofes debía cambiar su lugar de residencia para alcanzar la misma distribución en el espacio que los migrantes de otras provincias. Estas cifras se encuentran por debajo del 60%, límite a partir del cual podemos hablar de una realidad de hipersegregación, pero son bastante superiores al 30%, umbral a partir del cual distinguimos situaciones de segregación (Moya, 2003). Dicho en otros términos, e incorporando la experiencia norteamericana al análisis, ambos grupos migratorios se encuentran claramente segregados en el espacio urbano, aunque este fenómeno no alcanza los

---

12 Archivo Histórico de la Municipalidad de Neuquén (AHMN), *Asesoría técnica de normalización de asentamientos ilegales*, Secretaría de Obras Públicas, Municipalidad de Neuquén, 1983, f. 14.
13 AHMN..., f. 14.
14 AHMN..., f. 14.

niveles de separación residencial que existe entre blancos y negros en las áreas metropolitanas del país del norte (Rodríguez y Arriagada, 2004).

Asociación entre pobreza y migraciones: un ejercicio de correlación

El análisis de la distribución porcentual y el cálculo del ID para los grupos definidos por su condición socioeconómica y migratoria nos brindaron interesantes elementos de análisis, en especial aquellos relacionados con su disposición en el espacio y su grado de separación en el tablero urbano. La cuestión ahora es determinar la semejanza del comportamiento de las variables consideradas. Para obtener un valor cuantitativo que indique la manera en que los valores de las diferentes unidades espaciales varían conjuntamente (Marcos y Mera, 2010: 158), tanto en la intensidad de la relación como en su sentido, utilizaremos el coeficiente de correlación r de Pearson, que surge de la covarianza o variabilidad conjunta de las variables. La principal ventaja del mismo radica en que se trata de una metodología ampliamente utilizada y, por ese motivo, sus resultados probaron ser exitosos para análisis espaciales como el que aquí presentamos.[15] En términos prácticos, el valor de r puede variar entre 1 y -1. El límite superior nos habla de una relación de muy alta intensidad en un sentido positivo; mientras que el inferior

---

[15] Algunas aplicaciones pueden verse en BUZAI, Gustavo, *Mapas sociales urbanos*, Buenos Aires, Lugar, 2003; BUZAI, Gustavo y BAXENDALE, Claudia, "Distribución espacial socioeducativa y localización de escuelas polimodales en la ciudad de Luján. Una aproximación exploratoria bivariada", *Huellas*, N° 9, pp. 13-35; o MARCOS, Mariana y MERA, Gabriela, "Pobreza estructural y migración limítrofe: aportes para pensar su articulación espacial en la aglomeración Gran Buenos Aires", *Estudios Socioterritoriales*, N° 8, 2009-2010, pp. 137-155.

de dos variables fuertemente vinculadas, pero en un sentido inverso. Cuando r tiene un valor cercano a 0 significa que no hay correlación entre ambos conjuntos de datos.

Figura 1. Espacio de relaciones bivariadas entre variables estandarizadas

Espacio − +	Espacio + +
Espacio − −	Espacio + −

Fuente: Buzai y Baxendale (2006)

Como complemento visual del análisis bivariado usaremos gráficos de dispersión (*scatter diagram*) cuya aplicación da como resultado un eje ortogonal y una serie de puntos que coinciden con cada una de las unidades espaciales analizadas (las coordenadas de los mismos están dadas por los valores en esa área de la ciudad de las variables escogidas) (Buzai y Baxendale, 2006: 251). Como los datos de cada variable se transforman en puntajes estándar, los ejes toman el lugar central del gráfico y quedan a la vista cuatro cuadrantes. El cuadrante inferior izquierdo concentra las unidades espaciales con bajos valores en ambas variables, el cuadrante superior izquierdo aquellas que exhiben bajos valores en x y altos en y, el cuadrante superior derecho alberga los valores altos en ambas variables, y el cuadrante inferior derecho presenta valores altos en x y bajos en y (figura 1). En pocas palabras, este gráfico nos permite visualizar cuán alejados están los valores de la media de cada una de las variables, representadas por los ejes de las abscisas y ordenadas ($X=0$ e $Y=0$).

Gráfico 1. Correlación entre nivel socioeconómico y condición migratoria. Ciudad de Neuquén, 1980 y 1991 (nivel radio censal)

1980

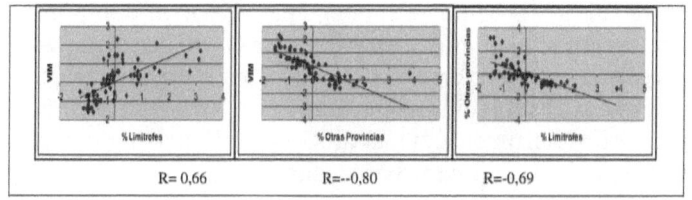

1991

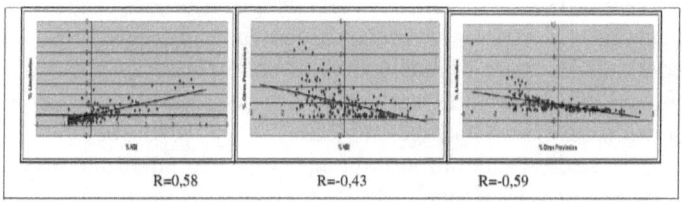

Fuente: elaboración propia sobre la base de datos del INDEC.

Veamos ahora cómo podemos utilizar estos instrumentos para aproximarnos a las relaciones existentes entre condición socio-económica y condición migratoria en la ciudad de Neuquén en 1980 y 1991. Lo primero que queda en evidencia de una lectura de los *scatter diagrams* es la importante correlación positiva existente entre la pobreza estructural y migrantes limítrofes. Coeficiente r de 0,66 y 0,58, para ambos censos respectivamente, son la muestra más palpable de ello (gráfico 1). Esto significa que ambas variables se comportaban de un modo similar en el espacio urbano: a mayor intensidad de la pobreza, sea medida a partir del VIM o por medio de las NBI, mayor era también la representación de los migrantes limítrofes sobre el total. En términos gráficos, lo que observamos es una recta de regresión de fuerte inclinación y una nube de puntos bastante adherida a ella. Aunque se trate de un ejercicio estadístico, que no implica una relación de causalidad, el análisis de correlación nos brinda elementos para reforzar la hipótesis que venimos barajando: en parte por su origen rural y en parte por su inserción en la base de la estructura ocupacional, los migrantes limítrofes, mayoritariamente transandinos, se instalaron en aquellas áreas de la ciudad que se abrieron paso en la marea urbanizadora de los ochenta, donde los servicios eran una cuenta pendiente y las condiciones del hábitat eran deficientes.

Algo diferente es la relación que puede establecerse entre pobreza estructural y la proporción de migrantes llegados de otras provincias argentinas. En este caso, la correlación entre ambas variables se encuentra en el mismo rango de las que acabamos de mencionar, pero en el sentido inverso. Coeficientes r de -0,80 y -0,43 nos indican que, a medida que aumentaba la población en situación de pobreza, la participación de los migrantes interprovinciales perdía fuerza. En la inserción ocupacional de estos migrantes, mayoritariamente en empleos no manuales y con una interesante participación en el estrato profesional, encontramos algunos indicios que nos permiten entender el comportamiento diferenciado entre ambas variables. Después de todo, los estratos medios y altos de la sociedad neuquina, más allá de que comenzaba a visualizarse un fenómeno de periferización de sus pautas habitacionales, tuvieron un comportamiento fuertemente centralizado, lo cual terminó reforzando un cuadro de segregación residencial socioeconómica. A su vez, la forma en que los migrantes llegados de otras provincias se insertaron en la estructura ocupacional y en el espacio urbano nos permiten entender la intensa correlación en sentido negativo (-0,59 en 1980 y -0,69 en 1991) que su proporción presentaba en relación con la de los migrantes limítrofes.

Algunas consideraciones finales

Luego de este ejercicio realizado en el marco de las humanidades digitales, ¿qué conclusiones, al menos parciales, podemos hacer en relación con la articulación espacial entre pobreza y migraciones en la ciudad de Neuquén?

En primer lugar, el mapa de la pobreza que presentamos, más allá de las obvias limitaciones que nacen del carácter fragmentario de la evidencia, nos brinda algunos indicios sobre la estructura urbana de una ciudad de crecimiento explosivo como Neuquén. Al respecto, y tratando de tender puentes con nuestra producción previa,[16] podemos decir que la capital neuquina no se ajustaba al modelo previsto por Burgess (1925) para la Chicago de comienzos del siglo XX. Ante todo, el centro de la ciudad, muy alejado de esa *innercity* que albergaba la "mala vida", servía de residencia a quienes ocupaban la parte alta de la estructura ocupacional. Junto a ello, observamos una serie de franjas que se sucedían en dirección a la periferia, pero que, a diferencia de lo que planteaban los pioneros de la sociología norteamericana, perdían en habitabilidad a medida que nos alejábamos del área central. Todo parece indicar que en Neuquén, como sucedía en otras aglomeraciones de tamaño intermedio, la cercanía al centro era un indicador fiable de la consolidación del tejido urbano y, como consecuencia de esto, los pobres seguían siendo más numerosos en los bordes que en el centro.

---

[16] PERREN, Joaquín, "Destino: Neuquén. Migraciones y patrones residenciales en el Neuquén aluvional (1960-1970)", Anuario del Centro de Estudios Históricos "Prof. Carlos S. A. Segreti", año 6, N° 6, 2006, pp. 105-133; PERREN, Joaquín, "Migraciones y patrones en el Neuquén aluvional (1970-1991), *Estudios migratorios latinoamericanos*, pp. 331-364; PERREN, Joaquín, "Estructura urbana, mercado laboral y migraciones. Una aproximación al fenómeno de la segregación en una ciudad de la Patagonia (Neuquén: 1960-1990)", *Miradas en movimiento*, Vol. IV, 2010, pp. 35-69; y PERREN, Joaquín (2011), "Segregación residencial socioeconómica en una ciudad de la Patagonia. Una aproximación al caso de Neuquén (1991)", *Estudios Socioterritoriales*, N° 10, 2011, pp. 65-101.

Este patrón residencial nos conduce a una segunda reflexión que, aunque nacida de un estudio de caso, posee un alcance que supera holgadamente lo local. Tomando distancia de lo que cierta literatura pareciera esforzarse en demonstrar (UNESCO, 1999: 44), las ciudades intermedias no estuvieron exentas de las fracturas sociales que caracterizan a las urbes de mayor dimensión.[17] Esta afirmación no es solo válida para el periodo que se inaugura en la década de 1990, cuando se exacerbaron los problemas de empleo y el retiro del Estado complicó enormemente el acceso a la vivienda, sino que también es aplicable al periodo previo. Antes que diera inicio el proceso de neoliberalización, la capital neuquina, muchas veces presentada como una "isla de bienestar", presentaba niveles de pobreza que se encontraban a la altura de ciudades intermedias de mayor tamaño e inclusive comparables a los que exhibía el área metropolitana de Buenos Aires. El hecho de que, en 1991, un sexto de

---

[17] Existe una amplia literatura que analiza la diferenciación socio-espacial en aglomeraciones de tamaño intermedio. Un repaso de los estudios más significativos no debería prescindir de HOWELL, David, "A model of argentine city structure", *Revista Geográfica*, N° 109; BUZAI, Gustavo, *Mapas sociales urbanos*, Buenos Aires, Lugar, 2003; NATERA RIVAS, Juan, "Factores de la diferenciación socio habitacional urbana en San Miguel de Tucumán", *Breves Contribuciones del I.E.G*, N° 17; TECCO, Claudio y VALDÉS, Estela, "Segregación residencial socioeconómica e intervenciones para contrarrestar sus efectos negativos: Reflexiones a partir de un estudio en la ciudad de Córdoba, Argentina", *Cuadernos de Geografía*, 2006; LINARES, Santiago y LAN, Diana, "Análisis multidimensional de la segregación socioespacial en Tandil (Argentina) aplicando SIG", *Investigaciones Geográficas*, N° 44, 2007; SÁNCHEZ, Darío; SASSONE, Susana y MATOSSIAN, Brenda, "Barrios y áreas sociales de San Carlos de Bariloche: Análisis geográfico de una ciudad fragmentada", *IX Jornadas Argentinas de Estudios de Población*, Huerta Grande, Asociación de Estudios de Población de la Argentina, 2007; ARES, Sofía y MIKKELSEN, Claudia, "Segregación espacial de la población en localidades menores del partido de General Pueyrredón, 2001", Buenos Aires, XI Conferencia Iberoamericana de Sistemas de Información Geográfica, 2007; NATERA RIVAS, Juan y GÓMEZ, Néstor, "Diferenciación socio residencial en el aglomerado del Gran Santa Fe (Argentina) a comienzos del siglo XXI, *Revista Universitaria de Geografía*, N° 1, 2007; y FALCÓN, Vilma (2011), "Diferenciación socio residencial, una aplicación práctica al espacio urbano del Gran Resistencia", *Revista Geográfica Digital*, N° 15, 2011.

la población capitalina perteneciera a hogares con NBI nos avisa de una sociedad surcada por la desigualdad. Justamente, y como bien ha señalado Kessler (2014: 97), "la pobreza puede considerarse un subproducto de la desigualdad y [al mismo tiempo] los pobres son aquellos que por su bajo nivel de ingresos están peor situados en la distribución de bienes y servicios de las distintas dimensiones del bienestar".

En tercer término podemos afirmar que la pobreza estructural no se distribuyó de manera homogénea en el espacio, sino que resulta apreciable un patrón de localización específico. Cuando analizamos la distribución de la población por nivel socioeconómico, descubrimos que los porcentajes más altos de población con NBI o puntajes elevados en el VIM de la pobreza se concentraban en un puñado de radios censales ubicados en el cuadrante noroccidental de la ciudad; algo que no resulta casual si tenemos en cuenta que allí se expresaron las consecuencias más dramáticas de la "hiperurbanización" que experimentó Neuquén en los ochenta: en parte por la dinámica especulativa que adquirió el mercado inmobiliario local y en parte por la nunca suficiente presencia del Estado en materia de construcción de viviendas, las "villas de emergencia" se convirtieron en una opción habitacional de primer orden para los sectores populares neuquinos. En caso de usar la grilla teórica propuesta por Hidalgo, Alvarado y Santana (2016) no dudaríamos en calificar este proceso de periferización en términos de una "expoliación" o, lo que es igual, de una forma de explotación socio-espacial que hace que los pobres urbanos sean "expulsados a los márgenes en precarias condiciones de habitación, así como de acceso a servicios y localización" (Hidalgo, Alvarado y Santana, 2016: 43). Es más, en caso de considerar la centralidad, la heterogeneidad y la simultaneidad como "bienes comunes", valores de uso que hacen al derecho a la ciudad, podríamos pensar este proceso como una variante urbana de la "acumulación por desposesión" que tiende a generar "espacios isotópicos, genéricos, homogéneos y segregados" (Hidalgo, Alvarado y Santana, 2016: 44).

La fuerte segmentación que revelamos en materia socioeconómica se agudiza si prestamos atención a ciertos segmentos de la población "no nativa". Es el caso de los migrantes limítrofes, mayoritariamente chilenos, que exhibieron una fuerte concentración espacial: la mayor parte de la ciudad corresponde a radios con muy baja presencia de población de aquel origen, mientras que existen unas pocas áreas específicas donde se concentra el grueso de quienes llegaban de países vecinos. Lo interesante es notar que estas últimas coinciden, en buena medida, con aquellas áreas de la ciudad que mostraban inocultables faltantes en materia de servicios; cuestión que queda a la vista examinando la cartografía, pero también prestando atención a la fuerte correlación positiva entre los porcentajes de migrantes limítrofes y de población con NBI. Si asociamos esta distribución en el tablero urbano a la modalidad específica que asumió la inserción ocupacional de los migrantes trasandinos durante el periodo estudiado, estamos en condiciones de dar un paso adelante en relación con la hipótesis de las "plusvalías étnicas" que Bruno (2008: 11-13) lanzó para el caso de los paraguayos en el área metropolitana bonaerense. A la estrechez sectorial en el acceso al empleo, la amplia informalidad y la sobreextensión de la jornada laboral, todos elementos que caracterizaban la construcción y el servicio doméstico en los años ochenta, debemos sumar un cuarto elemento: la segregación residencial. Es por ello que podemos hablar de plusvalías étnicas que poseían un fuerte componente territorial o, dicho de un modo más sencillo, de *plusvalías étnico-territoriales*.

Esta constatación, nacida de una revalorización de los vínculos entre urbanización, economía y población, abre una interesante agenda de trabajo hacia futuro. De todos los tópicos que la conforman existen dos que destacan por su importancia. El primero de ellos, domiciliado en el terreno de lo cuantitativo, consiste en extender la perspectiva temporal de los estudios que se han dedicado al análisis de la segregación residencial, la mayoría de los cuales solo tomó en consideración una fecha censal. Los numerosos trabajos que se han producido en los últimos años podrían funcionar como una plataforma desde donde elaborar estudios de más largo aliento, pero también estudios comparativos que permitan elaborar modelos que expliquen la diferenciación socio-espacial al interior de aglomeraciones de mediano porte. El segundo, por su parte, nos traslada a los efectos generados por la segregación en el modelado de identidades. El espacio, como alguna vez afirmó Bourdieu (1999), constituye una dimensión esencial en la comprensión de los procesos sociales y, como tal, exige ser rescatado en tanto producto y productor de las relaciones que lo atraviesan. Haciendo propias las palabras de Santos (1996: 27) es importante considerar que "el espacio construido y la distribución de la población no tienen un papel neutro en la vida y en la evolución de las formaciones sociales". El hecho de que, en determinadas áreas de la ciudad, se hayan solapado una fuerte concentración de la pobreza y de los migrantes limítrofes podría ser ubicado en ese cuadrante. Como han concluido numerosos estudios,[18] la concentración espacial es un insumo fundamental en el armado de redes de supervivencia por parte de las familias migrantes y

---

[18] Un rápido repaso de la literatura sobre el tema debería incluir: SÁBATO, Hilda y CIBOTTI, Ema, "Inmigrantes y política: Un problema pendiente", *Estudios Migratorios Latinoamericanos*, N° 4, 1986, pp. 475-482; DEVOTO, Fernando y FERNÁNDEZ, Alejandro, *Mutualismo étnico, liderazgo y participación política. Algunas hipótesis de trabajo*, Buenos Aires, Sudamericana, 1990; BENENCIA, Roberto, "La migración limítrofe", en DEVOTO, Fernando, *La historia de la inmigración en la Argentina*, Buenos Aires, Sudamericana, 2003, pp. 433-486; GRIMSON, "La vida política de la etnicidad migrante: hipótesis en transformación", *Estudios Migratorios Latinoamericanos*, N° 50, 2003, pp. 143-160; TRPIN, Verónica, *Aprender a ser chilenos. Identidad, trabajo y residencia de migrantes en el Alto Valle de Río Negro*, Buenos Aires, IDES, 2004; VARGAS, Patricia, *Bolivianos, paraguayos y argentinos en la obra. Identidades étnico-nacionales entre los trabajadores de la construcción*, Buenos Aires, Antropofagia, 2005.

en la visibilización de estas minorías en términos políticos. Profundizar nuestro conocimiento sobre estas cuestiones, claves en la politicidad popular, vuelve necesario prestar atención a los aspectos subjetivos o simbólicos del fenómeno de la segregación (Machado Barbosa, 2001: 17).

Bibliografía

ARES, Sofía y MIKKELSEN, Claudia (2007), "Segregación espacial de la población en localidades menores del partido de General Pueyrredón. 2001", Buenos Aires, XI Conferencia Iberoamericana de Sistemas de Información Geográfica.

ARIAS BUCCIARELLI, Mario (1997), "El Estado neuquino: fortalezas y debilidades de una modalidad de intervención", en Favaro, Orietta (ed.), *Neuquén: la construcción de un orden estatal*, Neuquén, CEPHYC, pp. 27-54.

ARIAS BUCCIARELLI, Mario (coord.) (2013), *Diez territorios nacionales y catorce provincias. Argentina 1860-1950*, Buenos Aires, Prometeo.

BECCARIA, Luis (2007), "Pobreza", en Torrado, Susana (comp.), *Población y bienestar en la Argentina del primero al segundo centenario. Una historia social del siglo XX*, Tomo II, Buenos Aires, Edhasa, pp. 541-572.

BENENCIA, Roberto (2000), "Colectividades de extranjeros en Neuquén: génesis y trayectorias de sus organizaciones", *Estudios Migratorios Latinoamericanos*, N° 45, Buenos Aires, CEMLA, pp. 299-336.

BENENCIA, Roberto (2003), "La migración limítrofe", en Devoto, Fernando, *La historia de la inmigración en la Argentina*, Buenos Aires, Sudamericana, pp. 433-486.

BOHOSLAVSKY, Ernesto (2008), *La Patagonia (de la guerra de Malvinas al final de la familia ypefiana)*, Buenos Aires, Biblioteca Nacional-UNGS.

BOLSI, Alfredo y PAOLASSO, Pablo (2009), *Geografía de la pobreza en el norte grande argentino*, Tucumán, IIGHI-PNUD y ISES.
BOURDIEU, Pierre (1999), *La miseria del mundo*, Madrid, Akal.
BRUNO, Sebastián (2008), "Inserción laboral de los migrantes paraguayos en Buenos Aires. Una revisión de categorías: desde nicho laboral a la plusvalía étnica", *Población y Desarrollo*, N° 36.
BURGESS, Ernest (1925), "The growth of the city: an introduction to a research project", en Park, Robert y otros (ed.), *The city*, Chicago, University of Chicago Press, pp. 47-62.
BUZAI, Gustavo (2003), *Mapas sociales urbanos*, Buenos Aires, Lugar.
BUZAI, Gustavo y BAXENDALE, Claudia (2004), "Distribución espacial socioeducativa y localización de escuelas polimodales en la ciudad de Luján. Una aproximación exploratoria bivariada", *Huellas*, N° 9, pp. 13-35.
BUZAI, Gustavo y BAXENDALE, Claudia (2006), *Análisis socioespacial con sistema de información geográfica*, Buenos Aires, Lugar-GEPAMA.
CABRERA CASTELLANO, Luis (2003), *"Medir y discutir la pobreza: algunos comentarios críticos"*, disponible en https://goo.gl/tachV9.
CEBALLOS, María y JARMA, Nora (2005), "El crecimiento intercensal de los grandes grupos de edad, en la República Argentina. Por regiones. Periodo 1947-2001", disponible en https://goo.gl/d2fzbv.
DEVOTO, Fernando y FERNÁNDEZ, Alejandro (1990), *Mutualismo étnico, liderazgo y participación política. Algunas hipótesis de trabajo*, Buenos Aires, Sudamericana.
DEVOTO, Fernando y OTERO, Hernán (2003), "Veinte años después. Una lectura sobre el crisol de razas, el pluralismo cultural y la historia nacional en la historiografía argentina", *Estudios Migratorios Latinoamericanos*, N° 50.

DÍAZ, Cecilia y CARO, Norma (2002), "Estudio comparativo de la segregación residencial socioeconómica –periodo 1980-1991-2001– a través del índice de disimilitud de Duncan y el análisis de la varianza en la ciudad de Córdoba – República Argentina", ponencia presentada en las *Primeras Jornadas de Estudios de Población y Sociedad de Córdoba*, Córdoba, Centro de Estudios Avanzados (CEA), Universidad Nacional de Córdoba.

DUNCAN, Otis y DUNCAN, Berverly (1955), "A methodological analysis of segregation indices", *American Sociological Review*, N° 20, pp. 210-217.

EGUIA, Amalia (2008), "Investigaciones sobre pobreza y exclusión social", en Pavcovich, Paula y Truccone, Damián (coord.), *Estudios sobre pobreza en Argentina*, Villa María, EDUVIM, pp. 51-99.

FALCÓN, Vilma (2011), "Diferenciación socio residencial, una aplicación práctica al espacio urbano del Gran Resistencia", *Revista Geográfica Digital*, N° 15.

FAVARO, Orietta y ARIAS BUCCIARELLI, Mario (2001), "Una experiencia populista provincial. Neuquén 1960-1990", *Nueva Sociedad*, N° 172, marzo-abril, pp. 54-64.

FAVARO, Orietta y VACARISSI, María (2005), "Poder político y políticas sociales en Neuquén, 1983-2003", *Revista de Historia*, N° 10, pp. 123-140.

FERES, Juan y MANCERO, Xavier (2001), *El método de las necesidades básicas insatisfechas y sus aplicaciones en Latinoamérica*, Santiago, CEPAL-Series Estudios Estadísticos y Prospectivos.

FIDEL, Carlos; DI TOMASO, Raúl y FARÍAS, Cristina (2008), *Territorio, condiciones de vida y exclusión. El partido de Quilmes (provincia de Buenos Aires, Argentina)*, Buenos Aires, CLACSO.

FORMIGA, Nidia (2007), *Una aproximación a la pobreza urbana. Bahía Blanca (Argentina)*, Bahía Blanca, Universidad Nacional de Sur-CIUR Estudios Territoriales.

GARCÍA DE LEÓN, Armando (1989), "La metodología del Valor Índice Medio", *Boletín del Instituto de Geografía*, N° 9, pp. 69-87.
GONZÁLEZ, Horacio (1995), "El sujeto de la pobreza: un problema de teoría social", en Minujin, Alberto y otros (ed.), *Cuesta abajo. Los nuevos pobres: efectos de la crisis en la sociedad argentina*, Buenos Aires, UNICEF-Losada.
GRIFFIN, Ernest y FORD, Larry (1980), "A Model of Latin American City Structure", *Geographical Review*, Vol. 70, N° 4, pp. 397-422.
GRIMSON, Alejandro (2003), "La vida política de la etnicidad migrante: hipótesis en transformación", *Migratorios Latinoamericanos*, N° 50, pp. 143-160.
HIDALGO, Rodrigo; ALVARADO, Voltaire y SANTANA, Daniel (2016), "Los expulsados de la metrópolis: expolio y esquilmo en la locación de la vivienda social en la ciudad neoliberal. Una perspectiva de Santiago y Valparaíso", *Estudios Socioterritoriales. Revista de Geografía*, N° 20.
HOWELL, David (1989), "A model of argentine city structure", *Revista Geográfica*, N° 109.
KESSLER, Gabriel (2014), *Controversias sobre la desigualdad. Argentina, 2003-2013*, Buenos Aires, Siglo XXI.
LATTES, Alfredo (2007), "Esplendor y ocaso de las migraciones internas", en Torrado, Susana (comp.), *Población y bienestar en la Argentina del primero al segundo centenario. Una Historia Social del siglo XX*, Buenos Aires, Edhasa, tomo II, pp. 11-46.
LINARES, Santiago y LAN, Diana (2007), "Análisis multidimensional de la segregación socioespacial en Tandil (Argentina) aplicando SIG", *Investigaciones Geográficas*, N° 44.
MACHADO BARBOSA, Eva (2001), "Urban Spatial segregation: foundation for a typological analysis", *International Seminar on segregation in the city*, Cambridge, Lincoln Institute of Land Policy.

MARCOS, Mariana y MERA, Gabriela (2010), "Pobreza estructural y migración limítrofe: aportes para pensar su articulación espacial en la aglomeración Gran Buenos Aires", *Estudios Socioterritoriales*, N° 8, 2009-2010, pp. 137-155.

MATOSSIAN, Brenda y SASSONE, Susana (2011), "Migración chilena en la Norpatagonia: dinámicas territoriales transfronterizas", en Navarro Floria, Pedro y Del Rio, Walter (comp.), *Cultura y espacio. Araucanía y Norpatagonia*, Bariloche, Universidad Nacional de Río Negro.

MINUJIN, Alberto (1997), "En la rodada", en Minujin, Alberto y otros, *Cuesta abajo. Los nuevos pobres: efectos de la crisis en la sociedad argentina*, Buenos Aires, UNICEF-Losada.

MOYA, José (2003), *Primos y extraños. La inmigración española en Buenos Aires 1850-1930*, Buenos Aires, Emecé.

MUÑOZ VILLAGRÁN, Jorge (2005), *Los chilenos en Neuquén – Argentina. Idas y venidas*, Neuquén, EDUCO.

NATERA RIVAS, Juan (2005), "Factores de la diferenciación socio habitacional urbana en San Miguel de Tucumán", *Breves Contribuciones del I.E.G.*, N° 17.

NATERA RIVAS, Juan y GÓMEZ, Néstor (2007), "Diferenciación socio residencial en el aglomerado del Gran Santa Fe (Argentina) a comienzos del siglo XXI", *Revista Universitaria de Geografía*, N° 1.

NUN, José (1987), "Cambios en la estructura social argentina", en Nun, José y Portantiero, Juan, *Ensayos sobre la transición democrática en la Argentina*, Buenos Aires, Puntosur.

OTERO, Hernán (2006), "Población y economía en la historiografía argentina del periodo estadístico: personajes en busca de un autor", en Gelman, Jorge (comp.), *La historia económica en la encrucijada. Balances y perspectivas*, Buenos Aires, Prometeo, pp. 41-58.

PACECCA, María Inés (2007), "Modificaciones en la composición por sexos y edades de los migrantes limítrofes en la Argentina, 1960-1991", *II Reunión de Antropología del Mercosur Fronteras culturales y ciudadanía, Piriápolis*.

PERREN, Joaquín (2006), "Destino: Neuquén. Migraciones y patrones residenciales en el Neuquén aluvional (1960-1970)", *Anuario del Centro de Estudios Históricos "Prof. Carlos S. A. Segreti"*, año 6, N° 6, pp. 105-133.

PERREN, Joaquín (2008), "Migraciones y patrones en el Neuquén aluvional (1970-1991)", en *Estudios Migratorios Latinoamericanos*, pp. 331-364.

PERREN, Joaquín (2009a), "Una transición demográfica en el fin del mundo. La población de la provincia de Neuquén (Patagonia, Argentina) durante el siglo XX tardío", *Scripta Nova, Revista Electrónica de Geografía y Ciencias sociales*, Vol. 13, N° 282.

PERREN, Joaquín (2009b), "Mercado laboral y migraciones en la ciudad de Neuquén (1960-1990)", *Historia Regional*, Vol. 22, N° 27, pp. 91-127.

PERREN, Joaquín (2010a), "Esto también es Neuquén. Los contrastes del proceso de urbanización en una ciudad intermedia argentina (1980-1991), *Cuadernos del Sur*, N° 39, pp. 177-202.

PERREN, Joaquín (2010b), "Estructura urbana, mercado laboral y migraciones. Una aproximación al fenómeno de la segregación en una ciudad de la Patagonia (Neuquén: 1960-1990)", *Miradas en Movimiento*, Vol. IV, pp. 35-69.

PERREN, Joaquín (2011a), *Migraciones internas en la Argentina moderna. Una mirada desde la Patagonia*, Buenos Aires, Prometeo.

PERREN, Joaquín (2011b), "Segregación residencial socioeconómica en una ciudad de la Patagonia. Una aproximación al caso de Neuquén (1991)", en *Estudios Socioterritoriales*, N° 10, pp. 65-101.

PERREN, Joaquín (2012), "Pobreza y migraciones. Algunas pistas para pensar su articulación espacial en una ciudad intermedia argentina (Neuquén, 1991)", *Estudios Migratorios Latinoamericanos*, N° 72, pp. 97-117.
RODRÍGUEZ, Jorge y ARRIAGADA, Camilo (2004), "Segregación residencial en la ciudad latinoamericana", *Revista Eure*, Vol. XXIX, N° 89.
RODRÍGUEZ, Teresa (1982), "Las migraciones internacionales en Chile", *Seminario Técnico sobre las migraciones laborales en Argentina, Chile, Paraguay y Uruguay*, Buenos Aires, OEA/IDES.
SÁBATO, Hilda y CIBOTTI, Ema (1986), "Inmigrantes y política: Un problema pendiente", *Estudios Migratorios Latinoamericanos*, N° 4, pp. 475-482.
SÁNCHEZ, Darío, SASSONE, Susana y MATOSSIAN Brenda (2007), "Barrios y áreas sociales de San Carlos de Bariloche: Análisis geográfico de una ciudad fragmentada", *IX Jornadas Argentinas de Estudios de Población*, Huerta Grande, Asociación de Estudios de Población de la Argentina.
SANTOS, Milton (1996), *Metamorfosis del espacio habitado*, Barcelona, Oikos-Tau.
SHEVSKY, Eshref y BELL, Wendell (1955), *Análisis de área social*, Stanford, Stanford University Press.
SILVERSTEIN, Carina (1987), "Administración y política: los italianos en Rosario (1860-1890)", *Estudios Migratorios Latinoamericanos*, N° 6-7, pp. 381-390.
TARANDA, Demetrio y otros (2009), *Silencio Hospital. Una historia de la salud pública en Neuquén*, Neuquén, EDUCO.
TECCO, Claudio y VALDÉS, Estela (2006), "Segregación residencial socioeconómica e intervenciones para contrarrestar sus efectos negativos: Reflexiones a partir de un estudio en la ciudad de Córdoba, Argentina". *Cuadernos de Geografía. Revista anual del Departamento de Geografía*.

TOUTOUNDJIAN, Beatriz y HOLUBICA, Susana (1990), *Estudio de la inmigración interna e interna en la Provincia de Neuquén*, Buenos Aires, CFI.

TRPIN, Verónica (2004), *Aprender a ser chilenos. Identidad, trabajo y residencia de migrantes en el Alto Valle de Río Negro*, Buenos Aires, IDES.

VARGAS, Patricia (2005), *Bolivianos, paraguayos y argentinos en la obra. Identidades étnico-nacionales entre los trabajadores de la construcción*, Buenos Aires, Antropofagia.

VELÁZQUEZ, Guillermo (2007), "Población, territorio y calidad de vida", en Torrado, Susana (comp.), *Población y bienestar en la Argentina del primero al segundo centenario. Una historia social del siglo XX*, Tomo II, Buenos Aires, Edhasa, pp. 573-600.

VELÁZQUEZ, Guillermo (2008), *Geografía y bienestar. Situación local, regional y global de la Argentina luego del censo de 2001*, Buenos Aires, Eudeba.

VELÁZQUEZ, Guillermo y CELEMIN, Pablo (2013), *La calidad ambiental en la Argentina. Análisis regional y departamental (c. 2010)*. Tandil, Universidad Nacional del Centro de la Provincia de Buenos Aires.

Fuentes

Archivo Histórico de la Municipalidad de Neuquén (AHMN), Asesoría técnica de normalización de asentamientos ilegales, Secretaria de Obras Públicas, Municipalidad de Neuquén, 1983.

Instituto Nacional de Estadística y Censo (INDEC), *Censo Nacional de Población y Vivienda 1980.* Buenos Aires, INDEC.

Instituto Nacional de Estadística y Censo (INDEC), Censo Nacional de Población y Vivienda 1991. Buenos Aires, INDEC.

La Revista de CALF (1983), "Quien siembra vientos, cosecha tempestades", Nº 57, año 5.
La Revista de CALF (1986), "Informe especial: Villas emergencias", Nº 86, año 8.
Noticias de CALF (1980), "El drama habitacional", Neuquén, Nº 6, año 2.

Los autores

Susana Bandieri

Profesora y licenciada en Historia por la Universidad Nacional del Comahue y doctora en Historia por la Universidad Autónoma de Madrid. Profesora de Historia Argentina en la Facultad de Humanidades de la UNCo e investigadora principal del CONICET. Ha sido presidenta de la Asociación Argentina de Historia Económica y directora del Instituto Patagónico de Estudios de Humanidades y Ciencias Sociales –IPEHCS– (CONICET-UNCo). Sus investigaciones más relevantes giran en torno a la idea de frontera como espacio social y a la historia patagónica en perspectiva regional, temas sobre los que ha escrito numerosos artículos en revistas especializadas, capítulos y libros, en el país y en el extranjero.
susana.bandieri@gmail.com

Sandra Fernández

Doctora en Historia por la UNR y máster en Ciencias Sociales por FLACSO. Actualmente es investigadora independiente de CONICET y profesora titular regular de la cátedra de Seminario Regional de la carrera de Historia de la UNR, así como coordinadora de la Maestría en Enseñanza de la Historia de la UNR. Su perfil de investigación y docencia se encuentra dedicado a la Historia regional/local, así como al estudio de la problemática de la sociabilidad y el espacio público en las primeras décadas del siglo XX argentino. Su producción científica puede recorrerse en diferentes artículos, libros y compilaciones, tanto en el país como en el extranjero.
7acequias@gmail.com

Brígida Baeza

Prof. y Lic. en Historia (UNSPJB). Dra. en Antropología (UBA). Investigadora adjunta del CONICET. Profesora asociada en la cátedra Ciencias Sociales Contemporáneas de la Facultad de Humanidades y Ciencias Sociales, UNPSJB. Entre sus principales intereses de investigación se encuentran los estudios sobre migraciones limítrofes en relación con el análisis de las identidades, memorias y fronteras sociales.
brigida_baeza@hotmail.com

Darío G. Barriera

Es historiador. Obtuvo la Licenciatura en Historia en la Universidad Nacional de Rosario y se doctoró en la EHESS (París, Francia, 2002). Actualmente se desempeña como investigador en el ISHIR (CONICET) y como profesor de Historia de América colonial en la UNR, donde dirige el Centro de Estudios sobre Historia Social de la Justicia y el Gobierno. Es miembro titular del Instituto Nacional de Historia del Derecho (Buenos Aires) y de la Junta de Estudios Históricos de Santa Fe. En 2016 obtuvo la Chaire d'Amérique Latine en el IPEAT (Toulouse).
dgbarriera@yahoo.com.ar

Ernesto Bohoslavsky

Es investigador-docente de la Universidad Nacional de General Sarmiento, donde enseña Historia del siglo XX latinoamericano. Es investigador adjunto del Conicet. Completó el programa de Doctorado en América Latina contemporánea en el Instituto Ortega y Gasset en Madrid. Se ha especializado en el campo de historia de las derechas de Argentina, Brasil y Chile en el segundo tercio del siglo XX.
ebohos@gmail.com

Paula Caldo

Es profesora, licenciada y doctora en Historia y profesora y licenciada en Ciencias de la Educación, por la Universidad Nacional de Rosario. Actualmente se desempeña como investigadora adjunta del Consejo Nacional de Investigaciones Científicas y Tecnológicas (CONICET) y como profesora adjunta en la Facultad de Humanidades y Artes (Universidad Nacional de Rosario). Su línea de investigación es la historia con mujeres y desde ese registro ha publicado libros, artículos en revistas científicas y ha presentado ponencias en reuniones científicas nacionales e internacionales.
paulacaldo@gmail.com

Fernando Casullo

Especialista en Historia Regional. Director de la Escuela de Estudios Sociales y Económicos de la Universidad Nacional de Río Negro. Profesor de Historia Social y Económica en la misma universidad y en la Universidad Nacional del Comahue. Sus temas de investigación están vinculados con la historia de la administración de justicia en los territorios nacionales durante el roquismo y con el análisis institucional de las agencias de seguridad ciudadana.
fcasullo@yahoo.com

Lucía Lionetti

Es profesora y licenciada en Historia por la UNCPBA. Doctora en Historia por la Universidad Autónoma de Madrid. Docente titular ordinaria del Departamento de Historia de la FCH-UNCPBA. Investigadora titular y directora del Instituto de Estudios Histórico Sociales "Prof. Juan Carlos Grosso" (IEHS). Miembro del Consejo Directivo e investigadora titular del Instituto de Geografía, Historia y Ciencias Sociales (IGEHCS), Unidad Ejecutora del CONICET/UNCPBA. Línea de investigación: la historia social y cul-

tural de la educación en Argentina, el género, la infancia desde los siglos XVIII a los albores del siglo XX de la cual ha publicado libros como autora, editora y compiladora; capítulos de libros y artículos a nivel nacional e internacional (España, EE.UU., Brasil, México, Chile, Colombia).
lionettilucia@gmail.com

Elida Irene Luque

Docente investigadora de la Universidad Nacional de la Patagonia Austral – Unidad Académica Río Gallegos. Prof. asociada de Historia Americana I y III. Integrante del Grupo Contraviento (estudios sobre el desarrollo del capitalismo en Santa Cruz y el movimiento de la sociedad. Los conflictos sociales).
elyluque@yahoo.com.ar

Liliana E. Lusetti

Es profesora de Historia por la UNLP; especialista en Ciencias Sociales con mención en Currículum y Prácticas Escolares, FLACSO Argentina; doctoranda en Educación, FACE-UNCo; docente de la Cátedra Historia de la Educación e investigadora integrante del CEHIR/UNCo en el Centro Regional Universitario Bariloche. Posee publicaciones relacionados con la temática de la educación en la Patagonia Norte.
lusetti@bariloche.com.ar

Daniel Lvovich

Doctor en Historia por la Universidad Nacional de La Plata. Se desempeña como investigador docente en la Universidad Nacional de Gral. Sarmiento. Investigador independiente del CONICET y profesor de posgrado en la UNLP y en la UNSAM. Ha estudiado distintos aspectos de la historia

política y social argentina del siglo XX. Fue director del Instituto del Desarrollo Humano y de la Maestría en Historia Contemporánea de la UNGS.
dlvovich@ungs.edu.ar

Ronen Man

Es licenciado en Historia por la Universidad Nacional de Rosario. Doctor en Humanidades y Artes con mención en Historia en el posgrado de la Facultad de Humanidades y Artes de la Universidad Nacional de Rosario. Docente Jefe de Trabajos Prácticos en la cátedra Seminario Regional del cuarto año del Profesorado y Licenciatura en Historia en la Facultad de Humanidades y Artes (UNR). Su campos de investigación son la historia regional/historia local, campo de la historia social y la historia cultural. Trabaja la historia de Rosario y el área regional santafesina en el período del cambio de siglo y la primera mitad del siglo XX. Actualmente es becario postdoctoral del Concejo Nacional de Investigaciones Científicas y Técnicas (CONICET). Ha publicado libros de autor y en coautoría, así como capítulos en compilaciones y una decena de artículos de la especialidad publicados en revistas científicas nacionales y del extranjero.
rony444@hotmail.com

Susana Martínez

Docente-investigadora, Universidad Nacional de la Patagonia Austral (UNPA). Responsable de las cátedras Historia Argentina II y Seminario de Economía y Sociedad. Integrante del Grupo Contraviento desde el cual ha integrado y codirigido proyectos de investigación sobre el desarrollo del capitalismo en la Patagonia Austral y los conflictos sociales protagonizados por los trabajadores.
susana_contraviento@hotmail.com

María Cecilia Mecozzi

Es especialista de Posgrado en Historia Regional, UNCo y en Problemáticas de las Ciencias Sociales y su Enseñanza, INFOD. Es miembro del Centro de Estudios de Historia Regional de la UNCo y se desempeña como docente de la orientación de Historia del área de Ciencias Sociales y profesora del área de Didáctica I del Profesorado de Historia, ambas carreras pertenecientes al IFDC de la localidad de El Bolsón.
cecimecozzi@gmail.com

Laura Marcela Méndez

Es doctora en Historia y especialista en Estudios de la Mujer y de Género. Docente de grado y posgrado de la Universidad Nacional del Comahue y docente de posgrado de la Universidad Nacional de Rosario. Realiza sus tareas investigativas en el ECyC/IPEHCS-CONICET-UNCo, sede Bariloche, y en el Centro Interdisciplinario de Estudios de Géneros – En plural. Se especializa en estudios culturales de la Patagonia Norte.
lauramendezbari@gmail.com

Marisa Moroni

Es doctora en Historia por la Universidad de Sevilla, España; investigadora adjunta del Consejo Nacional de Investigaciones Científicas y Técnicas (CONICET) con lugar de trabajo en el Instituto de Estudios Sociohistóricos de la Universidad Nacional de La Pampa, y profesora asociada regular en la Facultad de Ciencias Humanas (UNLPam). Ha realizado estudios vinculados a la historia social de la justicia y el delito en el interior argentino desde fines del siglo XIX a mediados del siglo XX; sus producciones han sido publicadas en libros, capítulos de libros y artículos en el país y el extranjero.
marisa_moroni@yahoo.com.ar

Joaquín Perren

Es doctor en Historia por la Universidad Nacional del Centro de la Provincia de Buenos Aires. Ha realizado sus estudios postdoctorales en la Universidad de Coimbra (Portugal). Es profesor adjunto del área de Historia Económica de la Facultad de Economía y Administración de la Universidad Nacional del Comahue. Es investigador adjunto del Consejo Nacional de Investigaciones Científicas y Técnicas con lugar de trabajo en el Instituto Patagónico de Estudios en Humanidades y Ciencias Sociales (IPEHCS-CONICET/UNCo). Sus investigaciones actuales se relacionan con el estudio de desigualdaldes socio-territoriales en ciudades de tamaño intermedio.
joaquinperren@gmail.com

Adriana Podlubne

Es licenciada en Educación, profesora nacional de Educación Física y maestranda en Ciencias Sociales y Humanidades, Universidad Nacional de Quilmes. Docente de grado en el Centro Regional Universitario Bariloche. Realiza sus tareas investigativas en el Centro de Estudios de Historia Regional (CEHIR), de la Universidad Nacional del Comahue. Se especializa en estudios sobre las prácticas corporales, la educación y el tiempo libre de la Patagonia Norte.
adripodbarilo@gmail.com

Laura Graciela Rodríguez

Es investigadora del Consejo Nacional de Investigaciones Científicas y Tecnológicas (CONICET) con sede en el Instituto de Investigaciones en Humanidades y Ciencias Sociales (IdIHCS) de la Universidad Nacional de La Plata y profesora adjunta del Departamento de Sociología de la misma universidad. Se ha especializado en historia y sociología de la educación; historia de la universidad; y en historia social

y política de las dictaduras. Producto directo de sus investigaciones ha participado en reuniones y eventos científicos nacionales e internacionales y ha publicado numerosos artículos en el país y en el exterior. Es autora de los libros: *Católicos, nacionalistas y políticas educativas en la última dictadura (1976-1983)* (Rosario: Prohistoria, 2011); *Civiles y militares en la última dictadura. Funcionarios y políticas educativas en la provincia de Buenos Aires (1976-1983)* (Rosario: Prohistoria, 2012); y *Universidad, peronismo y dictadura (1973-1983)* (Buenos Aires: Prometeo, 2015).
lau.g.rodrig@gmail.com

Diego Roldán

Es doctor en Humanidades y Artes y ha realizado estudios posdoctorales sobre Sociología Urbana Latinoamericana en la University of Texas (Austin). Es profesor de Espacio y Sociedad de las carreras de Historia y Antropología de la Facultad de Humanidades y Artes de la Universidad Nacional de Rosario, donde dirige el Centro de Estudios Culturales Urbanos, lugar en el que desarrolla sus tareas como investigador del Consejo Nacional de Investigaciones Científicas y Técnicas.
diegrol@hotmail.com

Paula Sedrán

Es doctora en Historia por la Universidad Nacional de Córdoba y becaria posdoctoral de CONICET. Actualmente se desempeña como profesora de Derechos Humanos y Memorias Sociales en la Universidad Autónoma de Entre Ríos. Sus trabajos analizan los vínculos entre las prácticas, las representaciones y las identidades sociales construidas en relación con las normas de comportamientos públicos en la ciudad de Santa Fe y región (1850-1915).
paulasedran@hotmail.com

Este libro se terminó de imprimir en agosto de 2017 en Imprenta Dorrego (Dorrego 1102, CABA).

www.ingramcontent.com/pod-product-compliance
Lightning Source LLC
Chambersburg PA
CBHW031958220426
43664CB00005B/64